ये राम मेरे

ये राम मेरे

श्री परमानंद स्वामी

अनुवाद

श्रीमती सुधा राठोड़

प्रतिभा प्रतिष्ठान, नई दिल्ली

प्रकाशक : प्रतिभा प्रतिष्ठान,
1661 दखनीराय स्ट्रीट, नेताजी सुभाष मार्ग, नई दिल्ली–110002
सर्वाधिकार : सुरक्षित / संस्करण : प्रथम, 2016 / मूल्य : पाँच सौ रुपए
मुद्रक : आर–टेक ऑफसेट प्रिंटर्स, दिल्ली ISBN 978-93-86001-02-3

YE RAM MERE *by* Shri Paramanand Swami ₹ 500.00
Published by Pratibha Pratishthan, 1661 Dakhni Rai Street,
Netaji Subhash Marg, New Delhi-110002

श्री परमानंद स्वामी महाराज की जय
॥ श्री गुरुदेव दत्त प्रसन्न ॥

लेखक का हृदयगत

इस सृष्टि में परमेश्वर का प्रगट होना, कुछ समय सृष्टि में क्रीड़ा करना तथा सृष्टि का विलय कर स्वयं अपने आप में रमे रहना एक अद्‌भुत बात है। पर उससे भी कहीं अधिक आनंददायी और रहस्यमय है उसका मानवरूप में अवतार लेना। मानवरूप द्वारा ही वह सृष्टि रूपी खेल का आनंददायी अनुभव ले सकता है।

मानवीय देह की बाहरी मर्यादा के बावजूद अंत:करण में अपने मूल स्वरूप का पूर्ण अनुभव लेते हुए, उसका अपने जीवन द्वारा प्रगटीकरण जितना मन को भाता है, उतना ही वह रहस्यमय और गूढ़ भी लगने लगता है।

केवल मन की भावना से इस रहस्य को जानना जितना कठिन है, उतना ही बुद्धि द्वारा इसका आकलन करना असंभव है। भावना काल्पनिक होती है तथा शब्दज्ञान अनुभवविहीन होने से अपूर्ण होता है। मन की भावना मन को दुर्बल बनाती है, वहीं शब्दज्ञान से अहंकार पैदा हो जाता है।

अवतारी महात्माओं के अंत:करण की अवस्था अत्यंत सबल और परिपूर्ण होती है। इन अवतार-चरित्रों के रहस्य को यथार्थ रूप में जानने और उसका पूर्ण आनंद लेने के लिए मन की दुर्बलता को पूरी तरह दूर कर सुदृढ बनाने व बुद्धि के अहंकार को नष्ट कर विनम्र बनाना अत्यंत आवश्यक होता है।

इस हेतु अवतारी पुरुष के अंत:करण को यथार्थ रूप में जानने वाले महात्मा को अनन्य रूप से शरणागति देना ही एकमेव उपाय है। इन महात्माओं के अंत:करण की अवस्था भी अवतारी पुरुषों के अंत:करण जैसी होती है।

इसीलिए अनेक अवतारों में घटित प्रसंगों में अंत:करण की एकरूपता और एकविधता को वे प्रकट कर पाते हैं।

अंत:करण की इस अवस्था को ही 'ईश्वरीय अनुभव' कहते हैं। अंत:करण का ईश्वरीय अनुभव ही अवतार चरित्र, महात्माओं के चरित्र व संतपुरुषों के चरित्र में समान सूत्र है। जिन्हें यह सूत्र ज्ञात हो जाता है, उन्हें ही अवतार चरित्रों द्वारा भिन्न-भिन्न काल में, भिन्न-भिन्न रूप लेकर, भिन्न-भिन्न चरित्रों द्वारा प्रकट होने वाले ईश्वरीय अनुभव के आविष्कारों का यथार्थ और पूर्ण आनंद प्राप्त होता है।

ईश्वरीय अनुभव से युक्त व सामान्य जन के आत्मकल्याण के लिए तत्पर रहनेवाले महात्मा प्रत्येक युग में उपलब्ध होते हैं। परंतु उनकी भेंट बहुत सौभाग्य से होती है। भेंट होने के पश्चात् भी उन्हें अनन्य रूप से शरणागति देना अत्यंत दुर्लभ है, लेकिन असंभव नहीं। ऐसे महात्माओं के सान्निध्य व उनके चरणों में श्रद्धापूर्वक रहने से ही यह सब संभव हो पाता है।

परम भाग्य से मुझे भी अवधूत स्वामी जैसे श्रेष्ठ महात्मा का सान्निध्य प्रदीर्घ काल तक मिला, इसमें कोई संदेह नहीं है। वे मेरे पिता थे और बचपन से मैंने उन्हें अत्यंत करीब से देखा। पर इससे भी अधिक महत्त्वपूर्ण बात यह है कि वे अत्यंत प्रेम से अपने अनुभव मुझे बताते थे, जिससे मैं उनके अंत:करण की अवस्था थोड़ी-थोड़ी जानने लगा। नाते में वे मेरे पिता थे, परंतु उन्होंने मुझे अपना मित्र बना लिया था, यह उनका बड़प्पन था। वे अपने जीवन के भावनात्मक एवं संघर्षात्मक प्रसंगों और सुख-दु:ख की अनेक घटनाओं का खुलकर उल्लेख करते थे तथा उस समय की उनकी अंत:करण की अवस्था प्रकट करते थे, जिससे मैं अतिशय भावपूर्ण हो जाता था। उनके इसी सख्यत्व और विश्वास के कारण मैंने दृढ निश्चय कर लिया कि मैं उनका विश्वासपात्र बनकर रहूँगा।

उनके ही कृपाशीर्वाद से मेरा यह निर्णय उनके निर्वाण तक तथा निर्वाण के पश्चात् भी कायम रहा और मुझे पूर्ण विश्वास है कि मेरे जीवन के अंतिम क्षणों तक भी यह दृढ ही रहेगा।

बालपन से ही अवधूत स्वामी के मन में ईश्वर को जानने, समझने और उसे प्राप्त करने की तमन्ना थी। इस हेतु गृहस्थाश्रम में ही रहकर उन्होंने तपस्या करने का निश्चय किया। सद्‌गुरु से भेंट होने के पश्चात् उन्हें अनन्य शरणागति दी। सद्‌गुरु द्वारा दिए गए साधनों से सद्‌गुरु के ईश्वरीयत्व को पहचान उनकी भक्ति की तथा सद्‌गुरु के निर्वाण के पश्चात् सगुण प्रेमभक्ति मार्ग को परंपरागत रूप से चलाए रख अन्यों के लिए ईश्वर-प्राप्ति के मार्ग को सुगम किया।

यह सब अद्‌भुत ही नहीं, अलौकिक भी है। अत्यंत कृपावंत हो उन्होंने मुझे अपना सान्निध्य दिया तथा सेवा का अवसर प्रदान किया। उनकी सर्वाधिक कृपा तब हुई, जब उन्होंने गुरुमंत्र का संस्कार कर मुझे शिष्यत्व प्रदान किया तथा मेरे अंदर के ईश्वर से मेरी पहचान करा दी। ईश्वरीय अनुभव की लगन लगाने हेतु उन्होंने ग्रंथ निरूपण के रूप में बाहरी साधन उपलब्ध कराए, जो भक्तिमार्ग में अग्रसर होने के लिए बेहद महत्त्वपूर्ण हैं। आत्मज्ञान का बोध देकर उन्होंने मेरे जीवभाव तथा ईश्वर के विषय में अज्ञान को दूर किया।

उनके प्रेम से हुई उनकी भक्ति को स्वीकार कर उन्होंने मेरे जीवभाव के अहंकार का नाश किया। अज्ञान दोष है तथा अहंकार शत्रु। ज्ञान से अज्ञान दूर होता है तथा भक्ति से अहंकार। उनकी यह कृपा अमूल्य है, जिसका ऋण कभी नहीं चुकाया जा सकता है।

उनके कार्य द्वारा उनके ईश्वरीय अनुभव का निश्चय होता है। उनके लिखे ग्रंथों और निरूपणों से मुझे उनके ईश्वरीय अनुभव की व्यापकता सिद्ध होने लगी। ईश्वरीय अनुभवरत उनके जीवन को प्रत्यक्ष रूप में देखने से ईश्वरीय अनुभव के विषय में सारी भ्रांति दूर हो गई तथा मन शुद्ध हो गया। उनके ईश्वरीय अनुभव की व्यापकता जानते हुए, अन्य संत सत्पुरुषों के ईश्वरीय अनुभव तथा उनके जीवन की ओर देखने की दृष्टि प्राप्त हो गई।

श्री अवधूत स्वामी ने मुझे उनके ग्रंथों पर निरूपण करने का साधन दिया, साथ ही उन्होंने 'रामायण', 'महाभारत', 'श्रीमद्‌भागवत', 'भगवद्‌गीता', 'ज्ञानेश्वरी', 'एकनाथी भागवत', 'दासबोध', नामदेव, तुकाराम आदि संतों

के अभंगों का भी अभ्यास कराया। उनके चरित्रों को रहस्य सहित समझाया तथा ईश्वरीय अनुभव की व्यापकता और सखोलता पर प्रकाश डाला। जिससे मुझे उनके अंत:करण की व्यापकता महसूस होने लगी तथा मेरे मन का संकुचित भाव पूर्णत: लुप्त हो गया।

मेरे सद्‌गुरु के अंत:करण की व्यापकता देख तथा उन्हीं की प्रेमभक्ति से मेरा भी अंत:करण व्यापक होने लगा। अंत:करण ईश्वरीय अनुभव से महासागर हो गया तथा उसमें अनेक संतों के ईश्वरीय अनुभव रूपी सागर एकरूप हो गए। उनके द्वारा दिए नामाभिधान 'श्री परमानंद स्वामी' को मैं अनुभव करने लगा और यही उनकी मुझ पर सर्वश्रेष्ठ कृपा है।

स्वानुभव के परमानंद सागर में एकरूप हो विहार करते हुए ईश्वर के सगुण चरित्र कथा का गायन कर अवतारी पुरुषों के अंत:करण से एकरूप होने का अनुभव लेना, मेरा स्वभाव हो गया और इससे मुझे अतिशय आनंद मिलता है।

परमेश्वर की बनाई इस सृष्टि में अब तक कई अवतार हुए तथा अवतार कार्य समाप्त कर, वे अपने मूल स्वरूप में विलीन हो गए। उनमें से राम और कृष्णावतार विशिष्ट थे, जो सृष्टि के इतिहास में अजरामर हो गए, किंतु सामान्य जनों के लिए ये अवतार चरित्र अब भी अबूझ हैं। उनमें से कुछ इन चरित्रों को ऐतिहासिक मानते हैं तो कुछ पौराणिक तथा अपनी-अपनी बुद्धि और श्रद्धा के अनुरूप निष्कर्ष निकालकर उसी को सत्य मान लेते हैं, जिससे पूर्ण सत्य सामने नहीं आ पाता।

एक ओर भावुक जन इन चरित्रों की ओर देवत्व की तरह देखते हैं तथा भूल जाते हैं कि वे भी मानव थे। भाविकों के मन में इन चरित्रों के प्रति कोई भी संदेह निर्माण नहीं होता। संदेह करना ही वे अनुचित मानते हैं। इन्हें देवों के चमत्कार ही अति प्रिय होते हैं तथा ऐसे चमत्कार इनके जीवन में भी होंगे, ऐसी आशा में ये जीते हैं। इनके मन अंधश्रद्धा से ग्रसित रहते हैं। भावनाओं के काल्पनिक सुख में ये रमे रहते हैं, जिसके कारण इनकी मानसिक अवस्था सदा दुर्बल रहती है। अवतार चरित्रों के विषय में सत्य तथा वस्तुस्थिति जानने तथा उसका अनुकरण करने की ताकत इनमें नहीं होती। इसीलिए सच्चे

आनंद से ये सदा विमुख रहते हैं।

दूसरी ओर बुद्धिवादी इन अवतार चरित्रों की ओर केवल संकुचित दृष्टि से ही देखते हैं कि वे मानव हैं। इन चरित्रों के बाह्य जीवन में वे केवल दोष ही देखते हैं तथा अन्य को भी दोषों की ओर ही इंगित करते हैं। बुद्धि के रूखे ज्ञान से युक्त इन बुद्धिजीवियों का ध्यान अवतारी पुरुषों के अंतःकरण की ओर कभी नहीं जाता है और न ही वे उनके मन को जानने का प्रयत्न करते हैं। इसीलिए भाविकों और बुद्धिजीवियों के लिए 'मानवी' देह में ईश्वरीय अनुभव का रहस्य अप्रगट ही रहता है। यदि वे उन्हें ईश्वर कहें तो उनमें इन्हें मानव दिखाई देता है तथा मानव कहें तो वे ईश्वरीय अनुभव से युक्त होते हैं।

इसीलिए इस रहस्य को जानने के लिए मन और बुद्धि दोनों के परे अंतःकरण की ही आवश्यकता होती है। शुद्ध अंतःकरण में ही अमर्यादित और अव्यक्त ईश्वरीय अनुभव प्राप्त किया जा सकता है तथा यह अनुभव केवल मानव देह द्वारा ही व्यक्त होता है। इसीलिए इसकी मर्यादा होती है, जिसकी वजह से सामान्य जनों को इनमें दोष दिखाई देते हैं और संदेह निर्माण होता है।

इस व्यक्त चरित्र और अव्यक्त अनुभव को जानने के लिए सगुण चरित्र के गायन और अभ्यास की नितांत आवश्यकता होती है। इन अवतार चरित्रों के कथा–प्रसंगों के वर्णन जब उनके प्रेम और अपनेपन से होते हैं तथा उन पर निरूपण उनके अंतःकरण को जानने के लिए होते हैं, तभी अपने अंतःकरण की अवस्था उनके अंतःकरण जैसी होगी और मानवी देह में ईश्वरीय अनुभव का रहस्य हम जानने लगेंगे तथा स्वयं भी महसूस करने लगेंगे। 'ये मेरे राम' ग्रंथ में राम के चरित्र को रहस्य सहित उद्‌घाटित किया है।

त्रेतायुग में भगवान् नारायण ने प्रभु राम के रूप में भारतभूमि अयोध्या में अवतार लिया। रामावतार की विशिष्टता यह थी कि एक सामान्य अज्ञानी जीव के रूप में जन्म लेकर सद्‌गुरु की शरण में आए तथा आत्मधर्म प्राप्त किया। उसी आत्मधर्म के अधिष्ठान पर उन्होंने अपना जीवन व्यतीत किया और सिद्ध कर दिखाया कि सामान्य जन भी 'आत्मधर्म' प्राप्त कर उस अधिष्ठान पर अपना जीवन जी सकते हैं।

राम-चरित्र का तीन आधारों द्वारा वर्णन किया जा सकता है। एक आधार है ऐतिहासिक। प्रभु राम का चरित्र एक इतिहास है, इसलिए उनके चरित्र के सत्यत्व के विषय में कोई संदेह ही नहीं है। परंतु इतिहास एक अभ्यास का विषय होकर रह जाता है।

दूसरा आधार यानी पौराणिक। रामायण एक पौराणिक ग्रंथ है, जहाँ कथा पर अधिक जोर डाला जाता है। अनेक कथा-प्रसंगों को रँगकर मन को आकर्षित किया जाता है और मन पर परमेश्वरीय सत्ता का संस्कार किया जाता है, ताकि मन परमेश्वर के प्रेमभाव में डूबा रहे। यह पुराणों का मर्यादित हेतु होता है।

राम-चरित्र का तीसरा आधार है आध्यात्मिक। अर्थात् उस आत्मस्वरूप को अपने अंत:करण में अनुभव करना तथा वैसा जीवन जीकर आदर्श स्थापित करना।

रामायण का विचार अब तक केवल पौराणिक और ऐतिहासिक आधारों द्वारा ही हुआ है। मन की कल्पना और बुद्धि तर्क के द्वारा रामायण में उद्धरित अनेक प्रसंगों के रहस्यों को जाना है, परंतु उनके उत्तर से समाधान नहीं हुआ। केवल आध्यात्मिक अनुभव के आधार पर ही राम-चरित्र को यथार्थ रूप में जान सकते हैं, जहाँ मन की कल्पना और बुद्धि के तर्क का कोई स्थान नहीं रहता।

मूलत: 'रामायण' वाल्मीकि महर्षि द्वारा रचित महाकाव्य है, जो कठिन तपस्या से शुद्ध और कोमल अंत:करण द्वारा स्फुरित हुआ है। यदि रामायण को काव्य कहें तो राम पौराणिक पुरुष माने जाएँगे। किंतु वाल्मीकि आत्मानुभवी थे, इसीलिए रामायण काल्पनिक न होकर, स्वानुभव से स्फुरित रूपकात्मक महाकाव्य है।

तत्पश्चात् साक्षात् रामावतार हुआ और राम-चरित्र प्रगट हुआ। रामायण से यह सिद्ध होता है कि अज्ञान और अहंकार से युक्त मानवी अंत:करण ज्ञानी और निरहंकार अवस्था में कैसे परिवर्तित होता है। राम-चरित्र एक आध्यात्मिक रूपक है तथा राम सर्व प्राणिमात्र में आत्मा के रूप में निवास करनेवाला आत्माराम। 'अध्यात्म' का अर्थ है आत्मा का अधिष्ठान। यह एक

मूलभूत अनुभव है। इस अनुभव को सिद्ध करने के लिए पुराणों की रचना हुई है। रामावतार एक इतिहास होने से वस्तुस्थिति प्रगट हुई है।

इन सारी बातों को अच्छी तरह जाना नहीं तो मन में संशय और बुद्धि में संभ्रम निर्माण हो जाता है। वहीं यदि अंत:करण में स्वानुभव से इन बातों को जान लें, तब मन का संशय और बुद्धि द्वारा की गई कल्पनाओं का पूर्ण लोप हो, केवल आनंद-ही-आनंद का अनुभव होता है तथा वही बताने के लिए शेष रहता है।

आत्मानुभव की यह अवस्था केवल सद्गुरु की कृपा से ही प्राप्त होती है। सद्गुरु के प्रति अनन्य शरणागति से ही सद्गुरु की भक्ति हो सकती है। यही स्वानुभव का मूलमंत्र है।

अर्थात् अंत:करण में आत्माराम का अस्तित्व ही मूलभूत सत्य है। भक्ति परायण व संत श्रेष्ठ तुकाराम ने भी अपने स्वानुभव से ये पंक्तियाँ लिखी हैं—

ये राम हैं कल के, जो पुत्र हैं दशरथ के।
पर युगों-युगों से हैं आत्माराम॥

पुराणों में वर्णन किए अनुसार भगवान् शिव जिस राम नाम में रमे रहते हैं, वह भी यही आत्माराम हैं। नारद ऋषि की कृपा से वाल्मीकि ऋषि ने कठोर तपस्या कर अपने अंत:करण में इसी आत्माराम का अनुभव किया। इसी कारण उनका अंत:करण प्रेमस्वरूप हो गया। आत्माराम के प्रति अत्यंत प्रेम के कारण तथा नारद की प्रेरणा से ऋषि वाल्मीकि के अंत:करण से 'रामायण' स्फुरित हुई, पश्चात् प्रत्यक्ष रूप से भी राम-चरित्र प्रगट हुआ, अर्थात् साक्षात् राम-चरित्र वाल्मीकि द्वारा लिखित रामायण तक ही सीमित नहीं था।

ये अवतार चरित्र त्रेता युग में रामावतार तक ही मर्यादित नहीं रहे। इसके पश्चात् भी कई संत-महात्माओं, सद्भक्तों व सत्पुरुषों ने सद्गुरु की कृपा से आत्माराम से मुलाकात की। इस मुलाकात से उनके अंत:करण की अवस्था भी प्रेमस्वरूप हो गई। अंत:करण की प्रेमस्वरूप अवस्था व आत्माराम के प्रति अमिट प्रेम के कारण उनके अंत:करण से प्रेम, कई माध्यमों द्वारा जैसे

निरूपण, कीर्तन, गायन और कार्य द्वारा पसरता फैलता रहा। उनका पूर्ण जीवन भक्तिमय हो गया।

यह मेरा परम सौभाग्य है कि ऐसा जीवन और ऐसा अनुभव अवधूत स्वामी के रूप में मुझे देखने और जानने को मिला तथा उन्हीं की कृपा से मुझे भी यह अनुभव हुआ। स्वानुभव के आनंद को 'ये मेरे राम' ग्रंथ द्वारा उन्हीं के चरणों में अर्पित करता हूँ।

श्री किशोर ठाकरे (भाऊ) ने अपना तन, मन और धन लगाकर इस कार्य में अपना सहयोग दिया है। उनकी इस प्रेमसेवा के लिए ईश्वर उन्हें आनंददायी भक्ति-फल से लाभान्वित करे, यही मेरी जगन्नियंता परमेश्वर के चरणों में प्रार्थना है।

प्रभु चरणों में मेरी भी यह प्रार्थना है कि 'ये मेरे राम' ग्रंथ सभी के मन को भाए और सभी को उससे प्रेम हो जाए, ताकि उससे प्राप्त होने वाली अखंड भक्ति के आनंद से सभी का अंत:करण सदा-सदा के लिए प्रेमपूर्ण और आनंददायी रहे। मेरे लिए प्रभु से यही कामना है कि प्रभु कृपावंत हो मुझे यह वरदान दें कि बस

तेरा प्रेम तुझे सदा-सदा के लिए ऐसा ही मिलता रहे।

हरि ओ३म् तत सत्॥

—श्री परमानंद स्वामी

अनुवादिका का मनोगत

अनेक अलौकिक ग्रंथ जैसे 'हा राम माझा', 'कृष्ण सखा माझा', 'कृष्ण परमात्मा' तथा 'दत्त हाची अवधूत' एवं तीन सौ से अधिक भजन, आरती और आख्यानों के रचयिता श्री परमानंद स्वामी जैसे संतपुरुष का इस भूतल पर प्रगट होना एक अद्‌भुत एवं असामान्य बात है। सामान्य जनों के उद्धार एवं भक्तिमार्ग के प्रगटीकरण हेतु परमेश्वर स्वयं महात्मा के रूप में अवतरित होते हैं।

ईश्वर-प्राप्ति का मार्ग अनादिकाल से ही है, परंतु कलियुग में यह लुप्तप्राय हो गया है। इससे पूर्व भी जिस किसी महात्मा ने ईश्वर-प्राप्ति का पूर्णरूप से अनुभव किया है, उसने सगुण प्रेमभक्ति-मार्ग को ही अपना माध्यम बनाया है। किंतु कुछ काल ऐसा भी व्यतीत हुआ, जब गुरुशिष्य परंपरा खंडित हुई। इस परंपरा को पुनर्जीवित करने के लिए स्वयं श्री दत्तात्रय अवतरित हुए श्रीपाद श्रीवल्लभ, श्रीनृसिंह सरस्वती, श्री स्वामी समर्थ, श्री सिद्धपादाचार्य स्वामी, श्री पद्‌मनाभ स्वामी, श्री गजानन स्वामी तथा श्री अवधूत स्वामी ने इस परंपरा का निर्वाह किया है। वर्तमान काल में श्री परमानंद स्वामी ने इस कार्य की धुरी अपने हाथों में ली है।

इस कलियुग के काल में सद्‌गुरु भक्ति का लोप हो रहा है। कारण—वैराग्यपूर्ण शिष्यभाव कठिन और दुर्लभ होता जा रहा है। इस समस्या पर श्री अवधूत स्वामी महाराज (जो परमानंद स्वामी के सद्‌गुरु और पिता थे) ने उपाय खोजा और सगुण प्रेमभक्ति-मार्ग सामान्य जनों के लिए उपलब्ध किया। श्री अवधूत स्वामी के महानिर्वाण के पश्चात् उनके परम शिष्य और परम भक्त श्री परमानंद स्वामी ने उसी सगुण प्रेमभक्ति-मार्ग को प्रकट रखने

का ईश्वरीय कार्य भक्तिभाव से कर रहे हैं।

श्री परमानंद स्वामी से मेरी भेंट सन् 2001 में दादर दत्तपीठ में हुई। इस पहली भेंट में मुझे जिस लोमहर्षक और अलौकिक आनंद की प्राप्ति हुई थी, वह अवर्णनीय है। तभी से मुझे विश्वास हो गया था कि जीवन में जो रिक्तता है, उसकी पूर्ति अब निश्चित ही होगी। मुझे इनसे कभी भी विलग नहीं होना है।

परमानंद स्वामी द्वारा रचित 'कृष्ण परमात्मा' ग्रंथ को महाराष्ट्र साहित्य परिषद्, पुणे ने 'मृत्युंजय पारितोषिक' से सम्मानित किया है। वंदना प्रकाशन, मुंबई ने 'दत्त हाचि अवधूत' ग्रंथ को प्रथम श्रेणी के आध्यात्मिक ग्रंथ का दरजा देते हुए उत्कृष्ट मराठी वाङ्मय का पुरस्कार प्राप्त हुआ है।

श्री परमानंद स्वामी की असीम कृपा से मुझे यह सौभाग्य प्राप्त हुआ कि उनके द्वारा मराठी भाषा में रचित 'हा राम माझा' का हिंदी में 'ये राम मेरे' के रूप में अनुवाद हो सका। श्री परमानंद स्वामी के ग्रंथों का हिंदी में अनुवाद मेरे लिए भक्ति का एक साधन है, जिससे मैं उनके अंत:करण को निकटता से जान सकूँ।

इससे पूर्व सन् 2012 में मराठी ग्रंथ 'कृष्ण सखा माझा' का हिंदी में अनुवाद 'कृष्ण मेरा सखा' के रूप में हुआ है।

स्वामी के ग्रंथों की विशेषता यह है कि इन्होंने अपने लेखन द्वारा ईश्वरीय अनुभव प्राप्त करने का मार्ग प्रशस्त किया है। अपने अमृततुल्य अनुभव को बड़ी सहजता और पारदर्शिता के साथ प्रकट किया है, जो भावुकों के लिए मार्मिक और मार्गप्रदर्शक है। इसमें अत्यंत गूढ़ शब्द जैसे आत्मानुभव, ईश्वरीय अनुभव, आत्मस्वरूप, प्रेमस्वरूप अवस्था एवं एकरूपता इत्यादि का समावेश है, जो अपने भावार्थ के साथ प्रकट हुए हैं।

श्री परमानंद स्वामी के सान्निध्य में रहते हुए मैंने यह अनुभव लिया है कि भक्ति से प्राप्त आनंद अवर्णनीय है, जिसका कोई पर्याय नहीं है। ईश्वर की भक्ति से ही व्यक्ति निर्भय, निरंकारी, आनंदित और आत्मानुभवी हो सकता है। उसमें ईश्वरीय गुणों का समावेश सहज ही हो जाता है। पल-पल और क्षण-क्षण आनंद की अनुभूति देनेवाला यह मार्ग अति विशिष्ट

और अनुपम है। किंतु काल की गति विपरीत है, इसीलिए सदा सत्संग में रहते हुए इसका अनुभव लेना दुर्लभ होता जा रहा है।

श्री परमानंद स्वामी, जिन्हें हम प्रेम से 'प्रभु' कहते हैं, इनके जीवन-चरित्र से इन्होंने सिद्ध किया है कि गृहस्थाश्रम में रहते हुए तथा अपने कर्तव्यों का उत्तम रीति से पालन करते हुए प्रतिपल ईश्वरीय अनुभव की अवस्था में कैसे रहा जा सकता है।

प्रभु ने राम-चरित्र का माध्यम लेते हुए राम की प्रेमस्वरूप अंतःकरणी अवस्था को ही प्रमुखता से प्रकट किया है। सीता, लक्ष्मण, वाल्मीकि, हनुमान इत्यादि पात्रों का वर्णन एवं कथा का संक्षिप्त वर्णन करते हुए प्रभु ने भक्तिमार्ग और एकरूपता को ही अधिक स्पष्ट किया है।

सेवा से प्रेम, प्रेम से भक्ति और भक्ति से प्राप्त ज्ञान ही श्रेष्ठ है। भक्ति के बिना ज्ञान, पतन की ओर ले जाता है। इसीलिए भक्तिभाव का प्रेम से जतन करना चाहिए। नारद-लक्ष्मी संवाद के माध्यम से प्रभु ने कई मूलभूत बातें, जैसे सृष्टि का निर्माण, उसमें मानव की निर्मिति, मन जैसे अद्‌भुत तत्त्व का निर्माण, आत्मा के रूप में नारायण की अंशात्मक उपस्थिति आदि का बोध दिया है। इस सृष्टि-खेल को किस दृष्टि से देखना और इसका आनंद लेना, यह भी स्पष्ट किया है। वाल्मीकि-चरित्र से सामान्य जन को भी प्रेरणा मिलती है कि कैसे एक पतित का अंतःकरण भी प्रेमस्वरूप हो सकता है।

इस ग्रंथ में रामभक्त शबरी का अलौलिक प्रसंग प्रकट हुआ है। एक अबला स्त्री को आश्रय देकर मातंग ऋषि ने उनमें ईश्वरीय प्रेम की भावना जगा दी। अत्यंत बलशाली और बुद्धिमान हनुमान भी इस निष्कर्ष पर पहुँच गए कि जब उनकी सारी बुद्धि और शक्ति प्रभु राम के ईश्वरीय कार्य में लगेगी, तब ही उन्हें सच्चा और पूर्ण समाधान प्राप्त होगा। ग्रंथ का उपसंहार करते हुए श्री परमानंद स्वामी ने नारद-लक्ष्मी संवाद द्वारा प्रश्न पूछे हैं और उनका उत्तर दिया है कि मानव रूप में अवतरित राम के संपर्क और सान्निध्य में अनेक जन आए, परंतु उनके अंतःकरण से कुछ ही एकरूप हो पाए। पर जो एकरूप नहीं हो पाए, उनके भाव में क्या कमी रह गई थी?

ऐसे मूलभूत प्रश्नों और उत्तरों में ही भक्तिभार्ग का सार छुपा है।

इस तरह के कई अद्‌भुत और गूढ़ रहस्यों को व्यक्त करनेवाले इस महान् ग्रंथ के हिंदी अनुवाद को मैं प्रभु के पावन चरणों में प्रेमपूर्वक अर्पित करती हूँ। इस ग्रंथ का शब्द-संयोजन श्रीमती वंदना कपूर ने किया है। उनके इस सहयोग के लिए मैं हृदय से उनका अभिवादन करती हूँ। पृष्ठ-सज्जा में श्रीमती प्रज्ञा देसाई ने सहयोग दिया है। मेरे पिताजी श्री नारायण सिंह डागोर और दैनिक समाचार-पत्र 'सामना' के पत्रकार श्री दिलीप सिंह 'मंजू' ने प्रूफ-संशोधन करने का कार्य संपन्न किया।

—डॉ. सौ. सुधा राठोड़

बी/2, 203, विहंग गार्डन,
रेमंड्स कंपनी गेट के सामने,
वर्तक नगर, ठाणे (पश्चिम)
फोन : 09769000309
इ-मेल : sudharathod@gmail.com

अनुक्रम

बैकुंठ धाम

भगवान् नारायण अपनी सुख-शैया पर शांत और प्रसन्न मुद्रा में लेटे हुए थे। मेघ समान श्यामल वर्ण की कांति दिव्य तेज लिये झलक रही थी। कटि में स्वर्ण किनारी का पीतांबर, कंठ में दिव्य सुगंध से युक्त वैजयंती माला तथा जरीदार कुरता पहने नारायण अत्यंत शोभनीय लग रहे थे। मुखकमल पर जैसे सारे विश्व का सुख, समाधान और शांति विराजमान थी। मुखकमल का ऐसा चित्र, जिसके ध्यान में ऋषि-मुनि और योगी आनंदमग्न हो जाएँ; शास्त्रों, विद्या और कला का अभ्यास करनेवालों का, एकमात्र विषय बन जाए तथा भक्तों के आनंद का एकमेव कारण हो जाए।

निद्रा न जागृति, ऐसी स्थिति में रमने वाले नारायण के मुखकमल पर गूढ़, अगम्य और रम्य भाव को निहारते हुए लक्ष्मी अपने कोमल करों से नारायण के चरणकमल सहला रही थीं। अल्प सा प्रेमभाव भी यदि नारायण के प्रति किसी को हो जाए, उसे ही भक्तिभाव समझने वाले नारायण उसके रक्षण के लिए तुरंत दौड़ जाते हैं और जब थककर आते हैं तो लक्ष्मी प्रेम से उनके चरणों को दबाती हैं। एकरूप होकर भी अलग दिखाई देनेवाली नारायण की माया, नारायण के प्रत्येक अवतार में उनकी कार्यशक्ति बनकर प्रगट होती हैं। नारायण के माहात्म्य जानने के लिए सदैव आतुर लक्ष्मी, नारायण की ओर एकटक देखते-देखते उनके प्रेम में पूर्णतः डूब अपना अस्तित्व ही भूल गईं।

लक्ष्मीनारायण के इस प्रेमी युगल को अत्यंत प्रेम और अपनेपन से निहार रहे शेष का अंतःकरण नारायण के प्रेम से भर गया और उन्हें नारायण

के माहात्म्य का स्मरण होने लगा। वे कहने लगे, ''हे भगवंत, हे बैकुंठपति, हे सर्व ब्रह्मांड के स्वामी, आपकी जय हो! सुंदर रूप और पावन चरित्र द्वारा प्रगट होने वाला तुम्हारा सगुण रूप अत्यंत रमणीय और पवित्र करनेवाला है। यही एकमेव स्मरणीय है। चंद्र के समान शीतल आपके मुखकमल पर ज्ञानरवि का तेज आपके मुखकमल को शोभायमान कर रहा है। मधुर वाणी से स्फुरित आपके प्रेम शब्दों की माधुरी अमृत से अधिक सुरस और सरस है। आपके अंत:करण को प्रगट करनेवाले ज्ञान-वचन साक्षात् सरस्वती देवी का विलास हैं। ऐसे ही आपके रूप का ध्यान करते हुए मेरे अंत:करण में आपका ही स्वरूप विराजमान हो जाता है तथा रोम-रोम पुलकित हो एक परमानंद ही शेष रहता है।

''संपूर्ण विश्व को आधार देनेवाले हे प्रभु, जब आप मेरी सेवा को स्वीकार कर मुझमें विश्रांति लेते हैं तब आपकी प्रेमलीला और भी अधिक विस्तारित होती है और आपकी प्रेमसेवा इसी तरह निरंतर बढ़ती रहे, यही एकमात्र भाव दृढ हो जाता है। सेवा का अवसर मिलने से मुझे आपका सान्निध्य मिलता है। आपके मधुर वचनों से मन में आपके प्रति प्रेम बढ़ता है। आपकी मुझ पर यह विशेष कृपा है कि आपके अवतार कार्य में आप मुझे नित्य अपने साथ रखते हैं, जिससे मेरे सेवाभाव का अखंडत्व बना रहता है। आपकी इस कृपा का मैं सदैव पात्र बना रहूँ, यही मेरी आपके चरणों में विनती है।''

शेष स्तुति कर रहे थे तथा नारायण अपनी विश्रांति मुद्रा में नेत्र बंद किए लेटे हुए थे। लक्ष्मी भी अपने कोमल करों से नारायण की पद सेवा करते हुए मंद स्वर में नारायण की स्तुति कर रही थीं, पर उन्हें नारायण का ध्यान आकर्षित करने में सफलता नहीं मिल रही थी। बहुत प्रेम से वे नारायण का मुखकमल निहार रही थीं। नारायण के तेजस्वी रूप पर आनंद की लहरें उठते देख, वे जान गईं कि नारायण किसी चिंतन में मग्न हैं, किंतु शेष इस बात से अनभिज्ञ थे। इसलिए लक्ष्मी शेष को समझाते हुए कहने लगीं, ''हे शेष, हम कितने भाग्यवान हैं, जो हमें नारायण के चरणों का आश्रय मिला। उनका सान्निध्य और उनकी सेवा करने का सौभाग्य हमें प्राप्त है। परंतु

फिर भी हम उनके अंतस की बात जान नहीं पाते। इसका कारण यही है कि हमारा अंत:करण अभी तक उनके प्रेम और माहात्म्य से भरा नहीं है, इसीलिए वे हमसे अपने हृदय की बातें खुलकर नहीं कह पाते। इतने करीब रहकर भी हम उनके अवतार कार्य का रहस्य तथा उनके अंत:करण के अनुभव को जान नहीं पाए।''

लक्ष्मी के वचन सुन शेष कुछ उदास हो गए और कहने लगे, ''हमें ऐसा क्या करना चाहिए, जिससे नारायण हमसे प्रसन्न रहें। नारायण की अंतर्मुखता और मौन मुझसे अब और अधिक सहन नहीं होता।'' शेष के इन उद्‌गारों को सुन लक्ष्मी शेष को आश्वस्त करते हुए कहने लगीं, ''ऐसी स्थिति में हमें शांत ही रहना चाहिए। स्वामी की ऐसी तल्लीन अवस्था के पश्चात् ही बहुत उत्कटता और आतुरता से उनकी लीला प्रगट होती है। यह मैं अपने अनुभव से बता रही हूँ। अत: हमें धैर्य रखते हुए, उनके प्रेम में रमे रहना चाहिए। उनके दिए प्रेम के अनुभव का स्मरण व पुन: प्रेम पाने की लालसा से, हम उनके प्रेम से युक्त रहेंगे तथा उनकी प्रगट होने वाली प्रेमलीला का आनंद ले पाएँगे।''

□

बैकुंठ में नारद का आगमन

लक्ष्मी की बातें पूर्ण हों, इससे पहले ही हरिभक्तपरायण नारद का वीणा और करताल बजाते हुए 'जय नारायण, हरिनारायण' के जयघोष के साथ आगमन हुआ। लक्ष्मी ने शीघ्र ही उठकर नारद का मधुर वचनों के साथ स्वागत किया तथा सादर आसन पर बैठाया। उनके चरण वंदन कर कुशलक्षेम पूछा। शेष ने भी प्रेमपूर्वक नारद का अभिवादन किया, पर बिना कुछ कहे चुपचाप बैठे रहे। नारद की दृष्टि सर्वप्रथम नारायण के मुखकमल पर विराजमान हुई, वे कुछ समय तक उन्हें प्रेमपूर्वक निहारते रहे। तत्पश्चात् उनकी दृष्टि लक्ष्मी तथा शेष की ओर गई। लक्ष्मी और शेष द्वारा किए गए स्वागत को स्वीकार करते हुए नारद जान गए कि दोनों किसी चिंता में डूबे हुए और उदास हैं। उनकी यह अवस्था देख नारद द्रवित हो गए। अत्यंत प्रेम और अपनेपन के साथ दोनों को संबोधित करते हुए नारद कहने लगे, "हे लक्ष्मी देवी और हे शेष! तुम दोनों कुशल मंगल तो हो न? सचमुच इस त्रिलोक में तुम्हारे जैसा भाग्यशाली कोई और नहीं है। नारायण के सान्निध्य और प्रेम का तुम नित्य सेवन करते हो। सारे सुख तुम्हारी सेवा में हाथ जोड़कर उपस्थित रहते हैं। तब ऐसी कौन सी बात है, जिससे तुम चिंतामग्न दिखाई दे रहे हो? नारायण का स्वास्थ्य तो ठीक है न? सदा भक्तों की चिंता करते रहने तथा उनके कल्याण के लिए कार्य करते हुए नारायण का अपनी देहावस्था की ओर ध्यान ही नहीं जाता। आत्मबल के सामर्थ्य से धर्मकार्य करते हुए इनको अपनी सुकोमल व सुकुमार देह की ओर ध्यान देने का भान ही नहीं रहता। नारायण के प्रेम से युक्त, नारायण का गुणगान करते

करते, संपूर्ण विश्व में विचरण करते हुए, मुझे नारायण के स्वास्थ्य की चिंता अवश्य रहती है, लेकिन उनकी सेवा करने का अवसर कम ही मिलता है। पर तुम उनके करीब रहते हो तथा सदा उनकी सेवा में लीन रहते हो, जिससे मेरी चिंता कम हो जाती है।''

नारद के प्रेमपूर्ण वचनों को सुन शेष में स्फूर्ति आ गई। लक्ष्मी भी नारायण के प्रेम से प्रफुल्लित हो उठीं और कहने लगीं, ''हे भगवद्‌प्रिय नारद! आप जो कह रहे हैं, वह शत प्रतिशत सत्य है। बाह्य रूप से हम नारायण के एकदम निकट हैं। प्रेम से हम नारायण की सेवा करते हैं और उनके स्वास्थ्य का ध्यान रखते हैं, जिससे नारायण हमसे संतुष्ट रहते हैं। फिर भी हमारे और नारायण के बीच एक प्रकार की दूरी है। इस दूरी को किस तरह मिटाया जाए, यही हम समझ नहीं पा रहे हैं। इसीलिए हमें आनंद नहीं होता। हमें इसी बात का दुःख है। हमारे इस दुःख को आप ही दूर कर सकते हैं। काफी समय से नारायण अंतर्मुख अवस्था में ही हैं। उनकी इस अवस्था से हम एकरूप नहीं हो पा रहे हैं। हममें उन्हें उस अवस्था से बाहर लाने योग्य भावबल नहीं है। हे नारद महर्षि, आप महान् ज्ञानी हैं और नारायण के परम भक्त भी। आप नारायण के अंतःकरण की अवस्था भी जानते हैं तथा उनके अंतःकरण के बेहद करीब भी हैं। इसीलिए आप ही नारायण को उनके स्वानंदसुख की अवस्था से आनंदानुभव की अवस्था में लाकर जाग्रत् करें, ताकि हमें भी मनःस्वास्थ्य मिले तथा हम भी उनके प्रेम का अनुभव कर सकें।''

नारद ने नारायण की ध्यानमग्न मुद्रा के विनम्र भाव से दर्शन किए तथा दोनों नेत्रों को मूँद अपने हृदयस्थ आत्मदेव के ध्यान में पूर्णतः मग्न हो गए। उनके अंतस में नारायण का प्रेमभाव भक्तिभाव के रूप में साकार होने लगा। वीणा के तार छिड़ गए तथा भक्तिभाव नारायण के गुणगान के माध्यम से शब्द रूप में साकार होने लगा।

''हे नारायण, हे हृदयस्थ आत्मदेव! मैं अपने सारे भाव आपके चरणों में अर्पित करता हूँ। अंतःकरण में आपकी छवि सदैव महसूस करते हुए भी मैं बाह्य रूप से आपसे भेंट लेने के लिए सदैव आतुर रहता हूँ। यह सारा

माहात्म्य आपकी सगुण भक्ति का ही है। हमेशा यही ध्यान लगा रहता है कि अंतस में सदा आपके दर्शन करते हुए भी प्रत्यक्ष रूप से आपके दर्शन करूँ, आपके चरणों का स्मरण करते हुए भी आपकी सेवा में उपस्थित रहूँ, अंतस में निरंतर घूमने वाले नाद के मधुर शब्दों को प्रत्यक्ष रूप से आपके मुख से श्रवण करूँ। मेरे जीवन में आपने प्रमुख स्थान स्वीकार कर तथा अपना सख्यत्व देकर मुझे निहाल कर दिया। आप भी मुझसे भेंट और संवाद के लिए आतुर रहते हैं, यह आपका मुझ पर अपार प्रेम है। आपके बोध से संसार का मिथ्यत्व मैं जान गया हूँ तथा मुझे प्रेम भक्ति के माहात्म्य का अनुभव हो गया है। मेरी भक्ति स्वीकार कर आपने मुझे भक्त-रूप में अपने अंतःकरण में स्थान दिया है, इससे आपका अनन्य साधारण प्रेम ही प्रगट होता है। भक्तिभाव से एकरूप हो मैं आपके अंतःकरण को यथार्थ रूप से जान सकूँ, इसलिए आप मुझे भक्ति की ओर प्रेरित करते हैं। प्रेम से आप अपने अंतःकरण में छिपे रहस्यों को प्रगट करते हैं। हे मतप्रिय नारायण, मेरी विरहावस्था को दूर कर मुझे अपने अलौकिक आनंद से परिपूर्ण कर दें।''

नारद के गायन की प्रेम लहरी से उठने वाले निनाद नारायण के अंतःकरण को छूने लगे। स्वानंद में रहनेवाले नारायण को नारद के भक्तिभाव ने स्पर्श किया और उनके मुखमंडल पर प्रसन्नता के भाव उभरने लगे। कमल के समान खिले हुए नेत्र खुल गए तथा प्रेमल दृष्टिक्षेप नारद पर पड़ा। ब्रह्म नाद में रमे नारद अपना देहभान भूल आनंद गायन कर रहे थे, जिसे देख नारायण अत्यधिक संतृप्त हुए। नारायण अपना आसन छोड़ नारद के पास गए और उन्हें प्रेमालिंगन दिया। नारायण के प्रेमल और दिव्य स्पर्श से नारद देहभान में लौट आए और उन्होंने कृतज्ञतापूर्वक नारायण के चरणों में वंदन किया। नारायण ने प्रेम से नारद को उठाकर अपने अंक से लगा लिया। नारद के मस्तक को चूमने के बाद उन्होंने कई बार अपने रसमय अधरों से नारद के गालों को चूमा, जिससे नारद का रोम-रोम पुलकित हो उठा। सारी काया रोमांचित हो गई। पश्चात् नारायण ने नारद का हाथ पकड़ उन्हें अपने आसन पर अपने समीप बैठा लिया। देव-भक्त के ऐसे अभूतपूर्व मिलन को देख शेष दंग रह गए, किंतु लक्ष्मी ने इन सुखद क्षणों का लाभ उठाया तथा आनंद

से अभिभूत हो नारायण का गुणगान करने लगीं, ''हे नारायण, आप सचमुच ईश्वर हैं। आपके सगुण रूप के मोह तथा सगुण प्रेम से ललचाए भक्तों को आप अपने आनंददायी खेल में सम्मिलित करते हैं। अपने ही प्रेम को अनुभव करने की चाह में आप देवभक्त नातों का निर्माण कर इस आनंददायी खेल का नित्य आनंद लेते हैं। दौड़कर आपकी भेंट लेने आए भक्तों को देख आपका मुखकमल हर्ष से झूम उठता है। आपके भक्त भी आपको देखकर दर्शन लेते हैं और आप उन्हें अपना अंग-संग देकर उनके प्रेम में रंग जाते हैं।

इस प्रकार एक-दूसरे को सुख देते हुए, आप प्रेममय हो जाते हैं। आपके प्रेम-दर्शन से भक्त के मुख से गुणगायन स्फुरित होता है, जिसके श्रवण से आप आनंदित होते हैं। पूर्ण परिसर इस आनंद से भर जाता है तथा आप भक्तों के संग इस आनंद सागर में डूब जाते हैं। भक्तों के साथ क्रीड़ा करते हुए आनंद-सागर में आनंद की लहरें उठती रहती हैं। आनंद का एक-एक क्षण आनंद का उत्सव बन जाता है तथा भक्तों के लिए प्रेम पर्व हो जाता है। हे नारायण, आपके प्रेमी भक्त आपको कली का नारद क्यों कहते हैं, यह तो मैं नहीं जानती, लेकिन मैंने कई बार महसूस किया है कि नारद को देख आपकी कली-कली खिल जाती है। हे नारायण, मेरे अधिपति, मैं भी आपसे विनती करती हूँ कि मुझे आप अपने इस प्रेम खेल में सहभागी बनाएँ, जिससे आपकी भक्ति का आनंद मुझे भी मिल सके।''

□

नारायण-नारद संवाद

लक्ष्मी के प्रीतिभाव से नारायण अत्यंत संतुष्ट हुए। उन्होंने लक्ष्मी को बहुत प्रेम से अपने पास बैठाया। शेष की ओर एक प्रेमल दृष्टिक्षेप डाला तथा सभी का ध्यान अपनी ओर आकर्षित करते हुए कहने लगे, ''हे नारद, तुम तो जानते हो कि मेरी प्रेरणा और आज्ञा से ब्रह्मदेव ने जब इस सृष्टि का निर्माण किया था, तब ही मैंने उनका ध्यान इसकी अपूर्णता की ओर दिलाया था। सृष्टिरूप में प्रगट तथा उससे भी परे अप्रकट मेरे अस्तित्व को पूर्णत: जानने के लिए और इस सृष्टिरूपी खेल का पूर्ण आनंद लेने के लिए मैंने मानवों की निर्मिति के लिए ब्रह्मदेव को आदेश दिया था। मानव इसे अनुभव करें, इसीलिए आत्मा के रूप में अंशात्मक विद्यमान होने की बात भी मैंने उन्हें कही थी। वे मुझे जान सकें और मेरा पूर्ण अनुभव ले सकें, इसीलिए मानव देह में मन जैसे अद्‌भुत तत्त्व का निर्माण करने की प्रेरणा मैंने उन्हें दी थी। देह, मन और बुद्धि को साधन बनाकर उनमें विद्यमान आत्मरूप में मेरे अस्तित्व का अनुभव कर सकें तथा देहत्याग के पश्चात् मेरे विराट् स्वरूप में विलीन हों। आत्मज्ञान प्राप्ति का मार्ग प्रशस्त करने के लिए मैंने ब्रह्मदेव को आज्ञा दी थी। मेरे द्वारा सहज स्फुरित होने वाले आत्मज्ञान को मैंने ब्रह्मदेव के समक्ष प्रगट कर उनमें इस ज्ञान को अधिष्ठित किया।

''मेरे संकल्प को प्रमाण मान ब्रह्मदेव ने संपूर्ण सृष्टि की रचना की और मुझे संतुष्ट किया। तदनुसार शुरुआत में सभी मानव मानव-जन्म का रहस्य जानकर मानवी देह में ही मुझे अनुभव करते हुए देहत्याग के पश्चात् मेरे विराट् स्वरूप में विलीन हो जाते थे। नित्य स्वानंद के अनुभव में लीन रहते हुए भी मेरे हेतु की पूर्ति से मुझे आनंद होता था। परंतु काफी समय से मुझ

तक पहुँचने वाले मानवी जीवों की संख्या कम होती जा रही है और अब बहुत समय से कोई जीव मुझ तक पहुँचा ही नहीं है, जिससे मैं चिंतित हूँ। सृष्टि का व्यवहार नित्यक्रमानुसार चल रहा है, परंतु सृष्टिखेल निर्माण करने का प्रमुख उद्‌देश्य ही पूरा नहीं हो रहा है। इसीलिए इस खेल से मुझे आनंद नहीं हो रहा है।''

नारायण के अंतःकरण की अवस्था व्यक्त करनेवाले वचनों को सुन नारद गंभीर हो गए। नारायण के अंतःकरण से एकरूप होने के कारण नारद नारायण की व्याकुलता जान गए और उनकी व्यथा समझते हुए कहने लगे, ''हे देवाधिदेव, इस सृष्टि के खेल को आपने जिन नियमों से नीतिबद्ध किया है, वे आप ही जानते हैं। सृष्टि-खेल नियमित चलता रहे और खेल रँगता रहे, इस हेतु काल तथा उसकी सत्ता भी आपने ही निर्मित की है। खेल को जानते हुए उसका आनंद ले सकें, इस हेतु आपको तथा आपके खेल, जीव, जगत्, जीवनगाथा को जानने के लिए आत्मज्ञान भी आप ही ने प्रगट कर रखा है। सृष्टि के आरंभ में ब्रह्मदेव को यह ज्ञान देकर, इस ज्ञान को निरंतर प्रगट करने की प्रेरणा भी आप ही ने ब्रह्मदेव को दी थी।''

नारद की बातें सुन नारायण की आतुरता बेहद बढ़ गई। नारायण ने नारद को बीच में ही रोककर पूछा, ''यदि ऐसा ही है, तब मानवों को मुझ तक पहुँचने में क्या समस्या आ रही है? और इसका उपाय क्या है? नारद, तुम मेरे माहात्म्य को पूर्णतः जानते हुए नित्य एकरूप रहते हो तथा तीनों लोकों में मेरे गुणगायन करते हुए भ्रमण करते हो। अब मुझे बताओ कि इस सृष्टि में मानव की मौजूदा स्थिति क्या है? मुझ तक पहुँचने का मार्ग उनके लिए निश्चित है या नहीं। यह सब केवल तुम जानते हो, इसीलिए तुम्हीं इस विषय में मुझे विस्तृत रूप से बता सकते हो।''

नारद और नारायण का संवाद श्रद्धा और प्रेम से श्रवण कर रहीं लक्ष्मी इस संवाद को सुन चकित रह गईं तथा नारायण से पूछ बैठीं, ''हे नारायण, मैं समझ नहीं पा रही हूँ कि जिस संकल्प के साथ आपने इस सृष्टि को अपने आप में धारण किया है, उस सृष्टि की मौजूदा स्थिति आप ही नहीं जानते और नारद से इस विषय में पूछ रहे हैं, ऐसा कैसे हो सकता है? यह सत्य है कि नारद तुम्हारे परम भक्त हैं, परंतु इस बात पर मुझे विश्वास नहीं हो रहा

है। लेकिन आप यह बात स्वयं कह रहे हैं तो सत्य ही होगी। हे जगतनाथ, मुझे कृपा कर सारी बातें सविस्तार समझाएँ।''

लक्ष्मी की ओर प्रेम भरी नजर डालते हुए हुए नारायण अपनी मधुर वाणी में कहने लगे, ''हे लक्ष्मी, यही तो इस सृष्टि–खेल का रहस्य है। यह सृष्टि मुझमें इस तरह से एकरूप है कि मैं इसे भिन्न रूप में देख ही नहीं पाता। पर अद्‌भुत बात यह है कि इसी सृष्टि में कोई भाग्यशाली मेरा अनन्य भक्त हो आत्मज्ञान से मुझसे एकरूप हो जाता है तथा सृष्टिरूप में मेरी भिन्नता का अनुभव कर भक्तिभाव से इस सृष्टि–खेल का आनंद लेता है। यह सच है कि मेरे ज्ञान से मेरी सृष्टिरूपी माया का अंत हो जाता है। परंतु मेरा परमभक्त मुझे और मेरी माया को यथार्थ रूप से जानता है। वह एकरूपता और भिन्नता दोनों का अनुभव लेता है। इतना ही नहीं, वह माया द्वारा मेरे साथ भी खेलकर मुझे आनंदित करता है तथा स्वयं भी आनंद का अनुभव करता है। ऐसी विचित्र लीला केवल मेरी सगुण भक्ति द्वारा ही संभव है। मेरे सर्वश्रेष्ठ भक्तों द्वारा मेरा यह सृष्टि–खेल सदा चलता रहता है। मेरी भक्ति में नित्य रमे और मेरे खेल को रँगने वाले नारद जैसे भक्त, मुझे अत्यंत प्रिय हैं। मेरे हृदय में वे और उनके हृदय में मैं, यही हमारी अवस्था रहती है। एक–दूसरे के अंतस में बसे हम अपने आप को आपस में देखने व दिखाने की लगन में रहते हैं। इसी लगन से जब हमारी भेंट होती है, तब कौन किससे मिल रहा है, यह मालूम ही नहीं पड़ता।

नारायण के मुख से ऐसे रहस्यमय वचन सुन लक्ष्मी आश्चर्यचकित रह गईं। इस रहस्यपूर्ण आनंद का अनुभव लेनेवाले नारद की महानता को जानते हुए लक्ष्मी ने उन्हें वंदन किया तथा श्रद्धा और प्रेम के साथ विनयपूर्वक वे नारद से कहने लगीं, ''हे भगवद्‌प्रिय नारद, आप सचमुच धन्य हैं। इस रहस्यमय सृष्टि के खेल का सच्चा आनंद केवल आप ही लेते हैं तथा उस आनंद से सराबोर हो उनके गुणगायन से नारायण को प्रसन्न करते हैं। इसीलिए मुझ में भी इस सृष्टि का इतिहास और इसका रहस्य, नारायण की प्राप्ति तथा उनसे एकरूप होने का मार्ग एवं स्वयं आनंदित हो नारायण को प्रसन्न करने की कला जानने की लालसा जाग्रत् हो गई है। मैं जानती हूँ कि संपूर्ण त्रिभुवन में मेरी इस लालसा की पूर्ति केवल और केवल आप कर

सकते हैं। इसीलिए कृपावंत हो मेरी इस इच्छा की पूर्ति करें।''

लक्ष्मी की बातों से प्रभावित नारद का अंत:करण नारायण के प्रेम और माहात्म्य से छलकने लगा और मधुर शब्दों द्वारा बह निकला—''हे नारायणप्रिय लक्ष्मी, मैं तुम्हारा स्वागत करता हूँ। तुम सचमुच अभिनंदन की सुपात्र हो। नारायण के सान्निध्य में रहकर उनकी सेवा और उनका प्रेम पाकर भी तुमने नारायण के माहात्म्य को पूर्ण रूप से जान पूर्ण संतुष्ट और समाधानी होने की लगन लगी है, यह अत्यंत दुर्लभ है। इसीलिए अनमोल है। नारायण का सृष्टिरूप में प्रगट होना, कुछ समय अपनी लीला दिखाकर, पुन: इस सृष्टि को अपने में विलीन कर लेना, एकदम अद्‌भुत है। इस लीला के वर्णन का सौभाग्य भी मुझे तुम्हारे निमित्त तथा नारायण के संकल्प से ही मिला है। यह मेरा परम भाग्य है।''

नारद आगे कुछ और कहते, उससे पहले ही नारायण ने लक्ष्मी की ओर प्रेमल नजरों से देखा और कहने लगे, ''यदि नारद ने गुणगायन करना आरंभ कर दिया तो उन्हें न समय का भान रहेगा और न अपने आप का, परंतु हम ऐसा नहीं कर सकते। हम गृहस्थाश्रमी हैं तथा अतिथि का यथोचित् स्वागत करना हमारा धर्म है। हम पहले नारद का पूजन करेंगे और योग्य सम्मान दे, उनके साथ महाप्रसाद लेंगे।''

नारायण की इस प्रेमलीला से सभी प्रसन्न हुए। लक्ष्मी ने नारायण और नारद को उच्चासन पर बैठाया और उनका पूजन किया तथा बैकुंठ में पाए जानेवाले दिव्य रसों से युक्त व परिपक्व फल एवं नाना प्रकार के व्यंजन उन्हें अर्पित किए। रसपूर्ण पदार्थ का सेवन कर सभी तृप्त व संतुष्ट हुए।

कुछ समय विश्राम ले पुन: सभी नारायण के समीप बैठ गए। नारायण के माहात्म्य को सुनने की शेष की उत्सुकता, माहात्म्य को जानने की लक्ष्मी की आतुरता, उनके गायन के लिए आतुर नारद का भक्तिभाव तथा स्वयं के प्रेम को स्वयं अनुभव करने का नारायण का भाव शीर्ष छू रहा था। इसोलिए नारद का भक्तिगायन आरंभ हो गया।

□

नारद-लक्ष्मी संवाद

नारद कहने लगे, ''हे लक्ष्मीदेवी, नारायण की संकल्पानुसार ब्रह्मदेव ने नारायण से पाए आत्मज्ञान को सृष्टि के प्रारंभ से ही प्रगट कर रखा है। ब्रह्मा के पुत्र सनतकुमार को, सर्वप्रथम ब्रह्मा ने यह ज्ञान दिया तथा आज्ञा दी कि परंपरा को नित्य प्रगट रखें। आरंभ में सभी को यह ज्ञान सहज रूप से उपलब्ध था। वह काल कृतयुग था, जहाँ सृष्टि के अत्यंत पवित्र और पावन वातावरण में जीवन जीने से अंत:करण भी शुद्ध रहता था। केवल शब्द ज्ञान देने से ही चित्त में ध्यान लग जाता था। स्थिर मन, निश्चयात्मक बुद्धि तथा चित्त में एक ही लगन से आत्मानुभव की अवस्था सहज ही प्राप्त हो जाया करती थी। मानवी जन्म के हेतु स्पष्ट विदित होने से जीवन का ध्येय निश्चित हो जाता था तथा व्यक्ति, एकरूपता के अनुभव में सहज रमे रहते थे। मानव-जन्म की सार्थकता व इति कर्तव्यता की पूर्ति करते हुए, एक पके हुए फल के समान जैसे फल पेड़ के मूल को मिल जाता है, वैसे देहत्याग के पश्चात् आत्मस्वरूप मूल परमात्मस्वरूप अर्थात् नारायण में विलीन हो जाया करता था। मानवी-जीवन सहज, सुंदर तथा मधुर समाप्ति के साथ सृष्टि खेल का सही अर्थों में आनंद में रँगा रहता था।''

अद्‌भुत खेल के रमणीय वर्णन के श्रवण से लक्ष्मी भी उस रंग में रँग गईं। नारद की क्षण भर की स्तब्धता भी उनसे सहन नहीं हुई। वे उत्सुकतावश नारद से पूछ बैठीं, ''हे नारद, सृष्टि खेल व्यवस्थित रूप से चलते हुए चलायमान है, फिर ऐसा क्या हुआ, जिसके कारण खेल का रंग बेरंग होने लगा तथा जीवन में आनंद लुप्त हो गया? यह सब मुझे सविस्तार समझाएँ, यही मेरी आपसे प्रार्थना है।''

नारद कहने लगे, "हे लक्ष्मी, इस सृष्टि में कोई भी घटना अचानक घटित नहीं होती। उसकी प्रक्रिया बहुत पहले ही शुरू हो जाती है। पर अचानक जब उसकी प्रतिक्रिया सामने होती है तो प्रतीत होता है कि यह अचानक प्रगट हुई है, किंतु अनुभवी इस रहस्य को जानते हैं। सृष्टि-खेल को बाधित करनेवाले क्या कारण हैं, इस पर विचार किया जाए तो वह है 'काल'। सृष्टि के निर्माण के समय से ही काल का प्रवाह नारायण की नियति अनुसार आरंभ हो गया। इस काल-सत्ता के कारण ही सृष्टि और सृष्टि के अधीन सारी वस्तुएँ तथा प्राणी बाधित हो रहे हैं। काल का प्रवाह सृष्टि को सहज ही नारायण से दूर ले जा रहा है। काल की गति अधोगति की ओर जानेवाली और सभी को उस ओर ले जानेवाली है। नारायण की नियति का यही विधान है कि सृष्टि का अंत में नाश हो और वह नारायण के मूल स्वरूप में सागर की लहरों जैसी विलीन हो जाए।

"इस तरह कालगति के अनुरूप मानव का बाह्य जीवन बदल रहा है। बाह्य सृष्टि का इंद्रियातीत आनंद लेते हुए मन को सुख मिलने लगा। सुख के विचार तथा कल्पना से मन अधिकाधिक अस्थिर होने लगा। सृष्टि की प्रत्येक वस्तु, विषय-सुख का साधन बनने लगी। शब्द, स्पर्श, रूप, रस और गंध के माध्यम से सुख भोगने की वृत्ति बढ़ती गई। ऐसी परिस्थिति में मन में चल रहे विषय सुख के अनवरत विचारों के कारण आत्मज्ञान का बोध होकर भी मन स्थिर नहीं होता और तब मन की एकाग्रता का प्रश्न ही नहीं उठता।"

नारद की बातें सुन लक्ष्मी ने प्रश्न किया, "हे नारद, लेकिन इसका कोई उपाय है या नहीं?" लक्ष्मी के प्रश्न का उत्तर देते हुए नारद कहने लगे, "बाह्य जीवन अधिकाधिक परावलंबी होने लगा। जीवनोपयोगी वस्तु प्राप्त कर, उसका संग्रह करना, इसी में व्यापकता बढ़ने लगी तथा जीवन एक प्रबंध बनकर रह गया। किंतु ऐसी परिस्थिति में भी आत्मप्राप्ति के ध्यान का पूर्ण लोप नहीं हुआ। पूर्वानुभवी व्यक्तियों के द्वारा अनेक सत्यसंस्कार होते रहे तथा उनमें से, कुछ में ये संस्कार जाग्रत् रहे। प्रपंच का त्याग कर उन्होंने ध्यान मार्ग को अपनाया। एक ही जगह पर दीर्घकाल तक तपस्या करते हुए उन्होंने मन की उन्मनी अवस्था साध ली तथा स्वतः सर्व बाह्य सृष्टि

को अपने अंतःकरण में विलीन कर समाधि अवस्था प्राप्त कर ली। अपनी देहभान अवस्था में वे बहुत कम समय तक रहते। उस समय यदि कोई सच्चा साधक तीव्र इच्छा प्रकट करते हुए उनके निकट आता तो वे उसके मस्तक पर हाथ रख उसे अनुगृहीत करते तथा अपने स्वसामर्थ्य व सत्यसंकल्प के साथ उसे भी समाधि अवस्था का अनुभव करा देते। पर समय के साथ-साथ सच्चे साधकों की संख्या कम होने लगी। जो थोड़े-बहुत साधक थे, उनसे तपश्चर्या हो सके तथा आत्मप्राप्ति का मार्ग व अनुभव करने का अवसर उन्हें प्राप्त हो सके, इस हेतु ऋषि-मुनियों ने ऋषि-कुल की स्थापना की। आश्रमों का वातावरण अत्यंत पवित्र होने के कारण, मन की स्थिरता और बुद्धि की एकाग्रता के लिए अनुकूल होता था।''

उपर्युक्त वर्णन को सुनते हुए लक्ष्मी ने नारद से सहज ही पूछ लिया, ''हे नारद, इससे मुझे इन ऋषियों के अंतःकरण की महत्ता ही मालूम होती है। वे जिस अनुभव का आनंद ले रहे हैं, उसी आनंद का अनुभव अन्य भी लें, यही उनकी एकमात्र इच्छा होती है, जिसकी पूर्ति के लिए वे स्वयं ऋषिकुल की स्थापना का प्रपंच करते हैं। सामान्य जन प्रपंच से दूर रहकर अपनी साधना कर सकें, यही उनका उद्‌देश्य होता है। परंतु क्या उनकी साधना निर्विघ्न रूप से हो सकी?'' यह बात सुन नारद मुसकराकर कहने लगे, ''हे लक्ष्मी, यही तो नारायण के खेल का आनंद है। कालानुरूप आत्मप्राप्ति के बाह्य साधनों की योजना कर उन्हें कार्यान्वित करें, तब तक कालप्रवाह नारायण से अधिक दूर चला जाता है तथा आत्मप्राप्ति का मार्ग अधिक विकट हो जाता है। कालप्रवाह तथा आत्मप्राप्ति के सत्य मार्ग के बीच स्पर्धा होने से यह खेल सदा रँगा रहता है। कभी कालसत्ता को यश मिलता दिखाई देता है तो कभी सत्यमार्ग की कालसत्ता पर विजय होती दिखाई देती है। परंतु दोनों ही खेलों के मूल में नारायण की ही संकल्पना होने के कारण खेल का सारा आनंद नारायण ही लेते हैं।''

यह सुन लक्ष्मी चकित रह गईं और उत्सुकतावश पूछ बैठीं, ''हे नारद, फिर ऐसी क्या कमी रह जाती है, जिससे इतनी बाह्य अनुकूलता, ऋषि का नित्य सान्निध्य, मार्गदर्शन तथा तपस्या के लिए सुविधा उपलब्ध होने के

पश्चात् भी आत्मप्राप्ति के मार्ग में उलझनें आने लगती हैं ?''

नारद ने उत्तर दिया, ''हे लक्ष्मी, कालसत्ता की बाह्य अड़चनों का उपाय निकाला जा सकता है, लेकिन मन पर भी कालसत्ता का प्रभाव पड़ता है और इसीलिए मन बार-बार विचलित होता है। ज्ञान प्राप्त करने हेतु आश्रय में आए शिष्यों को ज्ञान श्रवण और अध्ययन हेतु शांत वातावरण प्राप्त होता था। मनन-चिंतन के लिए लगने वाला समय और वातावरण की अनुकूलता भी उन्हें प्राप्त होती है। नित्य उपासना से ज्ञान प्रकाशित होता रहता था। संपूर्ण वातावरण केवल एक ब्रह्मनाद से भरा रहता। जिससे बुद्धि तेजस्वी होती रही। शिष्यों के मन में केवल इसी भाव की प्रबलता रही कि वे अधिकाधिक ज्ञान प्राप्त कर सकें। वे इस बात को भूल गए कि उन्हें होने वाला ज्ञान केवल शाब्दिक है, जो आत्मानुभव तक नहीं ले जा सकता। इसीलिए उनका मन अशुद्ध ही रहा।''

नारद की बातों को बीच में ही रोकते हुए लक्ष्मी कहने लगीं, ''हे नारद, पर इस बात की ओर ऋषियों का ध्यान नहीं गया क्या? उन्होंने साधकों को सावधान क्यों नहीं किया? आप मुझे सब सविस्तार समझाएँ।'' लक्ष्मी की श्रवणातुरता जान नारद का वचनौध पुनः प्रगट होने लगा, ''ऋषियों के ऋषिकुल ने अनेक शिष्यों का शिष्यत्व स्वीकार कर उन्हें अपने आश्रम में आश्रय दिया। परंतु अपने स्वानंद में रमे रहने के कारण वे ज्यादा समय अंतर्मुख ही रहते थे। शिष्यों के प्रति प्रेम के कारण वे कुछ समय बहिर्मुख होते तथा शब्दों के माध्यम से अपना अनुभव प्रगट करते। तपाचरण के कारण वे इतने तेजस्वी थे कि शिष्य उनके नजदीक नहीं आ पाते थे, इसीलिए अंतःकरण में ईश्वरीय स्वरूप का अनुभव कराने वाली प्रेमस्वरूप अवस्था शिष्यों के लिए अप्रगट ही रहती। जैसे फलरूप अवस्था में फल के भार से पेड़ की टहनियाँ सहज ही जमीन की ओर झुक जाती हैं तथा सामान्य व्यक्ति फल का सेवन कर पाता है। किंतु उस वृक्ष की जड़ जमीन में अत्यंत गहरी होने के कारण सामान्य व्यक्ति उस तक पहुँच नहीं पाता। उसी प्रकार ऋषि के मुख से स्वानुभव से निकला शब्द-ज्ञान सामान्य व्यक्ति तक पहुँच जाता है, किंतु उनके स्वानुभव के मूल में बसने वाली प्रेमस्वरूप अवस्था से सामान्य

व्यक्ति का साक्षात्कार नहीं हो पाता। ईश्वरीय प्रेम से ही मन शुद्ध होते हुए ईश्वर की ओर बढ़ता है और मन में ईश्वरप्राप्ति की लगन लग जाती है। उस अवस्था में शब्दरूपी ज्ञान का धीरे-धीरे अनुभव हो ईश्वरीय प्रेम की महत्ता समझ में आने लगती है। किंतु ऐसा प्रेम उन शिष्यों को मिल नहीं पाता था, इसीलिए ईश्वरीय प्रेम का अनुभव वे ले नहीं पाते थे तथा स्वरूपीज्ञान के अनुभव तक भी वे पहुँच नहीं पाते थे।

इस प्रकार केवल शब्दज्ञान प्राप्त करनेवाले शिष्य ही शेष रह गए। उस ज्ञान का अनुभव लेने के लिए पर्याप्त तपस्या की क्षमता उन साधकों में नहीं थी। गरजने वाले किंतु न बरसने वाले बादलों की तरह शिष्य केवल शुष्क ज्ञान लेकर सूखे ही रह गए और ऋषियों के आश्रम निर्माण करने का हेतु सिद्ध नहीं हो पाया। गुरु-शिष्य परंपरा के माध्यम से जिस आत्मज्ञान की प्राप्ति होती थी, उस परंपरा के खंडित होने का समय आ गया था। तब सारे ऋषियों ने अत्यंत प्रेम से नारायण की स्तुति की, "हे नारायण, हे सर्वज्ञ, तुम्हारे सत्यसंकल्प से आत्मप्राप्ति का आत्मज्ञान, गुरु-शिष्य परंपरा के माध्यम से इस सृष्टि में विद्यमान रहता है। परंतु आज के काल में किसी भी शिष्य में पूर्ण वैराग्य और संसार भाव से मुक्ति का भाव नहीं है। शिष्य हैं, पर सतशिष्य मिलना दुर्लभ हो गया है। इसी कारण गुरु-शिष्य परंपरा का लोप हो, आत्मधर्म की प्राप्ति का मार्ग कठिन हो गया है। अतः हे भगवन्, आप ही कृपावंत हो, मानवरूप धारण कर, इस सृष्टि पर अवतार लें और अपने आदर्श चरित्र से आत्मप्राप्ति के उदात्त मार्ग को पुनः प्रकाशित करें। जिससे सामान्यजन आपका अनुसरण कर प्रेरणा ले सकें।"

श्रवण करते हुए लक्ष्मी भी भावविभोर हो गईं तथा नारद से प्रार्थना कर कहने लगीं, "हे नारद, तब नारायण की लीला किस प्रकार प्रगट हुई? नारायण ने अब तक कई अवतार ले लीलाएँ प्रगट की हैं। किंतु उसका यथार्थ आकलन मुझे नहीं हुआ। प्रत्येक अवतार में उन्होंने सत्यधर्म की ही स्थापना की है। फिर उन्हें बार-बार अवतार क्यों लेना पड़ा? हे नारद, कृपा करके मुझे नारायण की अवतार-लीला का रहस्य सविस्तार समझाएँ, ताकि मैं इस श्रवण का आनंद ले सकूँ।"

□

अवतारों की उत्क्रांति तथा रामावतार

लक्ष्मी के प्रश्न सुन नारायण के मुख पर मधुर हास्य छलक रहा था और नारद आनंद से भाव-विभोर हो रहे थे। नारायण के सगुण जीवन-चरित्र कथा का प्रेम वर्णन करना ही नारद के जीवन में आनंद की चरम सीमा है। नारायण का माहात्म्य तथा प्रेम जिसके अंतस में सदा प्रवाहित हो, ऐसे नारद नारायण के अवतार चरित्रों का रहस्य लक्ष्मी को समझाकर बताने लगे, ''हे लक्ष्मी, नारायण का इस सृष्टि में सगुण रूप में अवतरित होना एक अद्‌भुत बात है। स्वधर्म से बँधी इस सृष्टि में अधर्म धीरे-धीरे बढ़ने वाला है। किंतु जब धर्म और अधर्म के बीच संतुलन बिगड़ने लगता है तथा अधर्म की अमर्यादा बढ़ने लगती है, तब नारायण स्वप्रेरणा से अंशरूप में प्रगट होते हैं और अधर्म की बढ़ती हुई गति को मर्यादित करते हैं। जब सत्प्रवृत्ति दुर्बल होने लगती है तथा दुष्प्रवृत्ति उस पर राज करती है, तब नारायण स्वयं अवतरित हो अपनी लीला द्वारा सत्प्रवृत्ति की रक्षा करते हैं।

अकाल तथा जलप्रलय के समय सृष्टि का नाश होने से बचाने के लिए उन्होंने मत्स्य रूप धारण कर मनु को बचाया। सृष्टि का पुनः निर्माण करने के लिए मनु को प्रवृत्त किया तथा सृष्टिक्रम अनवरत रखा। नारायण के पहले अवतार में वे पूर्ण जलचर थे। दूसरा अवतार जल और पृथ्वी दोनों पर रहनेवाले कछुए के रूप में हुआ। सुरों-असुरों द्वारा अमृतप्राप्ति के लिए किए गए सागर-मंथन में भी नारायण ही अवतार रूप लेकर मंदार पर्वत को अपनी पीठ पर लेकर आए थे। तीसरा अवतार वराह रूप में था। दानव वेदों को चुरा कर ले गए थे। नारायण ने वराह अवतार धारण कर वेदों की रक्षा

की थी। वराह अवतार पूर्णतः पृथ्वी पर विचरण करनेवाला था। अब तक लिये हुए सारे अवतार प्राणी रूप में थे। इसके पश्चात् जो अवतार हुआ, वह प्राणी और मानव का संयुक्त अवतार था। हिरण्यकशिपु नाम के उन्मत्त पिता से भक्त प्रह्लाद की रक्षा करने हेतु नारायण ने नरसिंह अवतार लिया, जो अपने आप में अद्वितीय था।

इसके पश्चात् बटुक वामन के अवतार में नारायण ने दैत्यों के राजा बली से देवों की रक्षा की। बली को पाताल लोक भेज दिया और उसकी प्रार्थना स्वीकार कर नारायण उसके द्वारपाल बन गए। इस तरह अधर्मवृत्ति का नाश कर उसके सात्त्विक भाव की रक्षा कर नारायण ने उस पर अपनी कृपा बरसाई। सृष्टि के व्यवहार तथा गुण व कर्म के आधार पर बनाई गई चतुर्वर्ण व्यवस्था जब चरमराने लगी एवं क्षत्रिय वृत्ति अहंकारवश उन्मत्त होने लगी, तब नारायण ने परशुराम के रूप में अवतार लेकर क्षत्रियों के अहंकार का नाश किया। ब्रह्मज्ञानी ऋषि-मुनियों की शरण में जा उनसे स्वधर्माचरण का ज्ञान लेना तथा सच्चे राजधर्म और नीतिनियमों के विषय में पुनः-पुनः मार्गदर्शन ले प्रजा की रक्षा और कल्याण करना ही क्षत्रिय राजाओं का धर्म था। इस पारंपरिक प्रथा का अनुसरण करना अहंकारी और अधर्मी राजाओं ने बंद कर दिया, इसीलिए वे पृथ्वी पर भार होने लगे और प्रजा दुःखी रहने लगी। तब ब्रह्मतेज से युक्त, पर क्षत्रियवृत्ति धारण कर परशुराम के रूप में नारायण प्रगट हुए और क्षत्रियों के अहंकार का नाश करके ही शांत हुए।''

नारद की बातों को ध्यानपूर्वक सुन रहीं लक्ष्मी नारद से पूछने लगीं, ''हे नारद, तुमने नारायण के जिन अवतारों के विषय में यथार्थ वर्णन किया है, वे सचमुच अद्भुत हैं। किंतु क्या इन अवतारों से धर्मरक्षण का कार्य पूर्ण नहीं हुआ? समय-समय पर जब अधर्म बढ़ जाता है, तब नारायण ही स्वयं अपनी प्रेरणा से इस सृष्टि में अवतार लेते हैं। तब ऋषि-मुनियों को नारायण से विशेष अवतार लेने के लिए विनती क्यों करनी पड़ी?''

नारद ने उत्तर दिया, ''हे लक्ष्मी, अब तक नारायण ने जो अवतार लिए, वे उत्क्रांति स्वरूप थे। प्राणी रूप से आरंभ कर, पूर्ण मानव के रूप में लिये इन सभी अवतारों में नारायण विशिष्ट हेतु के लिए प्रगट हुए और कार्य पूर्ण

होने के पश्चात् पुनः मूलस्वरूप में विलीन हो गए। परशुराम के अवतार में वे कार्य पूर्ण होने के पश्चात् भी देह रूप में थे, किंतु उनके द्वारा अवतार कार्य आगे हुआ नहीं। इन सारे अवतारों में बाह्य धर्म की पुनर्स्थापना हुई, लेकिन आत्मधर्म और आत्मप्राप्ति का मार्ग प्रशस्त नहीं हुआ। इसीलिए सारे ऋषि-मुनियों के शुद्ध और पवित्र अंतःकरण में एक ही संकल्प स्फुरित हुआ और ध्यान लग गया कि नारायण को अवतार लेना चाहिए और उनका संपूर्ण चरित्र प्रगट होना चाहिए। जिससे आत्मज्ञान प्राप्ति का परंपरानुगत रूप से चलने वाला मार्ग पुनः प्रशस्त हो, गतिमान हो तथा आत्मधर्म के अधिष्ठान पर दिव्य जीवन साकार हो। इस तरह सत्य संकल्प के दाता नारायण का रामावतार के रूप में समर्थ और तेजस्वी जीवन इस भूतल पर लोककल्याणार्थ अवतरित हुआ।''

□

राम की वसिष्ठ को शरणागति

राजा दशरथ और उनकी सौभाग्यवती पटरानी कौशल्या से जनमे राम के रूप में साक्षात् सत्यधर्म ही प्रगट हुआ था। जन्म से ही उनमें संसार के प्रति विरक्ति और पूर्ण वैराग्य था। राज-ऐश्वर्य और सारे सुख उपलब्ध होने के बाद भी राम उससे पूर्णतः अनासक्त थे। मृदुभाषी एवं कोमल स्वभाव के राम अपने माता-पिता, बंधु-बांधव तथा प्रजाजनों के बीच अत्यंत प्रिय थे। जग में व्याप्त दुःख, व्याधि, जरा और मृत्यु को देख, उनके मन में वैराग्य उत्पन्न हो गया था। सामान्य जीवन जीते हुए भी वे उदासीन थे। उन दिनों राक्षसों का कुकृत्य इतना बढ़ गया था कि ऋषि, मुनि और तपस्वी की रक्षा करने हेतु विश्वामित्र ने राजा दशरथ से राम और लक्ष्मण को उन्हें सौंपने की माँग की। राजा दशरथ इस बात के लिए तैयार नहीं थे। पर राम अत्यंत व्याकुल हो, विश्वामित्र से प्रार्थना कर कहने लगे, ''हे महर्षि विश्वामित्र, आप मुझे सेवा का अवसर दे रहे हैं, यह आपकी मुझ पर कृपा है। परंतु मैं आपकी कृपा का पात्र नहीं हूँ। जिस पराक्रम की अपेक्षा आप मुझसे कर रहे हैं, वह तेज मुझमें नहीं है। इस देह के क्षणभंगुत्व को जानने के पश्चात्, मुझे इस देह का जरा भी आकर्षण नहीं रहा। मैं अपने अस्तित्व के रहस्य को नहीं जानता। मैं इस मानवी जीवन में किस हेतु से आया हूँ, इसका मुझे आकलन नहीं है। ऐसी स्थिति में, मैं कुछ पराक्रम कर पाऊँगा, ऐसा मुझे नहीं लगता।''

राम की निस्तेज अवस्था देख विश्वामित्र का मन करुणा से भर गया। किंतु मन-ही-मन वे राम की इस अंतसावस्था को देख आनंदित हो रहे थे।

वे जान गए थे कि संसार से वैराग्य होने के कारण ही सत्यज्ञान और सत्यधर्म जानने के लिए उनका अंतस शुद्ध हो गया है। इसीलिए उन्होंने वहाँ उपस्थित आत्मज्ञानी और ब्रह्मनिष्ठ ऋषि वसिष्ठ से विनती की, ''हे ब्रह्मर्षि, आप राम पर कृपा करें तथा उनके अंतस की अधीरता को देख उन्हें आत्मस्वरूप से बोधित करें। हमें विदित ही है कि राम के द्वारा अनेक अवतार कार्य होने वाले हैं, इसीलिए उन्हें बोध दें, धर्मकार्य के लिए प्रेरित करें।''

इस कथा को तल्लीनता से सुन रहीं लक्ष्मी के मन में प्रश्न उठा तो वे पूछ बैठीं, ''हे नारद, मुझे यह बात समझ में नहीं आ रही कि विश्वामित्र ऋषि स्वयं आत्मज्ञानी थे, तब उन्होंने वसिष्ठ ऋषि से विनती क्यों की? क्या उनका उतना अधिकार नहीं था? यदि वसिष्ठ के अधिकार विश्वामित्र से अधिक थे तो वसिष्ठ ने राम को आत्मज्ञान क्यों नहीं दिया? कृपा करके आप मुझे सभी बातें सविस्तार समझाएँ।''

लक्ष्मी के मुख से अचित प्रश्नों को सुन नारद संतुष्ट हुए, उन्होंने उत्तर दिया, ''हे लक्ष्मी, तुम्हारे प्रश्न अतिशय योग्य हैं। सच यह है कि सारे आत्मानुभवी सत्पुरुषों के अंतःकरण की अवस्था एक ही होती है। वहाँ आत्मस्वरूप के अतिरिक्त और कुछ नहीं होता। इसीलिए महानुभवी महापुरुषों में श्रेष्ठ अथवा वरिष्ठ का सवाल ही पैदा नहीं होता अथवा किसका कितना अधिकार है, ऐसे प्रश्न ही निर्माण नहीं होते। स्वानुभव से वे एक-दूसरे के अंतःकरण से एकरूप रहते हैं, इसीलिए एक-दूसरे के माहात्म्य को जानते हैं। निरहंकारी होने के कारण समय आने पर वे एक-दूसरे के माहात्म्य को भी प्रगट करते हैं। किंतु महापुरुषों के आत्मानुभव की श्रेष्ठ अवस्था में भी उनकी अहंकार-विरहित वृत्ति और स्वभाव वही रहता है। इसीलिए उनके स्वभावानुसार कार्य प्रगट होते हैं, जो देखने में भिन्न दिखाई देते हैं और सामान्य जन उसका आकलन अपने अनुरूप कर लेते हैं।

महर्षि वसिष्ठ महान् आत्मज्ञानी एवं रघुकुल के राजगुरु थे। राम की उदासीन अवस्था को वे जानते थे। परंतु अपने स्वानुभव को स्वयं प्रगट कर किसी का मार्गदर्शन करने की वृत्ति उनकी नहीं थी, इसीलिए स्वस्थचित्त हो वे योग्य अवसर की राह देख रहे थे। राम के लिए वसिष्ठ ऋषि सदा

वंदनीय और पूजनीय थे और उनका मार्गदर्शन भी उन्हें उपलब्ध था। किंतु वसिष्ठ की आत्मानुभव अवस्था न जानने के कारण राम अपनी उदासीनता वसिष्ठ के समक्ष प्रगट नहीं कर पाए एवं अंतर्मुख रहे। परंतु जब विश्वामित्र का वहाँ आगमन हुआ तथा राजा दशरथ से उन्होंने राम की माँग की, तब राम की उदासीनता प्रगट हुई और उसका कारण सभी को ज्ञात हुआ। विश्वामित्र जानते थे कि अब योग्य समय आ गया है तथा वसिष्ठ ही राम को आत्मज्ञान का बोध दे, उनके अवतार कार्य की ओर निर्देशित करेंगे। इसीलिए अंत:प्रेरणा से प्रेरित हो उन्होंने राम को वसिष्ठ की शरण में शिष्य भाव अर्पण करने को कहा तथा वसिष्ठ से विनती की कि वे राम को आत्मस्वरूप से बोधित करें। इतना कह सर्वश्रेष्ठ स्वानुभव के आत्मसंवाद के श्रवणानंद में रमने को आतुर और तत्पर हो गए।

विश्वामित्र की आज्ञा सर्वोपरि मान राम ने वसिष्ठ के चरणों में अपना मस्तक झुका दिया तथा हाथ जोड़ विनती करते हुए कहने लगे, "हे ब्रह्मन्! मैं इतने दिनों से आपके सान्निध्य में था, परंतु अज्ञानवश आपके माहात्म्य को जान नहीं पाया। मुझे क्षमा करें और कृपा कर समझाएँ कि इस देहधारी मानव के रूप में मेरा अस्तित्व क्या है? देह क्षणभंगुर है तथा आधि, व्याधि, जरा और मृत्यु से बँधी हुई है, तब देह द्वारा जाना जानेवाला मैं कौन हूँ और मेरा इससे क्या संबंध है? ये सारी बातें मैं जानना चाहता हूँ। मेरी मूढ़ मति इसका आकलन नहीं कर पा रही है। मेरी आपसे विनती है कि मुझे अज्ञानता के बंधन से पूर्ण मुक्त करें।"

राम की अवस्था का वर्णन सुन लक्ष्मी विस्मयचकित रह गईं और नारद से कहने लगीं, "हे नारद, भले ही नारायण मानव रूप में अवतरित हुए हों; पर उन्हें अपने विषय में इतना अज्ञान कैसे? अब तक के अवतार में नारायण को अपने विषय में पूर्ण ज्ञान तथा अपने द्वारा होने वाले कार्यों की पूर्ण जानकारी थी। तब रामावतार में ऐसा क्या घटित हुआ कि नारायण अपनी अवस्था से पूर्णत: अपरिचित थे?"

लक्ष्मी के सुयोग्य प्रश्न सुन नारद प्रसन्न हुए तथा कहने लगे, "हे सुभगे लक्ष्मी, राम की ऐसी ही अद्‌भुत लीला इस अवतार में प्रगट होने वाली

थी। नियति में ऐसा ही घटित होने वाला था तथा अनेक ऋषि-मुनियों के विशुद्ध अंत:करण में यही ध्यान था। सभी की इच्छा थी कि नारायण स्वयं अवतार लेकर, सामान्य जीव के रूप में अज्ञानी अवस्था में जन्म लें तथा सद्‌गुरु की शरण में अनन्य भाव से जा आत्मज्ञान प्राप्त कर आदर्श जीवन जिएँ।

हे लक्ष्मी, हुआ भी वैसा ही। राम के रूप में स्वयं नारायण ने ही जन्म लिया। राम की अवस्था देख वसिष्ठ ऋषि की करुणा जाग गई और उनके अंत:करण में प्रेम-लहरें निर्माण होने लगीं। राम की ओर प्रेम भरी दृष्टि से देखते ही उनके विशुद्ध अंत:करण से आत्मज्ञान दिव्य वाणी के रूप में साकार होने लगा। सत्यज्ञान से राम का अज्ञान दूर हो, मन खुलने लगा तथा वसिष्ठ के प्रति प्रेम उमड़ने लगा। उसी प्रेम से राम ने वसिष्ठ से कई प्रश्न किए तथा उनके उत्तर से समाधान पाकर उनकी बुद्धि शुद्ध हो गई। शुद्ध मन और बोध से शुद्ध हुई बुद्धि के कारण राम के चित्त में आत्मबोध का ध्यान लग गया और क्षण भर में उन्हें आत्मस्वरूप की जागृति हो गई। उस दिव्य प्रकाश में अज्ञान तो दूर हुआ ही, उन्हें उनके अवतार कार्य की प्रेरणा भी मिल गई।

कृतार्थ अनुभव की उस अवस्था में कृतज्ञवश उनके दोनों हाथ जुड़ गए और उन्होंने वसिष्ठ ऋषि के चरणों में अपना मस्तक झुका दिया। वसिष्ठ ने अत्यंत प्रेम से राम को उठाया और मधुर मुसकान के साथ कहने लगे, "हे शिष्योत्तम राम, तुमने सर्वश्रेष्ठ आत्मज्ञान का यथार्थ आकलन किया है और तुम्हारा मन भी आत्मज्ञान में स्थिर हो गया है। यह एक बहुत अद्‌भुत बात है। इससे मुझे अतिशय प्रसन्नता हो रही है। इसका मुख्य कारण तुम्हारे मन की वैराग्य की अवस्था है। नहीं तो सामान्य जीव में वैराग्य न होने के कारण बुद्धि द्वारा ज्ञान का आकलन तो हो जाता है, परंतु मन में वह ज्ञान स्थिर नहीं हो पाता। तब अनुभव करना कठिन हो जाता है। तुम्हें जो आत्मज्ञान प्राप्त हुआ है, उसकी महत्ता तुम जान सको, इस हेतु मैं तुमसे एक सामान्य अज्ञानी जीव के मन में आनेवाले आत्मज्ञान संबंधी प्रश्न पूछूँगा। तुम्हें योग्य उत्तर देकर मेरा समाधान करना होगा।"

वसिष्ठ के इन अनपेक्षित प्रश्नों को सुन राम क्षण भर के लिए स्तब्ध रह गए। पर तुरंत नम्रभाव से उत्तर देते हुए कहने लगे, "हे ब्रह्मन्, हे गुरुवर, आपकी इच्छा, मेरे लिए प्रमाण ही नहीं बल्कि आज्ञा है और गुरु आज्ञा का पालन करना शिष्य का केवल धर्म ही नहीं, भाव भी होना चाहिए। आपके द्वारा पूछे गए प्रश्नों के उत्तर, मैं आपकी ही कृपा से प्राप्त बोध द्वारा दे सकता हूँ। इसमें मेरी कोई महानता नहीं है, अपितु आप ही की महत्ता है। आपके द्वारा दिया गया बोध आपके अनुभव का है, जो शब्दों के माध्यम से प्रगट हुआ है। लेकिन मुझे जो समझ आया है, वह शाब्दिक ज्ञान है। उसमें अनुभव की सखोलता और यथार्थता नहीं है। आपके द्वारा पूछे गए प्रश्नों के उत्तर कदाचित् मैं दे भी दूँ, पर वे केवल शाब्दिक ज्ञान पर आधारित रहेंगे, जिससे मेरा अहंकार ही बढ़ेगा। निरहंकारी आत्मस्वरूप का अनुभव आप नित्य लेते हैं, इसीलिए जीवदशा के अज्ञान को आप तुरंत भाँप लेते हैं तथा उसका तुरंत निराकरण भी कर देते हैं। पर यदि शब्दज्ञान रूपी अहंकार का आवरण भी मुझे लग गया तो उसे दूर करना मेरे लिए उतना सरल नहीं होगा। शब्दज्ञान से बोधित बुद्धि द्वारा मैं आपके प्रश्नों के उत्तर नहीं दे सकता, जिसके लिए मैं आपका क्षमाप्रार्थी हूँ।" ऐसा कह राम ने अपना मस्तक पुनः वसिष्ठ के चरणों में झुका दिया।

"राम की विनम्र और विचारपूर्वक बातों से वसिष्ठ अति प्रसन्न हुए। उन्होंने राम को अपने हृदय से लगा लिया और शुभाशीर्वाद दे, विश्वामित्र के साथ जाने की अनुमति दे दी। विश्वामित्र और वसिष्ठ ने भी एक-दूसरे को प्रेमालिंगन दिया। सभी का प्रेम संदेश ले विश्वामित्र राम और लक्ष्मण को साथ ले अपने आश्रम की ओर चल दिए।"

राम-चरित्र के अद्‌भुत प्रसंगों को तन्मयता से सुन रहीं लक्ष्मी नारद से पूछ बैठीं, "हे नारद, राम के साथ उनके बंधु लक्ष्मण क्यों गए? क्या उनमें विशेष प्रेम और सख्यत्व था? विश्वामित्र ने राम और लक्ष्मण दोनों को क्यों माँगा? राम ने भी लक्ष्मण को अपने साथ क्यों लिया? लक्ष्मण राम के साथ जाने के लिए तैयार कैसे हुए? कृपा कर यह सब मुझे सविस्तार समझाएँ।"

लक्ष्मी की बातों से अधिक ही उत्साहित हो नारद कहने लगे, "हे

लक्ष्मी, रामावतार में नारायण की विशेष लीलाएँ प्रगट हुईं। रामावतार में स्वतः प्रगट होते हुए नारायण ने उनके सान्निध्य में नित्य रहनेवाले शेष और तुम्हें भी उन्हीं के सान्निध्य में रखा तथा उनके दिव्य और अद्‌भुत चरित्र में तुम दोनों का सहयोग लिया। लक्ष्मण के रूप में शेष ही राम के बंधु थे, जिन्होंने राम का सदा साथ निभाया तथा जनक राजा की कन्या सीता के रूप में आप ही ने राम से विवाह किया और उनके जीवन-चरित्र का एक अविभाज्य अंग बन गईं।''

नारद के वचन सुन लक्ष्मी और शेष दोनों ही आश्चर्यचकित रह गए। दोनों को ही यह नहीं सूझ रहा था कि वे क्या कहें और क्या नहीं। पर कुछ ही देर में भान होने पर दोनों एक ही सुर में कहने लगे, ''हे नारद, हमें कुछ भी स्मरण नहीं है। नारायण ने अपने दिव्य चरित्र में उनके सान्निध्य में रख उनकी सेवा का अवसर दिया, फिर भी हमें कुछ भी स्मरण क्यों नहीं है? इसी बात का आश्चर्य है। हममें कोई कमी है या हमसे कोई गलती हो रही है? आखिर ऐसी कौन सी त्रुटि रह गई है, जिससे हमें प्रसन्नता का अनुभव नहीं हो रहा है। हे नारद, कृपा कर हमारी अड़चन दूर करें, जिससे हमारा मन पुनः उल्लसित हो सके।''

लक्ष्मी और शेष की व्यथा दूर करने के लिए नारद आश्वासन देते हुए कहने लगे, ''हे भाग्यवान लक्ष्मी और शेष, व्यर्थ ही में तुम अपना मन दुःखी मत करो। नारायण के संकल्प से होने वाले कार्य का आनंद नारायण पूर्ण रूप से लेते हैं तथा उसमें सहभागी होने वालों से भी स्वानुभव से वे एकरूपता का अनुभव करते हैं। पर यह भी सच है कि उनके कार्य में सहयोग देनेवाले भाग्यवान जीव भी केवल बाह्य रूप से उनके अनुभव और संकल्प से एकरूप नहीं हो सकते। सौभाग्य से प्राप्त इस अवसर का लाभ उठाते हुए, जो नारायण का माहात्म्य जानने लगते हैं तथा जिन्हें उनसे व्यक्तिगत प्रेम हो जाता है, केवल वे नारायण से शुरुआत में कुछ समय के लिए तथा धीरे-धीरे नित्य ही एकरूप हो सकते हैं।''

यह सुन लक्ष्मी अत्यंत श्रद्धा के साथ नारद से पूछने लगीं, ''हे नारद, नारायण का माहात्म्य जान लेने और उनसे प्रेम हो जाने से क्या तुरंत ही

नारायण का माहात्म्य हम जानते हैं तथा उनसे हमें अत्यधिक प्रेम भी है। तब उनसे एकरूपता का अनुभव हम क्यों नहीं कर पाते तथा हमें आनंद क्यों नहीं होता है?'' सत्य जानने की लक्ष्मी की आतुरता को देख नारद थोड़े गंभीर हो गए और कहने लगे, ''हे लक्ष्मी, मन में नारायण का प्रेम होना, बुद्धि द्वारा नारायण के माहात्म्य को जानना तथा उनके माहात्म्य के अनुभव के साथ जीना, तीनों अलग हैं। एकरूपता का अनुभव करने की ये तीन सीढ़ियाँ हैं। इस हेतु मन में अपार प्रेम, अलोट श्रद्धा और नारायण से एकरूप होने का अखंड ध्यान ही चाहिए। परंतु ऐसा प्रेम, केवल नारायण के सगुण चरित्र ही दे सकते हैं। पर यदि यह प्रेम केवल भावनात्मक रहा तो मन को दुर्बल कर देता है तथा तीनों गुणों द्वारा प्रगट होने वाला नारायण का सगुण चरित्र इनके मन में विकल्प पैदा कर सकता है। वहीं यदि मन शुद्ध भाव से भरा हो तो यही प्रेम मन को सबल करता है तथा नारायण के चरित्र प्रसंगों में अपार प्रेम से भर, प्रेम की सर्वश्रेष्ठ कसौटी पर खरा उतरता है। मन को मार्गदर्शन देनेवाली बुद्धि यदि शुद्ध है तो वह चंचल मन को सगुण प्रेम में स्थिर कर सकती है, पर यदि बुद्धि ही अशुद्ध और निस्तेज हो तो मन की अधोगति रोकने में वह भी असमर्थ होती है।

''नारायण के सगुण चरित्र में घटित विचित्र, परंतु गूढ़ प्रसंगों को जब बुद्धि प्रत्यक्ष संवाद द्वारा जान लेती है तो शुद्ध होती जाती है और नारायण का माहात्म्य अधिक पक्का होता जाता है। बुद्धि यह निश्चय कर लेती है कि नारायण का माहात्म्य ही सत्य है और यही अनुभव हमें लेना है। इस हेतु नारायण और हमारे बीच शरीर, वचन, मन और बुद्धि में जो भिन्नता है, वह दूर हो केवल नारायण का ही अखंड ध्यान लगना चाहिए। इस तरह मानव देहधारी नारायण की भक्ति होने लगती है तथा किए गए सारे कर्म नारायण को ही समर्पित हो जाते हैं, जहाँ एकरूपता की फलरूप अवस्था सहज प्राप्त होती है।''

एकरूप अवस्था का वर्णन करते हुए नारद सहज उसी अवस्था में लीन हो गए तथा उनकी अमोघ वाणी थम गई। श्रवण करते हुए तल्लीन लक्ष्मी और श्रवणसुख का आनंद ले रहे शेष भी अपना देहभान भूल गए। दिव्य

आनंद के तेज से चमकने वाला नारायण का मुखकमल प्रेमाश्रु से भीग रहा था। कुछ समय ऐसे ही निशब्द अवस्था में बीत गया। नारायण के मुख पर आनंद की लहरें देख लक्ष्मी धन्य हो रही थीं। वे जानती थीं कि नारायण के आनंद का कारण नारद हैं।

नारद की इस महिमा को वे जानती थीं, इसीलिए उन्होंने नारद का पुनः वंदन किया। नारद भी देहभान अवस्था में लौट आए। उन्होंने लक्ष्मी को आशीर्वाद दिया। नारायण के प्रेम माहात्म्य से भरकर प्रवाहित होने वाला नारद का अंत:करण नारायण के प्रेम से भर गया और उन्होंने अपना मस्तक नारायण के चरणों में झुका दिया। नारायण ने नारद को उठाते हुए अपने अंत:करण से लगा लिया।

नारायण और नारद की प्रत्यक्ष साकार एकरूप अवस्था को देख लक्ष्मी भावविभोर हो गईं। अत्यंत प्रेम और श्रद्धा से वे नारद से कहने लगीं, ''हे भक्तश्रेष्ठ नारद, सर्वश्रेष्ठ और शब्दों से परे देव भक्त नाते की एकरूपता का अनुभव आप शब्दों द्वारा कर रहे हैं, परंतु केवल शब्दों के माध्यम से उस अनुभव का आकलन नहीं हो सकता, यह सच है। पर यह अनुभव आपके मिलन से प्रगट हो रहा है। आप नारायण के अंत:करण का नाद प्रगट कर रहे हैं अथवा आपके अंत:करण की भावपूर्णता का निनाद नारायण के अंत:करण में गूँज रहा है, यह तो केवल आप और नारायण ही जानते हैं!''

नारद हँसकर कहने लगे, ''हे लक्ष्मी, एकरूपता की यह अवस्था एक ही सुर में तथा पास-पास बज रही दो वीणा के समान है। एक वीणा से सुर निकालें तो दूसरी वीणा भी उसी सुर में बजने लगती है। वैसी ही अंत:करण की अवस्था नारायण और उनके भक्तों की हो जाती है। सुर जुड़े हुए अंत:करण में निकटता का अनुभव करना ही एकरूपता का सर्वश्रेष्ठ अनुभव होता है।''

श्रवण करते हुए लक्ष्मी भावपूर्ण हो गईं और नारद से कहने लगीं, ''हे नारद, एकरूपता का अनुभव गुह्य है, लेकिन आपकी तरफ देखो तो सत्य लगता है। क्या मैं भी इसे अनुभव कर सकूँगी? कृपा कर मेरा भी मार्गदर्शन कीजिए।'' लक्ष्मी का भाव जान नारद अत्यंत प्रसन्न हुए तथा

कहने लगे, ''हे लक्ष्मी, नारायण के सगुण चरित्र का श्रवण करना तथा उस चरित्र के रहस्य को जानना यही एकमात्र उपाय है। सगुण चरित्र का श्रवण करते हुए नारायण के प्रति अधिकाधिक प्रेम निर्माण हो जाता है और उस प्रेम को प्रत्यक्ष अनुभव करने का ध्यान लग जाता है। इसी ध्यान से मन नित्य शुद्ध अवस्था में रहता है। नारायण के सगुण चरित्र के अनेक रहस्यों को श्रद्धापूर्वक जानने से बुद्धि भी शुद्ध होती जाती है तथा उसे भी नारायण से एकरूप होने का ध्यान लग जाता है। उसी ध्यान से नारायण की भक्ति से विभक्तता दूर होने लगती है तथा एकमेव आनंद की प्राप्ति होती है। मैं उसी सगुण अवतार के मधुर राम-चरित्र कथा का गायन कर रहा हूँ। उसका सावधानी से श्रवण करना। जिससे तुम भी एकरूपता का प्रत्यक्ष अनुभव कर धन्य हो जाओगी।''

□

अहल्या उद्धार

राम-चरित्र द्वारा नारायण ने अनेक को अपना सान्निध्य दे स्वर्णिम अवसर प्रदान किया था। उनमें लक्ष्मण सबसे अग्रिम थे। वसिष्ठ ऋषि द्वारा प्रगट आत्मज्ञान लक्ष्मण ने भी श्रद्धापूर्वक श्रवण किया था तथा राम के साथ पराक्रम करने के लिए तैयार हो गए थे। राम ही उनके बंधु, सखा और आदर्श थे। राम के बिना जीवन जीने की कल्पना करना भी उनके लिए असहनीय था। राम का नित्य अनुसरण करना ही उनका स्वधर्म था। इसीलिए लक्ष्मण भी राम के साथ विश्वामित्र के आश्रम की ओर चल दिए। लक्ष्मण का जो भाव राम के प्रति था, वही भाव राम का लक्ष्मण के लिए था। लक्ष्मण को राम अपना अर्धांग मानते थे, इसीलिए उन्होंने लक्ष्मण को अपने साथ ले लिया। राम और लक्ष्मण की इस अजोड़-जोड़ी की महिमा विश्वामित्र भी जानते थे। राम द्वारा प्रगट होने वाले अवतार कार्यों में लक्ष्मण की भूमिका से वे अवगत थे। मार्ग में उन्होंने राम और लक्ष्मण को अनेक अस्त्रों और शस्त्रों का ज्ञान दिया तथा दोनों को बलशाली और तेजयुक्त बना दिया। राम और लक्ष्मण ने विश्वामित्र के कहने पर उन सभी राक्षसों का वध कर दिया, जो आश्रमवासियों को नाना प्रकार से कष्ट पहुँचा रहे थे। राम-चरित्र का ध्यानपूर्वक श्रवण कर रही लक्ष्मी ने नारद से पूछ लिया, ''हे नारद, पर आप यह बताएँ कि विश्वामित्र ऋषि को सारे अस्त्रों और शस्त्रों का ज्ञान कैसे था? जब उन्हें यह ज्ञान था तो राक्षसों का वध उन्होंने क्यों नहीं किया?'' इस पर नारद ने उत्तर दिया, ''हे लक्ष्मी, तुम्हारे प्रश्न उत्तम हैं, पर इनका उत्तर उससे भी अधिक उत्तम है।

''विश्वामित्र मूलतः क्षत्रिय वृत्ति के राजा थे। उन्होंने सारे अस्त्रों-शस्त्रों की विद्या अर्जित की थी। आगे चलकर उन्होंने राज्य का त्याग कर अनेक वर्षों तक कठिन तपस्या की तथा राजर्षि पद प्राप्त किया। अंत:करण की शुद्धि के पश्चात् ब्रह्मोपासना कर ब्रह्मतेज प्राप्त किया और ब्रह्मर्षि हो गए। ब्रह्मतेज में क्षात्रतेज विलीन हो गया और सारी वृत्तियों का शमन हो गया तथा वे केवल ब्रह्मतेज से युक्त हो गए। विकार-विरहित उनके मन में राग-द्वेष जैसे पराक्रम के लिए उद्यत करनेवाले विचारों का ही शमन हो गया, इसीलिए उन्होंने राक्षसों का वध नहीं किया। किंतु आत्मज्ञान से ब्रह्मतेज प्राप्त करनेवाले राम में विश्वामित्र ने क्षात्रतेज निर्माण किया तथा ब्रह्मतेज एवं क्षात्रतेज से युक्त राम अवतार कार्य हेतु सिद्ध हो गए।

मार्ग में आनेवाले ऋषियों के आश्रम में जाकर राम ने सभी ऋषियों को वंदन किया और उनके आशीर्वाद प्राप्त किए। ऋषि, मुनि और महर्षि इस बात से अवगत थे कि उनके ध्यान की पूर्ति हेतु नारायण ने ही राम रूप में अवतार लिया है तथा उनका दिव्य चरित्र प्रगट होने वाला है। सभी ने राम का प्रेमपूर्वक स्वागत किया। उन्हें आशीर्वाद दिया और स्वयं धन्यता महसूस करने लगे।

मार्ग में आगे बढ़ते हुए गौतम ऋषि के आश्रम में एक चमत्कार हुआ। गौतम ऋषि ने अपनी प्रिय पत्नी अहल्या को गलत समझ के कारण गुस्से में श्राप दे दिया था, जिससे वे एक शिला की भाँति निष्चेष्ट और संवेदनहीन हो गई थीं। राम के कर-कमलों के स्पर्श मात्र से उनका उद्धार हो गया। विश्वामित्र की आज्ञा से राम ने अपने दैवीय स्पर्श से जब अहल्या के मस्तक को छुआ तो वे शापमुक्त हो गईं और पुनः देह भान में लौट आईं। दैवीय स्पर्श से 'अहल्या उद्धार' राम के अवतार कार्यों की शृंखला में पहला कदम था। राम के ईश्वरीय सामर्थ्य और माहात्म्य से गद्-गद अहल्या और उनके पति गौतम राम के चरणों में नतमस्तक हो गए।

राम के दिव्य शांतरूप को देख अहल्या राम से प्रेमपूर्वक और नम्रभाव से विनती करते हुए कहने लगीं, ''हे पुरुषोत्तम राम, आपने मेरा उद्धार कर मुझे पुनः देहभान में ला दिया। आपके इस उपकार का ऋण मैं अनेक

जन्म लेकर भी पूर्ण नहीं कर सकती। पर इस मानव देह की सार्थकता केवल आपकी भक्ति में है, यही मात्र सत्य है। इसीलिए हे राम, मैं आपसे विनती करती हूँ कि कुछ समय आप इस आश्रम में रहकर मेरा प्रेम और सेवा स्वीकार करें, जिससे मानवी देह के अहंकार से मुक्त हो, मैं अपने अंत:करण में सदा-सदा के लिए आपको बसा लूँ। मुझे प्राप्त पुनर्जीवन को मैं आपकी भक्ति में लगाना चाहती हूँ, बस यही मेरी अभिलाषा है।

इस अनपेक्षित प्रसंग और अहल्या के उत्कट भाव से चकित राम ने विश्वामित्र की ओर देख उनकी प्रतिक्रिया जानी। विश्वामित्र ने भी राम की ओर देख नेत्रों के संकेत से राम को अपना भाव और भूमिका प्रगट करने के लिए उद्यत किया। आत्मसामर्थ्य से युक्त और अपने द्वारा कार्यों की पूर्ण जानकारी रखनेवाले राम थोड़े गंभीर हो कहने लगे, ''हे भाग्यवति अहल्या, सर्वश्रेष्ठ ईश्वर की यह नियति ही थी कि तुम्हारा उद्धार हो। उन्हीं की नियति अनुसार यह प्रसंग घटित हुआ है। मैं केवल निमित्तमात्र हूँ। सत्ता उन्हीं की है। यही सत्य है। वही सर्वसत्ताधीश ईश्वर तुम्हारे अंदर आत्मा के रूप में हैं। उसी का ध्यान करो। एक दिन अवश्य तुम्हें यह अनुभूति होगी तथा तुम्हारा जीवन धन्य हो जाएगा।''

राम के अर्थपूर्ण वचनों को सुन अहल्या ने पुन: राम के चरणों में वंदन किया तथा कहने लगीं, ''हे ईश्वर स्वरूप राम, आपका कहना सत्य है। परंतु मेरा मन मोह और अनेक विकारों से युक्त होने के कारण शुद्ध नहीं है, इसीलिए आपके द्वारा दिए गए सत्य ज्ञान का निश्चय करना मेरे लिए कठिन हो रहा है। परंतु तुम्हारे प्रति मेरे मन में उत्कट प्रेम उत्पन्न हो गया है। उसी प्रेम से जब आपकी सेवा होगी तो आपके प्रति मेरा प्रेम वृद्धिंगत होता जाएगा तथा मन शुद्ध होता रहेगा। शुद्ध मन में ही ईश्वर का ध्यान लगाना संभव हो सकता है। इसीलिए मैं आपसे हाथ जोड़कर विनती करती हूँ कि मेरे इस भाव को स्वीकार कर मुझे अपनी सेवा का अवसर दें।''

अहल्या के उत्कट भाव से राम संतुष्ट हुए और अपनी भूमिका प्रगट करते हुए कहने लगे, ''हे अहल्या, तुम्हारा भाव योग्य है तथा तुमने अपने मन की बात बगैर संकोच किए कही, इससे मैं संतुष्ट हूँ। परंतु तुम एक

स्त्री हो तथा स्त्रीधर्म का पालन करना तुम्हारा कर्तव्य है। मैंने भी अपने इस अवतार कार्य की मर्यादा स्वयं निश्चित कर, उसके पालन का व्रत लिया है। तुम्हारे भाव की सत्यता जानते हुए भी मैं तुम्हारी विनती स्वीकार नहीं कर सकता। तुम्हें अपने पति गौतम ऋषि के सान्निध्य में रहते हुए तथा उनके मार्गदर्शनानुसार अपना जीवन सफल करना होगा। ईश्वर की नियति और उन्हीं की प्रेरणा से ईश्वर के सगुण प्रेम को अनुभव कर उनकी भक्ति करने की तुम्हारे भाव की निश्चित रूप से पूर्ति होगी। यही मेरा आशीर्वाद है।'' राम के वचनों पर विश्वास रख अहल्या ने पुनः एक बार राम के चरणों में वंदन किया। गौतम और अहल्या ने राम, लक्ष्मण और विश्वामित्र का विधिपूर्वक पूजन किया। उनके भाव को स्वीकार कर राम, लक्ष्मण और विश्वामित्र अपने लक्ष्य की ओर आगे बढ़ गए।

श्रवणानंद ले रहीं लक्ष्मी ने बीच में ही नारद से प्रश्न किया, ''हे नारद, पर स्त्रियों को भी आत्मप्राप्ति का अधिकार होना चाहिए। यह सर्वश्रेष्ठ अनुभव पाने के लिए उनके भी मन और बुद्धि की शुद्धि होना आवश्यक है न! तब अहल्या का भाव और उस भाव को व्यक्त करने की उनकी उत्कटता योग्य नहीं थी क्या? सबकुछ जानकर भी राम ने उसकी इच्छा का मान नहीं रखा? क्या यह उचित था? कृपा करके यह सब मुझे विस्तृत रूप से समझाएँ।'' लक्ष्मी के प्रश्नों को सुन नारद थोड़ी देर स्तब्ध रह गए। उन्होंने अपने नेत्र मूँद लिये तथा नारायण के माहात्म्य को स्मरण कर उन्हीं में लीन हो गए। कुछ ही क्षणों में नारायण का प्रेम गंभीर और मृदु वाणी में प्रगट होने लगा।

''हे लक्ष्मी, तुम्हारे प्रश्न एकदम योग्य हैं। परंतु इन प्रश्नों के उत्तर स्वीकार करने के लिए मन शुद्ध और मन में पूर्ण श्रद्धा का होना अति आवश्यक है। राम आत्मज्ञानी थे। इसीलिए सभी की अवस्था को यथार्थ रूप में समझने का सामर्थ्य उनमें था। पूर्ण वैराग्य होने से उनका मन और बुद्धि शुद्ध थे, जिसके कारण वसिष्ठ द्वारा दिए गए आत्मबोध का तुरंत निश्चय राम को हो गया था। उसी ध्यान से राम शीघ्र ही आत्मानुभवी भी हो गए थे। वे जानते थे कि सामान्य जन की अवस्था ऐसी नहीं है, किंतु उस काल में

प्रचलित धर्माचरण के पालन से ऐसी अवस्था प्राप्त हो सकती है। यह उनका विश्वास था। इसीलिए राम ने यह सत्य अहल्या को बताया।

अहल्या के पति गौतम भी तपस्वी थे। अहल्या को श्राप देने के पश्चात् पश्चात्तापपूर्ण अवस्था में उनकी भेंट वाल्मीकि महर्षि से हुई। वाल्मीकि ने अत्यंत कृपावंत हो उन्हें अधोगति से बचाया था तथा बोध देकर उनके मन को सबल किया और आत्मप्राप्ति का साधन दिया। गौतम के मन की शुद्धि होते हुए उनके मन में ईश्वरीय प्रेम निर्माण हो गया। ऐसी स्थिति में गौतम और अहल्या को एक-दूसरे का साथ देते हुए आत्मप्राप्ति के मार्ग का अनुसरण करना ही योग्य था और इसीलिए राम ने ऐसा मार्गदर्शन दोनों को दिया। उस काल का प्रचलित धर्म था कि पुरुष सद्गुरु की शरण में जाकर आत्मज्ञान प्राप्त कर आत्मबल के साथ जीवन जिएँ तथा स्त्रियाँ अपने पति का अनुसरण कर आत्मज्ञान की प्राप्ति कर, उस अनुभव के साथ आपसी सहयोग से आनंदपूर्वक जीवन जिएँ। इसी धर्म को आधार देकर उसके रक्षण के लिए राम का अवतार हुआ था। राम ने अहल्या के आत्मप्राप्ति के अधिकार को स्वीकार किया था। पर स्त्री और पुरुष के बीच के अंतस को वे यथार्थ रूप से जानते थे और उस अंतस को बनाए रखने का आत्मबल भी उनमें था।''

नारद की बातों को बीच में रोकते हुए लक्ष्मी कहने लगीं, ''हे नारद, सर्वप्रथम आपको बीच में रोकने के लिए मैं आपसे क्षमा माँगती हूँ। पर मैं क्या करूँ? मेरे मन में इस समय जो प्रश्न उठ रहे हैं, उनका यदि समाधान नहीं हुआ तो मैं अग्रिम कथा का श्रवण नहीं कर सकूँगी और न ही मुझे उसमें आनंद मिलेगा। इसीलिए हे नारद, मुझे क्षमा करें तथा कृपा कर मेरे प्रश्नों का उत्तर दें।

''मेरा प्रश्न यह है कि जब वाल्मीकि ने गौतम ऋषि को उनकी पश्चात्ताप दग्ध अवस्था में आत्मकल्याण का मार्ग दिखाया, तब ही अहल्या का उद्धार क्यों नहीं किया? गौतम ने अहल्या को क्रोध में आकर श्राप दिया था और जड़वत् तथा संवेदनहीन बना दिया था। क्योंकि उनके पास तप का सामर्थ्य था। तब उसी तप सामर्थ्य से वे अहल्या को पूर्वस्थिति में क्यों नहीं ला पाए? राम के आगमन तक अहल्या को उसी अवस्था में क्यों रहना पड़ा? इसमें

अहल्या का क्या दोष था? मैं जानती हूँ कि इसका उत्तर 'यही ईश्वरीय नियति थी' होगा, पर ऐसी नियति को मेरा मन स्वीकार नहीं कर पा रहा है। मुझे विदित है कि मेरी यह अवस्था उचित नहीं है। इसी बात का मुझे खेद है। अब मैं आपसे करबद्ध प्रार्थना करती हूँ कि आप मेरे मन में उठ रहे प्रश्नों का पूर्ण समाधान करें।''

लक्ष्मी की बातें सुन नारद थोड़े गंभीर हो गए। कुछ देर अंतर्मुख अवस्था में रह, उनके मुख से पुन: निश्चयात्मक वचन स्फुरित होने लगे—''हे लक्ष्मी, तुम कुछ अधिक ही भावनात्मक हो गई हो। अहल्या एक स्त्री थीं, इसलिए स्त्रीसुलभ भावना के कारण तुम्हें उनसे अधिक सहानुभूति और निकटता महसूस हो रही है। पर श्रवण से प्राप्त बोध की ओर तुम अपना मन स्थिर करो, तब ही तुम सत्य जानकर उसका आनंद लेने का मनोबल प्राप्त कर सकोगी। तुम्हें मुझसे जिस तरह के उत्तर की अपेक्षा है, वह योग्य ही है। 'ईश्वरीय' नियति सत्य है और अटल है, इस बात को कोई माने या न माने, किसी की बुद्धि उसका आकलन कर पाए अथवा नहीं, परंतु जिनका मन आत्मस्वरूप में स्थिर है, केवल वे ही ईश्वरीय नियति को जान पाते हैं तथा उन्हें—उसके सत्यत्व का आनंद होता है। इसीलिए तुम भी इसी भाव से श्रवण करो, ताकि तुम्हारा मन भी स्थिर हो सके। तुम मन का खुलापन महसूस कर सको और सत्य जान पाओ।

''गौतम ऋषि तपस्वी थे। उन्होंने तपाचरण से तेज प्राप्त किया था, किंतु प्रत्यक्ष सद्‌गुरु की शरण न जाने से उनके मन के विकार और अहंकार दूर नहीं हुए थे। इसीलिए शंकाग्रस्त हो उन्होंने अहल्या को अकारण श्राप दे दिया। अहल्या निस्तेज हो, एक शिला के समान जड़वत् हो गई। उसी के साथ गौतम ऋषि का तेज नष्ट हो गया तथा अहल्या को पुन: अपनी पूर्वावस्था में लाने का सामर्थ्य उनमें नहीं रहा। इस दौरान भाग्यवश गौतम की भेंट वाल्मीकि ऋषि से हुई। गौतम ने वाल्मीकि को पूर्ण शरणागति दे दी, जिसके फलस्वरूप वाल्मीकि ने गौतम को आत्मज्ञान दे, उनके लिए आत्मप्राप्ति का मार्ग प्रशस्त किया। आत्मप्राप्ति की साधना से गौतम का मन शुद्ध हो गया और वे आत्मानुभवी हो गए। वाल्मीकि ऋषि के कार्य की इतनी ही मर्यादा थी कि

जो शरणागत होता, उसी को वे आत्मप्राप्ति के मार्ग की ओर प्रेरित करते थे। उनका यह स्वभाव नहीं था कि सामान्य अज्ञानी जीव के पास जाकर उनका उद्धार और कल्याण करें।

"महापुरुषों की आत्मानुभवी अवस्था एक होते हुए भी स्वभाव में अंतर होने के कारण उनके कार्य करने का तरीका भिन्न होता है। वहीं अवतारी पुरुषों के कार्य ईश्वरीय नियति में एकदम अद्‌भुत बात है। उनका सौंदर्य और आनंद कुछ और ही है। अवतारी पुरुष सर्वसामान्य जनों के अज्ञान, दुःख और क्लेश से द्रवित हो जाते हैं तथा वे स्वयं उनके पास जाकर उन्हें आधार और रक्षण देते हैं। उनका उद्धार कर उन्हें उनके कल्याण का मार्ग दिखाते हैं। उनके भक्तिभाव को स्वीकार कर उन्हें आनंद की अनुभूति करा देते हैं।

"अहल्या का उद्धार राम के द्वारा होना निश्चित था, यही ईश्वरीय नियति थी। जिसके लिए अहल्या को लंबे समय तक राह देखनी पड़ी, जो योग्य नहीं, पर अटल थी। राम के दैवीय स्पर्श से अहल्या का उद्धार तो हुआ ही, राम ने उनके लिए आत्मकल्याण का मार्ग भी प्रशस्त किया, जो बहुत महत्त्वपूर्ण बात है। अहल्या के प्रेमभक्ति भाव से राम अत्यंत संतुष्ट हुए। राम सत्यज्ञानी, सत्यवचनी और सत्यव्रती थे। उन्होंने एक वचन, एक पत्नी और एक उद्‌देश्य के साथ जीवन जीने का प्रण किया था। यही प्रण उनके जीवन कार्य का केंद्रबिंदु और बलस्थान था। इसीलिए अहल्या के भाव की पूर्ति करना उनके लिए संभव नहीं था। उन्होंने अंत:करणपूर्वक अहल्या को आशीर्वाद दिया कि उसके शुद्ध प्रेमभाव की पूर्ति अवश्य होगी।

"हे लक्ष्मी, तुम्हें नारायण की लीला की महत्ता क्या बताऊँ? राम का अंत:करण यानी नारायण का ही अंत:करण। राम के अंतस में सहज स्फुरित संकल्प और भाव की पूर्ति नारायण के कृष्णावतार में हुई। इस अवतार में अहल्या ने ही राधा के रूप में जन्म लिया और सगुण प्रेमभक्ति से कृष्णमय हो गई। किंतु इस अत्यंत आनंददायी और प्रेमदायी कथा का वर्णन मैं अभी नहीं करूँगा। नारायण के आगामी अवतार में इन लीलाओं का वर्णन आएगा ही, तब तक तुम अपनी उत्कंठा और आतुरता को बढ़ने दो।"

□

राम का वनवास गमन

विश्वामित्र के आश्रम की ओर जाते समय त्राटिका नाम की एक राक्षसी ने राम और लक्ष्मण पर हमला कर दिया। स्वयं की रक्षा के लिए राक्षसी का वध करना राम के लिए अनिवार्य हो गया। पर राम विचार में पड़ गए कि स्त्री होने के नाते क्या यह अधर्म तो नहीं होगा? आत्मधर्म के अधिष्ठान के साथ जीवन जी रहे राम ने एक ही क्षण में यह निर्णय ले लिया कि स्त्री और पुरुष के बाह्य अंतस को न देख उसकी राक्षसी वृत्ति का नाश किया जाए। अपने क्षत्रिय धर्म का पालन करते हुए शीघ्र ही राम ने त्राटिका का वध कर दिया। राम के धर्म-अधर्म की सीमा जानते हुए धर्म का रक्षण और अधर्म का नाश करने का राम का आत्मबल तथा पराक्रम देख विश्वामित्र संतुष्ट हुए।

विश्वामित्र के आश्रम की ओर आगे बढ़ते समय मार्ग में आनेवाले सभी अधर्मी राक्षसों का राम और लक्ष्मण ने अपने अतुलनीय पराक्रम से वध किया। इसके पश्चात् आश्रमों में नित्यक्रम निर्विघ्न रूप से चलने लगे। जिसे देख विश्वामित्र अत्यंत प्रसन्न हुए और उन्होंने राम तथा लक्ष्मण को हृदय से आशीर्वाद दिया।

"हे लक्ष्मी, इस तरह राम के अवतार कार्य का आरंभ होते हुए ही उनके जीवन में एक अत्यंत सुंदर तथा आनंददायी प्रसंग आया। और वह यह कि सीता के रूप में तुम्हारा राम के साथ विवाह।"

नारद की बातें सुन लक्ष्मी गद्गद हो गईं। रामावतार में उनका सहभाग और राम के साथ बीते उनके जीवन का रहस्य प्रकट करनेवाले कथानक का

श्रवण कर वे अति आनंदित हो रही थीं। नारद ने उनके विवाह का संपूर्ण वर्णन उन्हें सुनाया। बालपन में प्रत्यक्ष शंकर के हाथों मिला शिवधनुष, जो इतना वजनी था कि साधारण व्यक्ति उसे उठा भी नहीं पाता था, उसकी प्रत्यंचा लगाकर बाण छोड़ने की सीता द्वारा स्वयंवर के लिए रखी गई शर्त, राजा जनक के आमंत्रण पर विश्वामित्र के साथ राम और लक्ष्मण का वहाँ आगमन, प्रत्यंचा लगाने के प्रयत्न में लंकाधिपति रावण का गर्वहरण, उसका अपमान, विश्वामित्र की आज्ञानुसार राम और लक्ष्मण का शिवधनुष को प्रत्यंचा चढ़ाने के प्रयत्न में शिवधनुष का दो टुकड़े हो जाना, अत्यंत प्रेम और हर्ष से रोमांचित सीता का राम के गले में वरमाला डालना, उसके पश्चात् राम और सीता के विवाह का अद्‌भुत महोत्सव। इन सारे प्रसंगों के वर्णन से आनंदित नारद, श्रवण कर रहीं लक्ष्मी और शेष मानो आनंद सागर में हिलोरें ले रहे थे। उसी आनंद में तन्मय नारायण ने नेत्र खोलते हुए प्रेमल दृष्टि से अपनी प्रिय पत्नी लक्ष्मी की ओर देखा। नारायण के नेत्रों में अपने प्रति प्रेम देख लक्ष्मी धन्य हो रही थीं। नारायण और लक्ष्मी के इस प्रेममिलन को देखने वाले नारद अपने आपको सबसे अधिक भाग्यशाली मान रहे थे।

ऐसा प्रतीत हो रहा था जैसे रामावतार में होने वाले मिलन का अनुभव मानो लक्ष्मी को अभी हो रहा हो। हर्ष से प्रफुल्लित लक्ष्मी नारद से कहने लगीं, ‘‘हे हरिकथापरायण नारद, यद्यपि मुझे उस समय की सीता के रूप का स्मरण नहीं हो पा रहा है, पर यह सत्य है कि आपके सगुण प्रेम वर्णन से मैं नारायण की निकटता का आनंददायी अनुभव कर रही हूँ। नारायण की सगुण कथा का वर्णन कर जिस रहस्य को आप प्रकट कर रहे हैं, उससे मैं नारायण के अंत:करण को जान रही हूँ और अपने प्रेमभाव से थोड़ी-थोड़ी ही क्यों न हो, उनके अंत:करण के निकट जा रही हूँ। आपसे मेरी अर्ज है कि अब राम और सीता के विवाह मिलन के आनंददायी प्रसंगों का सुखद और सुरस वर्णन मुझे सुनाएँ।''

लक्ष्मी की श्रवणातुरता से प्रसन्न नारद ने विस्मित हास्य करते हुए लक्ष्मी से कहा, ‘‘हे लक्ष्मी, नारायण की नियति ज्ञानी पुरुषों के लिए भी अगम्य और अगोचर है। जब वह साधारण जन को अनाकलनीय और

विचित्र लगे तो इसमें कोई आश्चर्य की बात नहीं है, इसमें उनका कोई दोष भी नहीं है। सारे सुख देनेवाले 'वैवाहिक जीवन' में विषय-सुख का मर्यादित सेवन करनेवाले राम और सीता को चौदह वर्ष का वनवास मिला। राजमहल के सारे विषय-सुख का त्याग कर देह पर केवल एक वस्त्र डाले राम को वनवास जाना पड़ा। नियति द्वारा निश्चित किया मानवीय जीवन पराधीन है, यही सत्य है।'' नारद की बातें सुन लक्ष्मी को जैसे वनवास का ही अनुभव हो रहा हो, ऐसी व्यथित अवस्था में वे नारद से कहने लगीं, ''हे नारद, राम को तो सभी बहुत पसंद करते थे। अपने शांत स्वभाव, प्रेमल और मर्यादित आचरण से वे सबके प्रिय थे। पिता, तीनों माता और बंधु सभी राम से बहुत प्रेम करते थे, तब अचानक ऐसा क्या घटित हुआ कि राम को वन में जाना पड़ा? मानव की पराधीनता की बात कहें तो मानवरूप में आए नारायण भी पराधीन हो गए। यह कैसे संभव है? कृपा कर मेरी इस शंका का समाधान करें।''

नारायण का चरित्र प्रगट करने हेतु सदैव आतुर नारद तत्पर हो कहने लगे, ''हे लक्ष्मी, तुम इस रहस्य को ध्यानपूर्वक सुनो। मानव के सारे कर्म, कर्मफल और प्रारब्ध इन सब पर ईश्वर की सत्ता होती है। एक ही मानव जन्म में आनेवाले अनेक व्यक्ति, उनके भिन्न प्रारब्ध, भिन्न स्वभाव, विविध गुण-दोष ये सब नियति के अधीन हैं। यहाँ तक कि नारायण का मानव-जन्म भी अपवाद नहीं है। इसीलिए नियति को ही श्रेष्ठ कहा है। यह नियति नारायण की, नारायण के अंतस से स्फुरित, नारायण के सृष्टि कार्य के लिए है। परंतु नारायण के सगुण अवतार की विशेषता और माहात्म्य यह है कि नियति अनुसार बाह्य जीवन में घटित प्रसंगों को अनुभव करने का तरीका नारायण के स्वाधीन रहता है। मानवीय देह में रहते हुए भी आत्मानुभव करते हुए उनका अंत:करण शुद्ध, निर्मल और प्रेमल रहता है। अपने सुयोग्य आचरण से नारायण स्वयं स्वानंदी रहते हैं तथा अन्यों को भी अपने आनंद में समा लेते हैं।''

नारद की बातों को ध्यानपूर्वक सुन रहीं लक्ष्मी कहने लगीं, ''हे नारद, आपकी बातों से मेरा अज्ञान कुछ कम हो गया है, परंतु पूरी तरह समाप्त नहीं

हुआ। थोड़ा और अधिक विस्तार से समझाएँ, ताकि मेरा अज्ञान पूर्णतः दूर हो जाए तथा मैं नारायण के सगुण प्रेम-वर्णन का आनंद ले सकूँ।''

सगुण चरित्रगायन में रमे नारद समझाते हुए लक्ष्मी से कहने लगे, ''सत्यज्ञान को शब्दों के माध्यम से प्रकट करने से अज्ञान केवल मालूम होता है, पर उसका निराकरण नहीं होता। जब उस ज्ञान को अनुभव करते हैं, तब ही सच्चे अर्थों में अज्ञान नष्ट हो, केवल ज्ञान शेष रहता है। प्राप्त ज्ञान का अनुभव भी केवल नारायण की सगुण भक्ति से ही मिलता है। इस हेतु नारायण के चरित्र तथा उस चरित्र के अनुभव का शब्दांकन करने से ही अनुभव साकार होता है। मन के सारे विकल्प दूर होते हैं। अश्रद्धा पूरी तरह समाप्त हो, मन शुद्ध प्रेम से भर जाता है। बोध द्वारा बुद्धि शुद्ध हो, सामान्य जीव को भी उस अनुभव के एकदम करीब ले जाती है। शब्दों द्वारा ज्ञान बताने अथवा सुनने की अपेक्षा, शब्दों के माध्यम से सगुण चरित्र का गायन और श्रवण करना अधिक हितकारी और श्रेयस्कर है। इसीलिए रामकथा प्रगट करने के लिए मैं बेहद आतुर हूँ। तुम भी श्रद्धापूर्वक उस कथा का श्रवण करो, ताकि तुम्हारे अंतःकरण की अवस्था भी भावपूर्ण हो जाए और तुम भी सहज रूप से नारायण का अनुभव अपने अंतःकरण में कर सको।

''राम के पिता दशरथ ने अपने प्रिय पुत्र राम का, ज्येष्ठ पुत्र होने के नाते तथा सारे नगरवासियों की इच्छानुसार कुलगुरु वसिष्ठ ऋषि की अनुज्ञा से राज्याभिषेक करने की सारी तैयारी कर ली थी। सभी ओर आनंद का वातावरण था, तभी अचानक दशरथ की लाडली पत्नी कैकेयी ने राजा दशरथ को उनके द्वारा दिए गए दो वरों का स्मरण कराया। उन्होंने पहला वर माँगा कि उनके पुत्र भरत का राज्याभिषेक किया जाए तथा दूसरा वर माँगा कि राम को चौदह वर्ष के लिए वन में भेज दिया जाए। सच यह था कि कैकेयी भरत से अधिक राम से प्रेम करती थी तथा राम भी कैकेयी को बहुत चाहते थे। किंतु कैकेयी की दासी मंथरा ने अपनी क्षुद्र और कुटिल वृत्ति से कैकेयी के मन में दूजा भाव निर्माण कर दिया। 'राम के राजा बनने के पश्चात् भरत को सारी उम्र राम की सेवा करनी पड़ेगी तथा कौशल्या के राजमाता होने से तुम्हारी भूमिका हमेशा दूजी रहेगी?' ऐसी बातें कह मंथरा

ने कैकेयी का मन दूषित कर दिया। कैकेयी मूलतः निरागस और निर्मल मन की थीं। उनके मन में राम के प्रति ऐसी भावना कभी आ नहीं सकती थी। परंतु मन दुर्बल होने के कारण मंथरा के मन में निर्माण होने वाला द्वेष-मत्सर रूपी मल शब्दों के माध्यम से कैकेयी के कान से होते हुए मन तक पहुँच गया और उसके मन को विषाक्त कर दिया। ऐसी परिस्थिति से निपटने के लिए लगने वाला विवेक उनमें जाग्रत् नहीं था तथा पुत्र-मोह के समक्ष राम के प्रेम को वे भूल गईं।''

कथा-श्रवण करते हुए लक्ष्मी के मन में संताप हुआ और वे नारद से कहने लगीं, ''हे नारद, किसी के मन में द्वेष-मत्सर इस हद तक निर्माण हो जाए और वह भी राम के प्रति। सचमुच मेरे लिए यह आश्चर्य की बात है। मुझे इस बात से बहुत दुःख हो रहा है। राम से प्रेम नहीं, उनके रूप-गुण की कोई प्रशंसा नहीं। इसके विपरीत उन्हें चौदह वर्षों का वनवास! यह तो इनसानियत से परे है। कृतघ्नता है। किसी के मन की अवस्था इतनी गिर जाए, इस बात पर मुझे विश्वास नहीं हो रहा है। पत्नी के समक्ष दशरथ भी इतने मजबूर कैसे हो गए? राम को माता-पिता के ऐसे वचनों का पालन क्यों करना चाहिए? जब सारी प्रजा राम को राजा घोषित करने के लिए तैयार थी, तब राम दो व्यक्तियों की बात मान खुशी-खुशी वनवास जाने के लिए तैयार कैसे हो गए? इसमें राम ने किस धर्म का पालन किया? यह मैं समझ नहीं पा रही हूँ। राम को तभी ही सत्यधर्म तथा क्षात्रतेज से सारी बातें स्पष्ट कर देनी चाहिए थीं, जिससे इतना कठिन प्रसंग टल जाता और राम का राजयाभिषेक हो जाता। मेरे मन में एक प्रश्न यह भी उठ रहा है कि उस समय राजगुरु वसिष्ठ ने अपनी भूमिका स्पष्ट क्यों नहीं की?''

लक्ष्मी के प्रश्नोत्तर की शृंखला को प्रयत्नपूर्वक रोकते हुए तथा रामावतार में नारायण के अंतःकरण की गहन अवस्था को स्वानुभव एवं स्वानंद से प्रगट करते हुए नारद कहने लगे, ''हे लक्ष्मी, नारायण से अपार प्रेम करती हो, इसीलिए तुम्हें इतना दुःख हो रहा है, जो कि स्वाभाविक है। जब से तुम्हें यह बात मालूम हुई है कि सीता के रूप में तुम ही थीं, तब से तुम्हारी भावना कदाचित् अधिक तीव्र हो गई है। पर यह योग्य नहीं

है। विकारों से युक्त मन का समतोल तो बिगड़ता ही है, साथ ही मन को सँभालने वाली बुद्धि भी निष्प्रभ हो जाती है। ऐसी स्थिति में सत्य जानना असंभव हो जाता है। तब उसे अनुभव कर पाना दूर की बात है। नारायण का प्रेम शुद्ध है। वहाँ कोई विकार संभव नहीं है। इसीलिए नारायण के प्रति तुम्हारे व्यक्तिगत प्रेम की अपेक्षा नारायण के अंतःकरण के प्रेम को जान, उस प्रेम से जब युक्त होंगी, तभी तुम सत्य जान, उसका अनुभव ले सकोगी। नारायण का प्रेम सभी के लिए समान है। सारे विश्व का मूल ही उनके अंतःकरण में जाग्रत् रहता है और वही उनके चरित्र द्वारा कार्यरत रहता है। यह प्रेम निस्स्वार्थी और निरपेक्ष होता है, इसीलिए किसी भी प्रकार का त्याग कर सकता है। यह प्रेमस्वरूप अवस्था आत्मजागृति के कारण होने से केवल भावनात्मक ही नहीं, बल्कि आत्मबल से युक्त होती है। ऐसी अवस्था में लिये गए निर्णय विवेकयुक्त होते हैं तथा उस पर अमल करने से उनका चरित्र अत्यंत तेजस्वी दिखाई देता है।

राम का संपूर्ण जीवन शांत, संयमी और तेजस्वी था। परंतु उनके अंतःकरण के भाव समय-समय पर प्रगट न होने के कारण अन्य लोग उन्हें जान नहीं पाए। विषय सुख से आसक्त दशरथ राजा, दुर्भावना से पराजित कैकेयी तथा हीन मनोवृत्ति की मंथरा को देख राम का अंतःकरण व्यथित हो गया, किंतु राम को उन पर क्रोध नहीं आया, बल्कि उनके प्रति दयाभाव निर्मित हो गया। राजगुरु के नाते वसिष्ठ ने अपनी भूमिका मर्यादित कर ली थी, इसीलिए वे दशरथ को समझा नहीं सके। किंतु राम के प्रति पूर्ण आत्मविश्वास होने से राम के विचार और निर्णय सुनने के लिए वे आतुर हो गए थे।

आत्मा के अधिष्ठान के साथ स्वधर्माचरण करना ही राम के जीवन का आधार था, इसीलिए व्यक्तिगत स्वार्थ और सुख के लिए वहाँ कोई स्थान नहीं था। धर्म-अधर्म तथा योग्य-अयोग्य की समझ सहज उनमें थी। मंथरा, कैकेयी और दशरथ की मानसिक अधोगति को वे जान गए थे, परंतु उन सभी को उनके सत्यधर्म के विषय में समझाकर बताना राम के स्वभाव में नहीं था। पुत्र होने के नाते पिता के दिए वचनों का पालन करना तथा दशरथ

राजा थे, इसीलिए उनके द्वारा लिया गया निर्णय प्रजा के हित में होगा, इसी समझ के साथ राम ने अपना धर्म निभाया।

अनेक नाते-संबंधों के कर्तव्यकर्मों में न उलझ, योग्य समय में, योग्य कारण हेतु योग्य कर्तव्य कर्म को प्रधानता दे उचित निर्णय लेना ही स्वधर्माचरण है। इसका जीवंत उदाहरण राम हैं। इस हेतु जिस शुद्ध अंत:करण तथा आत्मबल की आवश्यकता होती है, वह राम में पूर्ण और सहज थी। जिस तरह समुद्र प्रवाह भिन्न-भिन्न दिशा में होते हुए भी कुशल नाविक, सूचक सुई की सहायता से अपनी नौका सही दिशा में ले जाते हुए अपने गंतव्य स्थान पर पहुँच जाता है। उसी प्रकार भिन्न-भिन्न स्वभाव के व्यक्तियों तथा उनके कर्तव्यकर्मों से होने वाले मिश्रण से ऊपर उठकर विवेक के बल से, अपनी जीवन-नौका सही दिशा में ले जाना ही राम के जीवन का मुख्य उद्‌देश्य था। इसीलिए राम का संपूर्ण जीवन-चरित्र आत्मप्राप्ति के मार्ग में जानेवाले साधक के लिए आदर्श और अभ्यसनीय है। इस तरह स्वधर्म के प्रति जाग्रत् राम अपनी प्रिय पत्नी सीता और प्रिय बंधु लक्ष्मण को ले आनंद के साथ वनवास की ओर निकल पड़े।''

राम-चरित्र के आधार पर राम के अंत:करण को अधिकाधिक जानने के लिए आतुर लक्ष्मी नारद से प्रश्न पूछ बैठीं, ''हे नारद, कैकेयी के वचनानुसार केवल राम को वनवास जाना था, तब सीता और लक्ष्मण राम के साथ जाने के लिए कैसे तैयार हो गए? राम उन्हें भी अपने साथ ले गए? मुख्य बात यह है कि भरत पर इसकी क्या प्रतिक्रिया थी? राज्याभिषेक के लिए वे तैयार हो गए? हे नारद, राम-चरित्र के इन अगम्य प्रसंगों का सविस्तार वर्णन कर आप मुझे सुनाएँ, जिससे मैं राम के अंत:करण को अधिकाधिक जान सकूँ!''

नारायण के माहात्म्य को यथार्थ रूप में जानने वाले नारद, राम-प्रेम से युक्त हो कहने लगे, ''हे लक्ष्मी, राम का प्रेम सभी के प्रति समान था। किंतु सभी का प्रेम राम के प्रति समान नहीं था। प्रत्येक व्यक्ति का प्रेम अपने-अपने भाव और स्वभाव की मर्यादा में था। इनमें से लक्ष्मण और सीता का प्रेम अलग स्तर का था। भरत राम को जान से अधिक चाहते थे। स्त्रीधर्म

के अनुसार पत्नी का पति के साथ रहना और पति का अनुसरण करना सीता का कर्तव्य था, जो सीता को प्रिय था। क्योंकि राम ही उनके अत्यंत प्रिय थे। प्रिय व्यक्ति का सुख अपना सुख और प्रिय व्यक्ति का दुःख, अपना दुःख मान प्रत्येक प्रसंग में एक-दूसरे का साथ देना उत्कट प्रेम के लक्षण हैं। प्रेमभाव से तथा धर्म का पालन करते हुए सीता ने राम के साथ वनवास जाने का निर्णय लिया तथा राम से संग ले जाने की विनती की। सीता की भूमिका से प्रसन्न राम ने सीता का भाव जान, सीता को अपने साथ वनवास चलने की अनुमति दे दी।

''राम' नारायण के अवतार हैं, इस बात को लक्ष्मण जानते थे, इसीलिए उन्होंने प्रण कर लिया कि वे अपने पूरे जीवन में राम और उनके अवतार कार्यों के लिए तन-मन से सहयोगी होंगे। लक्ष्मण के इस भाव और भूमिका से राम परिचित थे, इसीलिए उन्होंने लक्ष्मण को अपने साथ वनवास की सहर्ष अनुमति दे दी।'' लक्ष्मी से रहा न गया और उन्होंने बीच में ही नारद से प्रश्न कर लिया, ''हे नारद, पर लक्ष्मण की पत्नी का क्या? लक्ष्मण ने उन्हें भी साथ लिया न! उन्होंने भी साथ चलने का आग्रह किया ही होगा! राम ने भी उन्हें साथ चलने की सम्मति दी ही होगी! क्योंकि लक्ष्मण का 14 वर्ष राम के साथ वनवास में रहना और उनकी पत्नी को अकेली छोड़ना निश्चित ही अन्याय होता, जो न्यायी राम कभी नहीं कर सकते थे। है ना नारद?''

लक्ष्मी की प्रश्न-मालिका सुन नारद ने किंचित् स्मित हास्य किया और कहने लगे, ''हे लक्ष्मी, स्त्री सुलभ भावानुसार तुम्हारी शंका और प्रश्न योग्य हैं। तुम्हारे मन में लक्ष्मण की पत्नी उर्मिला के विषय में अनुकंपा है, इसीलिए यह भाव यथार्थ एवं सर्वांगीण विचार करनेवाला नहीं है। तुम्हारा जो भाव उर्मिला के लिए है, वही भाव लक्ष्मण और राम का भी उर्मिला के लिए निश्चित ही होगा। पर राम और लक्ष्मण के मन में जो विचार उर्मिला के लिए आए होंगे, वे तुम्हें कैसे मालूम? वही तुम्हें जानना है। इस हेतु एक स्त्री की तरफ केवल स्त्री दृष्टिकोण से न देख राम के अंतःकरण को जानने का प्रयत्न करें। अब तुम राम-चरित्र के इस भाग को ध्यान से सुनो।

रामावतार में लक्ष्मण ने राम की अखंड सेवा का व्रत लिया था, जो उनका व्यक्तिगत निर्णय था। ऐसी स्थिति में यदि वे अपनी पत्नी को साथ ले जाते तो वे इस व्रत का पालन नहीं कर पाते। राम की सेवा करने का उर्मिला का प्रश्न ही नहीं उठता, क्योंकि राम 'एक पत्नी' विचारधारा के थे। सीता की सेवा करें तो सीता सदैव राम के साथ रहनेवाली थीं। ऐसी स्थिति में उर्मिला को वन में ले जाना उचित नहीं था। ये सारी बातें लक्ष्मण ने उर्मिला को प्रेम से समझाकर कहीं। उर्मिला ने भी उसी प्रेम और श्रद्धा से सारी बातें समझ, अयोध्या में ही रहने का निर्णय लिया। उर्मिला की भावना राम और लक्ष्मण दोनों जानते थे। परंतु जीवन में केवल भावना को प्रधानता न दे, उचित भूमिका द्वारा योग्य निर्णय लेने का जब समय आता है, तब ही खरी कसौटी लगती है, जिसमें विरले लोग ही यशस्वी होते हैं।

"पति-पत्नी के नित्य सहवास के लिए लालायित और विषय-सुख को ही प्रेम समझने वाले सामान्य जीवों के मन में यह बात आ सकती है कि उर्मिला के साथ अन्याय हुआ है, पर उर्मिला के मन को ऐसे विचार स्पर्श भी नहीं कर पाए। पति-पत्नी के सहजीवन में समय आने पर पत्नी को पति से दूर रहकर भी पति के कार्य में सहयोग देना पड़ता है, जिसके लिए प्रेमभाव का बल लगता है। प्रेमभाव के बल से ही त्याग होता है तथा त्याग से प्रेम अत्यंत तेजस्वी दिखाई देता है। केवल भावनात्मकता मन को दुर्बल करती है। उर्मिला को यही भावबल राम और लक्ष्मण से मिला था। उर्मिला की व्यथा से राम और लक्ष्मण दोनों व्यथित थे, परंतु उस परिस्थिति में लिये गए उर्मिला के निर्णय से वे संतुष्ट थे। राम ने उर्मिला को आशीर्वाद दिया तथा उन पर अपने पिता दशरथ और तीनों माताओं के स्वास्थ्य तथा सेवा की जिम्मेदारी सौंप निश्चिंत हो गए।

"शोकग्रस्त दशरथ, दुःखी कौशल्या और सुमित्रा माता का आशीर्वाद ले तथा कैकेयी माता को प्रेमपूर्वक वंदन कर, कठोर अंतःकरण से सीता और लक्ष्मण को ले राम वन की ओर चले दिए। सभी ने अपने राजवस्त्र, आभूषण और अलंकार त्याग दिए थे तथा सादे परिधान धारण कर बालों की जटा बना ली। इस रूप में भी राम और अधिक तेजस्वी दिखाई दे रहे

थे। धीर-गंभीर मुद्रा पर कांतिमयी शांति, समाधान और निश्चयात्मक गुण उनके अंतःकरण की ओर निर्देश कर रहे थे। बाह्य जीवन में आए परिवर्तन से उनके अंतःकरण की अवस्था में बदलाव तो आया नहीं, बल्कि बदली हुई परिस्थिति से अंतःकरण की आत्मस्वरूप अवस्था का पूर्ण अनुभव लेने का दृढ संकल्प उनके मुखकमल पर स्पष्ट दिखाई दे रहा था। उनके उस अद्‌भुत रूप को अयोध्यावासियों ने अपने मन में बसा लिया था। उसी प्रेमस्मरण के साथ उन्हें अपने प्रिय राम का 14 वर्ष का विरह सहन करना था। चौदह वर्ष के पश्चात् राम निश्चित वापस आएँगे, इसी आशा और विश्वास के साथ अयोध्यावासी राम की प्रतीक्षा कर रहे थे।''

अंतस में नारायण से सदा सामीप्य पाने वाले नारद राम के वनवास प्रसंग का वर्णन करते हुए भावपूर्ण हो गए थे। उनके मुख से शब्दों का स्फुरण कुछ क्षणों के लिए थम गया था। इस पर रामकथा श्रवण कर रहीं लक्ष्मी प्रेम-रस से प्रवाहित हो नारद से अग्रिम कथा वर्णन का आग्रह करते हुए कहने लगीं, ''हे नारद, जिस तरह से आप राम के बाह्य जीवन और उनके अंतःकरण के बीच सुंदर समन्वय इस रामकथा के माध्यम से व्यक्त कर रहे हैं, उससे राम-चरित्र को जानने की मेरी उत्सुकता बढ़ती जा रही है। जिसकी पूर्ति आप ही को करनी है। उर्मिला के साथ घटित प्रसंग में आपने जो बातें कहीं, वे बहुत ही गुह्य हैं। सामान्य व्यक्ति इन बातों को जान नहीं सकते। मेरे मन में भी कई प्रश्न उठ रहे थे, जिनका उत्तर मेरी अल्पबुद्धि के पास नहीं है। मुझे नारायण भी रहस्यमय ही लगते हैं। लेकिन आपको देखकर लगता है कि आप इनके रहस्य को पूर्णरूप से जानते हैं। कृपा करके आप ही मुझे इस रहस्य को जानने की कोई रीत बताएँ।''

लक्ष्मी की बातें सुन नारद संतुष्ट हुए तथा स्मित हास्य करते हुए कहने लगे, ''हे लक्ष्मी, नारायण का अंतःकरण जितना गहन है, उतना ही उनका इस सृष्टि में मानवरूप में अवतार लेना तथा जीवन-चरित्र द्वारा प्रगट होना रहस्यमय है। उनके अंतःकरण की गहनता जाने बिना उनके चरित्र का रहस्य प्रगट नहीं होगा तथा चरित्र के रहस्य को जाने बगैर उनके अंतःकरण की गहनता को नहीं जान सकते। परंतु सामान्य जनों को केवल उनका सगुण

चरित्र दिखाई देता है, जो अत्यंत रहस्यमय है। उसे जानने का एकदम सुलभ उपाय यह है कि नारायण के रूप से प्रीति हो जाए। परंतु उनसे प्रीति होना उतना आसान नहीं है। सगुण अवतार चरित्र की ओर देखते-देखते उनके सगुण रूप से प्रीति हो जाना मन का गुण है। यही प्रेम इतना बढ़ जाए कि अपने सारे अंतस में व्याप्त हो जाए, तब ही नारायण के सगुण चरित्र का रहस्य खुलता है।

''इस प्रेम और श्रद्धा के समन्वय से प्राप्त दृष्टि अत्यंत शुद्ध होती है तथा उस दृष्टि से जब नारायण के चरित्र को देखते हैं, तब उनका अंत:करण स्पष्ट दिखाई देता है। नारायण का अंत:करण तो है ही अत्यंत शुद्ध और पवित्र, जहाँ दूजा भाव नहीं है। नारायण के अंत:करण को जानने से मन की सारी कल्पना और विकल्प दूर हो जाते हैं। बुद्धि के सारे तर्क-कुतर्क दूर हो अंतस में केवल नारायण का सगुण प्रेम ही प्रकाशित होता है। उसकी मधुर चाँदनी में नारायण के अंत:करण का रहस्य खुलता है तथा उनके प्रत्यक्ष दर्शन के लिए मन उतावला हो जाता है।''

□

राम-भरत भेंट

नारायण से प्रीति जुड़ने की इस अनूठी रीति को जान लक्ष्मी आश्चर्यचकित रह गईं। केवल नारायण ही नहीं, बल्कि स्वयं के अस्तित्व और जीवन का रहस्य जानने की इस अनोखी रीति से उन्हें अतिशय आनंद हो रहा था। आनंद से सराबोर वे राम-चरित्र के अग्रिम श्रवण के लिए आतुर थीं, इसीलिए उन्होंने नारद से कहा, "हे नारद, राम के साथ सीता और लक्ष्मण भी वनवास गए तथा राम ने उन्हें अपने साथ आने की अनुमति दी, परंतु भरत का क्या हुआ? भरत भी तो राम से अत्यधिक प्रेम करते थे। उनका राज्याभिषेक हुआ होगा? उनके समक्ष कर्तव्य और राम-प्रेम के बीच द्वंद्व निर्माण हुआ होगा। ऐसी स्थिति में उन्होंने क्या निर्णय लिया? अब तक वर्णित प्रसंग में आपने भरत का उल्लेख भी नहीं किया। भरत के भाव और उनके मन की अवस्था वर्णन किए बिना यह प्रसंग अधूरा रहेगा और मुझे समाधान नहीं मिलेगा। इसीलिए कृपा कर इसकी पूर्ति करें।"

रामकथा के सूक्ष्म और तरल धागों को कोमलता से खोलकर दिखाने का आनंद लेने वाले नारद कहने लगे, "हे लक्ष्मी, भरत राम से सबसे अधिक प्रेम करते थे। उनके रोम-रोम में राम बसे थे। इसीलिए राम का वियोग सहन करना उनके लिए असंभव था। बचपन में खेल-खेल में भी जब दो पक्ष बनते थे, तब भरत राम के पक्ष में रहते थे। भरत याने राम-प्रेम का पुतला। योगायोग से जब राम वनवास जा रहे थे, तब भरत अयोध्या में नहीं थे। वे अपने ननिहाल में थे, इसी वजह से अयोध्या में घटित घटनाक्रमों की भरत को कोई जानकारी नहीं थी। राम के वनवास जाने के दुःख से शोकग्रस्त दशरथ

ने अपने प्राण ही त्याग दिए थे। इसके पश्चात् भरत को शीघ्र ही अयोध्या बुलाया गया। भरत को जब सारी बातों की जानकारी मिली तो उन पर दुःख का पहाड़ टूट पड़ा। उन्होंने जो बात स्वप्न में भी नहीं सोची होगी, ऐसा प्रत्यक्ष प्रकरण उनके समक्ष घटित हुआ। उनके अत्यंत प्रिय राम चौदह वर्ष के लिए वनवास चले गए और वह भी उनकी माता कैकेयी के हठ के कारण। इस आघात को वे सहन नहीं कर पाए और उनका दुःख संताप में परिवर्तित हो गया। संतापग्रस्त अवस्था में उन्होंने अपनी माता कैकेयी की उचित निंदा की और धिक्कार किया। वे उन्हें माता कहने के लिए भी तैयार नहीं थे। पुत्रमोह के कारण कैकेयी को भरत का राजा होना अधिक महत्त्वपूर्ण लग रहा था, जबकि राम-प्रेम के बिना भरत को विश्व के सारे लौकिक सुख, मान-सम्मान इत्यादि व्यर्थ लग रहे थे। उनकी दृष्टि में 'राम बिना जीवन याने आत्मा बिना देह', ऐसा जीवन उनके लिए मृतप्राय था।

"राम के विरह में आर्त भरत राम से भेंट करने दौड़ते-दौड़ते वन में पहुँच गए। राम से प्रत्यक्ष भेंट होने पर उन्होंने राम को पिता दशरथ के निधन की दुःखद घटना सुनाई और राम के चरणों में लिपटकर रोने लगे। भरत के नेत्रों से प्रवाहित शुद्ध प्रेमाश्रु मानो राम के मृदु और कोमल चरणों का अभिषेक कर रहे थे। रामप्रेम से पूर्णतः भरे हुए भरत के मन को इस तरह द्रवित देख राम का मन भी द्रवित हो गया और राम ने भरत को अपने चरणों से उठाकर हृदय से लगा लिया। राम के प्रेमल अंगस्पर्श से रोमांचित भरत राम से लिपट बिलख-बिलखकर रोने लगे। भरत के शुद्ध प्रेम का स्पर्श राम के अंतःकरण को छू रहा था और सदा शांत, गंभीर एवं संयमी दिखाई देनेवाले राम के नेत्रों से प्रेमाश्रु की गंगा बहने लगी। उन पवित्र प्रेमाश्रुओं के स्पर्श से भरत देहभान में आए और राम से अपने आप को किंचित् अलग करते हुए राम के मुखकमल को निहारने लगे। दोनों भाइयों के नेत्र से नेत्र मिले और हृदय से हृदय जुड़ गए। भरत के नेत्रों में राम को केवल अपने प्रति निरागस प्रेम ही दिखाई दे रहा था, वहीं भरत को राम के अंतःकरण में उमड़ता प्रेम-सागर दिखाई दे रहा था। उस प्रेमसागर की व्यापकता, सखोलता और गहराई में भरत ने अपने आप को मन, बुद्धि और अपने पूरे अस्तित्व के साथ पूरी

तरह डुबो दिया था। फिर शांत हो अत्यंत प्रेम और राम के माहात्म्य की पूर्ण समझ के साथ उन्होंने अपने आप को राम की गोदी में समर्पित कर दिया।

"भरत के मस्तक को स्नेह से सहलाते हुए राम ने भरत को अपनी गोदी से उठाकर अपने पास बैठा लिया। पर भरत वहाँ से उठकर पुनः राम के चरणों के समीप बैठ गए तथा राम के चरणों में वंदन करते हुए आर्त स्वर में कहने लगे, 'हे प्रेमस्वरूप राम, तुम जानते हो कि तुम मुझे मेरे प्राणों से भी अधिक प्रिय हो। तुम्हारे प्रेमल सान्निध्य और प्रत्यक्ष प्रेम के बिना मेरा जीवन सूखी लकड़ी के समान है। जैसे पानी का सिंचन न होने से पेड़ की पत्तियाँ, फूल और फल सूखकर गिर जाते हैं और पेड़ एक सूखी लकड़ी के समान हो जाता है, वैसी ही स्थिति आज मेरी है। तुम्हारे प्रेम से वंचित मेरा मन प्राप्त स्थिति को स्वीकार करने की अवस्था में नहीं है। पिता के निधन के पश्चात् अब तुम ही अयोध्या चलकर राज्य सँभालो अथवा माता-पिता के वचनानुसार तुमने जो 14 वर्ष के वनवास को स्वीकार किया है, उसमें मुझे भी सहभागी बना लो। अन्यथा अयोध्या वापस जाने की बजाय मैं अपनी क्षुद्र देह को यहीं त्याग दूँगा।'

"भरत के आर्त वचन सुनकर राम का अंतःकरण भी द्रवित हो गया और वे भरत को सांत्वना देते हुए कहने लगे, 'हे मनःप्रिय भरत, मैं जानता हूँ कि तुम मुझसे बहुत प्रेम करते हो। इस बात से मुझे अतिशय आनंद होता है। पर मैं यह भी जानता हूँ कि इसी प्रेम के कारण तुम मुझे पूरी तरह समझ पाओगे। प्रेम से ही नित्य सान्निध्य, संवाद और अनेक प्रकार के प्रत्यक्ष अनुभव सहज मिलते हैं। ये सब प्रेम के ही लक्षण हैं। परंतु सच्चे प्रेम की मर्यादा केवल इतनी नहीं है। सच्चे प्रेम से ही जीवन में सदाचरण का बल प्राप्त होता है तथा समय आने पर त्याग का भी सामर्थ्य इसी प्रेम में है। मर्यादित प्रेम केवल भावनात्मक होता है, इसीलिए दुर्बल रहता है। अतः इस परिस्थिति में पुत्र होने के नाते तथा राज्य के एकनिष्ठ सेवक की भूमिका निभाते हुए अपने पिता राजा दशरथ के दिए वचनों का पालन करना तथा उनके देहावसान के पश्चात् उनकी अंतिम इच्छा की पूर्ति करना ही मेरे लिए सच्ची श्रद्धांजलि है। इस हेतु मुझे चौदह वर्ष वनवास में रहकर और तुम्हें अयोध्या का राज्य सँभालते हुए

अपने कर्तव्यों की पूर्ति करनी चाहिए। इसके लिए हमें एक-दूसरे को सहयोग देना होगा। यही सच्चे प्रेम के लक्षण हैं। इसी प्रेम से हमें अपने कर्तव्यों को उत्कृष्टता के साथ पूर्ण करने का बल मिलेगा।'

"राम के प्रेम भरे और अर्थपूर्ण वचन सुन भरत का मन धीरे-धीरे शांत और स्थिर होने लगा। भावनाओं का आवेग थम गया तथा विवेक जाग्रत् हो गया। राम के प्रेम और उनके द्वारा प्रकट हुए सत्य ज्ञान से भरत का भावबल बढ़ गया। वे आत्मविश्वास के साथ कहने लगे, 'हे परमप्रिय राम, मैं जानता हूँ कि प्रेम भावनात्मक है, परंतु तुम्हारा प्रेम सखोल और व्यापक है। यही कारण है कि मैं तुमसे इतना प्रेम करता हूँ। मेरे जीवन में तुम ही एक आदर्श हो। पिता की आज्ञा की अपेक्षा तुम्हारी इच्छा को प्रमाण मान मैं तुम्हारी आज्ञा का पालन करूँगा। पर मेरी भी एक जिद है और तुम्हारे ही प्रेम से मैं उस जिद को पूर्ण करने की माँग कर रहा हूँ। मैं तुम्हारा सेवक बनकर ही अयोध्या का राज्य सँभालूँगा। किंतु राजसिंहासन पर नहीं बैठूँगा। तुम्हारे चरणों की पादुका को राजसिंहासन पर रख, उसकी नित्य पूजा करूँगा। आपके वनवास से लौटने तक मैं राज्य और राजसिंहासन की रक्षा करूँगा, पर वनवास से लौटने के पश्चात् आप ही को इस राज्य और सिंहासन को स्वीकार करना होगा। उस पर केवल आपका अधिकार है। आप ही के कारण उस राज्य और सिंहासन की शोभा है। मैं और एक बात आपसे कहना चाहता हूँ कि यदि वनवास से लौटते समय आपको चौदह वर्ष से एक क्षण भी अधिक लगा तो मैं तुम्हारे प्रेम स्मरण में जलते हुए अंगारों का भक्षण कर अपने प्राण त्याग दूँगा।' भरत की प्रेमावेग में कही बातें सुन राम चकित रह गए। उन्होंने प्रसन्न हो अपने पैर से पादुका निकाल भरत को सप्रेम-भेंट दे दी। भरत ने उन पादुकाओं को नम्र भाव से अपने मस्तक पर लगाया तथा अत्यंत भरे हुए मन से राम का प्रेम संदेश ले अयोध्या की ओर रवाना हो गए।"

प्रेम और एकाग्रता से श्रवण कर रहीं लक्ष्मी अचरज में पड़ गईं और विचारमग्न हो कहने लगीं, "हे नारद, राम और भरत के बीच घटित इस भावपूर्ण प्रसंग से मेरे मन में कई प्रश्न उठ रहे हैं। भरत का राम-प्रेम और राम का सदाचरण। पर इनमें से श्रेष्ठ क्या है? भरत की प्रेम-निष्ठा या राम

की कर्तव्य-निष्ठा? भरत के राम-प्रेम तथा राम के सदाचरण में से विजय किसकी हुई? कृपा कर मेरे प्रश्नों की गुत्थी सुलझाकर, मेरे मन को शांत करें।'' लक्ष्मी के निरागस और नासमझी भरे प्रश्नों को सुन नारद ने स्मित हास्य किया और लक्ष्मी को समझाते हुए कहने लगे, ''हे लक्ष्मी, मन की इन उलझनों को सुलझाने की रीत, मैं तुम्हें पहले ही बता चुका हूँ, उसका स्मरण करो। सारे चरित्र और प्रसंगों में अवतारी पुरुषों द्वारा लिये गए निर्णय और कार्य योग्य होते हैं। क्योंकि वे आत्मा के अधिष्ठान की जागृति से सहज आते हैं। उस सत्य और शुद्ध अधिष्ठान पर सत्य-असत्य, योग्य-अयोग्य तथा धर्म-अधर्म का निर्णय स्पष्ट और सहज होता है। इसीलिए उनके विचार, निर्णय और आचरण योग्य, सत्य और धर्म पर आधारित होते हैं।

''उनके प्रेम से और उन पर श्रद्धा रखने से, हम इन बातों को समझ पाते हैं तथा उनकी भक्ति से हम भी इसका अनुभव ले पाते हैं। प्रेमनिष्ठा और कर्तव्यनिष्ठा इन दोनों में मूलत: कोई अंतर नहीं है। ये दोनों एक-दूसरे के पूरक हैं। प्रेम व्यक्तिगत होता है, पर कृति द्वारा दिखाई देता है। प्रेम और कृति एक-दूसरे से जुड़े हैं। प्रेम का भाव कृति द्वारा व्यक्त होता है तथा कृति द्वारा ही प्रेम का अनुभव लिया जा सकता है। प्रेम से कृति सहज होती है। पर जब प्रेम विरहित कृति होती है, तब उसे आवश्यक कर्तव्य मानते हुए करना पड़ता है। प्रेम में कर्तव्य होते ही हैं, पर कभी-कभी कर्तव्यों पर प्रेम करना पड़ता है। कर्तव्य जब व्यक्ति के प्रेम से होते हैं, तब कर्तव्यों से ही सहज प्रेम हो जाता है। इतना ही नहीं, प्रेम से कर्तव्यकर्म करते हुए व्यक्तिगत प्रेम बढ़ता ही जाता है।''

नारद की बातों में लक्ष्मी को आनंद आ रहा था, पर वे सावधान थीं। नारद को बीच में ही रोक वे पूछने लगीं, ''हे नारद, आपके स्वानुभव से प्रगट शब्दों की लीला मेरे मन को अत्यंत लुभाती है, पर कभी-कभी मैं इनका भावार्थ समझ नहीं पाती हूँ। अत: कृपा कर मुझे सविस्तार समझाएँ। कर्तव्यों की बातें मुझे पूरी तरह समझ नहीं आईं। कभी-कभी व्यक्तिगत प्रेम भी कम पड़ जाता है तथा एक निश्चित मर्यादा के आगे उपयोगी नहीं होता।''

लक्ष्मी की बातें सुन नारद खुलकर हँसे तथा अपनी बातों को अधिक

स्पष्ट करते हुए कहने लगे, ''हे लक्ष्मी, जीवन में कर्तव्य, मन में तनाव निर्माण करते हैं। केवल कर्तव्य अथवा कर्म अपनेपन के अभाव के कारण शुष्क हो जाते हैं। इससे जो कर रहा है तथा जिसके लिए किया जा रहा है, दोनों को क्लेश होता है। संबंधित व्यक्तियों के परस्पर प्रेम के कारण ये आसान हो जाते हैं, किंतु इससे आनंद नहीं मिलता। इसका कारण है कि व्यक्तिगत प्रेम सांसारिक होता है, जो सुख की अपेक्षा लिए होता है, इसीलिए दूषित और दुर्बल होता है। जब सारे कर्तव्यकर्म ईश्वरीय प्रेम के साथ होते हैं, तब ही वे सुयोग्य, हितकारक और आनंददायी होते हैं। अतः ईश्वरीय प्रेम प्राप्त कर लेना ही आद्य कर्तव्य है। इस हेतु व्यक्तिरूप में प्रगट हुए ईश्वर से व्यक्तिगत प्रेम पाना नितांत आवश्यक है। जीवन का ध्येय एक बार निश्चित हो जाए तो जीवन में अन्य कर्तव्यकर्मों की दिशा निश्चित हो जाती है और तभी उनकी शुरुआत कैसी होनी चाहिए, उनकी मर्यादा क्या है, यह मालूम हो जाती है तथा उनका अंत कर सकते हैं। यहाँ पर हम जिस व्यक्तिगत प्रेम की बातें कर रहे हैं, उसका अभिप्राय ईश्वर के व्यक्तिगत प्रेम से है तथा जिन कर्तव्यकर्मों का महत्त्व बता रहे हैं, वे ईश्वरप्राप्ति के लिए हैं।

''राम और भरत के प्रसंग में राम ईश्वरीय प्रेम से युक्त थे, इसीलिए उनके कर्तव्यों का पालन वे ईश्वरीय प्रेम से कर रहे थे। जो योग्य, हितकारी और आनंद देनेवाले थे। भरत राम के ईश्वरत्व को जानते थे, राम से उन्हें अपार प्रेम था, इसी कारण राम की अपेक्षानुरूप कार्य करने के लिए भरत तैयार हो गए। यही वजह थी कि भरत के द्वारा किए गए कार्य योग्य और हितकारी थे। उन कार्यों के माध्यम से भरत को राम-प्रेम का ही अनुभव मिला, जो आनंद देनेवाला था। सबसे महत्त्वपूर्ण बात यह थी कि जैसा भरत का राम पर प्रेम था, उतना ही राम भरत से प्रेम करते थे। इसी प्रेम की खातिर राम ने भरत को अपनी पादुकाएँ दी थीं।

''राम ने भरत की इस हठ की भी पूर्ति की कि भरत न राज्याभिषेक करेंगे और न ही सिंहासन पर बैठेंगे। जो दरशाता है कि राम न कर्तव्य-कठोर थे, न कर्तव्य-निष्ठुर थे, बल्कि कर्तव्य-प्रेमी थे। भरत का राम-प्रेम भावनात्मक था, किंतु राम का भरत से प्रेम व्यापक था। राम चाहते थे कि

भरत योग्य कर्तव्य करें। यह बात भी सच है कि राम कर्तव्य-कर्म प्रेमी थे और इसी प्रेम में भरत-प्रेम समाहित था। पर भरत का प्रेम कर्तव्य-कर्म की अपेक्षा राम पर अधिक था। इसी वजह से राम-प्रेम की अनुभूति लेने के लिए भरत ने, वे सभी कार्य किए, जो राम को प्रिय थे। राम का भरत से प्रेम और कर्तव्यकर्मों से प्रेम मूलतः ईश्वरीय अनुभव के कारण था। इसीलिए उनके सारे कार्य सहज होते थे। राम यही अनुभव कर रहे थे।''

नारद की सुस्पष्ट बातें सुन लक्ष्मी नारद से कहने लगीं, ''हे नारद, आप इस प्रसंग को जितना स्पष्ट करके बता रहे हैं, उतना ही यह मुझे गूढ़ लग रहा है। अवतारी पुरुषों के चरित्र में, प्रत्यक्ष प्रसंगों में, उनसे एकरूप होना कठिन हो जाता है। कारण—अनेक प्रसंगों में उनके आचरण भिन्न होते हैं, जिन्हें हम समझ नहीं पाते। उनके व्यवहार को योग्य दृष्टिकोण से समझने की क्षमता हमें कब आएगी ? इस हेतु हमें क्या करना होगा ?''

लक्ष्मी के ऐसे विचारणीय प्रश्नों को सुन नारद ने उत्तर दिया, ''लक्ष्मी, तुम्हारा प्रश्न और तुम्हारी अड़चन योग्य है। पर इनका शास्त्रीय उत्तर देना कठिन है। सारे शास्त्रों के मूल में समाया ईश्वरीय अनुभव शास्त्रों से नहीं, वरन् 'भक्तिसूत्र' से जाना जा सकता है। भक्ति से ही ईश्वर के निकट जाया जा सकता है तथा उनके सहज प्रगट ईश्वरीय प्रेम का सेवन किया जा सकता है।

उनके प्रेम का नित्य सेवन करने से मन उनके प्रेम में रमने लगता है। प्रेम के कारण उनसे दूरी सहन नहीं होती तथा मन किसी भी परिस्थिति में उनके सगुण रूप से निकटता बनाए रखने का प्रयत्न करता रहता है। उस प्रयत्न में मन को किसी भी तरह का क्लेश या कष्ट महसूस नहीं होता, बल्कि मन की यह सहज वृत्ति होने लगती है। इसीलिए किसी भी प्रसंग में योग्य आचरण करने की सहजता जैसी अवतारी पुरुषों में होती है, वैसी ही सहजता उनके भक्तों में उनके प्रेम के कारण होती है। सगुण प्रेम से मन की दूरी मिटने लगती है तथा 'उन्हीं का प्रेम सत्य है', इस बात का निश्चय होने लगता है। मन और बुद्धि का अहंकार 'मैं और मेरा' समाप्त हो जाता है। इस तरह अहंकार से होने वाली विभक्तता दूर हो जाती है। प्रेम से मन की तथा

बोध से बुद्धि की शुद्धि होते–होते भक्त सदा–सदा के लिए ईश्वर से एकरूप हो जाता है। भक्तिभाव का आनंद लेते हुए 'विभक्त नहीं, वही भक्त' इस अवस्था को नित्य अनुभव करने लगता है।

''ऐसा ही अनुभव राम–प्रेमी भरत ले रहे थे। इसी कारण राम और भरत का मिलाप अजरामर हो गया। इस राम–चरित्र भेंट में भरत राम से एकरूप हो गए। यहाँ यह कहना कठिन होगा कि राम और भरत में विजय किसकी हुई। क्योंकि यहाँ दो पक्ष थे ही नहीं। एक ही निर्णय के दो अंग थे। कैकेयी द्वारा माँगे गए दो वरों में पहला वर था कि राम को चौदह वर्ष वनवास भेजा जाए। यह वर राम से संबंधित था, जिसका पालन कर राम यशस्वी हो गए। दूसरा वर भरत के राज्याभिषेक का था, जो केवल भरत से संबंधित था। राज्याभिषेक के लिए भरत तैयार नहीं थे, पर सिंहासन और राज्याभिषेक जिसके प्रतीक हैं, उस राज्य का कार्यभार भरत ने ही सँभाला। वह भी केवल राम का सेवक और प्रतिनिधि बनकर। यह आनंददायी विजय राम के भरत–प्रेम की थी अर्थात् अनंत, अविनाशी और आनंददायी ईश्वरीय प्रेम की।''

ईश्वरीय प्रेम के आनंददायी गायन में नारद पूर्णतः डूब चुके थे। लक्ष्मी भी उस आनंदानुभव में तत्काल समरस हो गई थीं। सगुण कथा के प्रेमरस का सेवन करते हुए शेष तृप्त हो रहे थे तथा नारायण पूर्णतः परमानंद से भर गए थे।

नारायण से एकरूप हो स्वानंद का अनुभव करनेवाले नारद के अंतःकरण में नारायण का प्रेम तीव्रता से प्रवाहित हो शब्दों के माध्यम से प्रगट होने के लिए आतुर होने लगा। उसी अवस्था में नारद ने रामकथा के अग्रिम भाग की शुरुआत कर दी। शब्दों के माध्यम से ईश्वर के विशुद्ध प्रेम का स्पर्श सहज ही सभी को होने लगा और सभी देहभान में आ नारायण की रामकथा के श्रवण के लिए तत्पर हो गए।

□

राम-सीता वियोग

नारद कहने लगे, ''हे लक्ष्मी, इस तरह राम, सीता और लक्ष्मण का वनवासी जीवन आरंभ हो गया। राम और लक्ष्मण ने एक पर्णकुटी तैयार की, जिसमें वे सीता के साथ शांति और समाधान से रह रहे थे। बाह्य जीवन कष्टमय था, किंतु एक-दूसरे के प्रेम से जीवन आनंदमय था। राम के सान्निध्य में प्रेम सुख ले रही सीता तथा सेवाभाव से सदा तत्पर लक्ष्मण भले ही भिन्न प्रकृति और स्वभाव के थे, किंतु आपस में निरातिशय प्रेम के कारण उन सभी के जीवन में आनंद-ही-आनंद था।''

श्रवण करते हुए लक्ष्मी सहज ही नारद से कहने लगीं, ''हे नारद, जीवन में यही सबसे अधिक महत्त्वपूर्ण है। एक-दूसरे के प्रति प्रेम, अपनत्व और आपस में सामंजस्य एवं खुलापन हो, तभी जीवन में सुख-समाधान और आनंद का अनुभव हो सकता है। जीवन में सारे ऐश्वर्य हों, पर मन स्वस्थ और समाधानी न हो तो ऐश्वर्य का सुख नहीं ले पाता। पर मूलतः मन में ही समाधान और शांति हो तो बाह्य ऐश्वर्य रहें या न रहें, जीवन आनंददायी हो जाता है। तब राजमहल में रहो या वन में, ऐसे प्रेममय वातावरण में चौदह वर्ष ही क्या चौदह सौ वर्ष का वनवास भी सुसह्य और सुखदायी हो सकता है। राम, सीता और लक्ष्मण सुख से वनवास में रह रहे थे, यह सुन मुझे अत्यंत प्रसन्नता हो रही है। राम और उनके कुटुंबियों को दुःख अथवा कष्ट हो, इस बात की कल्पना भी मैं सहन नहीं कर सकती। तरुण उम्र में नवविवाहित जीवन का सुख लेने के समय ही उन पर ऐसी विपदा आ गई, जो किसी के भी जीवन में नहीं आई होगी। हे नारद, राम के वनवासी जीवन के कुछ और

आनंददायी प्रसंग सुनाएँ, जिससे मेरे मन को खुशी मिले।''

लक्ष्मी के प्रेमभाव पूर्ण वचन सुन नारद को अत्यधिक संतोष हुआ। वे कहने लगे, ''हे लक्ष्मी, वन में राम का जीवन सुख और चैन के साथ बीता, यह मैंने तुम्हें बताया ही नहीं। राम से भावनात्मक प्रेम के कारण तुम्हारी यह कल्पना है। तुम्हारी भावना राम के लिए है, इसीलिए प्रशंसनीय है, पर यही भावप्रधानता जीव के लिए दोषास्पद है। क्योंकि ये मन की दुर्बलता के लक्षण हैं। व्यक्ति को जिससे प्रेम होता है, उनका जीवन सदा सुखमय रहे, ऐसी उसकी भावना होती है। पर ईश्वर की नियति में जब दुःख भरे प्रसंग आते हैं, तब भावना प्रधान व्यक्ति के लिए सहन करना कठिन हो जाता है। किंतु ऐसे कठिन प्रसंग जब अवतारी पुरुषों के जीवन में आते हैं, तब वे उसका सामना धैर्य और निर्भयता के साथ करते हैं। उनका सहज आचरण देख भावना प्रधान व्यक्ति भी भावबल से युक्त हो जाता है। उसे भी अपने जीवन को विवेक और साहस से जीने का धैर्यबल प्राप्त हो जाता है। नियति के अनुसार ऐसा ही प्रसंग राम के जीवन में आया।

''वन में एक बार एक सुनहरे शरीर वाला हिरण सीता को दिखाई दिया। सीता के मन में उसकी चोली बनाने की इच्छा निर्माण हो गई। जब यह इच्छा सीता ने राम के समक्ष व्यक्त की तो राम सीता की इच्छा पूरी करने के लिए धनुष-बाण लेकर मृग का शिकार करने निकल गए। पर्ण कुटी में सीता की रक्षा के लिए लक्ष्मण को छोड़ वे स्वयं बड़े वेग से उस मृग के पीछे दौड़ने लगे। बहुत देर तक उसका पीछा करते हुए जब राम ने उसको अपने बाण से घायल किया तो मारीच नामक उस राक्षस ने राम की आवाज में चिल्लाना आरंभ किया, 'बचाओ, बचाओ लक्ष्मण!' जोर-जोर से चिल्लाने की आवाज जब सीता के कानों में पड़ी, तब सीता व्याकुल हो गईं। उन्हें लगा कि राम के प्राण संकट में हैं। वे लक्ष्मण से विनती करने लगीं कि वे राम की सहायता के लिए तुरंत जाएँ। किंतु लक्ष्मण धीर-गंभीर और निश्चल ही रहे। उन्होंने सीता को समझाने का बहुत प्रयास किया और बार-बार राम की पराक्रम वृत्ति का स्मरण कराया। पर सीता शांत नहीं हुईं। उनकी अधीरता बढ़ती ही जा रही थी। लक्ष्मण से नाराजगी जताते हुए वे लक्ष्मण से हठ करते हुए कहने

लगीं—'आपको राम के प्राणों की रक्षा हेतु जाना ही होगा।' आखिर लक्ष्मण हार गए और राम को खोजते हुए घने जंगल में निकल गए। जाने से पूर्व उन्होंने सीता को चेतावनी दी कि वे इस पर्णकुटी से बाहर न निकलें। लक्ष्मण ने कुटिया के बाहर एक रेखा खींच दी और सीता से कहा, 'जब तक आप इस रेखा के अंदर रहेंगी, आप सुरक्षित रहेंगी। किसी भी परिस्थिति में इस रेखा को मत लाँघना।'

"इधर राम और लक्ष्मण कुटी में नहीं है, यह जानकर तथा स्थिति का लाभ उठाते हुए राक्षसी प्रवृत्ति के रावण ने साधु का भेष धारण किया और भिक्षा माँगने के बहाने उस पर्णकुटी के सामने आ खड़ा हुआ। अनेक युक्ति प्रयोग कर रावण ने सीता को 'लक्ष्मण रेखा' पार करने के लिए विवश कर दिया। जैसे ही सीता ने रेखा पार की, रावण सीता को जबरदस्ती उठाकर आकाश मार्ग से लंका ले गया।

"सीता स्वयंवर के समय होने वाले अपमान को रावण भूला नहीं था। उस प्रसंग को याद कर-कर के राम से बदला लेने का वह अवसर खोज ही रहा था। उसी ने मारीच राक्षस को भेष बदलकर सुवर्णमृग का रूप धारण करने हेतु प्रेरित किया। जब राम और लक्ष्मण दोनों ही सीता को अकेला छोड़ मृग के शिकार के लिए कुटी से बाहर निकले, तब रावण ने अपना हेतु सिद्ध कर लिया।"

राम-चरित्र में अचानक घटित इस दुःखदायी प्रसंग का वर्णन सुन लक्ष्मी दुःखी हो गईं और शोकाकुल अवस्था में वे नारद से पूछ बैठीं, "हे नारद, मुझे यह समझ में नहीं आ रहा है कि सीता के मन में सुवर्णकांति मृग का मोह कैसे निर्माण हुआ? उसकी सीता को नहीं, पर राम और लक्ष्मण को कैसे समझ नहीं आई? सीता को अकेले छोड़ लक्ष्मण को राम की सहायता के लिए जाना चाहिए था क्या? लक्ष्मण के निर्देश का पालन न कर सीता ने रावण को भिक्षा देते समय लक्ष्मण द्वारा खींची गई रेखा का उल्लंघन क्यों किया? इन सारी बातों पर विचार करने के बाद ऐसा लगता है कि योग्य विचार और योग्य आचरण से इस दुःखदायी प्रसंग को टाला जा सकता था। ऐसे अनेक विचार मेरे मन में गुत्थी निर्माण कर रहे हैं।"

लक्ष्मी की ऐसी हैरतमंद मन:स्थिति को देख नारद को उन पर दया आ गई। बड़े प्रेम से लक्ष्मी को समझाते हुए वे कहने लगे, ''हे लक्ष्मी, जब मन में अनेक प्रश्न एक साथ निर्माण होते हैं, तब मन में गुत्थी बन जाती है। इस स्थिति से बाहर निकलने का एक ही उपाय है कि एक-एक प्रश्न का क्रम से विचार किया जाए। उससे होता यह है कि गुत्थी का प्रत्येक धागा सुलझते हुए पूरी गुत्थी ही सुलझ जाती है।

''सर्वप्रथम सीता के सुवर्ण मृग के मोह का विचार किया जाए तो मालूम होगा कि सीता ने वनवास जाते समय सारे ऐश्वर्य, कीमती वस्त्र, सुवर्ण अलंकार और आभूषणों का बाह्य रूप से त्याग किया था, किंतु उनका मोह पूर्ण रूप से भंग नहीं हुआ था। विषय सुख की आसक्ति से दूर रहने के लिए पहले उन विषयों को बाह्य रूप से छोड़ना पड़ता है। पर मन से उनका संग छोड़ने में काफी समय लगता है। जिसके लिए उन विषयों से भी अधिक दूसरे आकर्षण निर्माण करने आवश्यक होते हैं। जब ऐसा नहीं होता, तब मन बार-बार उन विषय-सुखों की ओर अधिक तेजी से दौड़ सकता है। विषय-सुख सेवन करने की मन की भूख नित्य बढ़ती रहती है। ऐसे समय में भूखे मन को शुद्ध प्रेम का सुख मिले तो मन तृप्त और समाधानी हो जाता है। ऐसा शुद्ध प्रेम केवल ईश्वर का ही हो सकता है। ईश्वरीय प्रेम से ही मन को सुख और तृप्ति मिलती है तथा मन में सात्त्विक प्रेम की भूख बढ़ती जाती है।''

नारद की बातें सुन लक्ष्मी बीच में ही पूछ बैठीं, ''हे नारद, राम के रूप में ऐसा प्रेम सीता नित्य ही सेवन कर रही थीं। वे नित्य राम के सान्निध्य में थीं, तब राम के प्रेम से सीता तृप्त कैसे नहीं हुईं? उनके मन में यह वासना कैसे जाग्रत् हुई कि वे सुवर्ण मृग की चमड़ी की चोली बनाकर पहनें?''

लक्ष्मी के योग्य वचन सुन नारद संतुष्ट हुए तथा लक्ष्मी से कहने लगे, ''हे लक्ष्मी, तुम्हारे प्रश्न उचित हैं। सीता नित्य राम के सान्निध्य में रहकर प्रेम सुख ले रही थीं। पर वे नहीं जानती थीं कि राम ही नारायण के ईश्वरीय अवतार हैं। वे राम के रूप, असामान्य गुण और आचरण से प्रभावित थीं और राम को 'पुरुषोत्तम' के रूप में ही देखती थीं। वे राम के ईश्वरीय स्वरूप से अनभिज्ञ थीं, इसीलिए तृप्त होती थीं, परंतु पूर्ण तृप्त न होने से उनमें

विषयासक्ति शेष रह गई थी। बाह्य रूप से कितना ही कुछ मिले, परंतु मन उसे किस तरह स्वीकार करता है, केवल इसी बात पर सबकुछ निर्भर करता है। भाग्य से अवतारी पुरुष का सान्निध्य मिलने पर भी यदि उसके माहात्म्य को नहीं जाना तो उनके ईश्वरीय प्रेम का अनुभव मन ले नहीं पाता है तथा शांति, प्रेम और तृप्ति का अनुभव नहीं होता है, जो ईश्वरीय प्रेम के गुण हैं।

''इसी कारण अवतारी पुरुषों का माहात्म्य उनसे अथवा उनके साथ पूर्णतया समीपता प्राप्त उनके भक्तों से जानकर अपना निश्चय दृढ कर लेना चाहिए। तभी उनके माहात्म्य से एकरूप होने का ध्यान लगेगा और उनकी भक्ति होगी। अवतारी पुरुषों के ईश्वरत्व को जानने के लिए प्रदीर्घ काल लग जाता है। उन्हें बहुत करीब से देखते-देखते अत्यंत प्रेम और श्रद्धा से जब उनकी सेवा और उनसे संवाद होने लगता है, तब उनके ईश्वरीय प्रेम का अनुभव होता है। इस अनुभव से तन, मन और बुद्धि के अहंकार से उपजो विभक्तता धीरे-धीरे दूर हो जाती तथा अंतस में केवल ईश्वरीय प्रेम व्याप्त रह जाता है।

''सीता को सुवर्ण मृग भा गया था और उसे प्राप्त करने की सीता की इच्छा को भी राम जान गए थे। पर राम जानते थे कि सोने जैसी चमड़ी जैसा दिखाई देनेवाला मृग हो ही नहीं सकता। यह अवश्य किसी मायावी राक्षस का खेल है। उस राक्षस का वध करना और उसकी माया के खेल से सीता को अवगत करा देना राम के लिए अनिवार्य हो गया था। इस हेतु को पूर्ण करने के लिए राम उस हिरण का पीछा करने निकल गए। राम के अंत:करण और हेतु को पूरी तरह से जानने वाले लक्ष्मण समझ गए थे कि 'लक्ष्मण दौड़ो, मुझे बचाओ' की आवाज राम की नहीं है। इसी कारण लक्ष्मण विचलित नहीं हुए। मारीच राक्षस की आवाज भले ही राम की आवाज जैसी निकल रही थी, पर भाव राम का नहीं था, यह बात लक्ष्मण जानते थे। राम के ईश्वरीय सामर्थ्य और पराक्रम से लक्ष्मण अवगत थे, इसीलिए वे सीता को छोड़कर नहीं जाना चाहते थे।

''परंतु सीता की अवस्था ऐसी नहीं थी। उन्हें राम की चिंता हो रही थी। राम से अत्यधिक प्रेम के कारण वे लक्ष्मण को राम की मदद के लिए

भेजने की हठ करने लगीं। लक्ष्मण की निष्क्रियता देख उन्हें लक्ष्मण पर गुस्सा भी आ रहा था, जिससे उनके मुख से कुछ निंदनीय शब्द भी निकल गए। लक्ष्मण की अवस्था दयनीय हो रही थी। राम के एकनिष्ठ सेवक तथा राम की अनुपस्थिति में सीता के शब्दों को प्रमाण मान, अनिच्छा से लक्ष्मण राम की मदद के लिए दौड़े। किंतु जाने से पहले लक्ष्मण ने रेखा खींचकर सीता की सुरक्षा की पूर्ण व्यवस्था की थी। लेकिन रावण के साधु वेश को सीता समझ नहीं पाईं और भिक्षा देने हेतु वे 'लक्ष्मण रेखा' पार कर गईं। उन्हें भय था कि कहीं साधु नाराज हो गया और श्राप दे दिया तो सभी का अनिष्ट हो जाएगा।''

लक्ष्मी की श्रवणातुरता बढ़ती जा रही थी। उसी की पूर्ति हेतु वे नारद से कहने लगीं, ''हे नारद, घटित प्रसंग का योग्य वर्णन कर आपने मेरी सभी शंकाओं का समाधान कर दिया। परंतु प्रसंग इतना दुर्धर है कि आगे घटित हुई घटनाओं की कल्पना मात्र से मैं सिहर उठी हूँ। सीता एक अबला स्त्री! क्या बीती होगी उन पर? सर्वज्ञानी और सबल होने के नाते राम ने अवश्य ही अपने आप को धैर्यतापूर्वक सँभाल लिया होगा। अपने पराक्रम से सीता की खोजकर, रावण से मुक्ति भी दिलाई होगी। पर यह सब शीघ्र ही हुआ होगा न! राम और सीता का वियोग मुझसे सहन नहीं हो रहा है।''

लक्ष्मी की भावनाविवश अवस्था को देख नारद कथा के अग्रिम भाग का वर्णन करते हुए कहने लगे, ''मारीच राक्षस का वध कर वापस लौटते हुए राम को मार्ग में लक्ष्मण दिखाई दिए। लक्ष्मण को देख राम सारी बातें समझ गए और सीता के प्रति उनकी चिंता बढ़ने लगी। चिंताग्रस्त अवस्था में वे तुरंत पर्णकुटी पहुँचे, पर सीता वहाँ नहीं थीं। राम और लक्ष्मण ने सर्वत्र सीता की खोज शुरू कर दी, किंतु सब व्यर्थ रहा। सीता कहीं दिखाई नहीं दे रही थीं। सीता के स्मरण से राम व्याकुल हो रहे थे। उनसे सीता का विरह सहन नहीं हो रहा था। सीता किस अवस्था में होंगी, उन पर क्या बीत रही होगी? यह सब सोचकर राम का शोक बढ़ता ही जा रहा था। 'सीता, सीता, मेरी प्राण प्रिया' कहते हुए राम विलाप करने लगे। उनके नेत्रों से सतत अश्रु टपकने लगे। उन्होंने अन्न-पानी ग्रहण करना भी बंद कर दिया।

□

राम-लक्ष्मण संवाद

राम की शोकाकुल अवस्था का श्रवण कर लक्ष्मी को आश्चर्य हो रहा था। वे राम की इस अवस्था का आकलन नहीं कर पा रही थीं, इसीलिए उन्होंने नारद से प्रश्न किया, ''हे नारद, राम मानव देह में अवतरित नारायण के अवतार थे। वसिष्ठ ऋषि ने उन्हें आत्मबोध दे उनमें आत्मस्वरूप की जागृति की थी। ऐसी स्थिति में राम की शोकाकुल अवस्था को समझना मेरे लिए कठिन हो रहा है। आत्मज्ञानी होते हुए भी राम का इस तरह शोकग्रस्त होना असंभव सा लगता है। पर हे नारद, आप कह रहे हैं तो राम की यही दशा हुई होगी। अब आप कृपा कर इस रहस्य को उजागर कीजिए।''

लक्ष्मी की विनती सुन नारद कहने लगे, ''हे लक्ष्मी, राम को शोकग्रस्त देख लक्ष्मण के मन में भी यही प्रश्न उठा था। लक्ष्मण जानते थे कि राम आत्मज्ञानी हैं तथा साक्षात् नारायण के अवतार हैं। इसी कारण सीता के विरह से दुःखी राम की इस अवस्था का वे आकलन नहीं कर पा रहे थे और अत्यंत बेचैन थे। राम को किन शब्दों में सांत्वना दें, यही वे समझ नहीं पा रहे थे। किंतु राम से प्रत्यक्ष बातें कर अपना समाधान करना लक्ष्मण के लिए आवश्यक था। इसी हेतु लक्ष्मण राम से कहने लगे, ''हे राम, मैं तुम्हारे गहन दुःख को जानता हूँ और इसमें मैं भी भागीदार हूँ। इसी कारण मुझे अत्यधिक पश्चात्ताप हो रहा है। पर सीता के विरह में आप जिस तरह दुःखी हो रहे हैं, उससे मैं अचरज में पड़ गया हूँ। आप साक्षात् नारायण के अवतार हैं, यह आप भी जानते हैं। वसिष्ठ ऋषि ने आपको आत्मज्ञान का बोध कराया है,

जिसका मैं साक्षी हूँ। इसके बावजूद आप एक सामान्य मानव समान दुःखी हो रहे हैं। यह कैसे संभव है?''

लक्ष्मण ने जब राम से ऐसे प्रश्न किए, तब लक्ष्मी भी आश्चर्यचकित हो रही थीं। किंतु उन्हें अच्छा लग रहा था और वे नारद से कहने लगीं, ''हे नारद, लक्ष्मण के मन में भी मेरे मन में उठने वाले प्रश्नों जैसे प्रश्न आए और उन्होंने सीधे राम से ही पूछ लिया, यह अच्छा हुआ। किंतु मुझे इस बात का अचरज हो रहा है कि शांत और गंभीर स्वभाव के लक्ष्मण ने राम से ऐसे प्रश्न कैसे किए?''

लक्ष्मी की बातें सुन नारद ने उत्तर दिया, ''हे लक्ष्मी, कुछ प्रसंगों को सुन, तुमने लक्ष्मण के स्वभाव का जो आकलन किया है, वह परिपूर्ण नहीं है। अनेक बार ऐसा होता है कि विशिष्ट प्रसंगों में किसी व्यक्ति के एक ही प्रकार के गुण अधिक दिखाई देते हैं तथा सामान्य व्यक्ति उसके प्रति अपनी राय बना लेते हैं। यह पूर्वग्रह दूषित अवस्था कहलाती है। इस दूषित दृष्टि से किसी व्यक्ति की ओर देखें तो उसमें केवल दोष ही दिखाई देते हैं। किंतु कुछ प्रसंगों में उनके गुण भी प्रगट होते हैं, जिन्हें देखना-परखना आना चाहिए। इस हेतु उस व्यक्ति का मन शुद्ध होना परम आवश्यक होता है। मन शुद्ध तभी होता है, जब उसके मन में प्रेम जाग्रत् होता है। लक्ष्मण के मन में राम के प्रति अत्यंत आदर, श्रद्धा और सेवाभाव था। राम की शोकाकुल अवस्था देख वे स्वयं अत्यंत दुःखी और व्यथित हो रहे थे, इसीलिए उन्होंने अपने मन में उठी शंकाओं का निवारण राम से प्रत्यक्ष संवाद द्वारा कर लिया। यह केवल राम से अत्यंत प्रेम के कारण ही संभव हुआ था।

''लक्ष्मण राम के ईश्वरीय माहात्म्य को जानते थे, इसीलिए उनका प्रेम विशेष स्तर का और भक्तिभाव पूर्ण था। भक्तिभाव में प्रेम और माहात्म्य दोनों का संगम होता है। केवल भावना से अवतारी पुरुषों के आचरण और उनके ईश्वरीय अनुभव का मेल कर पाना कठिन होता है, इससे मन में दूरी निर्माण हो सकती है। यह दूरी केवल उनके माहात्म्य पर श्रद्धा रख अथवा उनकी महानता जानने से दूर नहीं होती। मन की कल्पना और बुद्धि के ज्ञान से यह दूरी अधिक बढ़ जाती है। इसीलिए उनसे प्रत्यक्ष संवाद करना ही

इसका एकमेव मार्ग है। परंतु प्रत्यक्ष संवाद के लिए उनके प्रति अगाध प्रेम होना आवश्यक है। उनकी निकटता से ही उनके प्रति प्रेम निर्माण होता है। उनके माहात्म्य की जागृति से, उनका अनादर कभी नहीं होता। अवतारी पुरुषों के प्रति आदरयुक्त दूरी न होकर, प्रेम आदरपूर्ण नजदीकी होना ही भक्तिभाव के लक्षण हैं। भक्तिभाव पूर्ण नजदीकी से ही, प्रत्येक प्रसंग में अवतारी पुरुष जिस अनुभव को महसूस करते हैं वैसा ही अनुभव भक्तों को होता है। लक्ष्मण को भी इस प्रसंग में वैसा ही अनुभव हुआ और वे धन्य हो गए।''

नारद की बातों पर थोड़ा विचार करने के पश्चात् लक्ष्मी ने नारद से पूछ लिया, ''हे नारद, आपका कहना सत्य है कि अवतारी पुरुष से नजदीकी के संबंध बनाना कठिन है। जिसका कारण है, व्यक्ति का स्वभाव।'' इस बात का नारद ने तुरंत उत्तर देते हुए कहा, ''कठिन है, पर असंभव नहीं। अवतारी पुरुषों के माहात्म्य को जानते हुए तथा उन पर श्रद्धा रखते हुए उनसे बाह्य रूप से भी संपर्क बनाए रखा जाए, तब भी उनकी प्रेमस्वरूप अवस्था के कारण उनके ईश्वरीय प्रेम का अनुभव सहज ही प्राप्त हो सकता है। उस प्रेम का माहात्म्य मालूम होने के पश्चात् उनके प्रेम को स्वीकार और सेवन करने का ध्यान लग जाता है। मन में उनका प्रेम सहज ही निर्माण हो जाता है। इस प्रेम का मुख्य और मूल कारण है—अपनेपन का भाव। कहीं भी किसी भी परिस्थिति में बस एक ही अनुभव होता है कि 'वे मेरे हैं और मैं उनका'। इसी भाव से मन खुलता जाता है और मन में आए सारे विचार अवतारी पुरुष के सामने रखने का भाव मन में पैदा होता है। उनके विचार, उनका भाव, उनके अनुभव को सुन वैसा ही आचरण करने से उनके अनुभव से हम एकरूप होने लगते हैं तथा उनके और अपने बीच सामंजस्य बढ़ने लगता है।

कभी-कभी परस्पर सामंजस्य कम हो जाता है, पर मन में प्रेम रहने से प्रत्यक्ष बातें कर सामंजस्य पुनः प्राप्त हो जाता है। प्रत्येक प्रसंग में मन का खुलापन रखना कभी-कभी कठिन हो जाता है। किंतु मन में अपनेपन का भाव रहने से कुछ समय पश्चात् मन पुनः खुल जाता है और सारी बातें स्पष्ट रूप से रखते हुए, योग्य समझ प्राप्त कर लेते हैं। इस तरह आपस में

प्रेम के संवादी सुर जुड़ते हुए, दोनों ही नित्य प्रेम को अनुभव कर आनंद से रहते हैं।''

सारी बातें ध्यान से सुन रहीं लक्ष्मी नारद से कहने लगीं, ''हे नारद, इतना अपनत्व, मन का खुलापन और सामंजस्य प्रत्यक्ष जीवन में संभव है क्या? मूलत: इतना प्रेम ही किसी में दिखाई नहीं देता, तब प्रत्यक्ष अनुभव होना दूर की बात है।'' इस पर नारद ने तुरंत उत्तर दिया, ''हे लक्ष्मी, तुम्हारा प्रश्न और अड़चन दोनों ही उचित हैं। प्रपंच में रहते हुए किसी भी रिश्ते-नाते में ऐसा प्रेम नहीं होता और यदि वे ऐसा अनुभव करने का प्रयत्न भी करते हैं, तो उन्हें जमता नहीं है। जिससे क्लेश ही अधिक होता है। प्रपंच में रहनेवाले सामान्य जीवों के मन अशुद्ध होते हैं। ऐसे अशुद्ध मन के सुर नित्य जुड़े रहना असंभव है। यदि थोड़ी देर के लिए मन जुड़ते भी हैं तो केवल योगायोग से। पर ऐसा अनुभव नित्य और सदा होना संभव नहीं है। इसी कारण मन पुन: निराश और उदास हो जाता है तथा जीवन जीने का सारा उत्साह ही खत्म हो जाता है।

''ऐसे प्रेम संबंध केवल अवतारी पुरुषों के जीवन में ही संभव हैं। जिसका मुख्य कारण उनका शुद्ध और प्रेमल अंत:करण है, जहाँ सभी के लिए प्रेम और अपनापन सहज होता है। मन की स्वच्छंदता और प्रेम के साथ वे सभी से मिलते हैं, बातें करते हैं, उनकी कठिनाइयों को सुनते हैं तथा उन्हें समझाते हुए उनका मार्गदर्शन करते हैं। ऐसे अवतारी पुरुषों के प्रेम का सेवन करते हुए सामान्य जनों का मन भी शुद्ध होने लगता है। उनके मन में अवतारी पुरुषों के प्रति प्रेम और अपनेपन का मूल निर्माण होता जाता है। प्रेम से मन खुलने लगता है तथा अवतारी पुरुष के अंत:करण को जानने की क्षमता बढ़ती जाती है। उनके सत्य अनुभव को जानते-जानते मन की पूर्ण शुद्धि हो, मन उनके सत्यप्रेम से युक्त हो जाता है। उनके अंत:करण के नाद से जुड़ते-जुड़ते उनसे एकरूप होने के प्रयत्न में लगा रहता है। ऐसे महात्माओं से एकरूपता साधने वाले भक्त ही केवल इस जगत् में सभी के साथ अपनेपन, प्रेम और सामंजस्य का व्यवहार करते हुए ईश्वरीय प्रेम सब तक पहुँचाते हैं।

''लक्ष्मण, राम के परम भक्त थे। सीता के विरह से हुई राम की शोकाकुल अवस्था को देख लक्ष्मण असमंजस में पड़ गए थे। राम की आत्मस्वरूप अवस्था और बाह्यरूप के बीच लक्ष्मण सामंजस्य नहीं बैठा पा रहे थे। इसीलिए प्रेम और श्रद्धा भाव से उन्होंने राम से ही उनकी अवस्था के विषय में पूछ लिया। लक्ष्मण के अपनेपन और प्रेम को देख राम अपनी शोकाकुल अवस्था से बाहर आए और शांत हो गए। लक्ष्मण के प्रेम से युक्त राम लक्ष्मण के समक्ष अपने अंतःकरण की बात को प्रगट करते हुए कहने लगे, हे लक्ष्मण, तुम मुझे अति प्रिय हो। जिस प्रेम से तुमने मुझसे प्रश्न किए हैं, उसे सुनकर मेरा प्रेम तुम्हारे लिए और अधिक विस्तृत हो गया है। तुम्हारे निष्काम, निरातिशय प्रेम और श्रद्धा से मुझे बहुत आनंद होता है। तुम्हारी निष्ठा और सेवाभाव से तुम मेरे हृदय को सदा छूते हो तथा मुझे आनंदित करते हो। नाते में तुम अवश्य मेरे कनिष्ठ बंधु हो, पर प्रेम संबंधों में मेरे सुहृदय हो। श्रीगुरु वसिष्ठ ने जब आत्मबोध प्रगट किया था, उस समय सौभाग्य से तुम भी वहाँ उपस्थित थे और तुम्हें भी उस बोध का आकलन निश्चित रूप से हुआ होगा। किंतु बुद्धि के निश्चय के साथ ही उस बोध का सतत चिंतन होना आवश्यक है। तभी उस निश्चय का रूपांतर चित्त में अखंड ध्यान के रूप में होता है। उस ध्यान से आत्मस्वरूप की अनुभूति हृदय में नित्य होती है। अनुभूति के कारण चित्त में ध्यान रहना सहजावस्था हो जाती है। ध्यान से आत्मस्वरूप का अनुभव हृदय में नित्य स्फुरित होता है। जिस तरह श्वास और प्रश्वास की श्वसन क्रिया शरीर में चैतन्य का अनुभव देती है, उसी तरह ध्यान से अनुभव तथा अनुभव से ध्यान इन दोनों अवस्थाओं से आत्मस्वरूप का स्फुरण होता है। एक बार इस आत्मस्वरूप की जागृति हो गई, तब आत्मा की सारे प्राणिमात्र से संबंध की जागृति हो जाती है। आत्मप्रेम के कारण इन्हें सारे प्राणियों से प्रेम और अपनत्व सहज ही प्राप्त हो जाता है। इस प्रेम का मुख्य लक्षण है सहृदयता। सहृदयता के कारण सामान्य व्यक्ति के दुःख, दर्द और उनकी असहायता के प्रति इन महात्माओं को सहज सहानुभूति हो जाती है। उनके इस सात्त्विक भाव को आत्मबल की शक्ति मिलती है, जिससे ये अनुभवी व्यक्ति सामान्यजनों को

आधार और संरक्षण दे, उनका दुःख दूर करते हैं और उनका योग्य मार्गदर्शन कर, उन्हें आनंद का मार्ग दिखाते हैं। जिससे सामान्य जनों तक यह सर्वश्रेष्ठ अनुभव पहुँच सकता है।

"आत्मा का अस्तित्व सत्य है, पर यह अनुभव मानव देह द्वारा किया जा रहा है, जो मर्यादित है। आत्मानुभव का आनंद अत्यंत दिव्य और विलक्षणीय होता है। इस सर्वश्रेष्ठ अनुभव में इंद्रियात्मक विकार लेशमात्र भी नहीं रहते। शुद्धस्वरूप आत्मा से शुद्ध सात्त्विक भावों का सहज उद्गम होता है तथा आनंद का सहज अनुभव होता है। आत्मा के शुद्ध स्वरूप का एक बार अनुभव हो जाए तो आत्मस्वरूप की अनेक और विविध उत्पत्तियों का सत्यत्व एवं शुद्धत्व सहज महसूस होता है।"

राम के अर्थपूर्ण एवं गूढ़ वचनों को सुन लक्ष्मण आश्चर्यचकित रह गए तथा विनम्र भाव से कहने लगे, "हे राम, आपकी बातें आप ही के समान गंभीर और गहन हैं। श्रीगुरु वसिष्ठ के मुख से प्रगट सर्वश्रेष्ठ ज्ञान श्रवण करने का अवसर मुझे भी परम भाग्य से मिला था। वह इतना स्पष्ट और निस्संदिग्ध था कि उस बोध का निश्चय तुरंत हो गया। मैंने वही अनुभव लेने का निश्चय कर लिया था और वैसा अनुभव मुझे मिल भी रहा है। आत्मबोध के कारण एक बात का निश्चय हो गया कि हमारे कर्तव्य कर्म क्या हैं और स्वधर्म क्या है, तब उसी शक्ति से वैसा आचरण करने का बल भी मुझे प्राप्त हो रहा है। ज्येष्ठ बंधु के नाते मुझे सदा ही आपका प्रेम और मार्गदर्शन मिला है। पिता से जो प्रेम नहीं मिला, वह प्रेम मुझे आपसे मिला है। यही कारण है कि एक कनिष्ठ बंधु होने के नाते मैंने स्वयं एकनिष्ठ भाव से आपकी सेवा करना अपना कर्तव्य और स्वधर्म मान लिया है। आपके प्रेम और गुरु वसिष्ठ के आत्मबोध से जो बल मुझे मिला, उसी आधार पर मैंने अपनी बात अपनी प्रिय पत्नी उर्मिला के समक्ष रखी और उसकी सहमति से मैं आपके साथ वनवास आ गया। इस तरह नित्य आत्मज्ञान का अनुभव लेते हुए भी हे राम, आप मुझे आत्मा के ध्यान और उसके स्वरूप के अनुभव के विषय में जो बता रहे हैं, उसे मैं समझ नहीं पा रहा हूँ। कृपा कर आप मुझे सविस्तार बताएँ।"

‘‘लक्ष्मण को इस दशा में देख राम ने उन पर एक प्रेम भरी दृष्टि डाली तथा कहने लगे, ‘‘हे लक्ष्मण, अत्यंत महान् और आत्मज्ञानी गुरु वसिष्ठ ने जो बोध हमारे लिए प्रगट किया है, वह हमारा सौभाग्य था। शिष्य के रूप में हमसे जो कुछ उनकी सेवा हुई होगी, उसी का यह फल था। वसिष्ठ ऋषि की महानता और माहात्म्य को हमने कभी समझा नहीं था। हमने केवल उनके द्वारा बताए गए राजधर्म और स्वधर्माचरण का पालन किया था। यही हमारी मर्यादा और समझ थी। ऋषि विश्वामित्र के कहने पर ही गुरु वसिष्ठ ने आत्मज्ञान प्रगट कर हमारे अज्ञान का निराकरण किया। वह भी उनके अंत:करण की स्वानुभवावस्था का आंशिक प्रगटीकरण था। हमारे लिए इस अवस्था का अनुभव लेने की यह केवल शुरुआत है। परंतु इस अवस्था को प्राप्त कर उसकी पूर्ण अनुभूति लेना हमारे लिए परम आवश्यक और महत्त्वपूर्ण है। सद्‌गुरु कृपा से प्राप्त आत्मज्ञान से हमें योग्य तथा उत्कृष्ट आचरण करने का बल अवश्य प्राप्त होता है तथा उसके लिए आवश्यक निर्भयता और धैर्य जैसे गुण आत्मज्ञान के बोध से सहज ही प्राप्त होते हैं। परंतु इस सर्वश्रेष्ठ ज्ञान का सामर्थ्य केवल इतना ही नहीं है, अपितु अपने असली अस्तित्व को जानने की क्षमता भी इसी आत्मज्ञान के बोध में है।

‘‘देह, मन और बुद्धि उस चैतन्यस्वरूप आत्मा के ही रूप हैं। यही सत्य है। परंतु हम केवल देह, मन और बुद्धि को अपना अस्तित्व मान बैठते हैं, जो सही नहीं है। यह केवल एक कल्पना है। मन, बुद्धि, स्वभाव और प्रकृति की भिन्नता के कारण हमारी यह कल्पना भ्रम में बदल जाती है। इस संभ्रमित अवस्था में जीना सच्चे अर्थों में जीना नहीं है। फिर जीवन कितनी ही उत्कृष्टता और समर्थता के साथ जिया हो? सद्‌गुरु की कृपा से आत्मा के अस्तित्व की पहचान हो जाने के पश्चात् उसकी अनुभूति करना ही फलस्वरूप अवस्था है। सद्‌गुरु द्वारा आत्मस्वरूप अवस्था की ओर निर्देश करनेवाले आत्मज्ञान के केवल श्रवण से इस अवस्था को प्राप्त नहीं किया जा सकता। बल्कि सद्‌गुरु के साथ प्रत्यक्ष संवाद से हमारे मन और बुद्धि के अज्ञान के अनेक अंग प्रगट होते हैं। मन और बुद्धि की पूर्ण शुद्धि हो चित्त में इस अनुभव को महसूस करने का ध्यान लग जाता है। इसी ध्यान से हम

आत्मानुभव प्राप्त करनेवाले मार्ग की ओर बढ़ते जाते हैं और एक दिन उस अनुभूति को प्राप्त करते हैं।

''आत्मानुभव स्थिति में नित्य कर्म व देह की सारी क्रिया-प्रतिक्रिया योग्य प्रकार से और सहजता के साथ होती है। अपने द्वारा किए गए कर्मों का कोई लेप आत्मा की निर्लेप अवस्था को नहीं लगता, जिसमें कर्मों का फल न भोग आत्मा के सत्य अस्तित्व का आनंद ही मिलता रहता है। आत्मा के सच्चे अस्तित्व को न जान, बाह्य रूप से किए गए कर्मों का सुख-दुःख भोगना ही पड़ता है। पर आत्मा के अस्तित्व को जानते हुए किए गए बाह्य कर्मों से निर्लेप और निर्मल आनंद का अनुभव सदा ही मिलता रहता है। इसी को स्वानंद अवस्था कहते हैं। जो आत्मा-परमात्मा के एकाकार होने पर संपूर्णता को परिभाषित करती है। यह अवस्था एक बार प्राप्त हो गई, तब इसी अवस्था में रमने की लगन लग जाती है। स्वयं में रहना अत्यंत प्रिय लगता है। यही अपना स्वभाव और वृत्ति बन जाता है। किन्हीं कारणों से बाह्य रूप से इस अवस्था का आंशिक प्रगटीकरण भी हो जाता है, परंतु पुनः अपनी आंतरिक अवस्था की ओर आने की प्रवृत्ति भी सहज ही होती है।''

प्रभु राम के मुख से प्रगट अत्यंत गुह्य और स्वानंद का वर्णन सुन लक्ष्मण जान गए कि राम जिस स्वानंद की परमानंदित अवस्था का उत्साहित हो वर्णन कर रहे हैं, वे इसी अवस्था में रमे रहते हैं। उनकी यह अवस्था लक्ष्मण के प्रेम के कारण प्रगट हो रही है। राम की इस अवस्था का स्पर्श लक्ष्मण को भी हुआ और उनका अंतःकरण आनंद से भर उठा। लक्ष्मण ने अपना मस्तक राम के चरणों में टिका दिया। राम ने भी बहुत प्रेम से लक्ष्मण को उठाया और हृदय से लगा लिया। राम के प्रेमल स्पर्श से उत्तेजित लक्ष्मण ने पुनः राम को वंदन किया तथा मुक्त मन से अपनी बात कहने लगे, ''हे राम, मैं जानता हूँ कि आप मुझसे अतिशय प्रेम करते हैं, इसीलिए जिस सर्वश्रेष्ठ आनंद की अवस्था में आप नित्य रमे रहते हैं, उस अवस्था और आनंद को प्रगट कर रहे हैं। इस अवस्था के अनेक अंगों का जो वर्णन आप कर रहे हैं, उन सारे अंगों को मैं तभी जान पाऊँगा, जब मैं इस अवस्था का अनुभव करूँगा। इस अनुभवावस्था का ध्यान लगाने हेतु आवश्यक चिंतन

अब मैं अवश्य करूँगा। परंतु आपकी आंतरिक अवस्था का जो वर्णन आपने किया है तथा सीता के वियोग से आप जिस तरह दुःखी हो रहे हैं, इन दोनों अवस्थाओं में समानता मैं देख नहीं पा रहा हूँ। आपके अंतस में इतनी निर्भयता और धैर्य होते हुए भी सीता के वियोग से आप इतने दुःखी हो रहे हैं ? आपके नेत्रों से अश्रु बहे जा रहे हैं, यह सब कैसे हो सकता है ? ये सब तो दुर्बलता के लक्षण कहलाते हैं।''

लक्ष्मण की बात सुन स्मित हास्य करते हुए राम कहने लगे, ''हे लक्ष्मण, मेरी अवस्था को देख तुम्हें प्रतीत हो रहा है कि यह शोक मेरे दुःख के कारण हो रहा है। मुझे शोक सीता के दुःख के कारण हो रहा है। इस विरहावस्था को सहन करने का बल और इस प्रसंग से बाहर आने का सामर्थ्य निश्चित रूप से मुझमें है। पर सीता की अवस्था ऐसी नहीं है। वह एक अबला और अब असहाय एवं पराधीन हो गई है। उस पर जो संकट के बादल घिरे हैं, उसकी मुझे कल्पना है। सीता की व्यथा को मैं सीता होकर महसूस कर रहा हूँ, क्योंकि प्रेमभाव से मैं सीता से एकरूप हूँ। इस अंतःकरण में आत्मानुभव के कारण स्वयं के दुःख और क्लेश सहन करने की क्षमता तो है ही, पर वहीं दूसरों के दुःख से दुःखी होने की कोमलता भी इसी में है। यही इस अवस्था की विशेषता और रहस्य है। स्वयं के दुःख से दुःखी होना निश्चित ही दुर्बलता का लक्षण है। लेकिन दूसरों के दुःख से दुःखी होना अंतःकरण की प्रेमलता का लक्षण है। वज्र के समान कठोर अंतःकरण भी समय आने पर फूलों की तरह नाजुक हो जाता है। यही इस अंतःकरण की परमावधि की परमावस्था है।''

राम की बातें सुन लक्ष्मण के मन की सारी शंकाएँ और कल्पनाएँ दूर हो गईं तथा मन का भारीपन दूर हो मन राम के प्रेम और माहात्म्य से भर गया। लक्ष्मण राम के चरणों में विनम्र हो गए। राम भी लक्ष्मण के भक्तिभाव से संतुष्ट हो, लक्ष्मण को अपने साथ लेकर सीता की खोज में निकल गए।

राम और लक्ष्मण के मध्य हुए अर्थपूर्ण और भावपूर्ण संवाद को नारद के मुख से सुनते हुए लक्ष्मी अत्यंत प्रसन्न हो रही थीं। पर उनके मन में पुनः एक प्रश्न उठा, जिसका उत्तर नारद के मुख से श्रवण करने हेतु वे अधीर

हो रही थीं। उन्होंने नारद से पूछा, ''हे नारद, राम और लक्ष्मण के बीच जो संवाद हुए, वे अत्यंत गहन और महत्त्वपूर्ण हैं तथा स्वानुभव के मार्ग की ओर ले जानेवाले मार्ग को स्पष्ट करनेवाले हैं। परंतु राम और लक्ष्मण ने जब एक ही साथ गुरु वसिष्ठ के मुख से आत्मज्ञान का श्रवण किया था, तब दोनों की अवस्था में अंतर क्यों? राम स्वयं नारायण के अवतार थे तथा लक्ष्मण शेष के अवतार। क्या इसी मूल अवस्था के अंतर के कारण यह फर्क था? यदि ऐसा था, तब इस अंतर को कैसे भरें? क्या लक्ष्मण भी राम जैसी अवस्था को प्राप्त कर पाए? राम ने लक्ष्मण को अनुभव की प्राप्ति के मार्ग को स्पष्ट कर समझाया था। क्या लक्ष्मण को यह अवस्था प्राप्त हुई? हे नारद, कृपा कर मुझे यह सब सविस्तार समझाएँ।''

सबकुछ स्पष्ट समझने की लक्ष्मी की इस वृत्ति से नारद अत्यंत संतुष्ट हुए। वे कहने लगे, ''हे लक्ष्मी, तुम्हारे प्रश्न अत्यंत योग्य हैं। पर अब जो मैं तुम्हें बताने जा रहा हूँ, उन्हें तुम ध्यान से समझना। नारायण का राम रूप में प्रगटीकरण उन्हीं की इच्छा और संकल्प से हुआ था। मानव देह में आने के पश्चात् अपने स्वरूप का विस्मरण भी उनकी सहज लीला थी। उनके स्वरूप के विषय में यह विस्मरण अज्ञान रूपी परदे के समान था। उस अज्ञान रूपी परदे के कारण आत्मस्वरूप अवस्था आंशिक रूप से ओझल हो गई थी, परंतु यह अवस्था स्वानुभव के रूप में प्रगट होने के लिए छटपटा रही थी। उस अवस्था से आए वैराग्य के कारण जब राम ने वसिष्ठ के मुख से आत्मज्ञान श्रवण किया, तब उनके बोध से वह अज्ञान रूपी पटल तुरंत दूर हो गया तथा राम की आत्मस्वरूप अवस्था पुनः पूर्ण तेज के साथ प्रकाशित हो गई।

अब लक्ष्मण की बात करें तो उनकी अवस्था में मूलभूत अंतर था। नारायण के चरणों में सदा सेवारत रहनेवाला शेष भी, नारायण की इच्छा से लक्ष्मण के रूप में प्रकट हुआ तथा सेवाभाव से राम का अनुसरण करता रहा। इसी सेवाभाव का फल यह मिला कि लक्ष्मण ने भी वसिष्ठ के मुख से आत्मज्ञान श्रवण किया। राम और वसिष्ठ के आत्मसंवाद के श्रवण से लक्ष्मण यह जान गए कि राम ही नारायण के अवतार हैं तथा मेरे रूप में शेष

ने ही अवतार लिया है। परंतु लक्ष्मण की आत्मस्वरूप की अज्ञानावस्था वैसी ही रही। आत्मज्ञान श्रवण करने के पश्चात् भी उस अवस्था को प्राप्त करने की लालसा लक्ष्मण में नहीं थी।

प्यासा जब जल पीता है, तब ही उसे तृप्ति का अनुभव होता है। परंतु प्यास ही न हो और जल प्राशन कर रहे हों तो तृप्ति की अनुभूति कैसे हो सकती है? यही अवस्था लक्ष्मण की थी। राम और लक्ष्मण की अवस्था में यही मूल अंतर था। पर इस अंतर की पूर्ति हो सकती है और एकरूपता का अनुभव लिया जा सकता है।

नारायण के चरणों में सेवाभाव से रहनेवाले शेष को बैकुंठ में कभी यह अवसर नहीं मिला कि वे नारायण की अवस्था को जान सकें। अज्ञान अवस्था में केवल सेवाभाव से नारायण के चरणों में रहते हुए शेष का नारायण से कभी इस विषय में संवाद नहीं हुआ। नारायण भी अपनी स्वानंद अवस्था में रमे रहते थे, इसीलिए उन्होंने भी कभी इस विषय पर शेष से संवाद नहीं किया। किंतु मानव रूप में जन्म लेने के पश्चात् लक्ष्मण को आत्मस्वरूप अवस्था के श्रवण का सुनहरा अवसर प्राप्त हुआ। सेवाभाव से बुद्धि शुद्ध हो गई, जिससे उस ज्ञान के सत्य को वे जान पाए तथा उन्होंने उसे अपनाने का निश्चय कर लिया।

राम से निश्चल और निरातिशय प्रेम के कारण राम की शोकाकुल अवस्था को लक्ष्मण देख नहीं पा रहे थे। केवल श्रद्धा से उन्हें राम की अवस्था का आकलन नहीं हो पा रहा था। शब्दों द्वारा ही क्यों न हो, पर लक्ष्मण चाह रहे थे कि राम अपने अंतःकरण की अवस्था व्यक्त करें। इस प्रकार, इस प्रसंग के माध्यम से राम और लक्ष्मण के बीच काफी संवाद हुआ। राम की अवस्था से लक्ष्मण भी प्रेरित हो गए थे तथा उनमें इस अवस्था को प्राप्त करने की उत्सुकता जाग्रत् हो गई थी। फिर भी इस स्वर्णिम अवसर का वे पूरा लाभ उठा नहीं पाए। वे चाहते तो बार-बार संवाद कर और मनन-चिंतन कर, राम से आत्मानुभव प्राप्त करने के मार्ग की ओर बढ़ सकते थे। लेकिन उनके अपने स्वभाव के कारण राम और उनके बीच संस्कारित मर्यादित संवाद ही होता था।

इस प्रसंग के माध्यम से कुछ संवाद दोनों के बीच हुए तथा लक्ष्मण को राम के ईश्वरीय स्वरूप के दर्शन हो गए। उसी में लक्ष्मण ने अपने आप को धन्य मान लिया तथा राम के चरणों में सेवाभाव से रहने लगे। किंतु संवाद हेतु ऐसे प्रसंग राम के जीवन में बार-बार नहीं आ सकते थे। इसीलिए यदि लक्ष्मण उन बातों पर संवाद करते, जो उन्हें राम में अच्छी लगती हैं अथवा ऐसे विषयों पर बातें करते, जिन्हें लक्ष्मण को लगता कि उन्हें समझ में आ सकती हैं, तब राम से संवाद किया जा सकता था। जिसका लाभ अवश्य ही लक्ष्मण को मिलता, परंतु ऐसा हो नहीं सका।'' इस तरह विनोदी वचन बोलते हुए नारद स्वयं ही हँसने लगे।

लक्ष्मी मात्र किंचित् गंभीर थीं। वे कहने लगीं, ''हे नारद, मेरी और शेष की अवस्था का आपने जो वर्णन किया है, वह केवल आप ही कर सकते हैं। नारायण के सान्निध्य में रहते हुए भी हम उनके अंत:करण को जान नहीं पाते हैं। हमसे थोड़ी-बहुत नारायण की जो सेवा हुई है, उसी का सुफल है कि आपके मुख से हमें नारायण के अंतर्बाह्य स्वरूप को जानने का मौका मिला है। आपसे संवाद करते-करते ही नारायण के स्वरूप को अधिकाधिक जान पाएँगे और उसके सत्य स्वरूप की अनुभूति होगी। धीरे-धीरे हमारा प्रेम नारायण के प्रति प्रीति में रूपांतरित हो जाएगा।

जब हमें नारायण से प्रीति हो जाएगी, तब ही हम नारायण की भक्ति का आनंद ले सकेंगे। हे नारद, मैं आपसे करबद्ध प्रार्थना करती हूँ कि आप नारायण के अत्यंत गहन और मधुर सगुण चरित्र का मंगलमयी गायन करते रहें। आपके रूप में नारायण ही हम पर कृपा बरसा रहे हैं। एक दिन उन्हीं के संकल्पानुसार हम भी भक्तिभाव के आनंददायी फल का सेवन कर सकेंगे। अत: हे नारद, राम-चरित्र की कथा के अग्रिम भाग का वर्णन करके हमें बताएँ कि किस तरह राम और लक्ष्मण ने सीता की खोज की ? राम ने अपने अंतर्ज्ञान से जान ही लिया होगा कि सीता का हरण रावण ने किया है। राम ने अवश्य ही अपने ईश्वरीय सामर्थ्य से रावण का वध कर सीता को मुक्त किया होगा।''

□

राम की ऋषियों से भेंट

राम-चरित्र गायन हेतु सदा आतुर नारद, लक्ष्मी की प्रेमल विनती सुन भाव-विभोर हो गए तथा राम-चरित्र के अग्रिम भाग का गायन करने लगे, "हे लक्ष्मी, नारायण का मानव देह में अवतरित होना तथा आत्मा के रूप में 'ईश्वरीय अस्तित्व' की जागृति के साथ जीने की कला को जानना, हमारे लिए अत्यंत आवश्यक है। ईश्वरीय अस्तित्व अमर्यादित, अबाधित एवं अखंड है। जबकि मानवी देह का अस्तित्व मर्यादित, बाधित एवं खंडित होने वाला है। आत्मज्ञानी पुरुष यह बात अच्छी तरह जानते हैं। इसीलिए वे नित्य ईश्वरीय अस्तित्व का अनुभव लेते हुए तथा मानवीय देह की मर्यादा में रहते हुए जीवन जीते हैं। उनके द्वारा कोई भी अमानवीय कृति नहीं होती। अंत:करण में ईश्वरीय अधिष्ठान की जागृति तथा योग्य मानवीय प्रयत्नों के साथ वे जीवन जीते हैं। जीवन में कई प्रकार के सुख-दुःख निर्माण करनेवाले अनुभव आते रहते हैं, पर आत्मज्ञानी पुरुषों पर उन परिणामों का असर नहीं होता, क्योंकि वे 'स्व' के होते हैं। यही मानवी देह में आत्मानुभव की साम्यावस्था है, जो अवतारी पुरुषों के चरित्र द्वारा प्रगट होती है। अपने मूल स्वरूप में रहते हुए उनका जीवन-चरित्र अनेक अंगों द्वारा प्रगट होता है, जिसमें अनेक सामान्य जीव उनसे जुड़ते हैं तथा उनका सहयोग विविध अंगों और भावों द्वारा होता है।

"जिस तरह पर्वत शिखर से निकली हुई सरिता पृथ्वी के पृष्ठभाग से बहते हुए सागर में मिलती है, इस दौरान उस सरिता के जल का उपयोग अनेक जन, अनेक प्रकार से करते हैं। कोई प्यास बुझाने के लिए, कोई

स्वच्छ और निर्मल होने के लिए तथा कुछ भोजन बनाने के लिए इस जल का उपयोग करते हैं। परंतु कोई भाग्यवान जीव अपने प्रयत्नों से उस सरिता का सहारा लेते हुए समुद्र तक पहुँच जाते हैं। अवतारी पुरुषों का जीवन भी ऐसा ही होता है। राम का जीवन भी इसी तरह प्रगट हुआ, इसी कारण वे वंदनीय और भजनीय हैं।

''राम आत्मज्ञानी थे, इसीलिए अंतर्ज्ञानी भी थे। किंतु सभी के अंतस की बातें वे जानते ही होंगे, यह भ्रम है। बातें बताने से ही वे जानते थे तथा दिखाने से ही वे देखते थे। किंतु इसके परे जो सच है, उसे भी वे जानते थे। दूसरों की भावनाओं और अवस्था को वे जानते थे। पर किसी को भी दोष न देते हुए स्वबल पर वे जीवन जीते थे। सीता को कौन भगाकर ले गया, यह उन्हें नहीं मालूम था। वन में लक्ष्मण के साथ वे सीता की खोज में निकल गए। मार्ग में उन्हें 'जटायु' नामक एक गिद्ध पक्षी घायल अवस्था में दिखाई दिया। जिसने राम को बताया कि सीता का हरण रावण ने किया है तथा वह सीता को लंका ले गया है। सीता को रावण के बंधन से छुड़ाने हेतु जटायु ने काफी प्रयास किया था, पर वह सफल नहीं हो पाया था और घायलावस्था में जमीन पर पड़ा था।

''राम ने जब अपने कोमल हाथों के स्पर्श से उसकी देह पर हाथ फेरा तो उसने अपनी आखिरी साँस ली तथा प्राण त्याग दिए। राम की सेवा तथा स्पर्श से उसे सद्‍गति प्राप्त हुई। तत्पश्चात् लक्ष्मण को साथ लेकर राम लंका की ओर चल पड़े।''

मार्ग में अनेक ऋषि-मुनियों के आश्रमों में जाकर राम ने ऋषियों से भेंट ली। तपाचरण से पवित्र उन आश्रमों में जाकर राम ने ऋषियों को वंदन किया तथा उनका शुभाशीर्वाद प्राप्त किया। यह सुन लक्ष्मी थोड़ी अचंभित हो गईं और नारद से पूछ बैठीं, ''हे नारद, वसिष्ठ ऋषि से आत्मज्ञान प्राप्त करते समय राम को अपने अवतार कार्य का बोध हो गया था। वे स्वयं ही नारायण के अवतार थे। तब उन्हें ऋषियों के आशीर्वाद की क्या आवश्यकता थी? क्या वे अपने विनम्र स्वभाव के कारण ऋषियों को वंदन कर उनका आशीर्वाद ले रहे थे?''

लक्ष्मी के विचारपूर्ण प्रश्नों को सुन नारद प्रसन्न हुए तथा राम के व्यवहार का गुह्य बताते हुए कहने लगे, "हे लक्ष्मी, राम स्वभाव से अति विनम्र थे, पर उनकी विनम्रता में दुर्बलता अथवा औपचारिकता नहीं थी। उन्हें अपने अवतार कार्यों की पूर्ण जानकारी थी। आत्मस्वरूपी होने के कारण वे ऋषि-मुनियों के माहात्म्य और उनकी गहनता को जानते थे। जब वसिष्ठ ऋषि राम को आत्मज्ञान दे रहे थे, तब ही वसिष्ठ ने कहा था कि 'ऋषि-मुनियों ने भगवान् नारायण से विनती की थी कि वे मानव रूप में जन्म लेकर सत्य धर्म की स्थापना करें।' उन्हीं की विनती सुन नारायण ने संकल्प किया था तथा ऋषि-मुनियों की विनती को साकार किया था। इस तरह ऋषि-मुनियों से भेंट लेना भी राम के अवतार कार्य का ही हिस्सा था।

"ऋषि-मुनियों के शुद्ध भाव और शुभाशीर्वाद तथा राम के भावबल से ही नारायण के सत्य संकल्प की पूर्ति होने वाली थी। ऋषि-मुनि नारायण के रामावतार का रहस्य जानते थे। उनके भक्तिभाव की पूर्ति हेतु ही नारायण सगुण रूप लेकर अवतरित हुए थे। इसीलिए परम सुंदर नारायण के इस रूप से उन्हें प्रीति हो गई और उनका भक्तिभाव जाग्रत् हो गया। ऋषि-मुनियों ने राम के भाव को स्वीकार कर आशीर्वाद दिया। राम के मनभावन दर्शन लेने और पूजन हेतु वे उन्हें आश्रम में ले गए। वहाँ राम का यथोचित् पूजन किया और सगुण भक्ति का मनोसक्त आनंद लूटा।"

नारद के मुख से सगुण भक्ति का माहात्म्य सुन लक्ष्मी चकित रह गईं। वे ठीक से कुछ समझ नहीं पा रही थीं। पर इसका उपाय वे जानती थीं, इसीलिए नारद से विनती कर कहने लगीं, "हे नारद, अब तक आप आत्मज्ञान और आत्मस्वरूप के अनुभव और उसकी महिमा का वर्णन कर रहे थे, पर अब सगुण भक्ति और उसके आनंद के विषय में बता रहे हैं। तब इनमें श्रेष्ठ क्या है। आत्मज्ञान या सगुण भक्ति?"

लक्ष्मी के प्रश्न सुन नारद थोड़े गंभीर हो गए। लक्ष्मी की संभ्रम अवस्था को जानते हुए उनके मुख से कृपावचन प्रगट होने लगे, "हे लक्ष्मी तुमने जो प्रश्न पूछा है, वह योग्य और अत्यंत गहन है। अनादिकाल से अनेक के मन में यही प्रश्न उठा है। इस प्रश्न का उत्तर बहुत ही आनंददायी है।

आत्मस्वरूप में रमना मूलभूत सत्य है, इसीलिए स्वरूप का अनुभव ही सर्वश्रेष्ठ है। पर इस अनुभव में रहते हुए देहभान का विस्मरण हो जाता है। अथवा ऐसा कहें कि सृष्टि और विश्व का ही भान नहीं रहता। इसीलिए यह अवस्था बाह्य वस्तुस्थिति को देखते हुए सहज नहीं है। देहभान में आने के बाद भी अंतस की अवस्था जाग्रत् रहती है, परंतु इस अवस्था का बाह्य सृष्टि तथा व्यवहार से मेल नहीं हो पाता। इसीलिए उस अनुभव से दूरी बनने लगती है। जब यह दूरी सहन नहीं होती, तब आत्मस्वरूप में रमने की लगन पुनः तीव्रता से निर्माण होती है।

''ऐसी अवस्था में यदि किसी दिव्य और अलौकिक चरित्रवान महान् आत्मा से भेंट हो जाए तथा उनका सान्निध्य प्राप्त हो जाए, तब उनके आकर्षक और रमणीय रूप को देख, प्रेम स्वरूप अवस्था जाग्रत् हो जाती है। यह ईश्वरीय प्रेम महात्मा को अर्पण करने से भक्तिभाव निर्मित हो जाता है। भक्तिभाव की पूर्ति से ही प्रेमभाव की तृप्ति होती है तथा निरातिशय आनंद की प्राप्ति होती है। आनंद के इस अनुभव से देह का अंतर-बाह्य द्वैत समाप्त हो देह, मन और बुद्धि एकरूप हो जाते हैं।

''मूलतः इस प्रेमरूप अवस्था में ही नारायण ने सृष्टि का निर्माण किया है। अपने प्रेम को स्वयं अनुभव करने हेतु सगुण रूप धारण किया। प्रत्येक मनुष्य सगुण रूप के माध्यम से ही निर्गुण परमेश्वर का अनुभव भक्ति द्वारा अपने अंतःकरण में कर सकता है। नारायण के निर्गुण स्वरूप और सगुण रूप, दोनों को केवल मानव रूप में अनुभव किया जा सकता है। यही मानवी जन्म का रहस्य है तथा इसी अनुभव में मानवीय जन्म की सार्थकता है। इसीलिए नारायण को सर्वांग रूप में प्रकट होने के लिए मानव जन्म का ही आधार लेना पड़ता है।''

नारद के कथन श्रवण कर रहीं लक्ष्मी को अत्यधिक संतोष हो रहा था। मन में विशेष अनुभूति हो रही थी। उनका मन चाह रहा था कि वे इस विषय को और अधिक श्रवण करें। इसी भाव से वे नारद से विनय करते हुए कहने लगीं, ''हे नारद, आप जिस निर्गुणस्वरूप के अनुभव और सगुण प्रेमभक्ति भाव के संगम का माहात्म्य बता रहे हैं, वह मुझे आप में ही साकार

होता दिखाई दे रहा है। यह आपका अपना अनुभव है। इसीलिए आप इतनी निस्संदिग्धता और रसिकता से इस एकरूपता के अनुभव का वर्णन कर रहे हैं। पर आत्मस्वरूप का अनुभव होने के बाद भी सगुण भक्ति के प्रति आपके इतने आकर्षण को मैं समझ नहीं पा रही हूँ। इस सर्वश्रेष्ठ अनुभव को प्राप्त करने के पश्चात् भी यह आर्तता कहीं उस अनुभव की प्राप्ति में कोई कमी तो नहीं दरशा रही है ? क्या ऐसी लगन सभी में होती है ? क्या यह ध्यान सभी में समान रूप से होता है ? मैं जानती हूँ कि इस विषय को केवल बुद्धि द्वारा जाना नहीं जा सकता। परंतु फिर भी जब तक बुद्धि का समाधान नहीं हो जाता, तब तक यह बुद्धि आनंद का अनुभव करने के मार्ग में सतत बाधा बनती रहेगी। अतः हे नारद, कृपा करके आप अपने अनुभव के अंगों को सविस्तार समझाएँ।''

लक्ष्मी ने मन की जिस स्वच्छंदता के साथ अपने भाव प्रकट किए थे, उसे सुन नारद संतुष्ट हुए तथा भक्तिभाव से युक्त हो कहने लगे, ''हे लक्ष्मी, तुम्हारा कहना उचित है कि बुद्धि द्वारा पूर्ण आकलन के बिना मार्ग में आगे बढ़ना कठिन है। पर केवल बुद्धि द्वारा इस अनुभव को प्राप्त नहीं कर सकते, क्योंकि बुद्धि मूलतः शुद्ध नहीं होती है और न ही उसकी उतनी क्षमता होती है। बुद्धि प्रत्येक कार्य में कार्य-कारण भाव देखती है, जिसकी अपनी मर्यादा और क्षमता होती है। मर्यादा के परे बुद्धि तर्क करने लगती है तथा मन कल्पना। जिससे भ्रम की स्थिति पैदा हो जाती है। ऐसी अवस्था में व्यक्ति सत्य से और अधिक दूर चला जाता है। सत्य केवल स्वानुभव से जाना जा सकता है तथा अनुभव लिये बिना स्वानुभव तक नहीं पहुँचा जा सकता। इसी कारण श्रवण तथा संवाद से ज्ञान अर्जित करते हुए उसे प्रेम और श्रद्धा से जोड़े रखना चाहिए। ज्ञान की शुष्कता प्रेम से दूर होती है तथा श्रद्धा उसे बलवान और निश्चयात्मक बनाती है।

''इस सर्वश्रेष्ठ अवस्था के अनुभव का वर्णन शब्दों द्वारा कभी पूर्ण नहीं हो सकता और न ही उसका यह हेतु है। फिर भी उस अवस्था का वर्णन किए बगैर चैन नहीं पड़ता। जब तुम्हारे जैसा कोई प्रेम और श्रद्धा से इस अवस्था का वर्णन सुनने के लिए आतुर होता है, तब इस अवस्था में उफान आ जाता

है। जिस प्रकार तेजोमयी भास्कर असंख्य प्रकाश किरणों के साथ चमकता है, भारी वर्षा सहस्त्र जलधारा के साथ बरसती है, अथाह व्यापक सागर में अनगिनत लहरें किल्लोल करती हैं, उसी प्रकार अमृतस्वरूप अनुभव में प्रीति और भक्तिभाव सहज उठता है। आंतरिक प्रेरणा अथवा बाह्य कारणों से भक्तिभाव सहज प्रकट होता है। परंतु यह भाव कितना प्रकट होगा और कितना अप्रकट रह जाएगा, इसका कोई गणित नहीं होता। लेकिन सगुण देह में निर्गुण स्वरूप का अनुभव ईश्वर के जिस सगुण रूप के कारण होता है, उस सगुण रूप के प्रेम का मूल, अंतस में अत्यधिक गहरा रहता है। इसी सगुण प्रेम के कारण सगुण भक्ति की भूख नित्य जाग्रत् रहती है। बाह्य रूप से योग्य अवसर मिलते ही प्रेमी व्यक्ति इस प्रेमभूख की तृप्ति कर आनंद का अनुभव करता है। किसी व्यक्ति में यह प्रेमभूख इतनी प्रबल हो जाती है कि वह योग्य अवसर निर्माण कर अपनी प्रेमभूख की तृप्ति कर आनंदमय हो जाता है। पर इसका कोई शास्त्र नहीं है। किंतु यह बात निश्चित है कि आनंद के अनुभव में प्रेम, भक्ति और स्वानुभव का अनोखा संगम होता है। यह भाव कारण-अकारण प्रकट हो, तृप्ति अनुभव कर पुनः उसी अनुभव में विलीन हो जाता है।

□

शबरी और मातंग ऋषि की कथा

"हे लक्ष्मी, आंतरिक अवस्था का तुम्हें यथार्थ आकलन हो, इस हेतु मैं तुम्हें अलौकिक प्रसंग सुनाता हूँ, जो रामभक्त शबरी और राम के बीच घटित हुआ। शबरी नाम की एक वनवासी स्त्री थी, जिसका जन्म एक संस्कारहीन कुल में हुआ था। उसके जीवन में स्त्रीत्व और सुंदरता दोनों ही श्राप सिद्ध हुए। स्त्री होने के नाते पराधीन जीवन तथा तारुण्य सौंदर्य के कारण अनेक जनों की वासनामयी नजरों से वह त्रस्त हो गई थी। जब वहाँ के राजपुत्र ने उसके साथ शारीरिक और मानसिक छल किया, तब शबरी ने इसकी शिकायत राजा से की। किंतु राजा की ओर से कोई न्याय नहीं मिला। इस पर वह राज्य का त्याग कर राज्य से बाहर निकल गई। भाग्यवश उसकी मुलाकात महान् ज्ञानी मातंग ऋषि से हुई। ऋषि को उस पर दया आ गई और उन्होंने शबरी को अपने ही आश्रम में आश्रय दे दिया। आश्रम में रहते हुए शबरी को मातंग ऋषि के ईश्वरीय स्वरूप का अनुभव लेने और उस अनुभव का वर्णन श्रवण करने का अवसर मिला। इस प्रकार उस संस्कार के कारण शबरी ईश्वरस्वरूप अनुभव के माहात्म्य को जानने लगीं तथा वैसा ही अनुभव लेने की उन्हें लगन लग गई। उसी लगन के कारण शबरी ने मातंग ऋषि को अनन्य भाव से शरणागति दे दी। मातंग ऋषि ने भी उनके शुद्ध भाव को जान तथा ईश्वरस्वरूप अनुभव को प्राप्त करने की उनकी लालसा को देख उनकी शरणागति स्वीकार कर ली। वे मातंग ऋषि के मार्गदर्शनानुसार ईश्वर-प्राप्ति के मार्ग की ओर बढ़ने लगीं।"

ध्यानपूर्वक श्रवण कर रही लक्ष्मी समझ गईं कि राम-चरित्र में घटित

शबरी की जिस कथा का नारद उल्लेख कर रहे हैं, वह साधारण नहीं है। इसी उद्‌देश्य से वे नारद से कहने लगीं, "हे नारद, आपने बताया था कि उस काल में प्रचलित धर्म के अनुसार 'स्त्री अपने पति का अनुसरण कर उन्हीं को पूर्ण शरणागति देती थी। अपने पति की एकनिष्ठ भाव से सेवा करना ही उनके जीवन का लक्ष्य होता था।" जब शबरी ने मातंग ऋषि को पूर्ण शरणागति दी, तब इस बात का अनेक ने विरोध किया होगा? शबरी की शरणागति स्वीकार कर मातंग ऋषि ने बड़े धैर्य का कार्य किया था। किंतु इसकी परिणति क्या हुई? क्या ईश्वर-प्राप्ति के मार्ग में शबरी मार्ग-भ्रमण कर सकीं? या शबरी ने केवल भावावेग में आकर शरणागति दी थी? स्त्री होने के नाते शबरी को निश्चित ही अनेक कठिनाइयों का सामना करना पड़ा होगा! नारदजी, एक अन्य प्रश्न यह उठ रहा है कि राम और शबरी की भेंट कैसे हुई?"

लक्ष्मी की अधीरता को देख नारद कहने लगे, "हे लक्ष्मी, सबकुछ यथार्थ और सविस्तार सुनने के तुम्हारे भाव से मैं अति प्रसन्न हूँ। इसीलिए ध्यानपूर्वक सुनो, तुम जिस बात से चिंतित हो, वह सत्य है। सत्यमार्ग के अवलंबन में कठिनाइयाँ आती हैं। पर ये कठिनाइयाँ बाह्य कम और आंतरिक अधिक होती हैं। बाहरी अड़चनों को दूर करने के लिए योग्य मार्ग निकाला जा सकता है। किंतु आंतरिक अड़चनें मन पर पड़े संस्कारों तथा बुद्धि द्वारा किए गए आकलनों के आधार पर होती हैं, जो एक प्रकार का अहंकार निर्माण कर देती हैं। जिसे जीत पाना कठिन होता है।

"जिनके मन और बुद्धि शुद्ध हो जाते हैं, उनके लिए आत्मप्राप्ति का मार्ग सरल हो जाता है। तब बाह्य अड़चनों पर विजय पाने का कौशल्य उनमें सहज आ जाता है। किसी सौभाग्यशाली को ही महात्मा के दर्शन और सान्निध्य मिलने के पश्चात् उनका बाहरी जीवन देखने का सौभाग्य मिलता है। उनकी निर्भयता, सबलता, प्रेमलता और सहृदयता तथा आनंदी वृत्ति आकर्षित करती है और उनके मन में यह भावना निर्माण होती है कि हमें भी ऐसा जीवन जीना चाहिए। किसी-किसी को उनके ज्ञान, वैराग्य तथा उनके द्वारा प्रकट होने वाले अनुभव के वचन और सत्य-बोध के प्रति आकर्षण

होता है। किंतु यह सत्य है कि महात्मा के अंत:करण जैसी अवस्था पाने की लगन लगने वाले व्यक्ति बिरले ही होते हैं। इस अवस्था को प्राप्त करने के लिए मन और बुद्धि का अहंकार पूर्णत: नष्ट होना आवश्यक होता है जो सबसे कठिन बात है।

"भावनात्मक मन स्वयं की भावनाओं के अहंकार तथा शाब्दिक ज्ञान से युक्त बुद्धि, अपनी समझ के अहंकार को आसानी से छोड़ नहीं पाते। स्वयं की देह, मन और बुद्धि के अस्तित्व का इतना सूक्ष्म और जबरदस्त अहंकार सामान्यजनों में होता है कि वे केवल सेवाभाव, प्रेमभाव और भक्तिभाव से उस महात्मा के नहीं हो पाते। अपने अहंकार का पूर्ण नाश किए बिना अपने आत्मस्वरूप का अनुभव नहीं लिया जा सकता। अहंकार को पूरी तरह समाप्त करने के लिए महात्मा को पूर्ण शरणागति देना अति आवश्यक है। आत्मस्वरूप का अनुभव लेना ही प्रत्येक प्राणिमात्र का जन्मजात अधिकार है। आत्मा-आत्मा के बीच किसी तरह का अंतर नहीं होता। यही अधिकार एक मानव और जीव होने के नाते शबरी को भी था।

"स्त्री हो या पुरुष, उनमें केवल एक नैसर्गिक अंतर होता है, जो देह तक ही सीमित होता है। पर जब यह अंतर मन और बुद्धि में मजबूती से बैठ जाता है, तब वहीं पर एक प्रकार का अहंकार निर्माण हो जाता है। समाज में रहकर जीवन जीते हुए जो संस्कार मन पर पड़ते हैं, उससे यह अहंकार और अधिक मजबूत हो जाता है, जिसे भेदना कठिन हो जाता है। पर यदि मन में महात्मा के प्रति अत्यधिक प्रेम तथा बुद्धि में उनका दिया बोध जाग्रत् रहे, तब मन और बुद्धि का अहंकार दूर हो जाता है तथा भक्तिमार्ग में आगे बढ़ने के लिए तैयार हो जाता है। मातंग ऋषि के सान्निध्य में रहते हुए शबरी को यह सुअवसर प्राप्त हुआ था और वे आत्मप्राप्ति के मार्ग की ओर बढ़ने लगीं।

"आश्रम में सेवाभाव से रहते हुए व अनेक आवश्यक काम करते हुए शबरी ने मातंग ऋषि के जीवन-चरित्र को बहुत करीब से देखा था। मातंग ऋषि का जीवन शबरी को प्रिय लगने लगा। शबरी ने यह भी महसूस किया कि मातंग ऋषि का ईश्वरीय अनुभव केवल शिष्यों को सत्य ज्ञान देने हेतु

अथवा मार्गदर्शन कर उनका अज्ञान दूर करने हेतु प्रकट नहीं हो रहा है, बल्कि वे नित्य ही इस अखंड और व्यापक अनुभव में रहते हैं। जीवन के प्रत्येक क्षण और अवस्था में वे केवल आत्मस्वरूप के आनंद का ही अनुभव लेते हैं। शबरी के मन में भी यही भाव जाग्रत् हो गया कि वह भी मातंग ऋषि के अनुभव से एकरूप होकर रहेगी।

''यह भाव केवल भावुक मन अथवा विचारों की लहर का नहीं था, बल्कि यह भाव उनके अंतस में अत्यंत गहरा और बलवान था। इसीलिए शबरी को आंतरिक कठिनाइयों का सामना नहीं करना पड़ा। मातंग ऋषि इस व्यापक अनुभव के सत्यत्व को जानते थे, क्योंकि वे आत्मस्वरूप अनुभव में ही लीन रहते थे। उनमें यह सामर्थ्य था कि वे अपने अनुभव से दूसरों को भी एकरूप कर, उन्हें भी वैसा अनुभव करा दें।

''वे जानते थे कि शबरी एक स्त्री है तथा उसे उस काल के स्त्री धर्मानुसार जीवन जीना चाहिए। प्रचलित धर्म की निर्मिति मनुष्य की अधोगति रोकने के लिए ही की जाती है तथा आत्मधर्म ही सत्यधर्म है और उसकी प्राप्ति के लिए प्रचलित धर्म का त्याग करना आवश्यक है। शबरी विवाहित स्त्री नहीं थी। इसीलिए किसी और का अनुसरण करने और उसका आश्रय लेने का प्रश्न ही नहीं उठता था। इसी कारण मातंग ऋषि को नियम का अपवाद मान, शबरी के भाव को स्वीकार करना उचित लगा। नियम पर चलना सदा श्रेयस्कर और हितकारी होता है। परंतु योग्य व्यक्ति के लिए, योग्य कारण हेतु, योग्य अपवाद करने का अधिकार सर्वश्रेष्ठ योग्यता रखनेवाले महात्माओं के पास होता है।

''आत्महित ही योग्य कारण है, जिसकी प्राप्ति के लिए जो आर्त है, वही योग्य व्यक्ति है। महात्मा का स्वानुभव ही योग्यता तथा उसके भाव को स्वीकार करना ही योग्य अपवाद है। इस विषय में किसी भी प्रकार के संदेह और विषाद को कोई स्थान ही नहीं था। शबरी के विषय में मातंग ऋषि ने यह अपवाद करते हुए उनकी शरणागति स्वीकार की।

''केवल आत्मसामर्थ्य से कोई महात्मा किसी का आत्मकल्याण नहीं कर सकता, बल्कि उस महात्मा की वृत्ति वैसी होनी चाहिए। पर ऐसी वृत्ति

सभी महात्माओं की नहीं होती। किंतु ऐसी वृत्ति होने या न होने से उस महात्मा का श्रेष्ठत्व सिद्ध नहीं होता। परंतु संपूर्ण शरणागति स्वीकार करने के लिए ऐसी वृत्ति होना आवश्यक है। नहीं तो अन्य जातों का आत्मकल्याण हो नहीं सकता। मातंग ऋषि की ऐसी वृत्ति शबरी के लिए सौभाग्य की बात थी। किसी की भी पूर्ण शरणागति स्वीकार करना सरल बात नहीं है। इस हेतु बहुत आत्मबल लगता है। यह बल ईश्वरीय स्वरूप का अनुभव लेने वालों के शुद्ध अंतःकरण में निश्चित रूप से होता है। इस तरह शबरी के भावबल तथा मातंग ऋषि के आत्मबल से मातंग ऋषि और शबरी के बीच अलौकिक और आध्यात्मिक संबंध स्थापित हो गया।''

ऐसे संबंध आत्मानुभव महात्मा से ही जुड़ सकते हैं तथा इन संबंधों का सच्चा अनुभव भी यही लेते हैं। इन आध्यात्मिक नातों का देह, मन और बुद्धि द्वारा ही अनुभव किया जाता है। देह, मन और बुद्धि के बगैर आनंद का कभी भी अनुभव नहीं लिया जा सकता। इन्हें साधन बनाकर आध्यात्मिक संबंधों का अनुभव लेते हुए ये सारे साधन अनुभव करने का माध्यम बन जाते हैं। देह से महात्मा की प्रत्यक्ष सेवा, देह और मन मिलकर महात्मा के प्रेम का अनुभव तथा देह, मन और बुद्धि मिलकर महात्मा द्वारा प्रकट होने वाले ज्ञान से तत्काल एकरूप होने का अनुभव, ये सारे अनुभव आध्यात्मिक नातों का अनुभव कराते हैं। आध्यात्मिक नातों के माध्यम से महात्मा का आत्मस्वरूप प्रकट होता है। इस तरह महात्मा के शुद्ध आत्मस्वरूप का अनेक अंगों द्वारा संबंध आते-आते अपनी देह, मन और बुद्धि का ममत्व पूर्णतः दूर हो जाता है तथा पूर्ण शुद्धि हो आत्मस्वरूप अनुभव जाग्रत् हो जाता है।

''ऐसा ही आध्यात्मिक संबंध मातंग ऋषि और शबरी के बीच था, जो शबरी के भाग्य और भाव का फल था। मातंग ऋषि के आत्मानुभव द्वारा प्रकट होने वाले अनेक रूप शबरी देख चुकी थीं तथा उनका वर्णन भी उनके मुख से श्रवण कर चुकी थीं। शबरी के पास मातंग ऋषि के आत्मानुभव से स्फुरित ज्ञान का बहुत बड़ा संग्रह था। परंतु जिस तरह शरीर के अनेक अंगों को जोड़कर मानवीय देह का निर्माण नहीं किया जा सकता, क्योंकि उसमें प्राणों का चैतन्य नहीं होता, उसी प्रकार महात्मा के अनुभव के अनेक अंगों

को बुद्धि द्वारा जानकर तथा उसका संग्रह करके भी अनुभव नहीं लिया जा सकता। कारण—उसमें स्वानुभव और चैतन्य नहीं होता।

"मानवीय देह निर्माण होते समय माता के गर्भ में सर्वप्रथम एक अत्यंत सूक्ष्म जीव निर्मित होता है। बढ़ते-बढ़ते उसी में कई अंग निर्मित होते हैं। उसी तरह महात्मा से जोड़े आध्यात्मिक नातों में जब आध्यात्मिक संबंध निर्माण होते हैं, तब स्वयं के अंतस में स्थित आत्मा के अस्तित्व का सूक्ष्म अहसास होता है। प्रत्यक्ष अनुभव लेते हुए उसमें उन्नति होती जाती है तथा आत्मानुभव साकार होने लगता है। उस अनुभव के अनेक अंग धीरे-धीरे प्रकट होने लगते हैं। यह सत्य है कि आत्मा का अस्तित्व प्रत्येक में और सहज ही है। उसे निर्माण नहीं करना पड़ता और न ही उसका निर्माण किया जा सकता है। आत्मा का अस्तित्व है, तभी देह, मन और बुद्धि का अस्तित्व है। सच यह है कि देह, मन और बुद्धि द्वारा ही आत्मा प्रकट है। पर सामान्यजन यह अनुभव नहीं कर पाते। उसका कारण है कि उन्हें अपनी देह, मन और बुद्धि ही सच लगते हैं। जब यह अहंकार पूरी तरह से दूर होता है, तब आत्मा का अनुभव सहज होता है।

"जिस तरह पत्थर से मूर्ति बनाते समय उसके अनावश्यक भाग को काटकर निकाल देने से पत्थर ही मूर्ति का रूप धारण कर लेता है, उसी तरह स्वयं के अंतस से आत्मा की संकल्पना को दृढतापूर्वक रखने तथा अहंकार के अनावश्यक भाग को दूर करने से आत्मा के अस्तित्व का अनुभव होता है। यही मानव का खरा अस्तित्व है।

"इस अहंकार को दूर करने के लिए महात्मा की शरण में जाना तथा उनसे अत्यंत शुद्ध और पवित्र आध्यात्मिक नाता निर्माण करना परम आवश्यक है। इस नाते को सर्वांग रूप से, सर्व भाव से व सर्वार्थ भाव से अनुभव करना ही आध्यात्मिक संबंध है। इस संबंध में महात्मा के आत्मस्वरूप के नित्य अनुभव से एकरूप होने का भाव होता है। यही भक्तिभाव कहलाता है, जिसमें विभक्तता सहन नहीं होती। एकरूपता को अनुभव करने का भाव इतना प्रबल होता है कि जिस अहंकार के कारण विभक्तता आती है, वह अहंकार ही मिट जाता है और महात्मा से एकरूप हो जाते हैं। इस एकरूपता

के अनुभव से आत्मानुभव का सूक्ष्म अहसास अपने अंतःकरण में निर्माण होता है। जिससे उस अनुभव के प्रति आकर्षण बढ़ने लगता है तथा उसे प्राप्त करने की लगन लग जाती है। इस अनुभव को उन महात्मा के संबंध में पुनः-पुनः महसूस करने की चाह जाग्रत् हो जाती है तथा एक सुनहरे दिन एवं अमृत क्षण में इस अनुभव में सदा रहने लगते हैं। इस दिन के लिए अनेक दिनों तक उनसे संबंध बनाए रखना होता है तथा क्षण-क्षण उस भाव से युक्त रहना होता है। तब प्रत्यक्ष रूप से यह अनुभव कब हमारा हो गया, कहना शेष नहीं रह जाता है।''

लक्ष्मी के प्रश्नों का उत्तर देने के निमित्त नारद का निरूपण आरंभ हो गया था। वे अपने स्वानुभव में इतने ध्यानस्थ हो गए थे कि अपनी अंतर्सृष्टि में ही डूब गए। उन्हें काल, स्थल और समय का भान नहीं रहा। नारद की ऐसी विदेह अवस्था देख लक्ष्मी ने भक्तिभाव से उनके चरणों का वंदन किया। लक्ष्मी के भावपूर्ण स्पर्श से नारद देहभान में आ गए, किंतु थोड़ी देर वैसे ही शांत बैठे रहे। लक्ष्मी भी शांति से बैठ श्रवण-सुख का आनंद ले रही थीं। पर आनंद सुख में अधिक देर न रमते हुए नारद से पुनः प्रश्न पूछ बैठीं—

''हे नारद, आपने जिन आध्यात्मिक नातों और संबंधों के विषय में बताया है, वे अत्यंत अद्भुत और अति विशिष्ट हैं। हमारे जैसे सामान्यजनों के लिए यह जानना और वैसा आचरण करना कठिन है। मुझे ही देखें कि नारायण की पत्नी होने से मेरा उनके साथ नाता है। इस नाते को मैं पूर्ण निष्ठा के साथ निभाती हूँ अर्थात् देह, मन और बुद्धि से पूर्ण एकनिष्ठ हो प्रेम करती हूँ। नारायण भी मुझसे पूर्ण संतुष्ट हैं, ऐसा मुझे लगता है। किंतु मुझे यह बात बार-बार सताती है कि मैं नारायण से पूर्णतः एकरूप नहीं हूँ। अब आपकी बातों में मुझे इसका कारण थोड़ा-थोड़ा समझ में आने लगा है। केवल बाह्य नाते की निष्ठा और निकटता से नारायण से एकरूप नहीं हुआ जा सकता, बल्कि इस हेतु नारायण के साथ आंतरिक नाता और संबंध निर्माण होना आवश्यक है। जो कि बहुत महत्त्वपूर्ण है। मुझे लगता है, जिन नाते-संबंधों की आप बात कर रहे हैं, वे आध्यात्मिक नाते होने चाहिए। आध्यात्मिक शब्द का अर्थ आप कई बार बता चुके हैं कि पहले 'आत्मा'

का विचार। शबरी—सचमुच शबरी धन्य हैं, जिनके मातंग ऋषि के साथ आध्यात्मिक नाते और संबंध जुड़ गए। नाते से मैं नारायण की पत्नी हूँ, मुझे उनका सान्निध्य सहज ही प्राप्त है, पर इसके बावजूद जो मैं समझ नहीं पाई और मुझसे हो नहीं पाया, वह शबरी ने कर दिखाया। जबकि शबरी का मातंग ऋषि से कोई लौकिक नाता नहीं था।''

लक्ष्मी की बातें सुन नारद के मुख से ये उद्गार निकले—''शबरी धन्य हैं ही, पर सच्चे अर्थों में यह मातंग ऋषि की महानता है और मूलत: आत्मा के रूप में संचरित नारायण की ही महिमा है। शबरी के मातंग ऋषि के साथ ऐसे अलौकिक, अमोलिक और आध्यात्मिक नाते जुड़ने के पश्चात् शबरी को लौकिक रूप से कई कष्ट झेलने पड़े। आश्रम में रह रहे अन्य शिष्यों के मन में शबरी के प्रति द्वेष, मत्सर और ईर्ष्या निर्माण हो गई। वे शबरी की निंदा करने लगे। अप्रत्यक्ष रूप से मातंग ऋषि के प्रति भी उनके मन में संशय निर्माण होने लगा। मातंग ऋषि से शबरी की एकांत में भेंट और उनकी प्रत्यक्ष सेवा तथा मातंग ऋषि द्वारा शबरी के भाव को स्वीकार कर उन्हें उस अनुभव से एकरूप करा देने का मातंग ऋषि का भाव, सामान्यजन की दृष्टि में अयोग्य एवं टीकास्पद था।

''परंतु मातंग ऋषि के एक शिष्य आनंदमल को इस बात से बहुत प्रसन्नता होती थी। आनंदमल सच्चे अर्थों में मातंग ऋषि का सत्शिष्य था। वह अपने सद्गुरु का माहात्म्य जानता था तथा उसकी अपने सद्गुरु पर पूर्ण श्रद्धा और प्रेम था। इसीलिए उसके मन में न कोई शंका थी और न ही कोई विकल्प। उसने अन्य शिष्यों के मन में आए विपरीत भाव की भर्त्सना की तथा अपने गुरु के माहात्म्य और अधिकार का प्रखरता के साथ स्मरण कराके उनमें सद्भाव जगाया।''

श्रवण कर रहीं लक्ष्मी आश्चर्यचकित रह गईं और बीच में ही प्रश्न करते हुए कहने लगीं, ''हे नारद, आप यह कुछ अलग ही बात कह रहे हैं। मातंग ऋषि के शिष्यों के मन में ऐसा विकल्प आ ही कैसे सकता है? ये तो शिष्य भाव के लक्षण ही नहीं हैं, तथा आनंदमल के मन में यह शंका कैसे नहीं आई? सत्शिष्य होने का अर्थ क्या है? शिष्य और सत्शिष्य में क्या

अंतर होता है ? शबरी के भाव में ऐसी क्या विशेषता थी, जिससे आनंदम्ल भी प्रसन्न थे ?''

लक्ष्मी के योग्य प्रश्नों को सुन नारद को अतिशय आनंद हुआ। लक्ष्मी के प्रश्नों का उत्तर देते हुए वे कहने लगे, ''हे लक्ष्मी, तुम्हारे प्रश्न उचित हैं। शिष्यभाव, सत्‌शिष्य भाव और भक्तिभाव, आत्मस्वरूप अवस्था की ओर ले जानेवाली बढ़ते क्रम की अवस्था है। महात्मा की महिमा देख कुछ भावुक उनकी शरण में जाते हैं तथा उनके शिष्य बन जाते हैं। शरण में जाना अधिकांशतः बाह्य तौर पर होता है। जैसे आश्रम में सेवाभाव से रहना, उनके द्वारा दिए गए साधनों तथा उपासना मंत्र का नित्य जप करना। उनके द्वारा प्रकट ज्ञान का श्रवण कर मनन-चिंतन करना। शुरुआत में शिष्य भाव केवल यहाँ तक ही मर्यादित होता है। इससे उन पर सत्य और योग्य संस्कार होते रहते हैं तथा शुद्ध आचरण से देह और मन की शुद्धि होती है।

''जिस तरह बीज बोने से पहले मिट्टी की जुताई, पेरनी करना आवश्यक होता है, उसी तरह आत्मस्वरूप-अनुभव का बीज धारण करने के लिए उपासना और बाह्य संस्कारों की आवश्यकता होती है। पर यह केवल पूर्व तैयारी है। इतना करने से अंतःकरण की पूर्ण शुद्धि नहीं होती तथा आत्मबीज धारण करने की पूर्ण क्षमता नहीं आती। इससे उच्च अवस्था सत्‌शिष्य-भाव की है। सद्‌गुरु के अंतस की सत्यस्वरूप अवस्था को सत्‌शिष्य जानने लगता है तथा महसूस करता है कि उनका सत्यस्वरूप केवल उनके द्वारा प्रकट होने वाले ज्ञान तक ही सीमित नहीं है। सत्‌शिष्य का यह भी निश्चय होने लगता है कि उसकी सत्यस्वरूप अवस्था पर किसी भी बाहरी परिस्थिति का असर नहीं पड़ता तथा सदैव सत्यस्वरूप ही भाषित होता है। परंतु श्रद्धा होने के बावजूद सत्‌शिष्य वैसा अनुभव ले नहीं पाता। यही दूरी उसे सताती है। सत्‌शिष्य महसूस करता है कि बाह्य कारणों से उसका सत्यस्वरूप छुप गया है, जिसे उजागर करने के प्रयत्न में वह निअंतस लगा रहता है। इस सद्‌भाव के कारण वह सद्‌गुरु के सत्यस्वरूप को पुनः खोज लेता है, किंतु उससे एकरूप नहीं हो पाता। जिसकी वजह है कि एकरूपता के लिए जो भक्तिभाव आवश्यक है, उसका निर्माण नहीं हुआ है। परंतु भक्तिभाव का

मूल्य वह जानता है। उसे यह भी मालूम हो जाता है कि सत्शिष्य भाव से सद्गुरु को संतोष अवश्य हो रहा है, किंतु उनकी भक्तिभाव की भूख नहीं मिटी है। आनंदमल को इस बात का आनंद हो रहा था कि मातंग ऋषि के अंतस की भक्तिभाव की भूख शबरी के रूप में शमन हो तृप्त हो रही है। अर्थात् इस आनंद से संतुष्ट न हो, वैसा ही भक्तिभाव उसमें कैसे निर्माण हो जाए, इसी चिंतन में वह मग्नचित्त रहता था। शबरी के भक्तिभाव की प्रशंसा करते हुए उसने स्वयं शबरी से सद्गुरु भक्ति की प्रेरणा ली।

''इस प्रकार आंतरिक भाव-बल से शबरी ने अनेक बाह्य अड़चनों पर विजय प्राप्त की तथा योग्य मार्ग निकालकर भक्तिभाव से वह मातंग ऋषि से निकटता बनाती रहीं। इस करीबी आत्म-संबंध से शबरी का सारा अज्ञान तो दूर हो ही गया था, साथ ही उसकी जीवदशा का अहंकार भी पूर्णतया लुप्त हो गया था। वे कब और कैसे मातंग ऋषि से एकरूप हो गईं, उन्हें नहीं मालूम। अनुभव की एकरूपता को मातंग ऋषि ने भी महसूस किया तथा उन्हें यह अहसास हो गया कि शबरी इस एकरूपता का नित्य अनुभव ले रही हैं।

''एक दिन एकांत में शबरी के साथ ईश्वरीय प्रेम का अनुभव करते हुए आत्म-उत्कंठित हो मातंग ऋषि शबरी से कहने लगे, ''हे शबरी, तुम्हारे भक्तिभाव से मैं अति प्रसन्न हूँ। तुम्हारी भक्ति के कारण मेरे अंत:करण में नित्य स्फुरित ईश्वरस्वरूप के अनुभव का मैं बाह्य रूप से भी पूर्णत: आनंद लेता हूँ। अंतर्बाह्य एक ही ईश्वरस्वरूप का आनंद लेने जैसा परमानंद इस चर-अचर में कहीं और नहीं है। तुम एक स्त्री हो तथा निसर्ग के नियमानुसार स्त्री का बाह्य जीवन कठिन होता है। उससे भी कहीं अधिक कठिन उसके लिए आत्मप्राप्ति का मार्ग है। क्योंकि आत्मप्राप्ति के मार्ग में सबसे कठिन है जीवभाव का अहंकार और स्त्री होने के नाते स्त्रीत्व का भाव अत्यंत गहरा होता है, जो जीवदशा के भाव को अत्यधिक मजबूत करता है। केवल शब्दज्ञान से जहाँ जीवदशा का भाव हिल भी नहीं पाता, ऐसी स्थिति में उस भाव का पूर्ण लोप होना अत्यंत कठिन है। पर आश्रम में रहते हुए तुमने पूर्ण श्रद्धा के साथ मुझसे निकटता बनाए रखी तथा उस निकटता से तुममें प्रेम

निर्माण हो गया, जिससे जीवदशा का अहंकार पूर्णतः समाप्त हो गया है। तुम भक्तिभाव से युक्त हो गईं और मेरे सान्निध्य में रहकर ईश्वरीय अनुभव से एकरूप होने का आनंद ले सकीं। अब इस अनुभव की सत्यता परखने का समय आ गया है। नित्य आनंद देनेवाले ईश्वरस्वरूप का अनुभव स्वयंभू होने के कारण अखंड, अकारण और अबाधित होता है। अंतःकरण की इस अवस्था को जब कोई भी बाह्य कारण खंडित अथवा बाधित न करे, तब यह 'स्वानुभव की अवस्था' कहलाती है।

''मेरे सान्निध्य में रहते हुए तुम जिस आनंद को अनुभव कर रही हो, उसकी प्रेम-मूल तुम्हारे अंतःकरण में निर्माण हो गई है। वही प्रेम-मूल फूलेगी, फलेगी तथा तुम्हें नित्य आनंद का अनुभव देती रहेगी। स्वानंद का अनुभव करते हुए अपने अंतस के ईश्वरीय अस्तित्व को तुम हर पल महसूस करती रहोगी। अब तुम्हारे लिए यहाँ रहना उचित नहीं होगा। कारण—अब इसकी आवश्यकता नहीं रही। मैं अपने कुछ शिष्यों से कहकर तुम्हारे लिए आश्रम से कुछ दूरी पर एक सुंदर पर्णकुटीर बनवा देता हूँ। तुम वहीं रहकर सतत ईश्वर के चिंतन में लीन हो आनंद का अनुभव लो और अपना जीवन धन्य कर लो। मेरा पूर्ण आशीर्वाद सदा तुम्हारे साथ है।

''मातंग ऋषि के मुख से अचानक ऐसी बातें सुन शबरी हतप्रभ रह गईं। उनके मुख से शब्द ही नहीं निकल रहे थे। केवल अश्रुओं की सतत धारा बह रही थी। मातंग ऋषि के चरणों में अपना मस्तक रख वे केवल उसी अवस्था में बैठी रहीं। आखिर मातंग ऋषि ने उनके मस्तक पर हाथ रख उन्हें उठाया और सांत्वना दी। ऋषि के प्रेमल स्पर्श से शबरी ने अपने आपको सँभाला तथा हाथ जोड़कर प्रार्थना करने लगीं, 'हे ऋषिवर, मुझसे ऐसी कौन सी भूल हो गई या मेरे भाव में कमी आ गई, जिससे आप मुझे यह सजा दे रहे हैं। मुझसे ऐसा कौन सा अपराध हुआ है, जिसके कारण आपको ऐसा निर्णय लेना पड़ा। शिष्यों के सारे अपराधों को माफ करने की क्षमता गुरु की गुरुता में होती है। फिर भी यदि मुझसे कोई गलती हो गई हो तो मुझे अंतःकरणपूर्वक क्षमा करें या कोई और सजा दें। पर मुझे आप अपने आपसे दूर न करें। आपके प्रत्यक्ष सान्निध्य के बिना मैं जी नहीं सकती।

तब आनंद का अनुभव लेना तो दूर की बात है। मेरे आनंद, मेरी भक्ति तथा मुझमें निर्मित प्रेम–मूल का कारण आप ही हैं। जब मूल ही दूर हो जाएगा तो जीवनरूपी वृक्ष एक क्षण में कुम्हला जाएगा। मुझे आप ही ने आधार दिया है तथा मेरे जीवन के सर्वस्वी आप ही हैं। ऐसे समय में आधार हटाकर मुझे निराधार मत कीजिए।'

''शबरी के भावपूर्ण वचन सुन मातंग ऋषि संतुष्ट हुए। परंतु जिसके अंत:करण में एकमेव शबरी के कल्याण की इच्छा है, ऐसे मातंग ऋषि शबरी को सत्य ज्ञान देते हुए कहने लगे, ''हे शबरी, तुम्हारा प्रेमभाव मुझे अत्यंत प्रिय है। परंतु इस प्रेमभाव से उपजे भक्तिभाव के पराक्रम और फल का अनुभव तुम्हें लेना है। मेरे सान्निध्य में रहकर मेरे ईश्वरीय अनुभव को तुमने केवल देखा या सुना ही नहीं, बल्कि मुझ पर अत्यंत प्रेम और श्रद्धा के कारण तुम उस ईश्वरीय अनुभव से एकरूप हो गई हो। तुम जान भी नहीं पाईं और तुम्हारे अंतस में ऐसा भक्तिभाव निर्माण हो गया, जहाँ किसी भी बाह्य कारणों से विभक्तता संभव नहीं है। केवल अखंड आनंद का अनुभव है। ऐसे भक्तिभाव का ही तुम्हें आधार है और वही सही अर्थों में तुम्हारा जीवन है। मेरे प्रेम से ही सही, पर तुम्हारे अंतस में जो भक्तिभाव फलित हुआ है, उस भक्तिरूपी फल में आनंद के अनुभव के बीज हैं। इसी बात को जानते हुए तुम्हें उसका अनुभव करना है। स्त्री होते हुए भी अपवादस्वरूप मैंने तुम्हारा शिष्यत्व स्वीकारा है, जिसे तुमने सार्थक कर दिया। सच्चे अर्थों में और सर्वांग रूप से तुम मेरी भक्त हो गई हो। इसी बात से मैं अत्यंत प्रसन्न और संतुष्ट हूँ। इस भक्ति का स्वयं आनंद लेते हुए, तुम्हें सद्‌भक्त होकर रहना है। स्वयं के आनंद के स्वामी बन बचा हुआ जीवन समाधान और तृप्ति से जीना है। उसी में तुम्हारा आत्मकल्याण है। तुम्हारे प्रति मेरा दायित्व अब यशस्विता के साथ पूर्ण हो गया है। यही परमेश्वर की कृपा और नियति है। आवश्यकता पड़ने पर कार्य करना तथा हेतु पूर्ण होते ही कार्य समेट लेना उचित और योग्य होता है। इसी में कार्य की शक्ति है।

''सबसे महत्त्वपूर्ण बात यह है कि मेरा कार्य करने का समय पूर्ण हो गया है। मैंने मानवी देह में ईश्वरीयस्वरूप का सर्वश्रेष्ठ अनुभव लिया है। अब

एक ही इच्छा है कि अत्यंत व्यापक, सर्व समावेशक और चराचर में निहित इस ब्रह्मांड के मूल, परमात्मस्वरूप नारायण में विलीन हो जाऊँ। नारायण के संकल्पानुसार तथा नियति के अनुरूप समय के साथ यह सहज ही होगा। पर मेरे पश्चात् तुम्हारा इस आश्रम में रहना तुम्हारी दृष्टि से भी उचित नहीं है। इस आश्रम की सारी व्यवस्था, मेरे पश्चात् आनंदमल ही देखने वाला है। उसकी मुझ पर अत्यंत श्रद्धा और प्रेम है। उसके आत्मकल्याण के लिए दिए हुए साधन का वह एकनिष्ठ हो पालन करेगा तथा आत्मस्वरूप का निश्चित रूप से अनुभव लेगा। मुझे पूर्ण विश्वास है कि यही सुचारु रूप से प्रबंधन और संचालन करेगा। उसी को बुलाकर मैं उसे तुम्हारे साथ भेजूँगा। वह तुम्हारे लिए सुंदर स्थान देखकर सुसज्जित पर्ण कुटीर निर्माण कर देगा और पुनः आश्रम आ जाएगा।''

मातंग ऋषि के मुख से निकले वचनों को शबरी मानो कानों में प्राण लिये श्रवण कर रही थीं। मातंग ऋषि के शुद्ध अंत:करण में अपने विषय में इतना व्यापक और गहन विचार है, यह सोचकर शबरी के मन में मातंग ऋषि के प्रति कृतज्ञता के भाव जाग्रत् हो गए। उसी भाव से शबरी मातंग ऋषि की बातों पर विचार करने लगीं। मातंग ऋषि की महत्ता, उन्हें अधिकाधिक महसूस होने लगी। मातंग ऋषि के माहात्म्य और कृतज्ञता के भाव से भरी शबरी मातंग ऋषि से कहने लगीं, ''हे गुरुवर, आप ही की कृपा से आज जो मैं धन्यता का थोड़ा-बहुत अनुभव कर रही हूँ, वह आप ही की महानता है। मुझ जैसी गरीब, अज्ञानी और एक स्त्री को आपने जीव मानकर अपने सान्निध्य में रखा और सदा आपका ही एक अंश और अंग माना। यह अनुभव आपने लिया, इसीलिए मैंने भी आपके करीब रहकर उस अनुभव को थोड़ा बहुत महसूस किया। मुझे मालूम ही नहीं पड़ा कि मैं कब अपनी न रहकर, आपकी हो गई। पर यह सब आपकी ही कृपा का फल है। आपने सदा मुझे अपने हृदय में रखा, जिससे मेरे हृदय में भी आपकी ही मूर्ति स्थापित हो गई। मेरे जीवन और इस मानवी देह के सार्थक होने के पश्चात् अब और जीवन जीने का क्या अर्थ रह गया है? और किसके लिए? ऐसे निर्हेतुक जीवन जीने से अच्छा होगा कि मैं तृप्त भाव से अपना जीवन समाप्त

कर लूँ। जिस जगत् में आप प्रत्यक्ष देह रूप में नहीं, उस जगत् में जीना मेरे लिए निरर्थक है।''

शबरी के उत्कट प्रेम-भाव के बोल सुन मातंग ऋषि सत्य से आलोकित व्यापक ज्ञान प्रकट करने लगे, ''हे शबरी, इस जग का निर्माण और अस्तित्व दोनों नारायण के संकल्प और सामर्थ्य के कारण हैं। इसीलिए निर्हेतुक और निरर्थक हो नहीं सकता। हमें केवल इसका कारण और हेतु सच्चे अर्थों में मालूम होना चाहिए। जिसके लिए पहले हमें अपनी मानवी देह का हेतु मालूम कर उसका अनुभव लेना चाहिए। अनुभव लेने के पश्चात् मानवी देह को सार्थक कर जीवन जीना शेष रह जाता है। यह जीवन हमारे अंतस के ईश्वरीय अनुभव तथा जग रूप में प्रकट परमेश्वर के नानाविध रूप के आनंद लेने के लिए शेष रह जाता है। ईश्वर की नियति के अनुसार यह देह, जग और सारी सृष्टि का अस्तित्व एक दिन समाप्त होने वाला है। जिसके लिए किसी को कुछ करना नहीं है और कोई कुछ कर भी नहीं सकता। परंतु जब तक हमारा अलग अस्तित्व है, तब तक ईश्वर की लीला का आनंद लेना ही हमारा तथा जग का एकमेव हेतु है। यही जीवन जीने की प्रेरणा है, यही जीवन जीने का सच्चा कारण है तथा इसी में जीवन का आनंद है।

''ऐसी ही ईश्वर की लीला मानव रूप में प्रकट होती है। मानवी रूप में ईश्वर का दिव्य रूप, दैवीय गुण और पराक्रमी जीवन प्रकट होता है। अनेक अंगों और रंगों द्वारा प्रकट होने वाला सुंदर और रमणीय चरित्र अत्यंत आकर्षक और विलोभनीय होता है। इसी को ईश्वर का अवतार रूप कहते हैं। सामान्य से सामान्य जन को भी उसकी अवस्थानुसार अपने निकट लेकर, ईश्वरीय अनुभव की सर्वश्रेष्ठ अवस्था तक ले जानेवाला मार्ग दिखाकर, उसका अनुभव करा देने का अलौकिक कार्य भी अवतारी पुरुषों द्वारा सहज ही होता है।

''ऐसे अवतारी महात्मा ईश्वर की सुंदर और अद्भुत लीला हैं। इनका ईश्वरीय रूप देखना, उनके प्रत्यक्ष सान्निध्य में रहना तथा ईश्वरीय प्रेम का आनंद लेना, अत्यंत भाग्य और आनंद की बात है। मुझे तुम्हें यह बताते हुए प्रसन्नता हो रही है कि ईश्वर का यह अवतार श्रीराम के रूप में प्रकट हुआ

है। सद्‌गुरु की शरण में जाकर, आत्मधर्म का ज्ञान प्राप्त कर, आत्मधर्म के अधिष्ठान पर स्वधर्माचरण का पालन करने हेतु, वे अपनी पत्नी सीता तथा बंधु लक्ष्मण के साथ वनवास में आए हैं। उनकी पत्नी सीता का रावण ने हरण कर लिया है, जिसे खोजते हुए वे इसी दिशा से गुजरने वाले हैं। वे एक दिन निश्चित ही तुम्हारी पर्णकुटिया में आएँगे। यह ईश्वरीय संकेत है। अत्यंत सौभाग्य से तुम्हें यह सुअवसर प्राप्त होने वाला है। तब तक तुम अपने ईश्वर की भक्ति उनके प्रेम से करती रहो। तुम्हारा संपूर्ण अस्तित्व ही फलरूप हो जाएगा और जब तुम यह फल राम को अर्पित करोगी तो तुम्हारा जीवन सच्चे अर्थों में कृतार्थ और परिपूर्ण हो जाएगा।

"परब्रह्मस्वरूप राम की भेंट ही तुम्हारे अगले जीवन का लक्ष्य होगा। उसी लगन से तुम्हें जीवन जीना है तथा उनकी भेंट से तुम्हारा जीवन यथार्थ हो जाएगा।"

"मातंग ऋषि के निस्संदिग्ध और निश्चयात्मक वचन सुन शबरी अत्यंत प्रभावित हुई। यह जानकर उन्हें अत्यधिक प्रसन्नता हो रही थी कि मातंग ऋषि उनके विषय में कितना व्यापक और गहन विचार करते हैं। शबरी ने मन-ही-मन निश्चय कर लिया कि मातंग ऋषि के संकल्पानुसार ही वह जीवन जिएगी। शबरी की श्रद्धा और निश्चय देख मातंग ऋषि बहुत संतुष्ट थे। उन्होंने तत्क्षण अपने प्रिय शिष्य आनंदमल को बुलवाया तथा शबरी के प्रति लिये गए अपने निर्णय को समझाते हुए शीघ्र ही कार्य संपन्न करने के लिए कहा। मातंग ऋषि द्वारा लिये गए इस निर्णय को सुन आनंदमल एकदम आश्चर्यचकित रह गया। यह जानते हुए कि उनका निर्णय अत्यंत योग्य ही होगा, वह शुभ कार्य को पूर्ण रूप देने में लग गया।

"आश्रम से निकलने से पहले शबरी ने अत्यंत प्रेम और भक्तिभाव से मातंग ऋषि का पूजन किया तथा चरणों पर मस्तक टेका। मातंग ऋषि ने प्रेम से शबरी को उठाकर अपने पास बैठाया और मस्तक पर हाथ रख आशीर्वाद दिया। मातंग ऋषि का भी अंतःकरण भर आया और नेत्रों से अश्रु बहने लगे। मिलन के इस आनंद में, दोनों एकरूप हो गए थे। इस मिलन-वेला को देख आनंदमल का अंतःकरण भी भावपूर्ण हो गया।

''शबरी ने बहुत प्रेम से सभी आश्रमवासियों के प्रति अपनी कृतज्ञता व्यक्त की और उनका संदेश लिया। यह प्रसंग इतना अचानक और अकल्पित घटित हुआ कि किसी को आश्चर्य के लिए स्थान ही नहीं रहा। शबरी मात्र शांत मन और चित्त से आगे बढ़ती रहीं। उन्होंने केवल एक बार पीछे मुड़कर देखा था। परंतु उन्हें वहाँ मातंग ऋषि की मूर्ति दिखाई नहीं दी। इसके पश्चात् पीछे मुड़कर न देख वे मार्ग में तेजी से आगे चलती रहीं। उनके अंत:करण में विरह अथवा वियोग का दु:ख नहीं, बल्कि मातंग ऋषि से हृदय-मिलन का अनुभव ही पूर्ण रूप से व्याप्त था। अब उनमें परमेश्वर के रामरूप के मिलन तथा उनकी लीला देखने की लगन लग गई थी''

शबरी की भावपूर्ण कथा श्रवण कर रहीं लक्ष्मी की अवस्था भी भावपूर्ण हो गई थी। उसी स्थिति में वे नारद से कहने लगीं, ''हे नारद, शबरी सचमुच धन्य है। एक सामान्य जीव और वह भी स्त्री होकर ईश्वरीय अनुभव की सर्वश्रेष्ठ अवस्था उन्होंने प्राप्त कर ली। वे प्रशंसनीय तो हैं ही, पर सामान्य व्यक्तियों के लिए भक्ति-मार्ग की पथ-प्रदर्शक, आदर्श और प्रेरणास्रोत भी हैं। सबसे बड़ी बात यह है कि मुझे उनसे प्रेरणा मिल रही है। नारायण के भक्तों के भक्तिभाव की कथा श्रवण करते हुए नारायण का प्रेम और माहात्म्य मेरे अंतस में भर गया है। अब जब यह प्रेम नारायण को अर्पित होगा, तब ही मैं नारायण के अंत:करण से सच्चे अर्थों में एकरूप हो पाऊँगी। इस हेतु मुझे शबरी जैसे भक्तों के भक्तिभाव की कथा का सविस्तार वर्णन कर सुनाइए, यही मेरी आपसे करबद्ध प्रार्थना है।

''शबरी का मातंग ऋषि के आश्रम से विदा लेने का प्रसंग अत्यंत हृदयंगम है। इस प्रसंग में मुझे शबरी की अवस्था मातंग ऋषि की अवस्था से अधिक भावपूर्ण लग रही है। मातंग ऋषि के दर्शन लेकर जब शबरी आश्रम से जा रही थीं, तब उन्होंने पीछे मुड़कर देखा था, ताकि वे उनके पुन: दर्शन ले सकें। किंतु मातंग ऋषि वहाँ उपस्थित नहीं थे। इसका कारण मुझे समझ में नहीं आ रहा है। उनमें भावुकता नहीं थी, यह तो मैं नहीं कह सकती पर शबरी के आश्रम से जाने तक वे वहाँ खड़े रह सकते थे। यह प्रश्न छोटा है, पर मेरे मन को विचलित कर रहा है। शबरी के अग्रिम जीवन के विषय में

भी और अधिक जानने की मेरी उत्सुकता बढ़ती जा रही है। मातंग ऋषि के बिना शबरी अकेली कैसे रह सकीं? शबरी और राम की प्रत्यक्ष भेंट किस प्रकार हुई? उस भेंट के पश्चात् शबरी की अवस्था में क्या परिवर्तन आया? यह सब मुझे सविस्तार सुनाएँ।''

लक्ष्मी की आतुरता और भाव देख नारद अति आनंदित हुए। भक्तिभाव पूर्ण कथा गायन के लिए सदा आतुर नारद के मुख से आनंद शब्दरूप में प्रवाहित होने लगा। नारद कहने लगे, ''हे लक्ष्मी, सगुण कथा के माध्यम से नारायण के सगुण प्रेम और भक्ति की महिमा तुम जानने लगीं और उसी की लगन तुम्हें लग गई, इस बात से मैं अति प्रसन्न हूँ। इस प्रेम में किसी भी तरह की कमी नहीं रहती और इस भक्ति में कोई विभक्तता नहीं रहती। तुम्हारे मन में आया छोटा सा प्रश्न भी पूरी तरह सुलझ जाए तथा मन स्वच्छ और निर्मल होकर पुनः सगुण प्रेम से भर उत्कट भक्तिभाव से युक्त हो जाए, इस हेतु मैं मातंग ऋषि के अंतःकरण की परिपूर्ण अवस्था का रहस्य तुम्हें बताता हूँ। ईश्वरीय अनुभव की अवस्था संपूर्ण और समभावी होने के कारण उसमें किसी भी तरह की अपूर्णता नहीं रहती। यह अवस्था संतृप्त होती है। इसीलिए पूर्णता महसूस करने के लिए किसी भी बाह्य कारणों की आवश्यकता नहीं रहती। इस परिपूर्ण अवस्था में कोई भी कृति सहज और उत्स्फूर्त रूप से होती है तथा उस कृति द्वारा होने वाला अनुभव और अंतःकरण में निर्माण हुए भाव का पुनः अंतःकरण में सहजता से विलय हो जाता है। अंतःकरण की ऐसी परिपूर्ण अवस्था में नित्य रमने वाले मातंग ऋषि को अंतःकरण की परिपूर्णता और भावपूर्णता अनुभव करने के लिए किसी भी बाहरी कृति की आवश्यकता नहीं थी।

''जिस तरह एक पेड़ पर लगा फल पक जाने पर सहज ही पेड़ से अलग हो जाता है, पर पेड़ उसी अवस्था में स्थिर रहता है। उसी तरह मातंग ऋषि ने अपने अनुभव विश्व में शबरी को स्थान दिया था। अब शबरी उनके अनुभव विश्व से बाहर जा रही थी, फिर भी वे अपने आप में सहज और स्थिर थे। शबरी विदा लेकर आश्रम से जब बाहर जा रही थीं, तब मातंग ऋषि वहाँ खड़े नहीं थे। उनके वहाँ खड़े रहने अथवा खड़े न रहने से, उनके

अंत:करण की अनुभव अवस्था तथा शबरी द्वारा अपने उत्कट भक्तिभाव से उनके अंत:करण में बनाए स्थान में कोई अंतर नहीं आया। मातंग ऋषि के अंत:करण से शबरी एकरूप हो चुकी थीं तथा शबरी के भाव से मातंग ऋषि शबरी के अंत:करण से एकरूप हो गए थे। परिपूर्ण अनुभव की अवस्था भावपूर्ण होती है। वहाँ कोई भी कृति उत्स्फूर्त और सहज होती है। यह सच है कि भावावस्था बाह्य कृति से ही महसूस होती है। लेकिन बाह्य कृति में स्थल, काल और परिस्थिति की मर्यादा रहती है। भाव से की गई कृति से कभी पूरा समाधान नहीं होता। पर पूर्ण समाधान से की गई कृति सहज और मर्यादा में होती है। अत: शबरी यदि मातंग ऋषि को पुन:-पुन: वंदन कर उनका संदेश लेती, तब भी शबरी को यह शोभायमान दिखाई देता, पर उन्हें पूर्ण समाधान नहीं मिलता। वहीं मातंग ऋषि की अवस्था पूर्ण समाधान की अवस्था थी, इसीलिए उनकी बाह्यकृति सहज और मर्यादित थी। शबरी को आश्रम से विदा करते हुए वे वहाँ अधिक समय रुके नहीं, जो उनकी सहज कृति ही थी। मातंग ऋषि के अंत:करण की अवस्था को शबरी जानती थीं, क्योंकि शबरी ने ऋषि की इस अवस्था का कई बार अनुभव लिया था। उनके सान्निध्य में रहते हुए शबरी को विश्वास हो गया था कि मातंग ऋषि के अंत:करण में उनके लिए स्थान है। शबरी के अंत:करण में मातंग ऋषि का स्थान है, इसका अनुभव लेने के लिए उसी विश्वास और श्रद्धा के साथ वे ऋषि द्वारा दिखाए गए मार्ग का अनुसरण कर रही थीं।

समय आगे-आगे बढ़ता जाता है। जीवन भी आगे बढ़ता है। परंतु महात्मा द्वारा दिखाए गए सत्यमार्ग पर जो चलता है, उसी का जीवन सच्चे अर्थों में धन्य होता है तथा वे ही काल को हराते हैं। ऐसे श्रेष्ठ मार्ग पर अब शबरी को चलना था। ऐसा प्रतीत हो रहा था कि जैसे मातंग ऋषि की शबरी पीछे आश्रम में रह गईं तथा शबरी के मातंग ऋषि शबरी के अंत:करण में वास करते हुए आगे निकल गए। कहाँ? जहाँ नारायण रामरूप में प्रगट हुए हैं। मातंग ऋषि की सदेच्छा थी कि वे राम के सुंदर सगुण रूप के दर्शन करें, उन्हें नेत्र भरकर देखें, उनके प्रेमल स्पर्श का अनुभव लें, उन्हें प्रेमभाव अर्पण करें और एकरूपता का भक्तिभाव तथा भक्तिभाव की एकरूपता का आनंद

लूटें। उनकी यह मंशा, अब शबरी के रूप में पूर्ण होने वाली थी। यही भाव अब शबरी का हो गया था। उन्हें यही लगन लग गई थी। ईश्वरीय स्वरूप का अनुभव लेने के पश्चात् भी, ईश्वर की सगुण लीला का आनंद लेने की अभिलाषा महात्माओं में होती है। परंतु काल और देह की मर्यादा होती है। इसीलिए वे अपनी लगन अपने सद्भक्तों को लगा देते हैं और उनके माध्यम से उसकी पूर्ति करते हैं। यह बात जब सद्भक्त जान लेते हैं तो उन्हें भी उस शाश्वत प्रेम की स्वानंदानुभूति लेने की लगन लग जाती है। वे भी ईश्वर की सगुण प्रेमलीला का अनुभव लेने के लिए आतुर और तत्पर हो जाते हैं। ऐसी ही स्थिति शबरी की थी।

"आनंदमल ने भी योग्य स्थान देखकर सर्वसुविधायुक्त पर्णकुटी बना दी तथा शबरी का संदेश ले आश्रम वापस लौट आया। आनंदमल ने मातंग ऋषि को सारा वृत्तांत और शबरी का कुशलक्षेम सुनाया। सबकुछ सुनकर भी मातंग ऋषि शांत ही थे। उन्होंने स्वयं शबरी के विषय में कुछ नहीं पूछा। मातंग ऋषि की इस सहजावस्था को देख आनंदमल विस्मयचकित रह गया। परंतु इस गूढ़ रहस्य को जानने की उसकी हिम्मत नहीं हुई। इसका कारण था भक्तिभाव की कमी। इसलिए वह चुप रहा।

समय के साथ-साथ एक दिन मातंग ऋषि ने अपनी देहत्याग दी। उनके प्राण पंचतत्त्व में विलीन हो गए। उनका आत्मस्वरूप नारायण के व्यापक स्वरूप से एकरूप हो गया। आनंदमल इस अनपेक्षित घटना से बहुत दुःखी थे। उसे कुछ नहीं सूझ रहा था कि व क्या करे और क्या नहीं। उस समय उसे तीव्रता से शबरी का स्मरण होने लगा। शबरी और मातंग ऋषि के भक्तिभाव पूर्ण संबंधों को आनंदमल जानता था। शबरी के लिए उसके मन में बहुत आदर था। मातंग ऋषि के देह त्यागने की बात बताना उसे अत्यंत आवश्यक लग रहा था और वह शबरी की कुटिया पर पहुँच गया। शबरी को देखते ही उसकी आँखों से अश्रु बहने लगे, पर मुख से एक भी शब्द नहीं निकल रहा था। शबरी ने उसे सांत्वना दी और थोड़ी देर उसी अवस्था में बैठे रहने दिया। कुछ देर बाद जब आनंदमल थोड़ा शांत हुआ, तब प्रयत्नपूर्वक कहने लगा—

"हे शबरी, अब हम पर दु:ख का साया छा गया है। हमारे सद्गुरु स्वेच्छा से देह त्यागकर परमेश्वर के व्यापक स्वरूप में विलीन हो गए। अब हमें किससे मार्गदर्शन और प्रेम मिलेगा? हम अनाथ हो गए। ऐसा जीवन निरर्थक है। उनका निर्वाण भी इतना अनपेक्षित था कि मैं समझ नहीं पाया कि क्या करूँ? देहत्याग से पूर्व उन्होंने मुझसे कुछ नहीं कहा। उनके निर्वाण के पश्चात् मुझे क्या करना चाहिए, इस बारे में भी कुछ नहीं बताया। सबसे अधिक आश्चर्य की बात यह है कि उन्होंने तुम्हें स्मरण भी नहीं किया। उनके जाने के पश्चात् आश्रम में एक तरह की उदासी और निराशा छा गई है। अब मेरे पास इसका एक ही उपाय है कि आप उस आश्रम में वापस आ जाएँ तथा हम सभी का मार्गदर्शन करें। मातंग ऋषि और आपके भक्तिभाव पूर्ण संबंध को हम सभी जानते हैं। उनके अंत:करण को केवल आप ही भलीभाँति जानती थीं। इसीलिए अब आप ही हमारा मार्गदर्शन करें, ताकि हम अपना हित साध सकें।"

आनंदमल के भावपूर्ण वचन सुन शबरी स्तब्ध रह गईं। उनके प्राणों से अधिक प्रिय मातंग ऋषि के निर्वाण की बात सुन शबरी के नेत्रों से अश्रुधारा बहने लगी। मातंग ऋषि के महात्म्य, प्रेम और भक्तिभाव से नित्य भरे उनके अंत:करण की भावपूर्णता रग-रग में प्रवाहित हो रही थी। पर तत्क्षण उन्होंने अपने आपको सँभाला तथा हृदय में नित्य महसूस होने वाले मातंग ऋषि के सगुण रूप का ध्यान किया। वे तुरंत उनसे एकरूप हो गईं। प्रसन्नता, निर्भयता और निश्चयात्मकता के भाव के साथ उनका मुख तेजस्विता से खिल उठा। उसी भाव से युक्त शबरी ने अपने नेत्र खोले और आनंदमल की ओर स्नेहमयी दृष्टि डालते हुए कहने लगीं—

"हे आनंदमल, आप मातंग ऋषि के सत्शिष्य हो, इसीलिए मेरे बंधु समान हो। मातंग ऋषि का निर्वाण हम सभी के लिए अत्यंत दु:खद प्रसंग है। उनके प्रत्यक्ष अस्तित्व की पूर्ति किसी भी तरह संभव नहीं है। पर यह कहना कि हम अनाथ हो गए हैं, योग्य नहीं है। क्योंकि सद्गुरु अपने सत्शिष्य को कभी अनाथ नहीं रखते। उनके सत्शिष्य सदैव सनाथ और सबल होते हैं। उनके जीवन-चरित्र का आदर्श हमारे सामने है। ऐसे जीवन का मार्ग भी हमें

उन्होंने ही बताया और दिखाया है। अपने हृदय में स्थित ईश्वर की पहचान उन्होंने हमें करा दी है तथा उसी अहसास में रहने की लगन हमें लगा दी है। अनुभव की यह अवस्था कैसी होती है, यह भी भाग्य से उनके चरणों में रहते हुए हमने महसूस की है। इसीलिए उनकी सगुणमूर्ति का स्मरण करते हुए तथा उनके द्वारा दिए बोध को जाग्रत् रख, हमें अपने हृदय के ईश्वर के अस्तित्व का अनुभव लेना चाहिए। इस हेतु उन्होंने जो नित्यक्रम हमें बताया है, उसी का अनुसरण करना चाहिए तथा अनुभव के साथ-साथ भाव में जो अंतर आता है, उसे सहेजते हुए स्वानुभव की अवस्था तक पहुँचना चाहिए। इसकी प्रेरणा और इस अवस्था को प्राप्त करने का धैर्यबल उन्होंने हमें पहले ही दे दिया है। इसी अनुभव की प्राप्ति में हमारे जीवन की सार्थकता है।

मातंग ऋषि की हम पर विशेष कृपा थी, वे सदैव हमें अपने अंतस के करीब देखते थे। हम उन्हें यथार्थ रूप से नहीं जानते थे, पर वे हमें पूर्णतः जान, हमारा मार्गदर्शन करते थे। उनके निर्वाण के पश्चात् मुझे उस आश्रम में नहीं रहना चाहिए, यही उनकी इच्छा थी। इसीलिए उनकी बात को प्रमाण मान मेरा यहाँ रहना ही उचित होगा। मैं किसी भी परिस्थिति में आश्रम वापस नहीं जा सकती और यह आवश्यक भी नहीं है। उनके पश्चात् आश्रम की सारी व्यवस्था आपको ही देखनी होगी। यही उनकी इच्छा थी और उन्होंने इसके बारे में आपको कई बार प्रत्यक्ष तथा अप्रत्यक्ष रूप से इंगित भी किया था। आप उनके अत्यंत प्रिय शिष्य हो। आपके मन में उनके प्रति जो प्रेम और श्रद्धा है, उसे वे जानते थे तथा उस बात से उन्हें प्रसन्नता भी होती थी। इसीलिए अन्य शिष्यों की तरह साधन के अतिरिक्त उनके द्वारा दिए गए बोध का मनन-चिंतन कर सबके समक्ष प्रकट करने का अवसर भी उन्होंने आपको दिया था। उसी का फल अब आपको मिलेगा और आप आत्मकल्याण के पथ पर आगे बढ़ते जाओगे। आपके हृदय में बसी मातंग ऋषि की प्रेममूर्ति एक दिन सदा-सदा के लिए आपके अंतःकरण में स्थापित हो जाएगी। उनके आत्मस्वरूप का अनुभव, आपका अनुभव हो आपके संपूर्ण भाव विश्व में समा जाएगा। तब आप अपने सद्गुरु के माहात्म्य को सच्चे अर्थों में जानकर धन्य हो जाओगे। आपको इस बात से दुःखी नहीं

होना चाहिए कि मातंग ऋषि ने आखिरी क्षण में आपसे कुछ नहीं कहा। उन्होंने पूरे जीवन में एक ही सत्य को बार-बार कहा और बताया, वह है 'ईश्वरीय अस्तित्व'। आत्मा के रूप में सर्वव्यापक ईश्वर प्रत्येक के हृदय में वास कर रहा है। इसी कारण हमारा अस्तित्व है। या कहें कि 'आत्मा ही हमारा असली अस्तित्व है।' आत्मस्वरूप को अनुभव करने के लिए उन्होंने कृपालु हो साधन भी दिए हैं। उनकी एकमात्र यही इच्छा थी कि हमें उनके जैसा ही अनुभव हो। इस हेतु उन्होंने हमें पहले ही आशीर्वाद दे दिया है। उनकी सदेच्छा को फलरूप करते हुए हमें प्रयत्नपूर्वक आत्मानुभव प्राप्त करना चाहिए।

''इस बात से मुझे थोड़ा भी आश्चर्य नहीं हो रहा है कि उन्होंने निर्वाण के समय मुझे याद नहीं किया। वे हमें व्यक्ति रूप में देखते ही नहीं थे। वे हमें जिस भाव से देखते थे, उस भाव से नित्य ही हमसे एकरूप रहते थे। उनकी यह अवस्था स्मरण और विस्मरण से परे थी। जहाँ विभक्तता संभव ही नहीं है। जब वे देहभान में रहते थे, तब सब उनके और वे सभी के होते थे। पर जब वे केवल आत्मभाव में रहते थे, तब न वे किसी के और न कोई उनका होता था। हर जगह उन्हें एक ही ईश्वरीय स्वरूप का अनुभव होता था। इसी भाव से जब हम उनसे एकरूप होते हैं, तब हमें इस बात का कभी दु:ख नहीं होता कि उन्होंने हमें याद नहीं किया, बल्कि उनके माहात्म्य को और अधिक जानने का अवसर प्राप्त होता है। अत: आप शीघ्र ही आश्रम जाएँ और मातंग ऋषि द्वारा बताए हुए मार्ग पर चलकर उनके दिए साधनों का प्रयोग, प्रेम, नियम और श्रद्धा से करते रहें। अपने साथ अन्य आश्रमवासियों को भी यही मार्ग दिखाएँ। हो सकता है कि सभी को यह बदलाव पसंद न आए। उनमें से कोई भावुक, अश्रद्धा के कारण आपके साथ न रहे, तब भी उनपर क्रोधित हुए बिना जो आपका साथ दे रहे हैं, उन्हें साथ लेकर जीवन, सामर्थ्य और आनंद से जीना है। मैं भी मातंग ऋषि के मार्गदर्शनानुसार उनके प्रेम से, उनके प्रेम की खातिर तथा उनके द्वारा मेरे अंतस में जगाई गई राम-प्रेम की भेंट की पूर्ति के लिए जीती रहूँगी। अत: आप फिक्र न करें, आप केवल अपना ध्यान रखें। मैं भी अपना ध्यान रखूँगी तथा हम सबका

ध्यान परमात्मा रखेंगे, जिनमें हमारे मातंग ऋषि विलीन हो गए हैं। वही सर्व सत्ताधीश, सर्वव्यापक तथा समर्थ हैं।''

''शबरी के मुख से समर्थ वाणी के रूप में प्रकट होने वाले निश्चयात्मक वचनों को सुन आनंदमल के अंदर पुनः शक्ति निर्माण हो गई। उनके मन-मस्तिष्क पर छाए संभ्रम और अनिश्चितता के बादल छँट गए तथा वे मातंग ऋषि के प्रेम और माहात्म्य से युक्त हो गए। उस प्रकाश में उन्हें अपने जीवन का अग्रिम मार्ग स्पष्ट दिखाई देने लगा। मार्ग का अवलंबन करने हेतु उन्हें धैर्य प्राप्त हो गया और वैसा ही उनका निश्चय भी हो गया। आनंदमल ने अत्यंत प्रेम और आदर से दोनों कर जोड़ शबरी का अभिवादन किया तथा मातंग ऋषि द्वारा अत्यंत प्रेम एवं विश्वास से सौंपे आश्रम की ओर चल पड़े, जो अब आनंदमल का हो गया था। अब आश्रम ही उनके लिए साधन, ध्येय और जीवन हो गया था।''

नारद के मुख से शबरी की भावपूर्ण कथा श्रवण कर रहीं लक्ष्मी तल्लीन हो गई थीं। शेष भी अपना देहभान खो चुके थे। इसीलिए नारद थोड़ी देर शांत बैठे रहे। परंतु जब लक्ष्मी को ध्यान आया तो वे सँभल गईं और नारद से कहने लगीं, ''हे नारद, आप सचमुच धन्य हैं! शबरी की कथा का आप इस प्रकार वर्णन कर रहे हैं, जैसे वह अभी-अभी घटित हुई हो और हम भी उसमें एकदम समाहित हो गए। परंतु यह सब आपके अंतःकरण की स्वानुभवावस्था के कारण ही संभव है। आप सदैव नारायण के अस्तित्व के अनुभव में पूर्णतः रँगे रहते हैं, इसीलिए आप व्यक्तिरेखा का इतना भावपूर्ण वर्णन कर पाते हैं।

आपके द्वारा वर्णन किए गए अनेक प्रसंगों, व्यक्तिरेखा और भाव को जब हम जान पाएँगे, तभी आपके अंतःकरण के नारायण के अस्तित्व को हम जान सकेंगे। नारायण का अनुभव प्राप्त करने की लगन हमें लग सकेगी और निश्चित तौर पर हम एक दिन उस अनुभव को प्राप्त कर सकेंगे। सगुण प्रेम की माधुरी और स्वानुभव की गहनता आपके अंतःकरण में ही है, जो वर्णन के दौरान शब्दों द्वारा प्रगट होती है। शबरी की निसंदिग्धता, निश्चयात्मकता और निर्भयता अवर्णनीय है। स्त्रीभाव और जीवभाव का पूर्ण

लोप हो, केवल सद्‌गुरु के प्रेम और भक्तिभाव से पूर्ण भरे रहने के ही ये लक्षण हैं। प्रेम–भक्तिभाव से युक्त शबरी ने मातंग ऋषि द्वारा दिए ज्ञान को जिस प्रकार अनुभव किया तथा राम से प्रत्यक्ष भेंट में किस तरह आनंद प्रकट हुआ, यह सब विस्तारपूर्वक श्रवण करने हेतु मैं अत्यंत आतुर हो रही हूँ। मैं यह भी जानती हूँ कि कथा वर्णन के लिए आप भी उतने ही आतुर हैं। इसीलिए कृपा कर अपनी आत्ममधुरित आतुरता की पूर्ति कीजिए।''

लक्ष्मी की विनती से जो प्रेमभाव प्रकट हो रहा था, उसे महसूस कर नारद भी अति आनंदित हो रहे थे। वे जान गए कि यह सब नारायण की सगुण कथा श्रवण का ही परिणाम है, इसीलिए वे एकदम संतुष्ट थे। यही कारण था कि वे शबरी की कथा के अग्रिम भाग का वर्णन करने के लिए आतुर हो रहे थे। नारद कहने लगे, ''हे लक्ष्मी, तुम 'सौभाग्यवती' तो हो ही, पर तुम्हारे अंदर जिस तरह सगुण प्रेमभाव बढ़ता जा रहा है, उससे तुम नारायण की कृपा की अधिकाधिक पात्र होती जा रही हो। इसी बात से मैं अत्यंत प्रसन्न हूँ। तुम ही मेरे अंतःकरण और मुख से प्रकट होने वाली नारायण की सगुण प्रेमकथा का श्रवण करने की पात्र हो। कथा श्रवण करने के पश्चात् तुम्हारे अंतस में, आनंद शेष रहता है तथा कथा के रहस्य को जानने के लिए तुम सदैव उत्सुक रहती हो।

''तुम्हें समाधान होता है कि तुम कुछ समझ रही हो, साथ ही तुम असमाधानी की दशा में भी रहती हो कि तुम्हें सबकुछ पूर्णतः समझ में नहीं आया है। तुम्हारे समाधान की असमाधानता ही तुम्हें और अधिक समझने तथा मुझे और अधिक विस्तार से समझाने की प्रेरणा देती है। आनंदमल के आश्रम जाने के पश्चात् पर्णकुटी में शबरी अकेली रह गईं। उनके पास बची थी तो केवल उनके अंतःकरण में उनके सद्‌गुरुनाथ की पूर्ण रूप से विराजमान मूर्ति। इसी एक अहसास के साथ वे वहाँ रहती थीं। आश्रम में रहते हुए मातंग ऋषि की प्रेमल मूर्ति के साथ बिताए प्रसंग और उनके ईश्वरीय प्रेम की स्मृति नित्य शबरी के अंतःकरण में उभरती रहती थी। अब बाह्यद्वैत भी नहीं रहा। सारी स्मृति की पूर्ति हो, केवल मातंग ऋषि के ईश्वरीय अनुभव की अनुभूति, शबरी के अंतःकरण में स्फुरित होने लगी।

अंतःकरण की उस अवस्था में मातंग ऋषि की प्रेरणा से उन्हें अब राम भेंट की लगन लग गई। मातंग ऋषि ने शबरी को बताया था कि नारायण ही विशेष अवतार लेकर मानव देह में अवतरित हुए हैं। शबरी के अंतःकरण में केवल एक ही लगन थी कि सर्वांग और सर्वभाव में प्रकट होने वाले आत्मस्वरूपी राम के सुंदर रूप का दर्शन करना। मातंग ऋषि के सान्निध्य में रहते हुए तथा उन्हीं की कृपा से मिले ईश्वरीय प्रेम का अनुभव उनकी रग-रग में दौड़ रहा था। ईश्वरीय प्रेम की अनुभूति के सिवा उनके अंतस में कुछ और नहीं था। नित्य क्रम से जीवन जीते हुए उस प्रेम का चिंतन सहज होता था तथा जिसके कारण उनमें ईश्वरीय प्रेम की जागृति सहज रहती थी। राम-मिलन की चाह में प्रेम अधिक उमड़ने लगा तथा प्रत्यक्ष अनुभव लेने के लिए प्रेरित होने लगा। अंतःकरण प्रेमस्वरूप हो गया। जैसे पेड़ पर लगे फल को रस मूल से ही प्राप्त होता है तथा जब फल पक जाता है तो वह रस से परिपूर्ण हो जाता है, पर बाह्य आवरण की मर्यादा के कारण रस बाहर नहीं आ पाता है। कुछ ऐसी ही अवस्था उस समय शबरी की हो गई थी।

"मातंग ऋषि की भक्ति का ऐसा सौभाग्य शबरी को मिला कि उनके अंतःकरण में ईश्वरीय प्रेम का मूल निर्माण हो गया। ईश्वरीय प्रेम सहज स्फुरित हो प्रकट होने के लिए आतुर रहने लगा। किंतु बाह्य परिस्थिति ऐसी नहीं थी कि इसका आनंद लिया जा सके। शबरी के अंतःकरण की स्थिति एक ऐसे पके हुए फल के समान हो गई थी, जिसको स्वयं अपने लिए कुछ नहीं चाहिए, पर अपना सबकुछ अर्पित-समर्पित करने के लिए वह तैयार है। यही उस प्रेमस्वरूप अंतःकरण की प्रेमदायी अवस्था थी तथा यही प्रेमभक्ति का फल। 'ईश्वरीय प्रेम' से 'ईश्वर के प्रेम के लिए' बस इसी भाव से वे जी रही थीं।

"बाह्य रूप से जीवन जीते हुए दिखाई देती थीं, परंतु उनके आंतरिक अनुभव के विश्व में बाह्य जगत् विलीन हो चुका था तथा केवल राम भेंट की प्रबल भावना उनमें शेष थी। इसी भाव से पर्णकुटी में रहती थीं कि प्रभु राम एक दिन अवश्य उनसे मिलने आएँगे। किंतु प्रभु राम किस दिन आएँगे, यह मालूम नहीं होने के कारण वे प्रत्येक दिन प्रभु राम के आने की तैयारी

करती थीं। प्रतिदिन प्रातःकाल शीघ्र उठ पर्णकुटी और उसके आसपास के स्थान की सफाई करना, शुद्ध एवं निर्मल जल भरकर रखना, उनके बैठने के लिए फूलों का आसन तैयार करना, उन्हें पहनाने के लिए सुगंधित पुष्पों की माला तैयार करना तथा प्रसाद के लिए ताजे, मीठे और पके हुए बेर तोड़कर उन्हें सहेजकर रखना। बस यही उनका नित्य क्रम बन गया था। राम-मिलन के लिए वे अत्यंत व्याकुल हो गई थीं तथा सगुण प्रेम से सगुण प्रेम के लिए व्याकुल होने का आनंददायी अनुभव ले रही थीं।

''एक ओर काल का तेज प्रवाह! क्षण-क्षण से मिलकर दिन, दिनों से मिलकर मास और मास से मिलकर बनने वाले वर्ष बीतते जा रहे थे। परंतु शबरी के लिए काल गणना जैसे थम गई थी। उनका जीवन और ईश्वरीय अनुभव काल गणना के परे था। पर एक दिन वह मंगलमयी सुनहरा दिन उदित हुआ। प्रतीक्षा के दिन पूर्ण हुए, वियोग दूर हो, मिलन की वेला आ गई। सभी में आत्मा के रूप में बसने वाले आत्माराम, सारे जीवों के जीवभाव के विश्राम, साक्षात् मानव रूपधारी परमेश्वर, 'प्रभुराम' के रूप में अपने प्रिय बंधु लक्ष्मण के साथ शबरी की कुटिया के पास पहुँच गए। नित्य की तरह शबरी प्रभु राम की प्रतीक्षा में खड़ी थीं। दोनों को देख, शबरी तुरंत समझ गईं कि ये ही नारायण के मानव रूप में अवतारी 'प्रभु राम' हैं।

''प्रभु को देखते ही शबरी ने उनके चरणों में अपना मस्तक टेक दिया और पुष्प चढ़ाकर चरण वंदन किया। थोड़े पुष्प शबरी ने लक्ष्मण के हाथों में दिए और उनका भी हाथ जोड़कर वंदन किया। उसी भावपूर्ण अवस्था में वे धीरे-धीरे और सँभलते हुए बोलने लगीं, ''हे राम, हे लक्ष्मण, आप दोनों को मातंग ऋषि की इस शिष्या का प्रेमपूर्वक वंदन। आप को देखते ही मैं पहचान गई। मातंग ऋषि ने आपके रूप और सौंदर्य का जो वर्णन किया था, उससे भी अधिक आप सौंदर्यवान हैं। आपके माहात्म्य की मैं नित्य अनुभूति लेती हूँ। आपकी प्रत्यक्ष-भेंट की जो लगन मुझे मातंग ऋषि ने लगा दी थी, उस मंगल और पवित्र क्षण की पूर्ति आज हुई है। इसी शुभ दिन की प्रतीक्षा में मैं इस कुटिया में अकेली रहते हुए प्रतिपल आपकी प्रतीक्षा में लीन रहती थी। आपके साथ आपके प्रिय बंधु लक्ष्मण हैं, जो हर पल प्रेमभाव से

आपकी सेवा करते हैं। मैं आप दोनों का मन:पूर्वक और प्रेमपूर्वक स्वागत करती हूँ। हे राम, आप लक्ष्मण के साथ मेरी कुटिया में पधारकर मेरे प्रेम और सेवा को स्वीकार करें, यही मेरी आपके चरणों में विनती है।''

''शबरी की बातें सुन लक्ष्मण को लग रहा था कि जैसे शबरी दोनों को पहले से ही जानती हैं। इसीलिए लक्ष्मण ने राम की ओर देखा। परंतु राम के मुख पर किसी भी प्रकार के आश्चर्य का भाव नहीं था। यह देख लक्ष्मण और अधिक चकित हो गए। शबरी की प्रेमपूर्ण विनती सुन राम का गंभीर मुख प्रसन्नता से खिल उठा तथा उन्होंने शबरी की कुटिया में प्रवेश किया। लक्ष्मण भी चकित मुद्रा में राम के पीछे-पीछे कुटिया में चले गए। शबरी ने दोनों को प्रेम और सम्मानपूर्वक फूलों से सुशोभित आसन पर बैठाया। सुंदर और सुगंधित फूलमाला पहनाकर प्रभु राम के चरणों में वंदन किया तथा लक्ष्मण को वंदन कर वे थोड़ी देर स्तब्ध हो गईं। उनका अंत:करण प्रभु राम के प्रेम और माहात्म्य से भर आया तथा आत्मप्रेमाभावित शब्दों से प्रकट होने लगा—

''हे राम, हे पुरुषोत्तम, मेरा आपको शत-शत वंदन! कितनी भी बार तुम्हारा वंदन करूँ तो भी मेरा समाधान नहीं होगा। कारण—मानव देह में अवतरित तुम्हारा सगुण सुंदर रूप सृष्टि में घटित होने वाला अभूतपूर्व चमत्कार है। तुम्हारे इस रूप का वर्णन करने में, मैं असमर्थ हूँ। परंतु स्वयं के स्वरूप को जानते हुए प्रकट होने वाला तुम्हारा सगुण रूप सामान्य से सामान्य व्यक्ति को भी आकर्षित कर लेता है। तुम्हारे इस सुंदर रूप, समर्थ जीवन तथा सर्वश्रेष्ठ चरित्र की ओर वे महात्मा भी आकर्षित हो जाते हैं, जो निर्गुण, निराकार परमात्वतत्त्व के ध्यान में समाधि लगाकर बैठे हैं और स्वानंद का अनुभव ले रहे हैं। वे भी तुम्हारे प्रत्यक्ष दर्शन, भेंट और सान्निध्य के लिए लालायित हैं। तुम्हारे सगुण प्रेम का सर्वांग रूप से सेवन कर, वे भी अपनी मानव देह को सार्थक करना चाहते हैं। यह मानवी देह शाश्वत नहीं है, तब भी निरुपयोगी भी नहीं है, क्योंकि इसकी निर्मिति भी नारायण के संकल्प से ही हुई है। इस मानवी देह का योग्य मूल्यांकन भी महात्मा ही कर सकते हैं, क्योंकि वे जानते हैं कि इसी देह के द्वारा आत्मा के रूप में अंशात्मक रूप से वास करनेवाले नारायण का अनुभव लिया जा सकता है।

तुम्हारे सगुण प्रेम से ही यह देह कृतार्थ होगी, इसी लगन से वे इसे जीते हैं तथा भक्ति हेतु अपने आपको समर्पित करते हैं।

"उनकी इस लगन की पूर्ति भी कृपावंत हो तुम ही करते हो, उनका पूर्ण जीवन ही नहीं, बल्कि उनके पूर्ण अस्तित्व को ही तुम धन्य कर सकते हो। ऐसी ही लगन मुझे मेरे सद्गुरु मातंग ऋषि की कृपा से लगी है। उन्होंने मुझे आत्मस्वरूप का ज्ञान दे, मेरे आत्मधर्म को जाग्रत् किया है। मेरी सेवा और प्रेमभाव को स्वीकार कर मेरे जीवभाव के अहंकार को पूरी तरह मिटाया है तथा मेरे अस्तित्व की सच्चाई से मेरी पहचान करा दी है। इससे भी कहीं अधिक उन्होंने मेरे अस्तित्व के विषय में निश्चय तथा आत्यंतिक प्रेम निर्माण कराया है। उनके निर्वाण के पश्चात् अपने अस्तित्व का अनुभव लेने की लगन मुझे लगी रहे और नित्य बनी रहे, इस हेतु उन्होंने तुम्हारी प्रत्यक्ष प्रेम-भेंट की लगन मुझे लगा दी। इस तरह अंतर्बाह्य लगन के कारण मेरी अवस्था प्रेमरस से पूर्णतः भरे एक फल के समान हो गई है। तुम्हारी प्रत्यक्ष भेंट से अंतस-बाह्यअंतस भी मिट गया है।

"अंतःकरण में आत्मा के रूप में बसने वाला आत्माराम और बाहर तुम्हारे रूप में दिखाई देनेवाले 'प्रभु राम' ये एकरूप ही हैं। जो अंदर है, वही बाहर दिखाई दे रहा है तथा बाहर दिखाई देनेवाला ही नित्य अंदर रहता है। बाहर जो दिखाई दे रहा है, वह मेरे अंदर से बाहर आया है और पुनः बाहर से अंदर जानेवाला है। हे प्रभु राम मैं आपके चरणों में विनती करती हूँ कि इस अंदर और बाहर के खेल को खत्म कर सदा-सदा के लिए मेरे अंतस में ही समा जाओ।

"हे पुरुषोत्तम, हे मेरे आत्माराम, सद्गुरु कृपा से फलरूप मेरे अस्तित्व को मैं तुम्हें समर्पित कर रही हूँ। इसे स्वीकार कर मेरे अस्तित्व को कृतार्थ करें, यही आपके चरणों में मेरी प्रार्थना है। मेरे सर्वसमर्पण भाव के प्रतीक ये मधुर रस से भरे बेर मैं आपको अर्पण कर रही हूँ। स्वयं वन में जाकर मैंने इन्हें एकत्र कर स्वच्छ जल से साफ किया है और एक-एक बेर को चखकर देखा है कि वे मधुर हैं या नहीं? तुम्हें अर्पण की गई प्रत्येक वस्तु तुम्हें प्रिय होती है। परंतु मेरा भाव यह है कि मेरे प्रेम के प्रतीक ये बेर भी उतने ही

मीठे होने चाहिए। मुझे दृढ विश्वास है कि मेरा भाव और कृति तुम्हें प्रिय और मान्य होगी।'' इतना कहने के पश्चात् शबरी के मुख से शब्द निकलना थोड़ी देर के लिए बंद हो गए। परंतु उनके प्रेम का प्रवाह अखंड था। उसी भावावेग में उन्होंने बेर से भरा पात्र राम के हाथों में दिया। राम ने शबरी के प्रेमभाव को अत्यंत प्रेम से स्वीकार किया और एक-एक बेर का रसास्वाद लेते हुए सेवन करने लगे। शबरी भी उनके चरणों के सम्मुख बैठ गईं और उनके कोमल चरणों को धीरे-धीरे दबाने लगीं। शबरी के भक्तिभाव से संतुष्ट प्रभु राम का मुख-कमल प्रसन्नता से खिल रहा था, जिसे देख शबरी अत्यंत आनंदित हो रही थीं। राम ने अपने हाथ से एक बेर शबरी के हाथ में रखा। जिसे शबरी ने प्रसाद समझकर सेवन किया। उसका स्वाद केवल मधुर ही नहीं, विलक्षण था, जिसकी अनुभूति शबरी को हो रही थी और वे अति आनंदित हो रही थीं।

''राम और शबरी के बीच घटित इस प्रसंग को लक्ष्मण केवल उदासीन दृष्टि से देख रहे थे। शुरू में प्रशंसित नजरों से देखने वाले लक्ष्मण राम और शबरी के प्रेम-भाव को शंकित नजरों से देखने लगे। उनके मन की बेचैनी बढ़ती जा रही थी। राम ने शबरी के झूठे बेर खाए, यह देखकर लक्ष्मण विचलित हो गए। उनके चेहरे के भाव साफ दिखाई दे रहे थे। काफी प्रयत्नों के पश्चात् भी वे अपने भाव को छिपाने में असफल रहे। उनका चेहरा लाल और आँखें खुली की खुली रह गईं। लक्ष्मण की स्थिति को राम समझ गए थे। पर इस संबंध में लक्ष्मण से कुछ भी कहे बिना उन्होंने लक्ष्मण से केवल इतना कहा, ''हे लक्ष्मण, शबरी के दिए बेर बहुत स्वादिष्ट और मधुर हैं। अयोध्या में रहकर भी मैंने कभी इतने स्वादिष्ट रस का सेवन नहीं किया और न ही वनवास में रहते हुए किसी कंद-मूल अथवा फल का रस इतना स्वादिष्ट लगा। पर शबरी द्वारा अर्पण किए बेरों की मिठास कुछ न्यारी है। मुझे लगता है कि शबरी ने चख लिये हैं, इसलिए ये इतने स्वादिष्ट और मधुर लग रहे हैं। तुम भी इन्हें खाकर स्वयं अनुभव ले लो।'' ऐसा कह-कर राम ने अत्यंत प्रेम से अपने हाथों से लक्ष्मण को बेर दिए। मन-ही-मन लक्ष्मण के गुस्से का बाँध जैसे टूटने ही वाला था, परंतु राम का माहात्म्य जाग्रत् होने

के कारण लक्ष्मण ने अपने आपको संयमित किया। किंतु बेर का सेवन नहीं किया। राम लक्ष्मण की स्थिति को जान गए, पर उन्होंने कुछ कहा नहीं। केवल स्मितहास्य से लक्ष्मण की ओर देखा।

''शबरी के प्रेमभाव और भक्तिभाव से तृप्त तथा प्रसन्न राम अपने आसन से उठे तथा प्रेम से शबरी का हाथ पकड़कर उन्हें उठाते हुए कहने लगे, ''हे शबरी, तुम सचमुच धन्य हो। मातंग ऋषि ने जो तुम पर कृपा की है, उसे तुमने प्रेम और श्रद्धा के साथ फलरूप किया और कृतार्थ हो गईं। तुम सचमुच सर्व सामान्यजनों के लिए आदर्श और प्रेरणादायी बन गई हो। एक सामान्य जीव भी सेवाभाव से सद्‌गुरु की कृपा का पात्र हो, भक्तिभाव से आत्मानुभाव की सर्वश्रेष्ठ ऊँचाई को छू सकता है, तुमने यह सिद्ध करके दिखा दिया है।

''आत्मानुभव करने के पश्चात् भी सगुण प्रेमभक्ति की महिमा और आनंद का अनुभव मानव देह के स्वतंत्र अस्तित्व रहने तक लिया जा सकता है, यह तुम्हारे जीवन से सिद्ध होता है। तुम्हारी जीवनकथा संपूर्ण जगत् के इतिहास में अजरामर रहेगी। तुम्हारे सारे भाव मैंने स्वीकार किए हैं और मैं अत्यंत संतुष्ट हूँ। तुम्हें देने के लिए मेरे पास कुछ बचा ही नहीं है, क्योंकि मेरे आत्मस्वरूप से ही तुम एकरूप हो गई हो। पर बाह्य रूप से मुझे यहाँ से जाना होगा। मैं अपनी प्रिय पत्नी सीता की खोज में यहाँ से गुजर रहा था। राह में अनेक ऋषि-मुनियों के आश्रम में जाकर उनसे भेंट ली और उनके शुभाशीर्वाद लेकर मैं आगे जा रहा हूँ। मेरी और तुम्हारी भेंट भी ईश्वरीय नियति के अनुरूप हुई है। बाहरी रूप से यह भेंट कुछ समय की है, परंतु इस भेंट की एकरूपता का आनंद केवल शेष रह जाएगा।

''अब हमारी भेंट पुनः नहीं होगी और न ही इसकी आवश्यकता है। अब तुम मुझे मेरे अग्रिम कार्य के लिए शुभकामनाएँ दो और विदा करो।'' इतना कहकर राम पर्णकुटी से बाहर जाने के लिए निकले। शबरी भी राम को विदा करने के लिए आश्रम के प्रवेश द्वार तक आईं। राम आश्रम से बाहर निकलें, इससे पहले ही शबरी अपने दोनों हाथ जोड़कर राम से विनयपूर्वक कहने लगीं, ''हे राम, तुम्हारा जीवन-चरित्र और अवतार कार्य अत्यंत गहन

और व्यापक है। नारायण के संकल्पानुसार, ऋषि–मुनियों के ध्यानानुसार एवं तुम्हारी स्वेच्छा से तुम्हारे धर्मकार्य यशस्वी और सभी को आनंद देनेवाले होंगे। तुम्हें मेरे शुभाशीर्वाद की आवश्यकता नहीं है, परंतु तुमने मुझे जो सौभाग्य दिया है, वह तुम्हारी ही महिमा है। मैं भी अत्यंत प्रेम से तुम्हें शुभ कामनाएँ दूँगी, जिससे मेरे शुद्ध अंतःकरण से शुद्ध भाव प्रकट होने का आनंद मुझे मिलेगा।

''तुम्हारे आगे के जीवन कार्य को देखने और उसे अनुभव करने का अवसर शायद मुझे नहीं मिलेगा और न ही इसकी जरूरत है, पर तुम्हारे अवतार कार्य का मूल, तुम्हारे अंतःकरण में मुझे सदैव स्थान मिले, यही मेरी एकमात्र इच्छा है। अनुभव से तुम मेरे अंतःकरण में सदैव एकरूप होकर रहते हो, वैसे ही मेरे भाव से तुम्हारे अंतःकरण में मैं सदा–सदा के लिए एकरूप होकर रहूँ, इस हेतु मेरी देह, मन और जीवन के सारे बंधन टूटकर मैं केवल 'तू' होकर ही रह जाऊँ, यही मेरी तुमसे प्रार्थना है।'' इन आर्त शब्दों में अपना अंतःकरण प्रकट कर रही शबरी ने राम के दोनों करों को अपने हाथों में ले मस्तक पर लगा लिया। प्रेमार्द्र (प्रेम से भरी) दृष्टि से क्षण भर राम के नेत्रों में देखा। नेत्र से नेत्र मिले। हृदय से हृदय तो पहले ही जुड़े थे, इसीलिए दृष्टि भेंट से शबरी के सारे भाव राम के अंतःकरण से मिल वहीं विलीन हो गए। उसी देहभाव विरहित अवस्था में शबरी ने राम के चरणों में मस्तक रखकर साष्टांग प्रणाम किया।

''शबरी के भाव से युक्त राम भी भावपूर्ण हो गए थे। उसी अवस्था में सहज ही उन्होंने अपने कृपाहस्त शबरी के मस्तक पर रखे और उनके मुख से—'तथास्तु! तथास्तु! तथास्तु!!' ये शब्द निकले। फिर एक क्षण बीता, दूसरा क्षण बीता, कई पल बीतते गए। परंतु शबरी उनके चरणों में वैसे ही लिपटी रहीं। लक्ष्मण भी आश्चर्य से देख रहे थे। प्रभु राम एकदम गंभीर हो गए और उनके नेत्रों से अश्रु बहने लगे। उन्होंने शबरी को अपने हस्त से उठाने का प्रयास किया तो शबरी की देह उन्हीं के चरणों में लुढ़क गई। शबरी की देह से आत्मजोत निकलकर राम की आत्मजोत से एकरूप हो गई थी तथा शबरी की पावन पार्थिव देह राम के चरणों में दृढता से लिपटी हुई

थी। राम के नेत्रों से बहने वाली गंगा, शबरी की देह को भिगो रही थी और इस भावपूर्ण प्रसंग की भावपूर्णता लक्ष्मण के मन को भी स्पर्श कर रही थी। उनका भी अंत:करण भर गया था। वे राम के पास गए और धीरे से राम के कंधों पर अपना हाथ रखा। लक्ष्मण के हाथों के स्पर्श से राम को अपनेपन और प्रेम का अहसास हुआ और वे थोड़ा सँभल गए। भारी मन से उन्होंने अपने चरणों को शबरी के प्रेमबंधन से मुक्त किया तथा धैर्य के साथ खड़े रहे। तत्पश्चात् लक्ष्मण को भेजकर परिसर में रहनेवाले आश्रमवासियों को बुलवा लिया और उनसे शबरी का अंतिम संस्कार करने की विनती की। राम और शबरी के माहात्म्य आश्रमवासी भी जानते थे, इसीलिए राम की विनती स्वीकार करते हुए वे अंतिम संस्कार की तैयारी में जुट गए। यह जानते हुए कि यहाँ का कार्य पूर्ण हो गया है, राम शबरी के आश्रम से जाने की तैयारी करने लगे।

जाने से पूर्व वे शबरी की पार्थिव देह के समीप गए, जहाँ शबरी को पत्तों और फूलों से बनी शैया पर रखा गया था। राम ने वहीं पर रखी फूलों की टोकरी, जो शबरी ने राम के स्वागत में भरकर रखी थी तथा राम को अर्पण किए फूल रखे थे, उनमें से दोनों हाथों से फूल ले, शबरी की पार्थिव देह पर अर्पण किए तथा हाथ जोड़कर प्रेमादरपूर्वक अभिवादन किया। राम की भावपूर्ण कृति से लक्ष्मण का भी मन भर आया और लक्ष्मण ने भी फूलों की टोकरी से थोड़े फूल लेकर शबरी की पार्थिव देह पर चढ़ाए तथा हाथ जोड़कर नमन किया। कुछ ही क्षणों में राम और लक्ष्मण शबरी की पर्णकुटी से बाहर निकले और उन्होंने वन की ओर गमन किया।

कई घंटों तक राम आगे-आगे और लक्ष्मण उनके पीछे-पीछे वन में चलते रहे। पर कोई किसी से कुछ नहीं बोल रहा था, किंतु दोनों के बीच की नि:शब्दता बहुत कुछ कह रही थी। स्वानुभव से परिपूर्ण राम शबरी के भक्तिभाव की एकरूपता के अनुभव से संतृप्त हो गए थे। उस अनुभव के स्मरण से ही उनका अंत:करण भर आता था तथा अश्रुओं के रूप में बहने लगता था। परंतु लक्ष्मण की अवस्था कुछ विचित्र हो रही थी। एक ओर राम से अत्यंत प्रेम और राम के माहात्म्य की पूर्ण जागृति तथा दूसरी ओर

आश्चर्यचकित करनेवाला, पर मन को स्वीकार न होने वाला राम और शबरी का अभूतपूर्व एवं भावपूर्ण प्रसंग। राम के स्वभाव तथा राम और शबरी के बीच घटित प्रसंग के बीच लक्ष्मण तालमेल नहीं बैठा पा रहे थे। इसीलिए उनका मन बेचैन हो रहा था। मन की अस्थिरता के बावजूद लक्ष्मण का राम-प्रेम स्थिर था और विवेक जाग्रत्। इसी विवेक के कारण मन योग्य दिशा में विचार करने लगा।

दीर्घकाल के प्रवास के पश्चात् दोनों एक वृक्ष के नीचे विश्राम करने के लिए रुके। लक्ष्मण पास की नदी से जल भर लाए और उसी वृक्ष से थोड़े फल संगृहित कर दोनों ने अपनी क्षुधा शांत की। शरीर को आराम देने के लिए राम थोड़ी देर लेट गए। लक्ष्मण भी अत्यंत नम्रता के साथ राम के पैरों के पास बैठ धीरे-धीरे उनके पैर दबाने लगे। लक्ष्मण का प्रेमभाव और सेवाभाव राम के अंत:करण को स्पर्श कर और अत्यंत आनंदित कर रहा था। अंत:करण की इस अवस्था में वे लक्ष्मण से कहने लगे—

''हे लक्ष्मण, तुम्हारा सेवाभाव मुझे अत्यंत प्रिय है। तुम्हारी सेवा से मुझे तुम्हारा प्रेम मिलता है। तुम्हारा स्पर्श मेरे प्रति तुम्हारे प्रेम और माहात्म्य की अनुभूति करा देता है। लेकिन इसी सेवाभाव को तुम शब्द रूप दोगे तो तुम्हारा मन अधिक खुलेगा और मेरा भी तुम्हारे प्रति प्रेम प्रकट होगा, जिसे मैं भी अनुभव कर सकूँगा।

''तुम्हारी यह नि:शब्द अवस्था बहुत कुछ कह रही है, पर इससे तुम्हारे मन की अस्वस्थता प्रकट नहीं हो सकती, बल्कि और अधिक बढ़ेगी। तुम्हारे मन की अस्वस्थता का कारण मैं समझ गया हूँ। मैंने शबरी के भाव को स्वीकार किया और उसके द्वारा दिए झूठे बेर खाए, यह तुम्हें पसंद नहीं आया। मैंने देखा कि कुछ बेर मैंने तुम्हें भी खाने के लिए दिए थे, लेकिन तुमने नहीं खाए। क्योंकि शबरी के भाव को तुम जान नहीं पाए, इसीलिए तुमने उस भाव को स्वीकार नहीं किया। पर तुम शबरी के भाव और अनुभव तथा मेरे अनुभव और भाव को, योग्य तरह से समझ लो। उसे समझने के लिए जो प्रेम और श्रद्धा होनी चाहिए, वह तुममें है।''

राम के अपनत्वपूर्ण वचन सुन लक्ष्मण का मन खुलने लगा। हाथ

जोड़कर विनम्र भाव से कहने लगे, ''हे राम, मैं तुम्हारे माहात्म्य को जानता हूँ। तुम्हारा चरित्र अत्यंत गहन और महान् है, उसे वैसे ही प्रकट होना चाहिए, यही मेरी इच्छा है। शबरी के भाव की मैं कद्र करता हूँ, किंतु वह एक स्त्री है, उसे यह बात भूलनी नहीं चाहिए। भाव के आवेग में आकर यदि वह भूल गई कि वह एक स्त्री है, तब भी हमें इस बात का विस्मरण नहीं होना चाहिए। क्योंकि आप तो सर्वज्ञ हैं। शबरी ने अपने होंठों से चखे बेर अर्पण किए और आपने बिना संकोच किए उन बेरों का सेवन किया। शबरी ने आपके चरणों में अपना मस्तक टेका और आपने मस्तक छूकर आशीर्वाद दिया। शबरी ने आपके चरणों की सेवा की और आपने प्रसन्न हो सेवा स्वीकार की। यह सब देख, मेरा विचलित होना स्वाभाविक नहीं है क्या? मुझे यह समझ में नहीं आ रहा था कि भावावेग में आकर यदि शबरी ने अपनी मर्यादा का उल्लंघन किया तो भी आप तो मर्यादा पुरुषोत्तम हैं? शबरी जैसे छोटे घराने की स्त्री के कारण आपके चरित्र और माहात्म्य पर कोई बात उठे, यह मुझे योग्य नहीं लगता और मुझसे सहन नहीं होता।

''एक बात और मैं आपसे कहना चाहता हूँ कि जब शबरी आपके चरणों में शीश झुकाए लीन थी, तभी उसके प्राण पखेरू उड़ गए। उस समय आप एकदम भावुक हो गए थे। आपने शबरी की पार्थिव देह पर पुष्प अर्पण कर उन्हें भावांजलि दी। मैं भी आश्चर्यचकित रह गया था। मैं समझ गया था कि शबरी कोई सामान्य जीव नहीं बल्कि अत्यंत भाग्यशाली महिला है। उसी भावपूर्ण अवस्था में मैंने भी आपका अनुकरण कर शबरी की देह पर पुष्प अर्पण किए। पर मैं स्वयं यह नहीं जान पा रहा था कि मेरे मन में दुविधा जैसी स्थिति क्यों उत्पन्न हो रही थी? किंतु मेरे मन में आपके माहात्म्य की जागृति थी, इसीलिए मैं विवेक से अपने मन को संयमित रख सका। परंतु मन सहजावस्था में नहीं है, इसीलिए मैं तनावग्रस्त हूँ। मैं आपके पास हूँ, आपकी सेवा में रत हूँ, पर मन यहाँ नहीं है। मन कहाँ है, यह भी मुझे नहीं मालूम। लेकिन एक बात निश्चित है कि मेरा मन कहीं और रम नहीं सकता। परंतु इस वक्त वह आपके पास भी नहीं है। इसीलिए हे राम, मुझे मेरे मन की इस दुविधाग्रस्त स्थिति से बाहर निकालें तथा पुनः अपने चरणों में स्थान

दें। यही आपसे प्रार्थना है। तब ही मुझे आपकी सेवा और सान्निध्य का आनंद प्राप्त हो सकेगा।''

शब्दों द्वारा भाव प्रकट होने के पश्चात् लक्ष्मण का मन थोड़ा हल्का हो गया तथा भावावेग अश्रु के रूप में बहने लगा। अश्रुओं को अपने हाथों से पोंछते हुए वे करुणामयी राम की ओर अपेक्षा से देखने लगे। दया के सागर राम ने अपने नजदीक खड़े लक्ष्मण को प्रेम से अपने और करीब किया और कहने लगे, ''हे लक्ष्मण, अपनी सेवाभाव से तुमने प्रेम का पथ निर्माण कर लिया है तथा उसी पथ पर चलते हुए तुमने प्रेमपूर्वक अधिकार प्राप्त कर लिया है। इसी अधिकार से तुमने अपने मन की सारी बातें मुझे बताईं। इस बात से मुझे बहुत प्रसन्नता हो रही है। इसी प्रेम से अब तुम मेरे अंत:करण की अवस्था को जानने का प्रयत्न करो तथा उस अवस्था में घटित प्रसंगों की ओर पुन: एक बार देखो। निश्चित ही तुम्हारे मन में आए सारे प्रश्नों का उत्तर तुम्हें स्वयं मिल जाएगा।

''मातंग ऋषि जैसे महान् और अधिकारी ऋषि ने अपवादस्वरूप शबरी को शिष्य माना और उसकी सेवा तथा प्रेमभाव को स्वीकार कर उसके जीवभाव के अहंकार को नष्ट किया। उसमें आत्मस्वरूप का संस्कार कर उन्हें वैसा ही अनुभव लेने हेतु मार्गदर्शन दिया। उन्हें पूर्ण विश्वास था कि इस मार्ग पर चलते हुए निश्चित रूप से शबरी इस अनुभव को प्राप्त करेगी। उनका संकल्प था कि मेरी और शबरी की भेंट हो। ईश्वरीय नियति को भी उनका यह संकल्प मान्य था और उसी नियति के तहत मेरी और शबरी की भेंट हुई।

''यदि हम शबरी की अवस्था की ओर देखें, तब ध्यान में आएगा कि मातंग ऋषि की कृपा से शबरी में जीवभाव ही शेष नहीं रहा था। तब स्त्रीभाव कैसे शेष रहेगा? उनके अंत:करण की स्थिति आत्मप्रेम से भरे हुए आत्मानुभवी फल के समान हो गई थी। मातंग ऋषि यदि देहावस्था में होते तब उन्हीं के प्रेम से और भक्तिभाव से प्राप्त इस फलरूप अवस्था को शबरी उन्हें कृतज्ञतापूर्वक अर्पण करतीं। मातंग ऋषि भी उतने ही प्रेम से स्वीकार करते, जिससे शबरी को आनंद और कृतज्ञता का अनुभव होता। फलरूप

अवस्था ही कृतार्थ अवस्था होती है। इसे अर्पण करने से अर्पण करनेवाला और स्वीकार करनेवाला दोनों ही तृप्त होते हैं। स्वीकार करनेवाला कोई और नहीं, बल्कि ईश्वरीय अनुभव और वृत्ति वाला ही हो सकता है। परमानंद अनुभव में अर्पण करनेवाला और स्वीकार करनेवाला, दोनों ही इतने एकरूप हो जाते हैं कि मालूम नहीं पड़ता कि देनेवाला कौन है और लेनेवाला कौन। जब मातंग ऋषि देहावस्था में थे, तब शबरी की फलरूप अवस्था नहीं आई थी और जब शबरी फलरूप अवस्था में आई, तब स्वीकार करने के लिए मातंग ऋषि देहावस्था में नहीं थे। शबरी इस अवस्था को अपने अंत:करण में अनुभव कर रही थी, परंतु अर्पण करने की लगन और उत्सुकता उनमें लगी हुई थी। इसी की तृप्ति के लिए ईश्वरीय नियति अनुसार उनकी और मेरी भेंट हुई।

''आत्मधर्म की स्थापना कर उसे जाग्रत् रखना जैसा मेरा जीवन कार्य है, वैसे ही जिनमें आत्मप्रेम निर्माण हो गया है, उनके प्रेमभाव को स्वीकार कर उस प्रेम की पूर्ति करना भी मेरे ही कार्य का भाग है। इसीलिए अनेक ऋषि-मुनियों को भेंट दे मैंने उनके भाव की पूर्ति की। जिससे उन्हें और मुझे, दोनों को ही आनंद प्राप्त हुआ। शबरी और मेरी भेंट में भी शबरी का समर्पण भाव शब्दों और कृति द्वारा व्यक्त हो रहा था। उसी सहजता से मैं भी उनके भाव के अनुरूप शब्दों और कृति द्वारा अभिव्यक्ति दे रहा था। उस वक्त देह, शब्द और कृति, एकरूपता का अनुभव लेने के माध्यम थे। सामान्यजन इसे केवल देह की दृष्टि से देखें तो उन्हें वहाँ केवल स्त्री और पुरुष का भेद दिखाई देगा। वे केवल शब्द सुनेंगे तो उन्हें केवल औपचारिकता और कृत्रिमता दिखाई देगी तथा कृति की ओर देखेंगे तो केवल लेन-देन ही दिखाई देगा। परंतु जो व्यक्ति देह, शब्द और कृति को आधार देनेवाली आत्मा के अस्तित्व और सत्यत्व को जानता है, उसे इन तीनों द्वारा प्रकट होने वाले आत्मप्रेम का आविष्कार महसूस होगा तथा अत्यंत आनंद होगा। पर हे लक्ष्मण, तुम कोई सामान्य व्यक्ति नहीं हो। वसिष्ठ ऋषि के मुख से तुमने सर्वश्रेष्ठ आत्मज्ञान श्रवण किया है। मुझसे तुम अतिशय प्रेम करते हो और अमिट श्रद्धा रखते हो। तब तुम सामान्य कैसे हो सकते हो? तुम्हें इस प्रसंग

की ओर सामान्यजन की दृष्टि से नहीं देखना चाहिए। मेरे माहात्म्य का तुम्हें सदा स्मरण रहता है। बस बोध को याद करते हुए, जब तुम विवेकयुक्त हो जाओगे तो तुम्हारी संभ्रमावस्था दूर हो, तुम्हारे आत्मज्ञान का प्रकाश तुम्हारे अंत:करण को प्रकाशित कर देगा तथा अज्ञान का अंधकार मिट जाएगा।''

राम की प्रेममयी और प्रभावित करनेवाली बातें सुन लक्ष्मण भी प्रभावित हो रहे थे। मन की दुविधा दूर हो, मन पुनः राम-प्रेम से भर गया। संदेह दूर हो, बुद्धि पुनः राम के माहात्म्य से युक्त हो गई। राम के अंत:करण को और अधिक सहजता से जानने हेतु लक्ष्मण राम के चरणों में वंदन करते हुए कहने लगे, ''हे राम, आपकी बातें इतनी सत्य और स्पष्ट होती हैं कि बुद्धि द्वारा निश्चय होने में देर नहीं लगती। पर मन इतनी जल्दी मानता नहीं है। बातें तर्कशुद्ध होने के कारण बुद्धि उसे तुरंत स्वीकार कर लेती है, किंतु मन पर पड़े संस्कार सहजता से दूर नहीं हो पाते हैं। मन पूर्णतः शुद्ध नहीं हुआ है, इसीलिए मन की यह अवस्था है। इसका एक ही उपाय है कि तुम्हारे साथ बार-बार संवाद कर मैं विवेक प्राप्त कर लूँ। शबरी के प्रसंग में मुझे स्त्री और पुरुष का ही भेद दिखाई दे रहा था, जिससे मैं दु:खी हो रहा था। यदि यह अंतर ईश्वर की नियति ने ही निर्माण किया है, तब ईश्वर को भी यही मान्य होगा। ऐसी स्थिति में मुझे लगता है कि स्त्री को स्त्री की तरह व्यवहार करना चाहिए तथा पुरुष को पुरुष की तरह व्यवहार कर स्त्री के साथ भी अपना व्यवहार मर्यादित रखना चाहिए।

''शबरी के प्रसंग के निमित्त जो सत्य वचन आपने कहे हैं, उससे मेरे मन में आई दुविधा दूर हो गई, पर मैं जानता हूँ कि यह केवल तात्कालिक है। इसीलिए मेरी हार्दिक इच्छा है कि मेरे मन की दुविधाओं का पूर्ण निराकरण हो जाए और मैं भ्रांति से सदा-सदा के लिए मुक्त हो जाऊँ।''

लक्ष्मण की आर्त अवस्था देख राम को दया आ गई और अपने प्रिय लक्ष्मण के लिए उनके प्रेमल कृपा-वचन प्रकट होने लगे, ''हे लक्ष्मण, तुम्हारी इस आर्त अवस्था को देख मुझे बहुत संतोष हो रहा है। स्वयं के मन के दोष और दुर्बलता को पहचानना अत्यंत कठिन है और उससे भी दुर्लभ है इन दोषों से मुक्त होने के लिए मन की व्याकुलता। मन की इस आर्त अवस्था

में ही सत्य वचनों का योग्य और गहन परिणाम होता है तथा मन इन वचनों को अनुभव करने के लिए सिद्ध होता है। सत्य एक ही होता है। उसमें मेरा एक सत्य और तुम्हारा एक सत्य जैसी कोई बात नहीं होती। परंतु मन की भिन्न-भिन्न अवस्थाओं के कारण एक ही सत्य-ज्ञान को सामान्यजन अनेक तरीकों से जानते हैं और अपनी बुद्धि की क्षमतानुसार उसका आकलन करते हैं। प्रत्येक व्यक्ति अपने मन और बुद्धि को ही प्रमाण मान, उनके मन के संस्कार और पसंद के मुताबिक सत्य का आकलन करते हैं तथा बुद्धि अपनी समझ और स्वार्थ के अनुरूप सत्य का अर्थ निकालती है। अपनी समझ और संस्कार के अहंकार के कारण सत्य कुछ और है या हो सकता है, ऐसा विचार भी उनके मन में नहीं आता। तब बुद्धि क्यों उस सत्य को जानने का प्रयत्न करेगी? मूलतः घटित प्रसंग की ओर देखने की दृष्टि ही दूषित होती है। उसी दृष्टि से देखने के पश्चात् मन जो समझता और जानता है, उसी समझ से निरपेक्ष सत्य और सिद्धांत को जानने का प्रयत्न करता है, जो गलत और उल्टी रीत है। सीधी रीत यह है कि पहले निरपेक्ष सत्य को जान, बोध ग्रहण कर लें और बाद में घटित प्रसंग की ओर शुद्ध मन से देख योग्य-अयोग्य का निष्कर्ष निकालें।

''निरपेक्ष सत्य यह है कि सारी सृष्टि परमात्मा ने स्वसंकल्प से निर्मित की है तथा प्रत्येक प्राणिमात्र में वह आत्मा के रूप में वास कर रहा है। सारे मनुष्यों में यही एक सत्य बसा हुआ है, फिर वह स्त्री हो या पुरुष। पुरुष की आत्मा अलग और स्त्री की आत्मा अलग नहीं हो सकती, क्योंकि आत्मा का स्वरूप एक ही है। पर यह ज्ञान सामान्यजनों को नहीं है। इसीलिए उन्हें आत्मा के अज्ञान रूप, अर्थात् 'जीव' कहा जाता है। मूलतः आत्मा में स्त्री और पुरुष का भेद ही नहीं है। सृष्टि के व्यवहार और प्रजोत्पादन हेतु यह अंतर रखा गया है, जो योग्य है। इस अंतर की इतनी ही मर्यादा है। इसके परे सारे स्त्री और पुरुष एक ही परमात्मा के अंश हैं। अज्ञान अवस्था के कारण सभी सामान्य जीव हैं। इस ज्ञान के अभाव के कारण सामान्यजन स्त्री और पुरुष के बाहरी अंतर को ही सत्य और अंतिम मान बैठते हैं, जिसके कारण उनमें भ्रांति निर्माण हो जाती है। तुम्हारा यह कहना कि स्त्री को स्त्री

की तरह व्यवहार करना चाहिए तथा पुरुष को पुरुष की तरह व्यवहार करना चाहिए, ठीक है, पर इसकी मर्यादा बाह्य रूप तक ही सीमित होनी चाहिए। इसका अर्थ यह बिल्कुल नहीं है कि स्त्री को कमजोर अथवा दुर्बल मानना चाहिए और पुरुषों को पुरुष के अहंकार के साथ जीना चाहिए। दुर्बलता और अहंकार दोनों ही मन के दोष हैं और इस दोष को सत्यज्ञान से प्राप्त विवेक से दूर करना आवश्यक है। भाग्यवश जिन्हें सत्यज्ञान का आकलन हो जाता है, उन्हीं की अज्ञानरूपी भ्रांति दूर होती है तथा वे ही सत्य का अनुभव लेने के लिए सिद्ध होते हैं। शबरी इतनी भाग्यशाली थी कि उन्होंने मातंग ऋषि की सेवा कर ऐसी कृपा प्राप्त कर ली, जिससे जीवदशा के अज्ञान का समूल नाश हो गया और उनमें आत्मभाव की जागृति निर्मित हो गई। उसी जागृति के कारण उनमें आत्मप्रेम निर्माण हो, अंतःकरण प्रेमस्वरूप हो गया और वे प्रेमरूप अवस्था में आ गईं। उनके शुद्ध भाव को जानने और स्वीकार करने के लिए शुद्ध अंतःकरण चाहिए। शुद्ध अंतःकरण ही शुद्ध भाव की ओर आकर्षित होता है। शुद्ध अंतःकरण और शुद्ध भाव के संयोग से ही शुद्ध आनंद का अनुभव लिया जा सकता है। इस अनुभव को देखने और महसूस करने के लिए शुद्ध दृष्टि की आवश्यकता होती है।

''थोड़ी देर के लिए अशुद्ध भाव की छाया से तुम्हारी दृष्टि अशुद्ध हो गई और तुम्हें बाहरी अंतर ही सच्चा दिखाई देने लगा। बाहरी अंतर सापेक्ष होता है, इसीलिए सच्चा नहीं होता और दृष्टि भ्रमित हो जाती है। तुम्हारी दृष्टि में शबरी स्त्री दिखाई दी और मैं पुरुष। वह अज्ञानी जीव है तो मैं स्वज्ञानी शिव, वह प्रेमस्वरूप अवस्था में प्रेम दे रही है तो मैं आत्मस्वरूप अवस्था में प्रेम ले रहा हूँ, वह प्रेमस्वरूप अवस्था में प्रेम ले रही है तो मैं आत्मस्वरूप अवस्था में प्रेम दे रहा हूँ। बाहरी तौर से दिखाई देनेवाले अंतर के कारण ही द्वैत निर्माण होता है तथा अंतःकरण के अभेद भाव के कारण एकरूपता का आनंददायी अनुभव मिलता है। शबरी के भाव को स्वीकार करते हुए राम ने भी सहज ही अपना भाव व्यक्त किया। इस क्रिया-प्रक्रिया के आदान-प्रदान से जो शेष रहा, वह था आनंददायी अनुभव। जो अंतःकरण में नित्य ही प्रवाहित रहता है तथा शब्दों द्वारा व्यक्त होता रहता है। तुमने

खुले मन से सत्य क्या है, यह मुझसे प्रत्यक्ष संवाद करके जान लिया है। इससे तुम्हारे मन में आए विपरीत भाव पूरी तरह से दूर हो गए और तुम मेरे प्रेम से भर गए हो। तुम्हारी इस प्रसंग की ओर देखने की दृष्टि शुद्ध हो गई है। अब तुम शबरी के भक्तिभाव और उस भाव को स्वीकार करनेवाले मेरे ईश्वरीय भाव को समझ सकते हो तथा हमने जिस परमानंद का अनुभव लिया, उसका सच्चे अर्थों में प्रत्यक्ष आकलन कर स्वयं भी उसके सहभागी हो सकते हो।''

राम के गहन अंत:करण से स्फुरित वचन लक्ष्मण के मन और बुद्धि को परिमार्जित करते हुए उनके अंत:करण को छू रहे थे। शबरी और राम के बीच घटित प्रसंग लक्ष्मण को भी प्रिय लगने लगा तथा निश्चय हो गया कि उस प्रसंग से राम को जो अनुभूति हुई, वही सत्य है। इस तरह राम के प्रेम और माहात्म्य से लक्ष्मण का अंतस भर आया। अंत:करण की उस अवस्था में लक्ष्मण विचार करने लगे कि पुरुषोत्तम राम के अंत:करण से एकरूप होने वाली शबरी का भी भक्तिभाव कितना श्रेयस्कर होगा? भले ही सारा माहात्म्य व सामर्थ्य ईश्वरीय प्रेम का है, परंतु उस प्रेम से प्रेमस्वरूप होने वाली अवस्था भी प्रशंसनीय है। शबरी के भक्तिभाव को स्वीकार करते समय राम के मन में उसके स्त्रीत्व का विचार भी नहीं आया, क्योंकि राम की आत्मस्वरूप अवस्था जाग्रत् थी। मातंग ऋषि के अंत:करण की भी यही अवस्था थी। शबरी के शिष्यत्व को स्वीकार करते समय उनके समक्ष भी स्त्री और पुरुष जैसा कोई अंतर नहीं आया। परंतु शबरी को मात्र शुरुआत में जीवभाव के कारण थोड़ी अड़चन महसूस हुई होगी, जिसे अभी मैं महसूस कर रहा हूँ।

मातंग ऋषि के प्रेम और उन पर श्रद्धा रखते हुए शबरी ने किस तरह अपने जीवभाव से छुटकारा पाया, यह मनन और अभ्यास करने योग्य है। मुझे उनकी कृति का अनुसरण नहीं करना चाहिए, परंतु उनकी कृति द्वारा जो भाव प्रकट हुए हैं, उसके द्वारा आत्मपरीक्षण करना चाहिए। उनका उत्कट भाव राम के निकट आने के लिए आतुर था, जबकि मैं राम के इतने निकट हूँ, फिर भी मेरा भाव राम के अंत:करण से एकरूप होने के लिए उतना

उत्कट नहीं है। इसका क्या कारण होगा? इन विचारों ने लक्ष्मण के मन में एक स्थान बना रखा था, पर विवेक जाग्रत् था, इसीलिए मन निराशा की ओर अग्रमुख न हो, निश्चयात्मकता की ओर बढ़ रहा था। वे विचार करने लगे कि ''मैं राम के इतने निकट हूँ, यह मेरा परम भाग्य है। राम स्वसामर्थ्य से युक्त हैं, उन्हें बाहरी तौर पर किसी की भी आवश्यकता नहीं है। फिर भी उन्होंने मुझे अपने निकट रखा और सेवा का मौका दिया, यही उनकी मुझ पर महान् कृपा है। उनके निकट रहने से मुझे उनका ईश्वरीय प्रेम सहज मिलता है, जिसकी कृतार्थता भी मुझमें है। मेरे मन में उनका प्रेम भरा हुआ है, परंतु बहुत अंदर नहीं गया है, इसीलिए परिपूरित नहीं हो पाता। जब तक यह प्रेम प्रकट नहीं होगा, तब तक इसमें उत्कटता नहीं आएगी। इसीलिए प्रयत्नपूर्वक प्रसंगों अथवा कारणों के निमित्त इस प्रेम को प्रकट करना आवश्यक है, तभी आर्तता बढ़ेगी।

आर्तता बढ़ते-बढ़ते ही मन में समाया प्रेम अंतस में समा जाएगा तथा उत्कट होकर स्वयं प्रकट होने के लिए मार्ग खोजेगा और मुझे राम के निकट ले आएगा। राम के प्रेम से निर्मित, राम के प्रति प्रेम प्रकट हो जब राम को ही अर्पित होगा, तब राम को उस प्रेम की अनुभूति होगी और मैं पावन हो जाऊँगा। लक्ष्मण मन-ही-मन अपने आप से संवाद कर रहे थे। यद्यपि वे अपने भाव शब्द रूप द्वारा व्यक्त नहीं कर रहे थे, पर लक्ष्मण के मुख पर बदलते भावों को देख राम लक्ष्मण के अंतःकरण की अवस्था जान रहे थे। उन्हें लक्ष्मण से कुछ भी पूछने की आवश्यकता नहीं लग रही थी। लक्ष्मण के मुख के भाव बदलते-बदलते धीरे-धीरे निश्चयात्मक होने लगे और उन पर प्रसन्नता का भाव दिखाई देने लगा। पूर्ण निश्चय से युक्त लक्ष्मण ने जब राम की ओर प्रसन्न मुद्रा से देखा और स्मित हास्य किया, तब देखा कि राम उसकी ओर पहले से ही प्रसन्न मुद्रा में देखते हुए स्मित हास्य कर रहे थे। लक्ष्मण तुरंत राम के चरणों में समर्पित हो गए। राम ने लक्ष्मण को अपने चरणों से उठाकर अंक से लगा लिया। अंक से लगे हुए लक्ष्मण धीरे से राम की गोद में ही समा गए। इस प्रेम भेंट में लक्ष्मण को खोए हुए, अपने प्रिय राम मिल गए तथा राम को थोड़ी देर के लिए उनसे दूर चले गए, उनके

अत्यंत प्रिय लक्ष्मण मिल गए।

थोड़े से ही समय के लिए, परंतु अनंत काल के समान महसूस होने वाले वियोग के पश्चात्, मिलन का आनंद अपूर्व और अवर्णनीय था। आनंद की उस परम अवस्था में राम और लक्ष्मण अपने अग्रिम प्रवास के लिए आगे बढ़ रहे थे। राम सदा आगे और लक्ष्मण उनके पीछे-पीछे चलते थे, पर आज राम ने लक्ष्मण का हाथ पकड़ रखा था और दोनों साथ-साथ चल रहे थे। सीता को रावण से मुक्त कराने के भाव, निश्चय और ध्येय के साथ, दोनों बंधु एक-दूसरे के जोड़ीदार, साथी और सहृदय हो गए थे।

सगुण प्रेम और भक्ति की महिमा गाने वाली नारद की प्रवाही और रसवंती वाणी थमने को तैयार नहीं थी। आखिर शब्दों ने अपनी हार मान ली और निःशब्द हो गए। शब्दों के परे यह अनुभव नारद के मुख से प्रदर्शित हो रहा था। उस दिव्य अनुभव के दर्शन से लक्ष्मी केवल चकित ही नहीं, प्रेमरस से पूर्ण अभिभूत हो रही थीं। नारद बहुत देर तक अपने नेत्र बंद कर बैठे रहे, पर जब प्रेमाश्रु से ओत-प्रोत उनके नेत्र खुले तो देखा कि लक्ष्मी भी उसी अवस्था में बैठी हैं। लक्ष्मी को इस अवस्था में देख, उन्हें धन्यता का अहसास हो रहा था। वे थोड़ा मुड़े तो उन्हें नारायण की शांत और प्रेमानंद में डूबी मूर्ति के दर्शन हो गए। नारद अत्यंत 'गौरवान्वित' महसूस कर रहे थे और उन्होंने अपना मस्तक नारायण के चरणों में टिका दिया। नारायण ने उन्हें अत्यंत प्रेमपूर्वक उठाकर अपने पास बैठा लिया और मस्तक पर हाथ फिराकर, प्रशंसा से उनकी पीठ थपथपाई। लक्ष्मी ने भी नारायण के चरणों में अपना मस्तक टिकाकर प्रेम दर्शन किए और नारद को वंदन कर नारायण के समीप बैठ गईं। नारायण के माहात्म्य और नारद के भक्तिभाव से लक्ष्मी का अंतःकरण भर आया। अंतःकरण की उसी अवस्था में वे नारायण की ओर देखते हुए नारद से कहने लगीं, ''हे नारद, नारायण के अद्‌भुत अवतार चरित्रों की अद्‌भुत कथा का वर्णन कर आप उनके जिस अति अद्‌भुत अंतःकरण को प्रकट कर रहे हैं, उससे मैं आनंद से सराबोर हो रही हूँ। मुझे इस बात से अधिक आनंद हो रहा है कि आपने आनंद सागर में वास करनेवाले नारायण को आनंदित किया है। प्रेमरस से परिपूर्ण नारायण की

सगुण कथा अत्यंत मधुर और रसमयी है।

"आपके मुख से श्रवण करते हुए उस अनुभव से मैं तत्काल एकरूप हो जाती हूँ। प्रसंग की समाप्ति के पश्चात् भले ही यह अनुभव पूरी तरह स्थापित नहीं हो पाता है, पर इसके द्वारा निर्मित भाव की उत्कटता बनी रहती है। इसी वजह से उस अनुभव की गहराई में जाने की लालसा बनी रहती है, जिसके कारण मैं आपसे इतने प्रश्न पूछती हूँ। प्रश्न पूछने के पीछे मेरा उद्देश्य यह नहीं है कि मेरा मन शंकित है अथवा बुद्धि में संदेह है, बल्कि मेरी इच्छा है कि सगुण कथा के माध्यम से आनंद-सागर में डूबकर नाना प्रकार के बहुमूल्य रत्नों के सौंदर्य और तेज को देख सकूँ। यही हेतु आपका भी है और आपको प्रिय है, जिसके निमित्त आप अपने अंतःकरण के स्वानंद सागर में गहरी डुबकी लगाकर वहाँ से रत्न बाहर निकालते हैं और इस दौरान आप आनंद सागर में मनोसक्त क्रीड़ा करते हैं। मेरे प्रश्नों के उत्तर आप इतने विस्तृत रूप से देते हैं कि जो मुझे अपेक्षित भी नहीं होते। पर इससे मेरा मन शुद्ध ही नहीं व्यापक भी हो जाता है। नहीं तो मेरी दूषित और संकुचित दृष्टि नारायण के सखोल और व्यापक चरित्र की ओर कैसे देख पाती? राम और शबरी के बीच घटित भावपूर्ण प्रसंग में मुझे शबरी के भाव का यथार्थ आकलन हो गया है, पर राम के अंतःकरण और उनकी भूमिका को मैं अब भी पूर्णतः समझ नहीं पाई। इसीलिए मेरे मन में अब भी यह प्रश्न है कि राम, अहल्या और शबरी के बीच घटित प्रसंगों में राम की भूमिका भिन्न-भिन्न है। अहल्या के प्रसंग में राम ने उनके प्रेम और सेवाभाव को स्वीकार नहीं किया था, बल्कि उनको स्त्रीधर्म का ज्ञान दे, उसी धर्म के पालन का आग्रह किया था। वहीं शबरी भी स्त्री थीं, परंतु उन्हें स्त्रीधर्म का ज्ञान न दे, उनके प्रेम और सेवाभाव को आनंद से स्वीकार कर उन्हें धन्य कर दिया। राम की भूमिका में जो अंतर मुझे दिखाई दे रहा है, इसका कारण अहल्या और शबरी के भाव का अंतर है? किंतु राम का अंतःकरण सबके लिए समान है। इसीलिए हे नारद, मुझे आप सभी कुछ विस्तारपूर्वक समझाएँ। एक और प्रश्न यह है कि राम ने एक पत्नी व्रत धारण किया था, तब उन्हें शबरी के भाव को स्वीकार करने में बाधा नहीं आई? मैं जानती हूँ

कि यह एकदम व्यक्तिगत प्रश्न है, पर बहुत महत्त्वपूर्ण है। मैं यह भी जानती हूँ कि राम अथवा नारायण के व्यक्तिगत प्रश्नों का यथार्थ और माहात्म्य के साथ उत्तर देनेवाले केवल आप हैं। इसका अधिकार केवल आपको है। आप ही नारायण से पूर्णतः एकरूप हैं। अब कृपा कर मेरे भाव की पूर्ति कीजिए, यही आपसे प्रार्थना है।''

लक्ष्मी के प्रश्नों के पीछे लक्ष्मी का शुद्ध भाव तथा सगुण कथा के माध्यम से नारायण के अंतःकरण को गहनता से जानने की वृत्ति नारद जान गए। इस बात से उन्हें प्रसन्नता भी हुई, क्योंकि उनकी भी यही वृत्ति और पसंद है। इस तरह नारद के मुख से नारायण के माहात्म्य का यथार्थ वर्णन मधुर वाणी के साथ होने लगा। वे कहने लगे, ''हे लक्ष्मी, राम का संपूर्ण जीवन, जीवन में घटित प्रत्येक प्रसंग और विभिन्न प्रसंगों में उनकी भूमिका, इन सभी के बीच राम के अंतःकरण की अवस्था एक ही थी। इसी को आत्मा का अधिष्ठान कहते हैं। यही उनके अनुभव का मूल कारण था। इस मूल कारण को ध्यान में रखते हुए उनके जीवन के प्रत्येक प्रसंग का निमित्त कारण जानना चाहिए, तभी राम के माहात्म्य और उन प्रसंगों में राम की भूमिका को यथार्थ रूप से जान पाएँगे। भिन्न-भिन्न प्रसंगों में राम की भूमिका भिन्न होते हुए भी राम ने सदैव आत्मस्वरूप का ही अनुभव लिया है। इस सत्य को जानते हुए तथा इसी दृष्टि से उनके जीवन में घटित प्रसंगों की ओर देखें, तब उनकी भूमिका स्पष्ट रूप से दिखाई देगी और समझ में आएगी।

''अहल्या और शबरी के प्रसंग में एक समानता यह थी कि दोनों ही स्त्री थीं, पर उनकी अवस्था में मूलभूत अंतर था। अहल्या के पति गौतम ऋषि ने उन्हें श्राप दिया था, जिससे वे शिला बन गई थीं। कृपावंत राम के चरण स्पर्श से उनका उद्धार हो, वे पुनः मानव रूप में आ गई थीं। उद्धार होने का अर्थ है एक अवस्था से दूसरी तथा श्रेष्ठ अवस्था में जाना, पर पूर्ण आत्मकल्याण होना नहीं है। उद्धार होने से अहल्या के मन में राम के प्रति प्रेम निर्माण हो गया था, जो मुख्यतः कृतज्ञता भाव का था, इसीलिए भावनात्मक था। कोई भी भावना क्षणिक होती है, जिसमें गहनता नहीं होती

है। प्रत्यक्ष बाह्य अनुभव से भावना की निरंतरता जब बढ़ती जाती है तो भावना गहरी होने लगती है तथा भावना का रूपांतर भाव में होने लगता है। इसी भावबल से बाहरी अनुभव करते-करते आंतरिक अनुभव करने की दिशा में प्रयत्न होने लगता है। किंतु इस हेतु को पूरा करने के लिए बाहरी अनुभव की निरंतरता परम आवश्यक है। बाहरी अनुभव मन को उनके प्रेम में डुबोए रखता है, जिससे व्यक्ति सांसारिक भाव से मुक्त रहता है। बाहरी तौर से प्रेम को अनुभव करते-करते बुद्धि का निश्चय होने लगता है तथा चित्त में उसी अनुभव को पुनः-पुनः प्राप्त करने की लगन लग जाती है। धीरे-धीरे यह अनुभव पूर्ण स्वानुभव की अवस्था में ले आता है। स्त्री होने के नाते बाहरी अनुभव की निरंतरता अहल्या के लिए संभव नहीं थी। उनका प्रेम भावनात्मक होने के कारण उन्हें इसकी आवश्यकता भी महसूस नहीं होती। भावना में आवेग रहता है, जिसके फलस्वरूप कृति हो जाती है। परंतु जब उसके गुणधर्म के अनुरूप आवेग शांत हो जाता है, तब व्यक्ति सब भूल जाता है और मन में शंका निर्माण हो जाती है। मन भ्रमित हो जाता है। अहल्या की भावनात्मक अवस्था को राम जान गए थे। आत्मस्वरूप अवस्था के कारण राम का विवेक जाग्रत् था, इसीलिए राम ने अहल्या की भावनाओं को स्वीकार भी नहीं किया और अस्वीकार भी नहीं। उन्होंने अहल्या को उसके स्त्रीधर्म का ज्ञान कराते हुए, गौतम ऋषि का अनुसरण करने के लिए प्रेरित किया। अहल्या में स्त्रीभाव जाग्रत् था, इसीलिए उन्होंने राम की बातें तुरंत मान लीं और उसी अनुरूप वे कृति करने के लिए तैयार हो गईं। किंतु शबरी की अवस्था भिन्न थी। मातंग ऋषि के सान्निध्य में रहते हुए तथा उनके द्वारा दिए संस्कारों से वे जान गई थीं कि मैं केवल स्त्री ही नहीं, बल्कि अज्ञानी जीव हूँ। मातंग ऋषि को पूर्ण शरणागति देने के पश्चात् तथा उनकी प्रेम सेवा से धीरे-धीरे शबरी का जीवभाव पूर्णतः समाप्त हो गया। मातंग ऋषि द्वारा बोया गया आत्मबोध-रूपी बीज अंकुरित हो, उसकी मूल शबरी के अंतःकरण में फैलने लगी। मातंग ऋषि की कृपा से फलित आत्मसाधना से आत्मप्रेम धीरे-धीरे निर्माण हो बढ़ने लगा।

"मातंग ऋषि के देहावसान के पश्चात् विरह के कारण शबरी के

अंतस में ईश्वरीय प्रेम बढ़ता रहा और उत्कट होता रहा। उस प्रेम को अर्पित करने के बाद ही उन्हें परम आनंद और धन्यता का अनुभव होता। ऐसे शुद्ध प्रेम को स्वीकार करने की योग्यता तथा सामर्थ्य केवल राम में था अर्थात् राम की भी वैसी सहज प्रेम स्वीकार करने की वृत्ति नहीं थी, परंतु शबरी के शुद्ध और पवित्र प्रेम के कारण उनमें इस प्रेम को सहज स्वीकार करने की वृत्ति निर्माण हो गई। ईश्वरीय प्रेम के आदान-प्रदान से ही भक्तिभाव निर्माण होता है तथा भक्तिभाव से आनंद होता है। शबरी के भक्तिभाव को अर्पण करने के लिए मानो राम देव हो गए तथा देव-भक्त के मिलन से वे एकरूप हो गए। आनंदानुभव की इस परमोच्च अवस्था के पश्चात् शबरी के लिए जीने का कोई कारण ही शेष नहीं रहा था, इसीलिए उनकी आत्मज्योति देहत्याग, राम की परमज्योति में विलीन हो गई। इस तरह शबरी के जीवन का अंत पावन और अद्‍भुत हो गया।

''जीवन का अंत इसी प्रकार हो, तभी जीवन श्रेष्ठ अथवा धन्य होगा, ऐसा कोई नियम नहीं है। शबरी का जीवन, उनके जीवन की परिपूर्णता तथा उनके जीवन का अंत, निश्चित रूप से नारायण की इस सृष्टि में एक अद्‍भुत और सुंदर लीला थी। ऐसी अनेक लीलाएँ, इस सृष्टि में घटित होती रहती हैं। पर एक लीला के समान दूसरी लीला नहीं होती, यह भी उन्हीं की लीला है। ऐसे लीलाधारी नारायण जिन्हें हृदय से प्रिय हो जाएँ, उन्हें ही नारायण के अंत:करण को जानने और उनसे एकरूप होने की लगन लगती है और वे ही इस अनुभव को प्राप्त कर पाते हैं।

राम के विषय में तुमने जो व्यक्तिगत प्रश्न पूछा है, वह भी अत्यंत महत्त्वपूर्ण और गंभीर है। धर्म-अधर्म की सीमा तथा स्वधर्माचरण की क्रम वारी प्रधानता और मर्यादा प्रकट करनेवाला गूढ़ ज्ञान भी एक रहस्य ही है। आत्मस्वरूप अनुभव के पश्चात्, अवतारी पुरुष सहज जीवन जीते हैं। इसी को आत्मधर्म कहते हैं। वे आत्मधर्म के साथ आत्मधर्म के लिए ही जीते हैं। आत्मधर्म ही उनके जीवन का मूल और मुख्य सूत्र होता है। अन्य धर्म जैसे स्वधर्माचरण तथा कर्तव्य-कर्म, वक्त और प्रसंग के अनुरूप सहज ही होते हैं। राम का चरित्र भी इसी तरह प्रकट हुआ। पुत्र के नाते, बंधु के

नाते, पति होने के नाते तथा राजपुत्र के नाते वे अपने कर्तव्य-कर्म करते रहे। आत्मस्वरूप के अनुभव के पश्चात् भी सारे कर्म वैसे ही होते रहे, बस सांसारिक दृष्टि और भाव समाप्त हो गया तथा कृति में अपनेपन का भाव और मर्यादा समा गई। पति के नाते सीता के संबंध में उन्होंने एकपत्नी व्रत का पालन किया। परंतु ईश्वरीय प्रेम से युक्त शबरी ने जब अपना प्रेमभाव राम को अर्पित किया, तब ईश्वरीय प्रेम से एकरूप राम ने, उस प्रेम को उसी भाव से स्वीकृत किया। तब वे न किसी के पुत्र थे, न बंधु, न पति और न ही राजपुत्र। वे केवल एक ईश्वरीय अनुभव थे, जिसमें ईश्वरीय प्रेम के प्रति सहज आकर्षण होता है, जहाँ ईश्वरीय प्रेम को स्वीकार करना ही स्वधर्म होता है, तथा वही सर्वश्रेष्ठ कर्तव्य होता है। सारे धर्म और कर्तव्यों का पालन स्वधर्माचरण की ओर जाने के लिए ही होता है तथा स्वधर्माचरण में सारे धर्म और कर्म समाहित होते हैं। स्वधर्म का पालन करते हुए भले ही बाहरी तौर से यह दिखाई दे कि राम अपने धर्म और कर्मों से कुछ समय के लिए विलग हो गए, परंतु उनके ईश्वरीय अनुभव में धर्म और कर्म समाए हुए हैं। किसी भी धर्म की सीमा अथवा कर्म की मर्यादा का उल्लंघन वहाँ संभव ही नहीं है। विशुद्ध और निर्दोष ईश्वरीय अनुभव में किसी भी प्रकार की अशुद्धता अथवा दोष नहीं होता है।''

राम के ईश्वरीय अनुभव की सर्वश्रेष्ठता को सप्रमाण सिद्ध करते हुए नारद की ओजस्वी वाणी अधिक ही तेजस्वी हो गई थी। उस सत्यज्ञान के प्रकाश का मांगल्य और आनंद लक्ष्मी महसूस कर रही थीं। ऐसी आनंददायक और मंगलकारी कथा श्रवण करने की लक्ष्मी की लालसा और अधिक बलवती होने लगी। उसी भावपूर्ण अवस्था में वे नारद से कहने लगीं, ''हे नारद, इस कथा श्रवण से ही राम-चरित्र के स्वधर्माचरण की श्रेष्ठता को मैं थोड़ा-बहुत समझने लगी हूँ। इसी स्वधर्माचरण के कारण राम-चरित्र की दिव्यता प्रकट हुई है। मुझे और एक बात समझ में आ गई है कि सामान्यजनों के स्वधर्म आचरण से राम का स्वधर्म आचरण श्रेष्ठ है कि बहुधा यही सत्य है। कारण—सामान्यजनों का स्वधर्माचरण उनकी अज्ञानता तथा अहंकार की अवस्था में होता है, जबकि राम का स्वधर्माचरण उनके आत्मधर्म की जाग्रत्

अवस्था में होता है, जो सहज और निरहंकारी है, इसीलिए सत्य है।

''आत्मधर्म की प्राप्ति के लिए राम ने धर्म और कर्तव्यों का पालन किया। पर योग्य समय आने पर उन्हें थोड़ी देर अलग करने का सामर्थ्य भी इसी आत्मधर्म में समाहित है। ऐसे ही कई प्रसंग राम के जीवन-चरित्र में कई बार आए होंगे तथा योग्य समय पर उचित निर्णय और कृति से राम-चरित्र की दिव्यता और भी बढ़ी होगी। हे नारद, राम-चरित्र के ऐसे ही अनेक दिव्य प्रसंगों के श्रवण की उत्कंठा मुझमें बढ़ती जा रही है।'' लक्ष्मी की प्रेमपूर्वक बातें सुन, नारद का आनंद और अधिक वृद्धिंगत हो गया तथा सगुण प्रेम शब्दरूप में प्रवाहित होने लगा। वे कहने लगे, ''हे नारायणप्रिय लक्ष्मी, तुम सत्य ही कह रही हो। राम के जीवन में स्वधर्म पालन करने के कई प्रसंग आए तथा राम ने आत्मधर्म के अधिष्ठान पर स्वधर्म का पालन करते हुए कई निर्णय सहज किए।''

□

बाली का वध और सद्‌गति प्राप्ति

"सीता की खोज में राम और लक्ष्मण मार्ग में आगे बढ़ रहे थे कि आकस्मिक उनकी भेंट किष्किंधा नगरी के वानर राजा सुग्रीव से हुई। सुग्रीव के बड़े भाई बाली ने अधर्म और ताकत से अपने छोटे भाई का राज्य और पत्नी को छीनकर उसे राज्य से बाहर निकाल दिया था। सुग्रीव अपने कुछ निष्ठावान सेवकों के साथ एक वन में एक पर्वत पर रहता था। राम से भेंट के पश्चात् सुग्रीव को लगा कि वे दोनों सम दुःखी हैं और उन्हें एक-दूसरे की मदद करनी चाहिए। इसीलिए अग्नि को साक्षी मानते हुए उन दोनों ने एक-दूसरे को वचन दिए कि 'सुग्रीव के राज्य और पत्नी को बाली से मुक्त करने के लिए राम सुग्रीव की मदद करेंगे तथा राम की पत्नी, सीता की खोज के लिए सुग्रीव अपने सैन्यबल के साथ राम की मदद करेंगे।'

"राम ने सुग्रीव को समझाया और कहा कि तुम बाली के पास जाकर उससे द्वंद्वयुद्ध का आह्वान करो। किंतु सुग्रीव जानता था कि बाली के समक्ष पराक्रम में वह कम पड़ता है और युद्ध में वह बाली को कभी भी परास्त नहीं कर सकता। परंतु राम के आश्वासन के पश्चात् कि 'मैं स्वयं उसका वध करूँगा' सुग्रीव आगे बढ़ा तथा बाली से युद्ध करने के लिए तैयार हो गया।

"सुग्रीव द्वारा राम के गले में डाली पुष्पों की माला को राम ने अपने हाथों से सुग्रीव के गले में डाला तथा युद्ध में जीत का आश्वासन दिया। राम के आश्वासन से प्रेरित सुग्रीव ने युद्ध के लिए बाली को ललकारा। राज्य की सीमा के बाहर दोनों के बीच बहुत घमासान युद्ध हुआ। बहुत देर तक युद्ध चलता रहा और दोनों भयंकर रूप से घायल हो गए। सुग्रीव समझ गया कि

वह बाली को हरा नहीं सकता। इसीलिए वह असहाय नजरों से राम की ओर देखने लगा।

"राम और लक्ष्मण दोनों एक पेड़ के पीछे से यह युद्ध देख रहे थे। राम जान गए कि बाली के समक्ष सुग्रीव पराक्रम में कमजोर पड़ रहा है। उन्होंने तुरंत धनुष की प्रत्यंचा चढ़ाई और बाली के सीने की ओर निशाना साध कर एक बाण चला दिया। राम के अमोघ बाण से बाली जख्मी हो जमीन पर गिर पड़ा। बाली ने देखा कि जिस दिशा से बाण आया है, उस दिशा से लक्ष्मण के साथ राम की भी मूर्ति दिखाई दे रही है। बाली राम के माहात्म्य को जानता था और उसे यह भी मालूम था कि राम साक्षात् नारायण के अवतार हैं। बाली को धर्म और शास्त्रों का ज्ञान था तथा ज्ञान का अहंकार भी। जब राम उसके समक्ष पहुँचे तब पहले बाली ने राम का अभिवादन किया, फिर धीरे से जख्मी अवस्था में ही कष्टपूर्वक उसके मुख से एक-एक शब्द इस प्रकार निकला—'हे राम, जिस तरह तुमने मुझे छुपकर मारा है और उससे जो कष्ट मेरी देह को हो रहा है, उससे कहीं अधिक मैं इस बात से व्यथित हूँ कि तुम क्षत्रिय होकर ऐसा अधर्म कर रहे हो। तुम साक्षात् नारायण के अवतार हो और धर्म की रक्षा करना तुम्हारा कार्य है। यदि तुमने सामने आकर मुझ पर बाण चलाया होता और मुझे मृत्यु भी आ गई होती तो भी मैं आनंद से उसे स्वीकार करता, क्योंकि उससे मुझे मोक्ष की प्राप्ति होती।"

बाली की बातें सुन धीर-गंभीर राम अधिक ही तेजस्वी दिखाई दे रहे थे तथा तेजस्विता उनकी वाणी से प्रकट होने लगी, वे कहने लगे, "अरे बाली, धर्म का ज्ञान तो तुम्हें बहुत है, पर एक बात याद रखो कि शब्द ज्ञान ही धर्म नहीं होता, वरन् उसके अनुसरण को धर्म कहते हैं। अपने आपको सत्य साबित करने के लिए उपयोग किया गया शब्द ज्ञान धर्म नहीं, बल्कि अहंकार कहलाता है। अपने बंधु का राज्य छीनकर तुमने उसे राज्य से बाहर निकाल दिया तथा कन्या के समान उसकी पत्नी को तुमने अंत:पुर में रखा। ऐसा अधर्म करने के पश्चात् तुम्हें लज्जा तो आई नहीं और उलट तुम मुझे धर्म का ज्ञान बता रहे हो। अधर्म का आचरण कर, धर्म का रक्षण माँगने का तुम्हें अधिकार नहीं है। मेरा कार्य धर्म रक्षण का है तथा धर्म के रास्ते पर

चलने वालों का अधर्मियों से रक्षण करना है। धर्माचरण करते हुए, जिनके जीवन में कठिनाई और संकट आते हैं, उनका और उनके धर्म का रक्षण करना ही मेरा जीवन कार्य है। तब ही धर्म और धर्माचरण टिक सकेगा तथा धर्म पर चलने वालों में साहस आएगा। संकट के समय धर्म की शरण लेने वाले अधर्मियों का नाश करना ही मेरा धर्म कार्य है। इसीलिए मैंने तुम्हें धर्मयुद्ध करने का अवसर नहीं दिया, नहीं तो तुम्हें सद्गति प्राप्त हो जाती, जिसके तुम पात्र नहीं हो। जो सारे नीति-नियमों को एक तरफ रख जीवन जीता है, वह पशुतुल्य होता है। ऐसे पशुतुल्य जीवन जीने वालों को धर्मयुद्ध का अधिकार नहीं होता। जिस तरह पशुओं से अपना रक्षण करते हुए उनका शिकार किया जाता है, उसी तरह मैंने पेड़ की आड़ में रहकर तुम्हारा शिकार किया और तुम्हें मरने की स्थिति में ला दिया है। तुम्हारे पापकर्मों का यही योग्य फल है तथा तुम्हारे जैसे अधर्मियों की यही योग्य गति है।''

राम की तेजस्वी वाणी से स्फुरित आवेगपूर्ण शब्दों के समक्ष बाली की कपटता पूरी तरह ध्वस्त हो गई। राम के स्वानुभव पूर्ण सत्य-ज्ञान को सुन बाली अपने शाब्दिक ज्ञान का खोखलापन और मिथ्यत्व जान गया। उसे अपनी अधोगति समझ आ गई और वह व्याकुल हो गया। वह विनयपूर्वक राम से कहने लगा, ''हे सत्यप्रिय राम, सत्यधर्म जानने और उसका आचरण करने का जो ज्ञान आपने दिया है, वही सत्य है। इसमें जरा भी संदेह नहीं है, क्योंकि यही आपका स्वानुभव और आचरण है। 'मेरी समझ में वही ज्ञान सत्य और अंतिम है,' इसी अहंकार के कारण मैं कब और कैसे अधोगति की ओर उन्मुख हो गया, मुझे नहीं मालूम। धर्म का अनुसरण करते हुए व्यवहार न कर सिर्फ जो मैं कर रहा हूँ, वही धर्म है, इस भ्रामक सोच में ही मैं जीता रहा।

''हे राम, हम सामान्यजन मूलतः अज्ञानी ही होते हैं। जब तक हम यह मानते हैं कि हम अज्ञानी हैं, तब तक ही हम ज्ञान ग्रहण कर सकते हैं। परंतु जब अज्ञान को ही हम ज्ञान मान लेते हैं, तब अज्ञान पर अहंकार की परतें चढ़ने लगती हैं तथा अज्ञान का अहंकार और अधिक दृढ हो जाता है। मूल स्वार्थी स्वभाव और विषयलोलुप प्रवृत्ति के साथ जब अहंकार जुड़ जाता

है तब अधोगति आरंभ हो जाती है, जिसकी कोई सीमा नहीं रहती। ऐसे हमारे अज्ञान का भेद करने के लिए हे एक बाणी राम, आपके वाक् बाण और प्रत्यक्ष बाण ही चाहिए। आपके बाण से मेरा शरीर और अहंकार, दोनों घायल हुए हैं तथा मुझे अपने अज्ञान से घृणा हो रही है। मैं आपसे प्रार्थना करता हूँ कि जैसे आपने मेरे अहंकार का नाश किया है, वैसे ही मेरा अज्ञान भी दूर करें। मैंने अपने बंधु सुग्रीव के साथ बहुत अन्याय किया है। जिसके लिए आप मुझे जो भी दंड देंगे, वह कम ही है। मैं आपकी क्षमा का पात्र नहीं हूँ। मेरा वध ही मेरे अपराधों की सजा है। पर हे राम, मैं आपसे विनती करता हूँ कि मेरा अंत ऐसे अज्ञानी, स्वार्थी और अहंकारी जीव के रूप में न हो। मेरे मरने से पहले मेरा आपके हाथों उद्धार हो। मैं अपने बंधु सुग्रीव के समान भाग्यशाली नहीं हूँ, जिसके आप परम सखा हो गए हैं, परंतु उसके बंधु के नाते ही मुझ पर कृपा करें और मुझे अपनी शरण में ले लें।''

बाली के आर्त वचन सुन दयावान राम का अंतःकरण द्रवित हो गया तथा नेत्रों में प्रेमाश्रु छलक आए। सर्व सामान्य जीवों के प्रति करुणा रखनेवाले राम बाली के एकदम निकट आकर बैठे तथा अपने हाथ से उसका कपाल सहलाते हुए कहने लगे, ''हे बाली, तुम्हें अपने अज्ञान का अहसास हो गया, इसी बात से मुझे बहुत संतुष्टि मिल रही है। अज्ञान का अहसास ही ज्ञान का प्रथम लक्षण है। शब्दज्ञान होते हुए भी यदि अपने अज्ञान का अहसास नहीं हुआ तब उसी शब्दज्ञान से अहंकार धीरे-धीरे बढ़ने लगता है। अज्ञान दोष है और अहंकार जीव का शत्रु। ज्ञान और प्रत्यक्ष अनुभव के बीच का अंतर केवल भक्ति से दूर होता है तथा भक्ति की शुरुआत शरणागति से होती है। इसीलिए शरणागति ही अहंकार के नाश की मूल है।

''तुम्हारे अहंकार के कारण तुमसे ऐसे कर्म हुए हैं, जिसके कारण अनेक जन दुःखी हुए हैं। दूसरों को क्लेश देनेवाले कर्म ही पापकर्म होते हैं, जिसके दुःखदायक फल भोगने पड़ते हैं। कर्म का फल सभी को भोगना पड़ता है। पुण्य के फल सुखकारक और पाप के फल दुःखदायी होते हैं, जो ईश्वर की नियति हैं। जबकि ईश्वर की भक्ति का फल, सुख और दुःख दोनों से परे अत्यंत आनंददायी होता है। तुम्हें अपने पापकर्मों का पश्चात्ताप हो

रहा है, यह बहुत महत्त्वपूर्ण बात है। पश्चात्ताप की अग्नि में अहंकार जल जाता है तथा अंत:करण शुद्ध और पवित्र हो उठता है और वहाँ बसे ईश्वर के अस्तित्व की जागृति हो जाती है। एक बार इस बात की पुष्टि हो गई कि सर्व चराचर सृष्टि और ब्रह्मांड में व्याप्त ईश्वर का अंश मात्र ही हमारे अंत:करण में है, तब हम पूर्ण रूप से अहंकार और अज्ञान से दूर हो जाते हैं तथा उस निरहंकारी ईश्वर के अस्तित्व का आनंददायी अनुभव पल-पल लेते हैं।

"अत: हे बाली, तुम्हारे शुद्ध हुए अंत:करण में अब तुम ईश्वर के अस्तित्व का दृढ निश्चय कर लो। उसी के प्रेम का तुम स्मरण करो और उसी प्रेम से ईश्वर की लगन लगा लो, जिससे तुम्हारे अंतस के ईश्वर का अस्तित्व प्रकट हो जाएगा। तब तुम संसार, देह, मन और बुद्धि के बंधन से मुक्त हो अपने सत्य अस्तित्व के अनुभव के आनंद में रम जाओगे। अंत समय में जिन्हें ईश्वर की लगन लग जाती है, वे अपनी देहत्याग के पश्चात् व्यापक ईश्वर से सहज एकरूप हो जाते हैं।" राम के मुख से प्रकट होने वाले सत्य वचनों से बाली बोधित हो रहा था, पर साथ ही राम के प्रेमल वचनों से भावपूर्ण भी हो गया। राम ने जिस हाथ से बाली को पकड़ रखा था, उसी हाथ को बाली ने मस्तक पर रख राम के चरण वंदन किए। तत्पश्चात् अत्यंत प्रेम से अपने हृदय से लगाकर बैठा रहा और बहुत देर तक वह इसी तरह प्रेमपूर्ण अवस्था में बैठा रहा। फिर बहुत प्रयत्न से अपने नेत्रों को थोड़ा खोल अपने मन की बात इस प्रकार कहने लगा—

"हे आत्मस्वरूप राम, यद्यपि यह आपका धर्म है कि आप शरणागत आए लोगों को अभय देते हैं, अज्ञानी को ज्ञान, स्वयं को ज्ञानी समझने वालों को सत्यज्ञान समझाकर उनका अज्ञान दूर करते हैं तथा उन्हें आत्मप्राप्ति का मार्ग दिखाते हैं, पर आपने मेरे लिए यह धर्म प्रकट कर मुझ पर असीम कृपा की है। अधर्म का नाश कर मेरे अंत:करण को शुद्ध और पवित्र बनाया है तथा वहाँ प्रेम निर्मित किया है। आप ही की सगुण मूर्ति वहाँ स्थापित हो गई है। अब मुझे ईश्वर के अस्तित्व की लगन के लिए कुछ और करने की आवश्यकता नहीं है और न ही मेरे पास समय शेष है। आपके सगुण रूप का ध्यान करते हुए मेरे जीवन का अंत हो जाए, यही मेरी एकमात्र इच्छा है।

मेरी इस अंतिम इच्छा की पूर्ति का सामर्थ्य केवल आप में है। आपके चरणों में मेरी यह प्रेमपूर्वक प्रार्थना है कि आप अपने हाथों से मेरी छाती में लगा बाण निकाल मेरे जीवन का अंत करें। यह मेरा परम सौभाग्य होगा कि मेरे अंतिम समय में जिस प्रेमल मूर्ति का मुझे अंतस में ध्यान लगा है, वह मेरे नेत्रों के समक्ष है।'' बाली के आर्त वचन सुन राम भी भावपूर्ण हो गए। अपने एक हाथ से पहले ही उन्होंने बाली का हाथ पकड़ा हुआ था, दूसरे हाथ से अत्यंत कोमलता के साथ उन्होंने बाली की छाती से बाण निकाला। उस समय उसे असह्य वेदना हो रही थी, पर मुख मात्र अत्यंत शांत और प्रसन्न दिखाई दे रहा था। यह शांति और प्रसन्नता उसके अंतस में बसी राममूर्ति के बाहरी लक्षण थे। राम की मूर्ति के दर्शन करते हुए ही बाली ने अपने प्राण त्याग दिए, पर मुख पर चैतन्य और प्रसन्नता में कमी नहीं आई। राम ने प्रेम से बाली के मुख पर हाथ फेरा तथा अपने हाथों से नेत्रों को बंद कर लिया।

बाली का हाथ अपने हाथ से छुड़ाते हुए राम सुग्रीव के पास आए। सुग्रीव बहुत दुःखी हो रहे थे। राम ने प्रेम से सांत्वना देते हुए सुग्रीव को धीरज बँधाया। बाली की पतिव्रता स्त्री तारा और बेटे अंगद को भी राम ने अपने प्रेमल और सत्य वचनों से शांत किया। तत्पश्चात् सुग्रीव से कहकर अंगद द्वारा बाली का यथायोग्य अंतिम संस्कार करवाया। सुग्रीव का राज याभिषेक कर उन्हें किष्किंधा नगरी के राजसिंहासन पर बैठाया तथा स्वयं पर्णकुटी बनाकर लक्ष्मण के साथ वन में रहने लगे।

श्रवण सुख में पूर्णतः लीन लक्ष्मी सावधान चित्त से श्रवण कर रही थीं। उन्हें जैसे ही यह महसूस हुआ कि नारद का वचनौद्य कुछ मंद हुआ है, वे नारद से प्रश्न पूछने लगीं, ''हे भक्तिप्रिय नारद, बाली के वध के निमित्त नारायण के रामावतार के एक विशेष पहलू के आपने दर्शन कराए हैं। बाली जैसे दुष्ट का राम ने जिस प्रकार संहार किया, उससे राम के पराक्रम का दर्शन होता है। वहीं जब बाली ने राम को शरणागति दी, तब राम ने बाली को मार्गदर्शन देकर आत्मप्राप्ति का मार्ग बताया, जो एकदम अद्‌भुत और आश्चर्यचकित करनेवाली बात है। यह सुनकर मैं अधिक चकित हुई कि राम ने अपने हाथों से बाली को जीवन मुक्ति प्रदान की। जब बाली ने अपनी

समस्या राम के समक्ष रखी कि 'आत्मस्वरूप का ध्यान लगने जितना समय मेरे पास शेष नहीं है, पर मेरे हृदय में आपकी मूर्ति बस गई है', इसी ध्यान से बाली को मुक्ति प्राप्त हो गई, तब बाली को आत्मस्वरूप की प्राप्ति हुई अथवा नहीं तथा देहत्याग के पश्चात् वह नारायण के परमात्मस्वरूप से एकरूप हो पाया या नहीं? कृपा कर मेरे इन प्रश्नों का उत्तर सविस्तार दें, यही आपसे विनती है।''

लक्ष्मी के योग्य प्रश्नों को सुन नारद संतुष्ट हुए तथा प्रश्नों के निमित्त वे अपने अंतस का गुण प्रकट कर कहनें लगे, ''हे लक्ष्मी, तुम्हारे प्रश्न तथा तुम्हारे मन में आई शंका, दोनों ही सर्वथा उचित हैं। आत्मस्वरूप का अनुभव ही मानवी जन्म की सर्वश्रेष्ठ अवस्था है। यह त्रिकालबाधित सत्य है। जिन्होंने ऐसा अनुभव प्राप्त कर लिया है, ऐसे जीव, देहत्याग के पश्चात् व्यापक परमात्मस्वरूप में सहज विलीन हो जाते हैं। किंतु ऐसे अनुभव का ध्यान लगना तथा उस ध्यान का टिके रहना अत्यंत कठिन है। इसीलिए राम के समान अवतारी पुरुषों का सान्निध्य अत्यंत आवश्यक होता है। स्वयं के आत्मस्वरूप का ध्यान रखना हो तो वह आत्मस्वरूप दिखाई नहीं देता, समझ में नहीं आता और जाना भी नहीं जा सकता। ऐसे समय में आत्मस्वरूप में रमने वाले अवतारी पुरुष ही आत्मस्वरूप का ध्यान लगाने का माध्यम बन सकते हैं। क्योंकि इनमें महात्मा का रूप दिखाई देता है, इनकी बातें सुनी और समझी जा सकती हैं तथा इनके रूप के परे, इनके आत्मस्वरूप का अनुभव जाना जा सकता है। जैसे ही हमें यह विश्वास हो जाता है कि इस महात्मा के रूप में ही आत्मस्वरूप साकार हुआ है, तब से हमें उनके रूप, उनकी कही बातें और उनके अनुभव से प्रेम हो जाता है। यह प्रेम इतना बढ़ जाता है कि स्वयं के अस्तित्व का अज्ञान और अहंकार पूरी तरह समाप्त हो जाता है। ध्यान, मन और चित्त में केवल उस महात्मा का व्यक्तित्व समाया रहता है तथा उन्हीं की लगन लग जाती है। इस लगन में कुछ बाहरी कारण या साधन ऐसे जुड़ सकते हैं कि यह ध्यान बढ़ता ही जाता है और इतना बढ़ जाता है कि उस महात्मा की अवस्था से एकरूप कर देता है। ईश्वर के सगुण रूप का सर्वांगीण ध्यान लगने को ही भक्ति कहते हैं,

जो सर्वोत्कृष्ट और सर्वश्रेष्ठ होती है। ऐसी भक्ति उनके सगुण रूप के प्रति उत्कट प्रेम से सहज प्राप्त होती है। जिस प्रकार पानी का छोटा गड्ढा अपने बल से समुद्र में जाकर नहीं मिल सकता, पर वही गड्ढा यदि नदी में मिल जाए तो वह नदी के जल के साथ समुद्र में मिल सकता है और एकरूप हो सकता है। उसी प्रकार सामान्य जीव के लिए आत्मस्वरूप का अनुभव करना कठिन होता है, पर यदि वही जीव भक्तिभाव के साथ आत्मानुभवी महात्मा से एकरूप होता है तो वह उस आत्मस्वरूप से भी एकरूप हो सकता है। यही इन सगुण अवतारों तथा सगुण प्रेमभक्ति का रहस्य है। यह रहस्य जिस भाग्यशाली जीवन को मालूम हो गया तथा जो सगुण प्रेम के सुबंधन में पड़ गया, वह जीव अज्ञान और अहंकार के बंधनों से मुक्त हो ईश्वरीय प्रेम से सदा युक्त भक्त बनकर रहता है। भक्त जो कभी भी किसी भी रूप में विभक्त न हो, केवल ईश्वर से एकरूप होता है। ऐसे एकरूप भक्त देहत्याग के पश्चात् व्यापक ईश्वर स्वरूप से एकरूप हो जाते हैं, इसमें कोई आश्चर्य की बात नहीं है।

''बाली बहुत भाग्यशाली था कि उसे राम-रूप से प्रेम हो गया। राम के सत्य वचनों पर पूर्ण श्रद्धा तथा राम के ईश्वरीय स्वरूप का पूर्ण निश्चय हो गया। इसी की परिणति यह हुई कि उसे रामस्वरूप का ध्यान लग गया तथा वह राम से एकरूप हो गया। रामस्वरूप ही आत्मस्वरूप था, इसीलिए वह राम के आत्मस्वरूप में कब और कैसे एकरूप हो गया, यह वह नहीं जानता था। परंतु राम को यह अहसास हो रहा था। सभी का आत्मस्वरूप एक ही होता है, इसीलिए बाली पहले आत्मस्वरूप से तथा देहत्याग के पश्चात् व्यापक स्वरूप से सहज एकरूप हो गया।''

नारद का वचनौघ थोड़ा कम हुआ और उन्होंने अपनी दृष्टि लक्ष्मी पर डाली। नारद को लक्ष्मी के मुख पर पूर्ण समाधान दिखाई नहीं दे रहा है। वे लक्ष्मी से कुछ कहते, इससे पहले लक्ष्मी ने ही नारद से कहना आरंभ किया, ''हे नारद, आपके स्वानुभव के कारण आपकी वाणी में जो प्रवाह है, उसे ग्रहण करने की मेरी श्रवण क्षमता कम पड़ रही है। श्रवण करते समय कभी-कभी ऐसी अवस्था आ जाती है कि शब्दों के माध्यम से श्रवण

होता है, श्रवणसुख भी मिलता है, पर उनकी गहराई तक पहुँच नहीं पाते हैं। कारण—हमारी बुद्धि की आकलन शक्ति ही कम पड़ने लगती है। आपने अवतारी महात्माओं के माध्यम से जो बताया कि सामान्यजन भी आत्मस्वरूप की अवस्था तक कैसे पहुँच सकते हैं, उसका पूर्ण आकलन तो नहीं हुआ, पर एक बात समझ में आ गई कि यह अनुभव जिस उत्कट सगुण भक्ति से आता है, वही सगुण भक्ति सर्वश्रेष्ठ है। ऐसी भक्ति निर्माण होने के लिए ईश्वर का सगुण प्रेम ही मुझमें निर्मित होना चाहिए। इस हेतु ईश्वर की सगुण प्रेमकथा का श्रवण करना अत्यंत आवश्यक है। इसीलिए हे नारद, मैं आपसे विनती करती हूँ कि आप रामावतार की सगुण कथा का प्रेमदायी मंगल गायन करते रहें तथा हमें उस कथा से निर्मित होने वाले प्रेम-प्रवाह में डुबोए रखें। मैं जानती हूँ कि सगुण कथा के प्रेम गायन से आपको प्रेम हो गया है। आपको होने वाले इस आनंद को देख मैं भी अति आनंदित होती हूँ।''

□

राम-हनुमान भेंट

लक्ष्मी के यथार्थ वचन सुन नारद अति आनंदित हुए और उनका उत्साह बढ़ गया। लक्ष्मी ने भी अपनी अवस्था को समझते हुए योग्य शब्दों में वर्णन कर उसे नारद के समक्ष प्रकट किया। जिसका समाधान नारद के मुख पर स्पष्ट झलक रहा था। नारद जानते थे कि यह बात इतनी साधारण नहीं है। उससे कहीं अधिक उन्हें इस बात से प्रसन्नता हो रही थी कि लक्ष्मी अपनी अवस्था का उपाय 'नारायण की सगुण प्रेमकथा' जानती थीं। यही नारद के लिए अधिक आनंद की बात थी और वे अत्यंत उत्साह के साथ राम-चरित्र की अग्रिम कथा का वर्णन करने लगे—

"हे लक्ष्मी, राम के हाथों बाली की मुक्ति तथा सुग्रीव के राज्याभिषेक के साथ ही राम-चरित्र में एक और अति महत्त्वपूर्ण प्रसंग घटित हुआ। सुग्रीव के अत्यंत करीबी, विश्वसनीय, अति बलशाली और पराक्रमी हनुमान की राम से भेंट। अंजनी माता और प्रत्यक्ष वायु का पुत्र हनुमान जन्म होते ही सूरज को लाल फल समझ झपटने का प्रयत्न करने लगा। यह देख इंद्र आए और उन्होंने हनुमान को समझाया। इंद्र ने हनुमान के पराक्रम की भरपूर सराहना की और कहा कि मैं तुम्हारे पराक्रम से बहुत प्रसन्न हूँ। मैं तुम्हें वर देना चाहता हूँ। तब हनुमान ने कहा कि मेरी केवल एक ही इच्छा है कि मेरी शक्ति का उपयोग ईश्वर की सेवा और उनके कार्य के लिए हो। इंद्र ने संतुष्ट हो हनुमान को आश्वासन दिया कि नारायण के रामावतार में तुम्हारी यह इच्छा पूरी होगी। तब से हनुमान इसी इंतजार में वानरों के राज्य किष्किंधा नगरी में रह रहे थे। बाली तथा सुग्रीव के बीच शत्रुत्व निर्माण होने

के पश्चात् हनुमान सत्य और धर्म के पक्ष अर्थात् सुग्रीव के साथ एकनिष्ठ भाव से रह रहे थे। सुग्रीव और राम की भेंट के समय हनुमान को राम के प्रथम दर्शन हुए। इसके पश्चात् राम का पराक्रम, बाली के माध्यम से राम का सत्यधर्म और ज्ञान का प्रकटीकरण, करुणानिधि राम द्वारा बाली को दी गई मुक्ति इत्यादि देख और सुनकर हनुमान दंग रह गए। उन्हें राम से प्रेम हो गया और उनके प्रति श्रद्धा निर्माण हो गई। उन्होंने निश्चय कर लिया कि वे तन, मन, बुद्धि और अपनी सारी शक्ति आजीवन राम के चरणों में अर्पित करेंगे।

''इसी के अनुरूप सुग्रीव से बात कर तथा उनकी अनुमति लेकर हनुमान ने राम के चरणों में शरणागति ली। राम के चरणों में साष्टांग दंडवत् कर हनुमान हाथ जोड़कर राम के सामने खड़े हो गए तथा विनतीपूर्वक कहने लगे, ''हे राम, हे पुरुषोत्तम, आपकी जय हो। मैं जानता हूँ कि आप ही साक्षात् नारायण के अवतार हैं तथा सत्यधर्म का पालन एवं संस्थापन करना ही आपके जीवन का हेतु है। सभी में विद्यमान आत्मा के रूप में आप ही हैं तथा मेरे भी हृदय के आत्माराम के रूप में आप ही हैं। यह सब जानते हुए भी मैं यह अनुभव नहीं कर पा रहा हूँ। देह, मन और बुद्धि के अस्तित्व का अनुभव करते हुए भी मुझे उसमें अपूर्णता महसूस होती है। मैंने अब तक कई पराक्रम किए हैं, पर इनसे मुझे प्रसन्नता नहीं होती है। मैं जानता हूँ कि ईश्वर की कृपा से प्राप्त इस देह, मन और बुद्धि के पराक्रम को जब मैं ईश्वर की सेवा में लगाऊँगा, तब ही मुझे पूर्ण समाधान प्राप्त होगा। यह भी सत्य है कि सेवा तब ही हो सकती है, जब ईश्वर सगुण रूप में अवतार लें। सेवाभाव की पूर्ति के लिए ही आपका अवतार हुआ है और मेरी आपसे भेंट हुई है। मुझे यह संकेत स्वयं इंद्र ने दिया था। तब से ही मुझे आपकी भेंट की लगन लग गई थी।

''प्रदीर्घ काल से लगी मेरी लगन का फल आज प्रत्यक्ष आपके रूप में मुझे मिला है और मैं धन्य हो गया। हे प्रभु, आपके चरणों में केवल मेरी एक विनती है कि आप मुझे अपना दास मान अपने चरणों में आश्रय दें। मेरे जीवन का प्रत्येक क्षण, मेरी देह का एक-एक रोम तथा मेरी प्रत्येक श्वास

आपकी सेवा में लगे, यही मेरी हार्दिक इच्छा है।'' हनुमान की आर्त विनती सुन राम का अंत:करण भर आया। राम को भी हनुमान से मिकलर बहुत आनंद हुआ। राम ने अपना कृपाहस्त हनुमान के कपाल पर रखा तथा प्रेम से उन्हें उठाया। हनुमान उठकर राम के चरणों में बैठ गए। हनुमान इस बात से अत्यंत प्रसन्न हो रहे थे कि राम ने उनके भाव को स्वीकार लिया।

''हे लक्ष्मी, राम-चरित्र के अग्रिम भाग में हनुमान, राम के एक अविभाज्य अंग बनकर रहे हैं। अपने अतुलनीय पराक्रम, अलौकिक बुद्धिमत्ता तथा पराकोटि के दास्यभाव के कारण हनुमान इस सृष्टि के इतिहास में दास्यभक्ति की श्रृंखला में आदर्श और एकमात्र मानक बन गए हैं।'' एकाग्रचित्त और आतुरता से श्रवण कर रहीं लक्ष्मी जान गईं कि अब जिस कथाभाग का वर्णन नारद कर रहे हैं, वह विशेष है तथा राम के अंत:करण के अत्यंत निकट लाने वाला है। इसी विशिष्टता को जानने हेतु वे नारद से कहने लगीं—

''हे नारद, आपकी बातों के लय तथा मुख के भावों से प्रतीत हो रहा है कि हनुमान का राम के जीवन में प्रवेश बहुत महत्त्वपूर्ण भूमिका निभाने वाला है। इस माध्यम से आपके अंत:करण से बहुत कुछ प्रकट होने वाला है। आपके प्रकटीकरण के पहले मैं आपसे कहना चाहती हूँ कि अब तक आपने सेवाभाव पर प्रकाश डालते हुए लक्ष्मण के सेवाभाव का विशेष उल्लेख किया है, उनके इस भाव की काफी प्रशंसा की है। परंतु हनुमान के विषय में आपने एक विशेष शब्द 'दास्य भाव' का प्रयोग किया है। मुझे लगता है कि आपने किसी विशेष उद्देश्य को प्रकट करने के लिए ही इस शब्द का प्रयोग किया है। मैं जानती हूँ कि सेवाभाव और दास्यभाव में केवल शब्दों का अंतर नहीं है, बल्कि मूल भाव में ही अंतर है तथा इस भाव के प्रकटीकरण के साथ ही आप राम और हनुमान के बीच स्थापित विशिष्ट संबंधों और अनुभव को प्रकट करनेवाले हैं।

''अत: सेवाभाव तथा दास्यभाव के बीच अंतर तथा दास्यभाव की विशिष्टता मुझे बताएँ, यही आपसे करबद्ध प्रार्थना है। लक्ष्मी के तर्कसंगत प्रश्नों को सुन नारद प्रसन्न हुए तथा कहने लगे, ''हे लक्ष्मी, तुम सचमुच

धन्य हो। नारायण का सगुण माहात्म्य वर्णन करते समय मेरे हृदय के भाव शब्दों के माध्यम से प्रकट होते हैं। तुम उन शब्दों में छुपे भाव को ग्रहण करते हुए भावपूर्ण हो जाती हो। यही माहात्म्य श्रवण का अपेक्षित परिणाम है। श्रवण करते समय केवल शब्दों को पकड़ें तो मन शुष्क रह जाता है, वहीं शब्दों के पीछे छुपे भाव को ग्रहण करें तो मन में प्रेम निर्माण हो जाता है। प्रेम से ही मन में प्रेमभाव बढ़ता जाता है तथा मन प्रेमभाव पूर्ण अवस्था में आने लगता है। इस भावपूर्णता के कारण मन में प्रेमत्व निर्माण हो जाता है। जो कहने वाले के प्रेम-सुर से जुड़ जाता है और वचनों का भाव सहज स्पर्श होने लगता है। यही श्रवणशक्ति कहलाती है।

"तुम्हारे द्वारा पूछे गए प्रश्न भी योग्य और महत्त्वपूर्ण हैं। सेवाभाव तथा दास्यभाव में बाहरी अंतर दिखाई न दे, तब भी दोनों भावों में मूलभूत अंतर है। सेवा बाह्य कृति द्वारा की जाती है, जिसमें अनेक नाते समाहित हैं, जैसे पिता-पुत्र, माता-पुत्र, गुरु-शिष्य, पति-पत्नी आदि। ऐसे अनेक नाते होते हैं, जहाँ उम्र में बड़े अथवा ज्ञान और अनुभव में बड़े व्यक्तियों का मान रख उनकी सेवा करना छोटों का कर्तव्य होता है। देहानुषंगिक सेवा कर उनका देहस्वास्थ्य रखना, उनकी इच्छा के अनुरूप व्यवहार करना, ताकि उन्हें मानसिक संतोष मिले इत्यादि। सेवाभाव भी अत्यंत कठिन और गहन है। दूसरों की सेवा और उनकी भावनाओं का ध्यान रखते समय स्वयं की समझ, पसंद और स्वार्थ सभी भूलना पड़ता है। जो आसान बात नहीं है। इस दृष्टि से सेवाभाव की जितनी प्रशंसा की जाए, कम है, परंतु सेवाभाव में स्वयं का जीवन अलग ही रहता है और वह अपना जीवन स्वतंत्र रूप से जीता है। सेवाभावी जिस व्यक्ति की सेवा कर रहा है, उससे कभी भी एकरूप नहीं हो पाता और न ही उनके जीवन का अनुभव एक समान होता है। परंतु दास्यभाव में ऐसा नहीं होता। उसका अपना माहात्म्य है। दास अपने मालिक से पूर्णतः एकरूप होता है। उसका अपना अलग अस्तित्व ही शेष नहीं रहता। अपने मालिक के सुख में वह अपना सुख और दुःख में अपना दुःख मानता है। मालिक के जीवन में ही उसका अपना जीवन समाहित होता है। मालिक के अनुभव से वह अपने भाव द्वारा सदा एकरूप रहता है। इसीलिए

दास्यभाव श्रेष्ठ होता है। सेवा बाह्य कृति द्वारा होती है, जबकि दास की कृति अंतस भाव से होती है और यही इसकी विशेषता है।

''सेवाभाव में अपनत्व की कमी से अहंकार निर्माण हो सकता है, किंतु दास्यभाव में आत्यंतिक अपनेपन की भावना के कारण दूजा भाव निर्माण नहीं होता। सेवाभाव में मन में शंका अथवा दुविधा आने की संभावना होती है, परंतु दास्यभाव में मालिक के प्रति अत्यंत प्रेम और माहात्म्य भरा होता है। इसीलिए 'सेवा' एक उच्च भाव है तथा 'दास्य' सर्वश्रेष्ठ भाव है।

''दास्यत्व भक्तिभाव है, जिसमें मालिक को अपना सर्वस्व मान अपना सबकुछ न्योछावर (अर्पण) किया जाता है। जहाँ किसी भी प्रकार की विभक्तता शेष नहीं रहती और केवल ऐक्य भाव ही शेष रहता है। इसीलिए ईश्वरप्राप्ति के लिए 'दास्यभक्ति' एक महत्त्वपूर्ण आधार है। यहीं से ईश्वर से एकरूप होने के मार्ग की शुरुआत होती है। इसमें आंतरिक भाव और बाह्य कृति में इतना मेल और समन्वय होता है कि किसी भी तरह का अंतर शेष नहीं रहता। सेवाभाव किसी भी सांसारिक नातों में संभव है, परंतु 'दास्यभक्ति' केवल ईश्वर के सगुण प्रेम से हो सकती है। उन्हीं के प्रति दास्यभाव निर्मित होता है और वहीं उसे पूर्णता प्राप्त होती है। दास्यभक्ति का ऐसा सर्वश्रेष्ठ भाव हनुमान के अंतस में राम के लिए निर्मित हुआ। इसीलिए राम-चरित्र में राम के साथ 'भक्त श्रेष्ठ' हनुमान का भी माहात्म्य सृष्टि के इतिहास में अजरामर हो गया।

''इस प्रकार राम का कृपाश्रय प्राप्त कर तथा राम के अंत:करण को जान, राम की प्रिय पत्नी सीता की खोज की तैयारी हनुमान करने लगे। हनुमान ने सुग्रीव की आज्ञा से उनकी सारी वानर सेना अपने साथ ले ली। जाने से पूर्व, हनुमान ने राम के चरणों में अपना मस्तक टेक उनका आशीर्वाद लिया। आशीर्वाद देते समय राम ने अपने प्रिय दास को निशानी के तौर पर सीता की वह अँगूठी दी, जो राम ने विवाह के समय सीता को पहनाई थी। रावण जब सीता का हरण करके ले जा रहा था, तब वही अँगूठी सीता की तर्जनी से निकलकर गिर गई थी, जो सीता की खोज करते समय लक्ष्मण को आश्रम के पास मिली थी। लक्ष्मण ने उस अँगूठी को बड़े जतन से सँभालकर

रखा था और वही अँगूठी राम ने लक्ष्मण से माँग कर हनुमान को अपने हाथ से दी। राम जानते थे कि हनुमान में यह सामर्थ्य है कि वे सीता को खोज लेंगे तथा उन्हें यह भी अहसास था कि यह कार्य हनुमान द्वारा ही पूर्ण होगा।

''मालिक के कार्य को स्वयं का कार्य जानना और उसे यश के साथ पूर्ण करना दास्यत्व के लक्षण हैं। ऐसा ही विश्वास मालिक को अपने दास पर रहता है। यहीं से एकरूपता के अनुभव की शुरुआत होती है। इस प्रकार राम के संकल्प और अपनी लगन के संयोग से सीता की खोज का कार्य हनुमान ने आरंभ किया।

''हनुमान वानर सेना को लेकर लंका की दिशा की ओर निकल गए। जब सागर तट तक पहुँचे तब ज्ञात हुआ कि सौ योजन सागर पार करके ही लंका में प्रवेश किया जा सकता है। इस पर वानर आपस में बातें करने लगे। किसी की उड़ान भरने की क्षमता 10 योजन थी तो किसी की पचास योजन, परंतु 100 योजन पार करने का सामर्थ्य किसी में नहीं था। इस चर्चा में हनुमान ने भाग नहीं लिया था। वे एक तरफ चुपचाप बैठे योजना बना रहे थे। तभी एक ज्येष्ठ वानर का ध्यान हनुमान की ओर गया। उसे हनुमान का शौर्य मालूम था। इसीलिए शेष सभी वानरो को संबोधित करते हुए वह कहने लगा, ''हे वानरो, तुम आपस में चर्चा कर अपना समय यों ही गँवा रहे हो। दस योजन क्या और पचास योजन क्या? समुद्र को पार करने के लिए सौ योजन जाना और पुनः आना होगा। यह तुम्हारे सामर्थ्य से परे है, पर हमारा परम भाग्य है कि हमारे बीच हनुमान जैसा शूरवीर है, जिसके लिए सहस्र योजन पार करना भी एकदम आसान बात है। पर वह निरहंकारी हो चुपचाप बैठा है। पंचानन के समान पराक्रमी हनुमान के समक्ष तुम्हारी आवाज लोमड़ी जैसी लग रही है। इसीलिए हम सभी को उन्हीं के पास जाकर विनती करनी चाहिए।

''हनुमान ने सभी की विनती स्वीकार करते हुए वीरासन लगाकर उड़ने की तैयारी की। हनुमान ने अपने नेत्र बंद किए और अपने प्रभु राम का ध्यान करते हुए कुछ ही क्षणों में जो उड़ान भरी कि सीधे लंका पहुँच गए। वहाँ उन्होंने सूक्ष्म रूप धारण किया और सीता की खोज आरंभ कर दी। ढूँढ़ते-

ढूँढ़ते उन्हें अशोक वन में एक वृक्ष के नीचे चिंता और दुःख से भरी सीता बैठी हुई दिखाई दीं। उनके चारों ओर राक्षसियों का पहरा लगा हुआ था। हनुमान एक पेड़ पर चढ़कर बैठ गए तथा उचित समय की राह देखने लगे। संध्याकाल होते ही वे पेड़ से उतरे तथा सीता के समक्ष हाथ जोड़कर खड़े हो गए। उन्हें देख सीता थोड़ा घबरा गईं। पर जब हनुमान ने उन्हें अँगूठी दिखाई तथा राम के सेवक के रूप में अपनी पहचान बताई, तब सीता को विश्वास हुआ। पहले हनुमान ने राम का कुशलक्षेम सीता को बताया, जिसे सुन सीता के नेत्रों से अश्रुधारा बहने लगी। अश्रुपात के पश्चात् सीता के मन का भारीपन कुछ कम हुआ। इसके पश्चात् बड़े प्रयत्नों से उनके मुख से ये शब्द निकले—

''हे स्वामीप्रिय हनुमान, तुम्हारे आगमन से मेरे कष्टों के बादल थोड़े छँट गए हैं या ऐसा कहूँ कि तुमने प्यासे के मुख में पानी की बूँदें डाल दीं। मेरे स्वामी के एकनिष्ठ सेवक के रूप में आप यहाँ आए, इसी से मुझे उनका प्रेम मिल गया और मैं धन्य हो गई। पर जब तक वे नहीं मिलें, मुझे किसी भी बात से सुख या आनंद नहीं मिल सकता। सुवर्ण मृग के मोह में, मैं अपने पति के प्रेम और माहात्म्य को भी भूल बैठी। पर मेरे प्रभु राम मुझे नहीं भूले और वे मुझे कभी भी भूल नहीं सकते। यही उनका माहात्म्य है। थोड़ी सी गलती के कारण मैं कितने कष्ट भोग रही हूँ और अपने नाथ के प्रिय सान्निध्य से वंचित हो गई हूँ। अपने प्रिय व्यक्ति से बिछड़ने जैसा दूसरा कोई दुःख नहीं है। इस विरह-अग्नि में जलते हुए मैं हर क्षण मरने जैसा अनुभव कर रही हूँ। मरने के पश्चात् सारे दुःखों और क्लेशों से मुक्ति मिल जाती है, पर विरह का दुःख केवल मरने के पश्चात् अथवा मिलन से ही दूर हो सकता है। राम के विरह का दुःख राम के मिलन से ही दूर होगा। पर हनुमान, आप यह बताएँ कि राम मुझे यहाँ से छुड़ाने के लिए प्रयत्नशील हैं न, मैं उनके पराक्रम और उनकी तेजस्विता को जानती हूँ, पर मैं यह सब तुम्हारे मुख से सुनना चाहती हूँ। तुमने राम के कुशलक्षेम के विषय में कहा, पर उनसे भी विरह का दुःख सहन नहीं हो रहा होगा। वे मुझसे कितना प्रेम करते हैं, यह मैं जानती हूँ। उनका प्रेम ही सच्चा है, क्योंकि वह उनके

अंतःकरण से आता है। वे हमें अपने अंतःकरण के अत्यंत करीब देखते हैं, पर हम ही उनके प्रेम को जानने में कम पड़ते हैं। क्योंकि हम उन्हें जितना प्रेम करते हैं, उसी दृष्टि से हम उन्हें देखते हैं। हमारा प्रेम मर्यादित और संकुचित दृष्टिकोण का होता है। जबकि उनका प्रेम विशाल और व्यापक है। उनका प्रेम अकारण है, पर हमारे प्रेम के पीछे कारण होता है। हमें उनसे आधार, रक्षण और मार्गदर्शन मिलता है, इसीलिए हम उनसे प्रेम करते हैं, लेकिन उनका सभी पर अकारण और अत्यधिक प्रेम होता है। वे हमें अलग मानते ही नहीं हैं और अलग देखते ही नहीं हैं, जबकि हम उन्हें अलग मानते हैं तथा उसी दूरी को रखते हुए उनसे प्रेम करते हैं, इसीलिए प्रत्यक्ष प्रसंग में हमारा प्रेम कम पड़ जाता है। अब मुझे ही देखिए! मुझ पर पड़े संकट के लिए मैं ही जिम्मेदार नहीं हूँ क्या? प्रेम और कर्तव्य भाव के साथ बाहरी रूप से सारा धन-दौलत, ऐश्वर्य, मान-सम्मान छोड़ प्रभु राम के संग वनवास आ अवश्य गई, किंतु उन सब वस्तुओं के प्रति मेरा मोह कम नहीं हुआ था। इसीलिए मैंने सुवर्ण मृग को देख, प्रभु राम के समक्ष जिद की कि मुझे उसी मृग की चमड़ी से बनी चोली पहननी है। प्रभु राम ने बहुत प्रयत्न किया पर मैंने उनकी बात नहीं मानी और अपनी हठ से डिगी नहीं। मेरे हठ की पूर्ति करने के लिए प्रभु राम उस मायावी सुवर्ण मृग के पीछे दौड़ गए। तभी 'लक्ष्मण मैं मर रहा हूँ, मुझे बचाओ' की आवाज आई और मैं व्याकुल हो गई। मैं अपने प्रभु के पराक्रम और माहात्म्य को भी भूल गई और लक्ष्मण से प्रभु राम के पास जाने का आग्रह करने लगी। प्रभु राम के प्रति लक्ष्मण के एकनिष्ठ भाव पर भी मैंने संदेह किया और कठोर शब्दों में उनकी निंदा की। मेरी रक्षा के लिए लक्ष्मण द्वारा बनाई गई मर्यादा रेखा भी मैंने पार कर दी तथा रावण द्वारा बनाए चक्रव्यूह में फँस गई। इन सारे कर्मों का फल अब मैं भोग रही हूँ। मैं जानती हूँ कि कर्मों के फल भोगकर ही पूरे होंगे। रावण के बंदीवास में मैंने अनंत कष्ट सहे हैं, पर मेरा मन इस अपराध-बोध से ग्रस्त है कि मैं ही अपने प्रभु के दुःख का कारण हूँ।

''वन में प्रभु के साथ रहकर उनकी सेवा करना और उनके स्वास्थ्य का ध्यान रखना तो दूर, मेरी वजह से उन्हें इतने क्लेश सहने पड़ रहे हैं।

बंधु लक्ष्मण उनकी ओर से पूरी तरह राम की सेवा में समर्पित हैं, पर पत्नी के कर्तव्य और सेवा की जगह कोई अन्य तो नहीं ले सकता। ऐसे सर्वश्रेष्ठ और पवित्र बंधन के मिलन का आनंद मेरे कारण, मेरे प्रभु को नहीं मिल रहा है। इसके स्थान पर वे भी वियोग का क्लेश झेल रहे हैं। तुमने मुझे प्रभु राम की कुशलता का संदेश अवश्य दिया है, पर मैं जानती हूँ कि मेरे समान वे भी शोकाकुल अवस्था में होंगे। लेकिन हे हनुमान, मेरा मन कह रहा है कि मेरे प्राणनाथ शीघ्र ही यहाँ आकर रावण का वध कर मुझे ले जाएँगे। यही संदेश देने के लिए उन्होंने तुम्हें यहाँ भेजा है। अब मेरे विरह के दिन जल्द ही दूर हो जाएँगे।''

सीता की शोकाकुल अवस्था और आर्तता का स्पर्श हनुमान के हृदय को भी हुआ और वे भी भावुक हो गए। अपने स्वामी के पराक्रम, माहात्म्य और अंत:करण को पूर्णत: जानने वाले हनुमान धीर, गंभीर वाणी में सीता से कहने लगे, ''हे सीतामाई, मेरा वंदन स्वीकार करें। मेरे स्वामी की पत्नी होने के नाते आप मेरी माता के समान हैं तथा सदा वंदनीय हैं। मैं आपका दु:ख समझ सकता हूँ। प्रभु राम जैसे अवतारी महात्मा के सान्निध्य और प्रेम से वंचित रहना और वह भी अपने कर्मों की वजह से, इससे बड़ा कोई और संकट नहीं हो सकता। हम जैसे सामान्य जीव देवाधीन हैं। प्रारब्ध के अनुरूप मिले कर्मों के फल भोगने ही पड़ते हैं, वे टल नहीं सकते। परंतु प्रारब्ध ही अंतिम नहीं होता, ईश्वरीय सत्ता और उसकी नियति ही सर्वश्रेष्ठ है। जहाँ ईश्वरीय अधिष्ठान है, उनके पास रहकर और योग्य प्रयत्नों द्वारा प्रारब्ध के भोगों को टाला जा सकता है। ईश्वरीय सत्ता और उसकी नियति के अनुरूप ईश्वरीय अधिष्ठान प्रकट होते हैं और हमारे प्रभु राम जैसा अवतार लेते हैं। उनके संकल्प, ध्यान और मार्गदर्शन पर चलते हुए हमारा जीवन भी बंधन मुक्त हो जाता है तथा जीवन में समाधान और शांति का अनुभव होता है। इससे भी कहीं अधिक यदि हमसे उन महात्मा की सेवा और भक्ति होने लगे तो धीरे-धीरे हमारा अज्ञान और अहंकार दूर हो जाता है और हमें भी ईश्वरीय अधिष्ठान की प्राप्ति हो जाती है तथा संपूर्ण जीवन आनंददायी हो जाता है। हमारा परम भाग्य है कि हमें प्रभु राम जैसे स्वामी

मिले। अपने सौभाग्य को जानते हुए यदि हम अपने मन, बुद्धि और देह को उनके तथा उनके कार्यों के लिए समर्पित कर दें तो हम निश्चित रूप से उनके अंतःकरण को पूर्णतः जान पाएँगे तथा अपने ही अंतःकरण में नित्य उनके दर्शन करेंगे।

"ईश्वरीय सत्ता से सदैव एकरूप होने तथा ईश्वरीय नियति का पूर्ण ज्ञान होने के कारण उनका अंतःकरण सबल होता है तथा ईश्वरीय प्रेम से नित्य भरे रहने के कारण वे अत्यंत प्रेमल होते हैं। उनके मन में प्रत्येक प्राणी के लिए दया, क्षमा और प्रेम रहता है। सामान्य जीवों द्वारा अज्ञानवश किए गए कर्मों से होने वाले दुःख से राम का मन सदा करुणा और दया से भर जाता है। उनकी गलतियों को प्रभु राम तुरंत माफ कर देते हैं। किंतु उनके स्वभाव और कृति के कारण प्रभु राम का अंतःकरण अप्रकट ही रहता है। परंतु जो उनके निकट रहता है अथवा उनके सान्निध्य में रहता है, वही उनके प्रेमल स्वरूप को देख पाता है। मेरा सौभाग्य है कि मुझे प्रभु राम के सान्निध्य का लाभ मिल सका तथा उन्होंने कृपावंत हो मेरे दास्यभाव को स्वीकार कर मुझे अपने चरणों में आश्रय दिया। तभी मैं जान पाया कि उनको आपसे कितना प्रेम है। आप पर आए संकट और दुःख के कारण प्रभु राम भी दुःखी रहते हैं। आपके विरह से उनमें उदासीनता आ गई है। पहले से ही उनका स्वभाव अत्यंत शांत और गंभीर है। अब आपके विरह के पश्चात् वे अधिक अंतर्मुख हो गए हैं। पहले उनके एकांत में आप सहभागी हो जाती थीं, पर अब एकांत में वे आत्मचिंतन में रत रहते हैं। यही उनकी प्रवृत्ति हो गई है। पर उन्हें आपकी चिंता सदा रहती है, इसीलिए उन्होंने आपकी खोज में हमारी वानर सेना को चारों दिशाओं में भेजा है। निकलने से पहले जब मैं उनके दर्शन करने गया, तब उन्होंने मुझे यह अँगूठी दी और कहा, सीता से भेंट करते समय यह अँगूठी उन्हें दिखा देना। प्रभु राम के इस विश्वास ने मेरा आत्मविश्वास बढ़ा दिया, मुझे दृढ निश्चय हो गया कि मैं निश्चित रूप से यशस्वी होकर लौटूँगा। उन्हीं की कृपा से मुझे इतना बल प्राप्त हुआ कि मैं सागर की सौ योजन की दूरी पार कर सीधे यहाँ पहुँच गया। उनकी मुझ पर कृपा से, मैं आपको भी यहाँ से लेकर पुनः सागर के सौ योजन अंतर की

दूरी पार कर ले जा सकता हूँ। परंतु मैं प्रभु राम के अंतःकरण को जानता हूँ। पहले वे अधर्मी और अहंकारी रावण का वध करेंगे, तब ही उनकी और आपकी भेंट होगी। यही प्रभु राम का संकल्प है और विधि का विधान भी। आपको भी यही विश्वास होगा कि आपके पति स्वयं अपने सामर्थ्य एवं पराक्रम के बल पर आपको रावण के बंदीगृह से छुड़ा ले जाएँगे। अब आप अपने विश्वास पर अटल रहें। प्रभु राम निश्चित ही अपने बल और पराक्रम से इस अधर्मी रावण का वध कर, आपको सम्मानपूर्वक अपने साथ ले जाएँगे। तब तक आप प्रभु राम के प्रेम के स्मरण में रहें तथा मुझे जाने की अनुमति दें।''

स्वामिभक्त हनुमान के मुख से अपने स्वामी के माहात्म्य को सुन सीता भी प्रभु राम के माहात्म्य और प्रेम में पुनः भर गईं। उनका दुःख, शोक और भय छूमंतर हो गया तथा निर्भयता के साथ वे हनुमान से कहने लगीं, ''हे स्वामिनिष्ठ हनुमान, तुम्हारी जय हो। हे स्वामिप्रिय हनुमान, मैं आपका अभिनंदन करती हूँ। प्रभु राम के दास के रूप में तुम स्वयं शोभायमान लग रहे हो। तुम्हारा अंतःकरण प्रभु राम के माहात्म्य से पूरी तरह भरा है और कहने के लिए तुम्हारे पास केवल वही शेष है। तुम्हारे जैसे दास के कारण ही प्रभु राम की कीर्ति त्रिभुवन में फैली रहेगी। इतने दुःख और क्लेश को भोगते हुए मेरे अंतःकरण की राममूर्ति थोड़ी धुँधली हो गई थी, परंतु तुम्हारे मुख से प्रभु राम का माहात्म्य श्रवण कर मेरा प्रेम जाग्रत् हो गया तथा इस प्रेम प्रकाश में मेरे स्वामी की मूर्ति पुनः प्रकाशित हो गई है। अब मुझे भय भी नहीं है और दुःख भी नहीं। मैं केवल अपने राम की हूँ और मेरा जीवन केवल उन्हीं के लिए है।

''मेरे लिए केवल वे ही एकमात्र जीवरूप हैं। मेरे प्रिय पति को, उनकी प्रिय पत्नी का यही संदेश देना कि मेरी तनिक चिंता न करें तथा स्वयं अपना पूरा ध्यान रखें। मैं यहाँ पूरी तरह निर्भय और तुम्हारे प्रेम से सबल हूँ। अपने प्राण नेत्रों में लेकर तुम्हारे आने की प्रतीक्षा कर रही हूँ। तुम्हारा और मेरा अखंड मिलन ही अब मेरे जीने का कारण है। इसीलिए हे प्रभु, आपके और मेरे मिलन की यह वेला शीघ्र ही हमारे जीवन में आए, यही मेरी आपसे

प्रार्थना है। हे हनुमान, मेरे प्रिय देवर लक्ष्मण को मेरा प्रेमपूर्वक नमस्कार कहना और कहना कि अज्ञानवश मुझसे जो गलती हो गई है, उसे उदार मन से क्षमा करें। जब मैं उनसे प्रत्यक्ष मिलूँगी, तब स्वयं क्षमा माँग लूँगी और वे निश्चित ही मुझे माफ कर देंगे। अब हे हनुमान, तुम यहाँ से तुरंत जाने की तैयारी करो, क्योंकि कोई कभी भी यहाँ आ सकता है। तुम्हारी भेंट से हुए आनंद तथा प्रभु राम की राह में लगी मेरी लगन, मेरे ये दोनों भाव तुम राम तक पहुँचा देना। तुम्हारे प्रति आभार व्यक्त कर मैं तुम पर बोझ नहीं डालूँगी और आभार व्यक्त करने की औपचारिकता की हम दोनों को कोई आवश्यकता भी नहीं है। मैं पुनः एक बार तुम्हारा प्रेमपूर्वक अभिनंदन करती हूँ तथा तुम्हें यहाँ से जाने की अनुमति ही नहीं देती, विनती करती हूँ।'' सीता के भावपूर्ण वचन सुन हनुमान निश्चिंत और आनंदित हो अशोक वन से बाहर निकल गए।

अपने स्वामी के कार्य की पूर्ति से हनुमान संतुष्ट अवश्य हुए, पर उन्हें समाधान नहीं हो रहा था। सीता की खोज हो गई, सीता से प्रत्यक्ष संवाद भी हुआ तथा अब सीता का संदेश शीघ्र ही प्रभु राम को देना है, यह जानते हुए भी उनके मन में एक प्रकार की उथल-पुथल मची हुई थी। हनुमान सोचने लगे कि जिस रावण ने प्रभु राम की प्रिय पत्नी सीता के हरण का साहस किया है, उसे प्रभु राम के माहात्म्य तथा पराक्रम की थोड़ी झलक दिखाना आवश्यक है। इसी सोच के साथ उन्होंने योजना बनानी आरंभ कर दी।

समरसता के साथ श्रवण कर रहीं लक्ष्मी ने नारद से प्रश्न किया, ''हे नारद, हनुमान के पराक्रम और सेवाभाव के प्रसंग का वर्णन श्रवण कर मैं अत्यधिक आनंदित हो रही हूँ। पर बीच में ही आपने हनुमान के विषय में जो बात कही, उससे मेरी श्रवण तंद्रा भंग हो गई। मैं जानती हूँ कि इस विषय को आप पूरी तरह जानते हैं, इसीलिए मैं बीच में ही आपसे प्रश्न करने का साहस कर रही हूँ, आप कृपा करके मुझे क्षमा करना। अपने पूर्व अनुभव के आधार पर मैं यह कह सकती हूँ कि मेरे प्रश्नों के पूछने से आपकी सगुण कथा वर्णन का रसभंग नहीं होता है, बल्कि यह अधिक रसमय हो जाता है। मेरा प्रश्न यह है कि जब हनुमान ने सीता की खोज कर ही ली थी, तब उन्हें

खुशी-खुशी यह खबर तुरंत राम को देनी चाहिए थी। उसके पश्चात् राम-रावण युद्ध में राम का पराक्रम स्वयं राम द्वारा प्रकट होने वाला ही था। राम के पराक्रम को हनुमान को क्यों दरशाना था ? इन बातों को कृपा करके आप सविस्तार समझाएँ।'' लक्ष्मी के प्रश्नों को सुन नारद ने स्मित हास्य किया तथा विस्तृत रूप से समझाते हुए कहने लगे—

''हे लक्ष्मी, दास्यभक्ति और सेवाभाव में जो मूलभूत अंतर है, वही तुम्हारे प्रश्न का उत्तर है। सेवाभाव में व्यक्ति अपने स्वामी की आज्ञा का पालन करते हुए यशस्वी कार्य करता है। अपने मन और देह के स्वास्थ्य की परवाह किए बिना ही वह अपने स्वामी के कार्य को पूर्ण करने में लगा रहता है। कार्य पूर्ण हो जाने के पश्चात् ही वह चैन की साँस लेता है। वह जानता है कि उसका स्वामी महान् है, पर उसकी महानता का कारण क्या है, यह वह नहीं जानता। क्योंकि वह वैसा अनुभव नहीं ले पाता। जबकि दास्यभाव भक्तिभाव है। दास अपने स्वामी का माहात्म्य जानता है तथा उनके अनुभव से एकरूप रहता है। अपने स्वामी की महानता प्रगट करने का भाव उसमें प्रबल और उत्कट रहता है। वह ऐसे अवसरों की तलाश में ही रहता है तथा अपने स्वामी के माहात्म्य को प्रकाशित करता रहता है। हनुमान ऐसे ही स्वामिनिष्ठ भक्त थे, जिनकी दास्यभक्ति पराकोटि की थी। उनकी दास्यभक्ति का माहात्म्य बताने के लिए ही मैं तुम्हें यह प्रसंग सुना रहा था। अतः दास्यभक्ति और सेवाभाव के मूलभूत अंतर को ध्यान में रखते हुए तुम अपना दृष्टिकोण वैसा बना लो, तब ही तुम दास्यभक्ति के रहस्य को समझ पाओगी। यहाँ हनुमान ने अपने स्वामी के माहात्म्य को रावण के समक्ष प्रकट करने के लिए ही यह निर्णय लिया था। यही उनके भक्तिभाव के लक्षण हैं।

रावण से भेंट लेने के उद्देश्य से हनुमान ने अशोक वन के पेड़ों को ध्वस्त करना आरंभ कर दिया। वहाँ के वनरक्षक राक्षसों का संहार किया, ताकि यह खबर रावण के कानों तक पहुँचे और उससे मिलने का अवसर हनुमान को मिल सके। अनेक प्रयत्नों के पश्चात् भी जब राक्षस हनुमान को पकड़ने में सफल नहीं हुए, तब स्वयं हनुमान ने ही अपने आपको अपनी पूँछ में बाँध लिया और वे रावण के महल में घुस गए। वहाँ के सैनिकों को

इसी में अपनी विजय दिखाई दे रही थी और उन्होंने हनुमान को सहर्ष रावण के दरबार में पेश किया। हनुमान द्वारा किए गए नुकसान की खबर पहले से ही रावण के कानों तक पहुँच चुकी थी, जिससे वह अत्यंत क्रोधित था, पर अब साक्षात् हनुमान को अपने सामने देख वह आग बबूला हो गया और तीव्र स्वर में दहाड़ते हुए बोला, "अरे मर्कट, तुझसे योग्य वाणी और योग्य आचरण की अपेक्षा करना ही गलत है। पाप कर्मों की सजा भोगने के लिए वानर रूप में आए तुम जैसों से अक्लमंदी या योग्य-अयोग्य व्यवहार की अपेक्षा करना ही व्यर्थ है। इसीलिए तुम्हारे जैसे वानर की ओर दुर्लक्ष करना ही सही उपाय है। पर यदि तुम्हें ऐसे ही छोड़ दिया तब तुम्हें अपनी शक्ति और अक्ल पर इतना घमंड हो जाएगा कि तुम अपने आपको बहुत होशियार और वीर समझने लगोगे और इस भूतल पर वृथा भार तथा ताप बनकर रहोगे। पर याद रखो कि तुम्हारा पाला लंकापति रावण से पड़ा है। तुम्हारे जैसे जो अपने आपको पराक्रमी समझते हैं, वे केवल मेरा नाम सुनकर ही धाराशायी हो जाते हैं, तब सामने आना तो दूर की बात है। परंतु अज्ञानवश तुमने मेरे सामने आने का साहस किया है, अब तुम्हें अपनी मूर्खता का फल भोगना ही पड़ेगा। पर तुममें इतनी हिम्मत है क्या? कर्म करते समय तो हँसते-हँसते कर्म करते हैं, लेकिन जब कर्मों के फल भोगने का समय आता है, तो केवल रोते रहते हैं। इसीलिए मैं तुम्हें एक अवसर देता हूँ। तुम मेरे चरणों में शीश रखकर क्षमा माँगो और अपने कर्मों का पश्चात्ताप करो, तभी मैं तुम्हारे गुनाह माफ करूँगा। तुम्हारे जैसे वानर को शिक्षा देने से मेरी प्रतिष्ठा कम हो जाएगी। इसीलिए तुम शीघ्र ही क्षमा माँग यहाँ से निकल जाओ।"

रावण के अहंकारी बोल सुन हनुमान को क्रोध आ गया और वे किंचित् ऊँची आवाज में रावण से कहने लगे, "अरे रावण, तुम्हारे अहंकार और घमंड के बारे में अब तक मैंने केवल सुना ही था, पर अब उसे प्रत्यक्ष देखकर मुझे विश्वास हो गया। तुम्हारे घमंड और सामर्थ्य का बुलबुला फूटने में अब देर नहीं लगेगी। वह समय बहुत करीब आ गया है। तुमने कठोर तपस्या कर कई वरदान प्राप्त कर लिये हैं और उनका उपयोग कर तुम

अधर्माचरण कर रहे हो। तुमने अपनी राक्षसी प्रवृत्ति बना ली है। तुम सारे सुयोग्य संस्कार भूल चुके हो। सारे सज्जनों, ऋषियों, मुनियों और तपस्वियों की अवहेलना कर तुम उन्हें अनंत कष्ट पहुँचा रहे हो। इन सभी ने तुम्हारे छल से परेशान हो जगनियंता नारायण की स्तुति की और उनसे आश्रय एवं रक्षा की विनती की। फलस्वरूप नारायण ने पृथ्वीतल पर रामरूप में अवतार लिया है, उन्हीं के हाथों तुम्हारी मौत लिखी है। पर उनकी शरण में जाकर अपने अपराधों की क्षमा-याचना माँगना तो दूर, तुम उन्हीं की पत्नी का हरण कर यहाँ ले आए।

"यह तुम्हारे विनाशकाल के निकट जाने के लक्षण हैं। सीता स्वयंवर के समय राम ने शंकर के धनुष के दो टुकड़े कर अपना पराक्रम दिखाया था। यह देखकर भी तुमने कुछ सीख नहीं ली। इसके विपरीत सीता का हरण कर अपनी मृत्यु को अधिक निकट ले आए। तुम्हें प्रभु राम का वेध लग गया है। सीता माता को छुड़ाना केवल निमित्त मात्र है, पर वे दरअसल तुम्हारा वध करने के लिए यहाँ आ रहे हैं। मैं अपने स्वामीसमर्थ प्रभु राम का एकनिष्ठ भक्त और पवनपुत्र हनुमान हूँ। तुमने मुझे मर्कट कहकर मेरा अपमान किया है। मेरे पराक्रम का अंशमात्र तुम देख ही चुके हो। ऐसे ही मेरे समान तथा मुझसे भी अधिक बलशाली असंख्य वानर प्रभु राम की सेवा में यहाँ उपस्थित होने वाले हैं। साथ में उनके बंधु लक्ष्मण भी प्रभु राम के साथ बहुत शीघ्र ही यहाँ पहुँचने वाले हैं। जब वे यहाँ आएँगे, वही तुम्हारे जीवन का अंतिम क्षण होगा, यह ध्यान रखो।"

हनुमान के प्रखर बोल सुन अहंकारी रावण का विवेक जाग्रत् तो नहीं हुआ, पर वह क्रोध से तिलमिलाने लगा। चेहरा गुस्से से लाल हो गया और नेत्रों से क्रोधाग्नि बाहर निकलने लगी। संताप से शरीर थरथराने लगा। वाणी से नियंत्रण छूट, मुख से जले-भुने शब्द बाहर निकलने लगे, "अरे मर्कट, तुम्हारे मुख से ज्ञान सुनने की मुझ जैसे ब्रह्मज्ञानी को कोई आवश्यकता नहीं है। तुम अपना ज्ञान अपने पास रखो या अपने जैसे अन्य वानरों को सुनाओ। कदाचित् वे ही तुमसे प्रभावित हों। पर मेरे सामने यह हिम्मत मत करो, नहीं तो इसका वह परिणाम होगा, जिसकी तुम कल्पना भी नहीं कर सकते। तुम

से थोड़ी देर बात क्या कर ली, तुम अपने आपको महापराक्रमी समझने लगे और तुम्हारे राम, जिन्होंने सीता-स्वयंवर के समय शिव-धनुष के दो टुकड़े किए थे, उन्हें तुम महापराक्रमी समझ रहे हो। पर सच बात यह है कि वह धनुष मेरे आराध्य देव शिव का था, जिनकी तपस्या कर मैं इतना बलशाली बना। अपने आराध्य देव के धनुष की प्रत्यंचा चढ़ाने के लिए उसे मोड़ना मैंने उचित नहीं समझा। ऐसा करना अपने पूज्य देव का अपमान करना होता। इसीलिए उस धनुष को नम्रता से वंदन कर मैंने अपने हृदय से लगा लिया। मेरी इस कृति को मूर्ख जनक और अन्य उपस्थित लोग समझ नहीं पाए। उन्हें लगा कि शिव-धनुष का भार मैं उठा नहीं पाया, इसलिए वह मेरी छाती पर गिर गया।

"सभी जन मुझ पर हँसने लगे, लेकिन इससे उन सभी का अज्ञान ही प्रकट हुआ। पश्चात् उस सयाने राम ने सहज धनुष उठाया और प्रत्यंचा चढ़ाई। क्या मेरे लिए यह संभव नहीं था। किंतु तुम्हारे जैसे सामान्य जीव इन बातों को समझ नहीं सकते। सामान्य जीव ऐसे ही जन्म लेते हैं, सामान्य रूप से जीते हैं और एक दिन इस जगत् को छोड़कर चले जाते हैं। मरने के पश्चात् उनका कोई नामोनिशान नहीं बचता। ऐसे ही सामान्य जन राम को अवतार मानते हैं, जिसमें आश्चर्य की कोई बात नहीं है। क्योंकि उनकी बुद्धि की क्षमता ही उतनी है। अरे, अपने आपको इतना ज्ञानी समझने वाला जनक भी राम के झूठे पराक्रम को देख बहकावे में आ गया। पर किसी के ध्यान में यह बात नहीं आई कि जब मैंने शिव धनुष उठाया था और प्रत्यंचा लगाने का प्रयत्न कर रहा था, तब ही वह कमजोर हो गया था और मुड़ गया था। बाद में जब राम ने उस धनुष को उठाया और मोड़ने लगा तब वह तुरंत टूट गया। सभी को इसमें राम का ही पराक्रम दिखाई दिया। यहाँ तक कि जनक भी इस बात को जान नहीं पाए। कुछ सुयोग्यों का अवश्य ही इस ओर ध्यान गया होगा, किंतु राजा जनक के भय से किसी ने कुछ नहीं कहा। बेचारी सीधी-सादी और भोली सीता! उसे कुछ समझ में नहीं आया। सीता को यदि वास्तविकता मालूम होती तो वे कभी भी राम को वर रूप में नहीं चुनती और मुझे ही वरमाला पहनाती। किंतु जनक ने जान-बूझकर सीता को

सत्य जानने नहीं दिया और सीता ने राम को वरमाला पहना दी। इस गलत निर्णय में सुधार होना चाहिए, इसीलिए मैं सीता को राम से दूर अपने पास ले आया। अब राम सीता को मुक्त कराने अवश्य यहाँ आएगा, मेरी भी यही इच्छा है।

''सीता-स्वयंवर के समय मेरा जो अपमान हुआ, उसका बदला मुझे लेना है। मेरे इष्टदेव शिव शंकर के धनुष को तोड़ने का जो साहस राम ने किया है, उसका फल उसे भोगना ही पड़ेगा। तभी सर्व सामान्य जन के समक्ष सत्य और असत्य आएगा तथा शंकर का माहात्म्य सभी जान पाएँगे। मुझे तुम अपने स्वामी का डर बताने का प्रयत्न मत करो। तुम जैसे वानरों को तुम्हारा स्वामी पराक्रमी लगेगा ही। वह तुम जैसों का ही स्वामी हो सकता है, बाकी अन्य कोई तो उसे पूछेंगे भी नहीं। इसी में राम अपने आपको धन्य मानता है। अब वह समय आ चुका है, जब राम और मेरा आमना-सामना होगा तथा सत्य एवं असत्य का खुलासा होगा। किंतु राम से तो जब सामना होगा तब होगा, पर अभी तो मेरा सामना तुमसे है। तुमने जो उद्दंडता दिखाई है और इतना नुकसान किया है, उसकी सजा तुम्हें अवश्य मिलेगी। मैं जानता हूँ कि तुम जैसे वानरों को अपनी पूँछ पर बहुत अहंकार होता है, इसी की सहायता से तुम उड़ान भरते हो और शैतानी करते हो। तुम्हारी इस पूँछ को ही मैं अपने सेवकों से कहकर जलवा दूँगा, जिससे तुम्हारा अभिमान नष्ट हो जाएगा। बिना पूँछ के जब तुम राम के समक्ष जाओगे, तब राम को भी मेरा संदेश मिल जाएगा। राम में यदि थोड़ी भी समझ शेष बची होगी तो वह सीता को मुक्त कराने का विचार भी छोड़ देगा और यदि वह आसपास पहुँच भी गया होगा तो उल्टे पाँव वापस चला जाएगा। इसके बावजूद यदि उसने लंका के पास भी आने की हिम्मत की तो लंका का रक्षण करनेवाला महासागर उसे यहाँ तक पहुँचने नहीं देगा। यदि फिर भी वो यहाँ तक पहुँच जाता है, तब उसका तथा उसके बंधु और तुम्हारा वध मेरे हाथों होना निश्चित है। इस बात को मत भूलना।''

रावण के इतना कहने पर उसके सेवक रावण का संकेत जान हनुमान की पूँछ पर कपड़ा लपेटने लगे। हनुमान भी विनोद करते हुए अपनी पूँछ

लंबी करते गए। पर जब हनुमान का ध्यान इस ओर गया कि प्रभु राम सीता के विरह में व्याकुल उसकी प्रतीक्षा कर रहे होंगे, तब हनुमान ने अपने इस खेल को यहीं समाप्त कर दिया। उन्होंने अपनी पूँछ पर कपड़ा बँधवा लिया और उस पर आग भी लगवा ली। आग लगते ही हनुमान कूद-कूदकर रावण के राजभवन और अन्य इमारतों पर जाने लगे। कुछ ही क्षणों में सारी लंका आग में जलने लगी। रावण और उसके सहयोगी समझ नहीं पा रहे थे कि क्या करें? आखिर हनुमान को ही दया आ गई और वे समुद्र के किनारे चले गए। वहाँ उन्होंने अपनी पूँछ सागर के पानी में डालकर आग बुझाई। हनुमान की पूँछ जरा भी नहीं जली थी, पर अग्नि देवता का मान रखने के लिए हनुमान ने अपनी पूँछ के आखिरी छोर के थोड़े बाल जलवा लिये। प्रभु राम के अवतार कार्य में अग्नि देवता के सहयोग के लिए हनुमान ने अपनी कृतज्ञता व्यक्त की। पूँछ के उस केस विरहित भाग को देख, हनुमान को अभिमान महसूस हो रहा था। हनुमान सागर के जल में खड़े हो, हथेली में सागर का जल भर प्रभु राम का स्मरण करने लगे। कार्य सफल होने से हनुमान का अंत:करण कर्तव्य भाव से भर गया था। अंतस में प्रभु राम का भक्तिभावपूर्ण स्मरण कर हनुमान ने अपनी हथेली का जल सागर में अर्पित किया तथा जल से नेत्र स्पर्श किए।

एक दीर्घ श्वास भर हनुमान ने वहाँ उड़ान भरी और वायु गति से सीधे सागर के इस पार पहुँच गए। कुछ ही क्षणों में हनुमान अपनी वानर सेना के बीच उपस्थित थे। अपनी उस विजय गाथा का वृत्तांत जब वानर सेना को सुनाया तो सभी हर्ष और आनंद से झूम उठे। सभी ने हनुमान का प्रेमपूर्वक अभिनंदन किया। तत्पश्चात् हनुमान ने जरा भी समय व्यर्थ नहीं जाने दिया और शीघ्र ही उड़कर राम के पास पहुँच गए। राम के चरणों में नम्रतापूर्वक लीन हो हनुमान ने केवल इन तीन शब्दों का उच्चारण किया—''सीता देखी मैंने।'' राम के कोमल चरणों को स्पर्श करते हुए हनुमान कुछ क्षण वैसे ही बैठे रहे। हनुमान के मुख से 'सीता' का नाम सुनते ही प्रभु राम का अंत:करण सीता के प्रेम से भर प्रवाहित होने लगा। बहुत दिनों बाद अर्थात् सीता के विरह के पश्चात् पहली बार उनके कानों में 'सीता' शब्द सुनाई

दिया था। हनुमान ने सीता को ढूँढ़ लिया और उनसे बातचीत भी हो गई, यह जान राम हर्ष से भर उठे। राम ने हनुमान के सिर पर हाथ रखकर आशीर्वाद दिया तथा कई बार हनुमान की पीठ थपथपाई और खूब प्रशंसा की। राम के पूछने पर हनुमान ने सारी बातें सविस्तार बताईं। राम को यह जानकर अधिक खुशी हुई कि हनुमान अपना पराक्रम रावण को दिखाकर आए हैं। राम इस बात से अत्यंत प्रसन्न हो रहे थे कि इतना पराक्रमी दास उनके चरणों में है।''

नारद का कथा–प्रवाह जरा थमा ही था कि श्रवणानंद में पूर्णत: डूबी लक्ष्मी देहभान में आ गईं। राम–चरित्र की सखोलता तथा हनुमान के भक्तिभाव का माहात्म्य उनके चेहरे के भावों से स्पष्ट झलक रहा था। उसी भावपूर्ण अवस्था में उनके मुख से सहज उद्‌गार निकले, ''हे भक्त शिरोमणि नारद, भक्ति की महत्ता के मधुर और रसपूर्ण वर्णन का श्रवण करना हो तो केवल आप ही के मुख से! नारायण से सदा अविभक्त रहनेवाले हे नारद, जब आप नारायण के चरित्र के अप्रकट अंगों का वर्णन करते हैं, तभी भक्तिभाव दृश्यमान होता है तथा सत्य भक्तिमार्ग की ओर सहज ही निर्देश होता है। इन्हीं के द्वारा देव–भक्त के अन्योन्य संबंध और उन संबंधों के बीच गहराई ज्ञात होती है तथा वैसा ही अनुभव प्राप्त करने की लगन लग जाती है। परंतु ध्यान इतना सखोल और सतत लगना चाहिए कि नारायण के प्रेम से सदा युक्त हो, उन्हीं की सर्वांग रूप से भक्ति हो। जिससे नारायण भी मेरी भक्ति को संपूर्ण भाव से स्वीकार कर मुझे उससे एकरूप रखें। इस दृष्टि से रामावतार की हनुमान कथा का महत्त्व मुझे विशेष रूप से आकर्षित कर रहा है।

हनुमान के दास्यभाव की कोई तुलना ही नहीं है। दास्यभाव से ही हनुमान राम से एकरूप हुए होंगे। परंतु क्या दास्यभक्ति की नारायण से एकरूप होने की अंतिम अवस्था है? मुझे लगता है, यही सही है। दास्यभाव के माध्यम से जितनी निकटता नारायण से हो सकती है, उतनी किसी अन्य भाव से नहीं तथा निकटता ही एकरूपता दे सकती है। परंतु हे नारद, मैं जो समझ रही हूँ,वही सत्य है न? मेरे मन में और एक प्रश्न उठ रहा है कि हनुमान और रावण की भेंट का वर्णन करते समय आपने बताया था कि

रावण का जन्म उच्च कुल में हुआ था तथा उसे अच्छे संस्कार भी मिल थे। वह भगवान् शंकर का भक्त भी था, इस सबके बावजूद उसने नारायण के ही अवतार, राम से वैर किया? तब इतने अच्छे संस्कारों का क्या फायदा? हे नारद, मैं आपसे यह प्रश्न इसीलिए पूछना चाहती हूँ कि मैं यह जान सकूँ कि किसी की यदि अधोगति होती है तो उसका मूल कारण क्या होता है? और मैं भी उस बात का ध्यान रख सकूँ। केवल भाग्य से महापुरुष की भेंट होना और अच्छे संस्कार प्राप्त कर लेना पर्याप्त नहीं होता। अच्छे संस्कारों के बावजूद किसी की अधोगति हो सकती है, यह हमारे समक्ष उदाहरण है। अत: इस ओर विशेष ध्यान रखने की आवश्यकता है कि क्षणिक असावधानी से सारा खेल बिगड़ सकता है। यही असावधानी शुद्ध को अशुद्ध कर देती है और सत्य को असत्य। हे नारद ऋषि, मेरी आपसे करबद्ध प्रार्थना है कि इस प्रसंग को आप सविस्तार समझाएँ।''

लक्ष्मी के योग्य प्रश्न सुन नारद संतुष्ट हुए। क्योंकि इन प्रश्नों के पीछे श्रवण करनेवाले के मनन तथा कथन करनेवाले के हेतु की सार्थकता छुपी हुई थी। सुलक्षणों से युक्त लक्ष्मी के प्रश्नों को सुन नारद का उत्साह दुगुना हो गया और वे लक्ष्मी को समझाते हुए कहने लगे, ''हे लक्ष्मी, तुम्हारे प्रश्न उचित एवं तर्कसंगत हैं। श्रवण के पश्चात् मनन स्वाभाविक है। जैसे मनन श्रवण का कार्य है, वैसे ही श्रवण मनन का कारण है। इस कार्य-कारण भाव से ही मन शुद्ध और सबल हो सकता है तथा मन में लगन लग सकती है। परंतु मनन के पश्चात् संवाद आवश्यक है। संवाद प्रश्नोत्तर के माध्यम से ही हो सकता है। प्रश्न पूछने के पश्चात् मन में आई शंका का निराकरण होना आवश्यक है। केवल जिज्ञासु प्रवृत्ति के कारण प्रश्न पूछना उचित नहीं है अपितु मन की शंका का पूर्ण निराकरण होने के पश्चात् मन उस भाव से युक्त हो जाना चाहिए। मन में उस अनुभव से युक्त होने की लगन लगनी चाहिए तथा कृति द्वारा उस अनुभव को प्राप्त कर आनंद लेना चाहिए। यही श्रवण का फल है।

तुमने जो दो प्रश्न पूछे हैं, ये दो अलग-अलग स्तर के हैं। दास्यभाव के विषय में पूछा गया प्रश्न अनुभव मार्ग की ओर जाने के लिए अत्यंत उच्च

स्तर का है। इस विषय में मैं आगे सविस्तृत बोलने ही वाला हूँ। पर मैं अभी तुम्हें केवल इतना बता देता हूँ कि ईश्वरीय अनुभव से एकरूप होने के लिए दास्यभाव पहली शुरुआत है। दास्यभाव से आया सख्यभाव ही ऐक्यभाव की ओर ले जाता है। कथा के अग्रिम भाग में राम और हनुमान के संबंध में घटित विशेष प्रसंगों में सख्यभाव का माहात्म्य विशेष रूप से प्रकट होने वाला है, जिसकी अभी से मैं तुममें उत्सुकता जगा देता हूँ।

''तुम्हारा दूसरा प्रश्न, अनुभव के मार्ग की ओर जानेवालों के लिए प्राथमिक स्तर का और मूलभूत है। सुसंस्कृत होना ही काफी नहीं है, बल्कि अच्छे संस्कार होना भी आवश्यक है। संस्कार बीज के समान होते हैं तथा बीज के बिना फल नहीं आ सकते, जो अकाट्य सत्य है। बीज ही फलरूप अवस्था में आ सकता है, किंतु सभी बीज फल नहीं बनते। कुछ ही बीज फलरूप होते हैं। संस्कारों का भी वैसा ही है। योग्य संस्कार से बाहरी तौर पर ही क्यों न हो, पर अच्छे आचरणों की शुरुआत हो जाती है। आचरणों से होने वाले अनुभवों से भाव पैदा होता है और वह भाव इतना सत्य होता है कि स्वभाव बन जाता है। मन पर अनेक अच्छे-बुरे और योग्य-अयोग्य संस्कारों का असर पड़ता रहता है तथा मन में उस प्रकार का मूल निर्माण हो जाता है। उस मूल पर अनुकूल वातावरण और संगति का असर पड़ते ही वैसे आचरण होने लगते हैं। अच्छे कर्मों का फल अच्छा और बुरे कर्मों का बुरा फल भोगना ही पड़ता है। काल के अनुरूप मन दूषित होता रहता है तथा मन में अनेक प्रकार के विषयों के बुरे संस्कारों की जड़ पनपने लगती है।

नाना प्रकार से विषय सुख भोगने की लालसा मनुष्य को दोषी बना देती है तथा उसे उन कर्मों की सजा भोगनी पड़ती है। अनेक प्रकार के संस्कारों में से जिन संस्कारों का प्रभाव मन पर अधिक पड़ता है, उसी पर मनुष्य के जीवन की सफलता निर्भर होती है। काल के अनुसार मन की अधोगति होती है तथा बुरे संस्कारों की अच्छे संस्कारों पर जीत हो जाती है।

□

राम-विभीषण भेंट

ऋषिकुल में जन्म लेने के कारण ईश्वर के अस्तित्व और प्राप्ति के संस्कार रावण को बचपन से ही मिले। परंतु विषय-सुख की आसक्ति से उसमें राजसिक वृत्ति और संस्कारों की वृद्धि होने लगी तथा धीरे-धीरे विषय-सुख की प्राप्ति के कारण तामसिक वृत्ति और संस्कारों ने रावण के मन को कलुषित कर दिया। लंका की सत्ता मिलने के पश्चात् वह मदोन्मत्त हो गया। भोले और दयालु स्वभाव के शंकर को अपनी कठोरतम तपस्या से प्रसन्न कर उनसे वर माँग लिये। मन शुद्ध न होने से उसकी तपस्या सकाम थी, इसीलिए अहंकार बढ़ता गया और अपनी अधोगति के लिए वह स्वयं जवाबदार हो गया। पर हे लक्ष्मी, ईश्वर की लीला निराली होती है। उसका छोटा भाई विभीषण सत्त्वगुणी था। बचपन में पड़े ईश्वर के माहात्म्य और ईश्वरप्राप्ति के संस्कार उसमें जाग्रत् रहे। ईश्वर के सत्यत्व की निश्चित और वैसा ही अनुभव लेने की आकांक्षा उसमें जाग्रत् थी। रावण के साथ रहते हुए भी, रावण के पापकर्मों का विरोध करते हुए सदैव वह उसे सतर्क करते थे। रावण से छोटा, लेकिन विभीषण से बड़ा कुंभकर्ण पूर्ण ज्ञानी था। किंतु तमोगुणी होने के कारण वह अधिकतर समय सोने में ही गँवाता था। रावण को कुछ समझाने के विवाद में न पड़, खाना-पीना और जीना ही उसका जीवनक्रम हो गया था। पर विभीषण मात्र ईश्वरोपासना और ईश्वर के स्मरण में मग्न रहता था। जब उसे मालूम हुआ कि नारायण ने राम रूप में पृथ्वी पर अवतार लिया है, तब से उसे राम से भेंट लेने की लगन लग गई थी। राम का माहात्म्य वह लंका में सुनता था, पर जब लंका में हनुमान का पराक्रम प्रकट हुआ तथा हनुमान के तेजस्वी वचन सुने, तब से विभीषण को

राम से मिलने की लगन लग गई। फिर भी अपना कर्तव्य समझ वह रावण के पास गया और उसे राम का माहात्म्य समझाने का प्रयत्न करने लगा। किंतु रावण अपनी भूमिका बदलने के लिए कतई तैयार नहीं था। उल्टे घड़े में पानी भरने जैसी स्थिति थी। विभीषण की बातें रावण को आग में तेल डालने जैसी लग रही थीं। उसने विभीषण और साथ में राम की भी बहुत निंदा की तथा विभीषण को मृत्यु का डर दिखाया। किंतु विभीषण जरा भी घबराया नहीं, इसके विपरीत उसमें राम से मिलने की इच्छा और अधिक दृढ हो गई तथा वह अपने प्रयत्नों और पराक्रम से राम के पास पहुँच ही गया। राम के सम्मुख जाकर विभीषण ने राम के चरणों में अपना मस्तक टेका और हाथ जोड़कर विनम्र भाव से खड़ा हो गया। राम के दर्शनमात्र से उसका अंत:करण गद्‌गद हो रहा था तथा नेत्र सजल हो गए थे। उसी अवस्था में वह अपना अंत:करण प्रकट करते हुए राम से कहने लगा—

"हे राम, हे पुरुषोत्तम, आपको शत-शत प्रणाम! आपकी सदा जय हो! मुझे ज्ञात है कि आप साक्षात् नारायण के अवतार हैं। आपके माहात्म्य के विषय में मैंने बहुत सुना है, पर आज यह सुवर्ण अवसर आ गया है और मेरी आपसे भेंट हो गई। इसीलिए मैं अपने आपको अत्यधिक भाग्यवान मानता हूँ। मैं जानता हूँ कि धर्म की रक्षा और अधर्म का नाश करने के लिए ही आपका अवतार हुआ है, पर मेरा ज्येष्ठ भ्राता ही आपका बैरी है। परंतु सामान्य जनों के सद्‌भाव की रक्षा कर उन्हें आधार देना तथा ईश्वरीय माहात्म्य बताकर उन्हें भी अनुभवावस्था में लाना आपका धर्म है। अत: आप मुझे भी अपना भक्त मान आशीर्वाद प्रदान करें। यही मेरी आपके चरणों में सविनय प्रार्थना है।

विभीषण के करुण वचन सुनकर करुणाकर का अंत:करण भर आया। वे तुरंत अपने स्थान से उठे तथा विभीषण के पास गए और उसके दोनों हाथों को अपने हाथों से स्पर्श किया। विभीषण के मस्तक पर अपना कृपाहस्त रख मधुर मुसकान के साथ विभीषण की ओर देखने लगे। प्रभु राम के प्रेमल स्पर्श और मधुर मुसकान से मानो विभीषण को सबकुछ मिल गया। खुशी से गद्‌गद वे एक अलग ही आनंद की अनुभूति ले रहे थे। उसी समय राम की

दृष्टि वानरों की ओर गई, तब राम ने जाना कि सारे वानर विभीषण की ओर संदेह की दृष्टि से देख रहे हैं। उनका मन शंकाग्रस्त था कि विभीषण की यह भेंट कहीं कपटी रावण की कोई चाल तो नहीं? वानरों के मन की यह शंका दूर हो, इसी उद्देश्य से राम विभीषण से कहने लगे—

"हे विभीषण, तुम सचमुच धन्य हो। तुम्हारे अंतस में सद्भाव के गुणों के कारण ही तुम्हारा मन शुद्ध है, जो मेरे अंतःकरण को स्पर्श कर रहा है। किसी की भी योग्यता उसके कुल पर निर्भर नहीं होती, बल्कि उसके संस्कार और आचरण पर निर्भर होती है। तुम सचमुच प्रशंसा के पात्र हो कि तुम्हार सदाचरण और सुसंस्कार रावण जैसे राक्षसी प्रवृत्ति और अधर्मी के साथ रहते हुए भी जाग्रत् हैं। इसी सद्भावना के बल पर तुम उस अधर्मी का साथ छोड़, धर्म और सत्य के पक्षधारी के पास आए हो। तुम सचमुच अभिनंदन के पात्र हो। प्रेमभावना को जब तक सबलता का साथ नहीं मिलता, तब तक वह प्रबल नहीं हो पाती। इसी कारण भय, लोभ और लौकिक पर विजय प्राप्त नहीं हो पाती है तथा आनंद का अनुभव नहीं मिलता। परंतु शुद्ध भाव ही सबल होता है, इसीलिए यह आंतरिक अड़चनों और अवरोधों पर विजय प्राप्त करता है। यही कारण है कि रावण के साथ रहते हुए भी तुम उसके दबाव में नहीं आए और मेरे आश्रय में आ गए, तभी से तुन मेरी कृपा के पात्र हो गए। मुझे पूर्ण विश्वास है कि धर्म-अधर्म के इस युद्ध में तुम धर्म का साथ दोगे। तुम्हें मेरा पूर्ण आशीर्वाद है। मेरे आशीर्वाद को तुम अपने प्रयत्नों और पराक्रम से निश्चित रूप से फलरूप करोगे।"

राम के निसंदिग्ध, प्रवाही और प्रेमल वचन सुन विभीषण के नेत्रों से अश्रु टपकने लगे। उसी भावपूर्ण अवस्था में उन्होंने अपना मस्तक राम के चरणों में रखा। राम के चरण विभीषण के अश्रुओं से पूरी तरह भीग गए थे। प्रभु राम के प्रेमल स्पर्श से विभीषण भान में आए तथा उसी अवस्था में उठकर वे खड़े हुए और राम से कहने लगे, "हे सत्यप्रिय राम, आपको मेरा पुनः-पुनः साष्टांग प्रणाम! आप जानते हैं कि सद्भाव ही सर्वश्रेष्ठ है। इसीलिए आप बार-बार सदाचरण के लिए प्रेरित करते हैं। भाव से ही सदाचरण होते हैं तथा सदाचरण से ही भावबल बढ़ता है, पर यह सत्य है

कि शुरुआत में भावना से ही सदाचरण होते हैं। भावना जब आपके प्रति और आपके लिए होती है, तब ही मात्र हम सदाचरण के लिए प्रेरित होते हैं। सदाचरण करते हुए जब हम उसे अनुभव करते हैं, तब और अधिक सदाचरण करने के लिए मन प्रेरित होता है। जब हमारे आचरणों से आप संतुष्ट और प्रसन्न दिखाई देते हैं, तब हमारी तात्कालिक भावनाओं का रूपांतर प्रबल भाव में हो जाता है। अब मुझे ही देखिए कि जब मैं रावण को छोड़ आपके आश्रम में आया, तब मेरी स्थिति असंतुलित थी। मन में संशय था कि आप मेरे भाव को स्वीकार करेंगे या नहीं? किंतु आपके चरणों में आश्रय लेते ही मेरे मन की चंचलता पूरी तरह दूर हो गई तथा उसकी वजह से मन में आनेवाली शंका का पूर्ण निराकरण हो गया। मेरे भाव को स्वीकार कर आपने जो विश्वास दिलाया है, उससे मेरा आत्मविश्वास जाग्रत् हो भावबल सबल हो गया है। केवल आपके चरणों में रह आपके धर्मकार्य को यशस्वी बनाना ही मेरा ध्येय बन गया है। मुझे वरदान दीजिए कि मैं आपका भक्त हो सारे विश्व में अजरामर रहूँ।''

विभीषण के भावपूर्ण वचन सुन प्रभु राम अतिशय आनंदित हुए तथा उन्होंने विभीषण को अपने हृदय से लगा लिया। यह देख वहाँ उपस्थित वानर सेना नि:शंक और हर्षित हो गई। प्रभु राम की प्रचंड जय-जयकार कर उन्होंने अपना हर्ष व्यक्त किया।

नारद के वचन तन्मयता से श्रवण कर रहीं लक्ष्मी विस्मयचकित हो रही थीं। उनके हृदय में नारायण का सगुण प्रेम प्रवाहित हो रहा था। इस भावपूर्ण अवस्था में ही वे नारद से कहने लगीं, ''हे नारद, नारायण की सगुण कथा का वर्णन सुनते हुए हम नारायण का माहात्म्य जानने लगते हैं। साथ ही उनके अंत:करण के नवीन अंगों के दर्शन से हमारा मन उनमें रमने लगता है। विभीषण के प्रसंग में राम के शुद्ध अंत:करण और आत्मबल के दर्शन होते हैं। अंत:करण की ऐसी पवित्रता सचमुच आश्चर्यजनक है। शुद्ध अंत:करण ही शुद्ध भाव को स्वीकार कर सकता है तथा शुद्ध भाव ही शुद्ध अंत:करण से एकरूप होकर उस शुद्ध अंत:करण का अनुभव ले सकता है। यही अकाट्य सत्य है।

राम ने विभीषण के भाव को स्वीकार किया, जिससे विभीषण को अपना भाव अर्पण करने का अवसर मिल सका। विभीषण के भाव की स्वीकृति से विभीषण के भाव की शुद्धता सिद्ध हुई। इसीलिए मुझे राम के शुद्ध अंत:करण के विभिन्न अंग अतिशय विलोभनीय और प्रिय लगते हैं।'' लक्ष्मी की बातें सुन नारद संतुष्ट हुए और अधिक उत्साह के साथ कहने लगे, ''हे लक्ष्मी, नारायण के अंत:करण को तुम जितना जान पाईं, वह उससे भी कहीं अधिक व्यापक है। शुद्ध अंत:करण ही शुद्ध अंत:करण को खोज, उसे स्वीकार करता है तथा अशुद्ध भाव को भी स्वीकार कर, शुद्ध करने का सामर्थ्य रखता है। शुद्ध अंत:करण का यह सामर्थ्य सचमुच विलक्षणीय है। इन महात्माओं के माहात्म्य का अनुभव कर उसे वर्णन करने का आनंद नारायण के सद्‌भक्तों में निरंतर बढ़ता जाता है।''

□

राम-रावण युद्ध

विभीषण से विचार-विमर्श कर राम ने सीता को रावण के बंधन से मुक्त कराने की योजना बनाई। इस हेतु राम को वानर सेना सहित समुद्र पार कर लंका में प्रवेश करना अनिवार्य था। राम ने सर्वप्रथम वरुण देवता से प्रार्थना की कि हमें समुद्र पार करने के लिए थोड़ा रास्ता दें। राम की विनती सुन वरुण देवता ने कहा, ''हे प्रतापी राम, तुम्हारा पराक्रम और धर्मकार्य इस धरती पर एक भूषण है। मैं मानता हूँ कि इस भूतल पर आप मानव रूप में नारायण के अवतार हैं तथा आपके सत्कार्य में मदद करना मेरा कर्तव्य ही नहीं, धर्म भी है। लंका पहुँचने के लिए मैं अवश्य ही आपके लिए रास्ता बना देता, परंतु उससे आपकी सांसारिक अलौकिकता प्रकट नहीं होगी। मैं चाहता हूँ कि तुम्हारा दिव्य चरित्र प्रकट हो तथा सामान्य जन तुम्हारी ओर आकर्षित हों, उनमें तुम्हारी भक्ति करने की इच्छा और सद्‌भावना जाग्रत् हो। क्योंकि भक्ति ही आनंद दे सकती है, यही सत्य है। भक्ति ही सबका कल्याण कर सकती है, इसलिए हे राम, मैं आपसे विनती करता हूँ कि आप वानर सेना की सहायता से मुझ पर एक ऐसा अद्‌भुत सेतु बनाओ, जो कि अब तक इस सृष्टि में किसी ने न बनाया हो। उस सेतु को मैं सदैव अतिशय प्रेम से धारण करूँगा और यह जानकर धन्य हो जाऊँगा कि तुम्हारे धर्मकार्य में छोटा सा ही क्यों न हो, मैं भी सहयोगी था।''

वरुण देवता की योजना सुन राम संतुष्ट हुए। उन्होंने सेतु रचनाकार वानरश्रेष्ठ नील के निर्देशन में एक अद्‌भुत सेतु अल्पकाल में ही निर्मित करवाया। राम ने सागर का आभार माना और सेतु का रामेश्वरम् के रूप में

पूजन किया। हर्ष से भरे सारे वानर राम के संग सेतु पार कर लंका जाने के लिए तैयार हो गए।

कथा गायन करते हुए नारद ने थोड़ा विराम लिया। इसी बीच लक्ष्मी ने नारद से प्रश्न पूछ लिया, "हे नारद, रामचरितमानस में सेतु की रचना निश्चित रूप से एक यादगार और अद्‌भुत प्रसंग है, यह मैं जानती हूँ, पर मुझे यह बात समझ में नहीं आ रही है कि सेतु की रचना अनिवार्य क्यों थी? राम स्वयं दैवीय सामर्थ्य से युक्त थे। वे लंका जा सकते थे। हनुमान भी इतने बलवान थे कि वे राम को अपने कंधे पर बैठाकर लंका ले जाते और राम तथा सीता के साथ वापस आ जाते। तब सेतु बनाने में समय व्यर्थ गँवाने की क्या आवश्यकता थी?"

लक्ष्मी का प्रश्न सुन नारद थोड़ी देर शांत रह गए, फिर मुसकराते हुए बोले, "हे लक्ष्मी, सगुण चरित्र का वर्णन करते हुए अनेक बार ऐसा होता है कि निरूपण का विस्तार होता जाता है। उस वक्त श्रोता को बहुत सावधान रहना चाहिए, नहीं तो निरूपण के प्रवाह और शब्दों के नाद में वह गुम हो जाता है। नारायण के सगुण प्रेम वर्णन में ऐसी संभावना अधिक होती है, क्योंकि उनके वर्णन में उनका मधुर प्रेम ही प्रवाहित होता रहता है। किंतु श्रोता को इस बात का बहुत ध्यान रखना चाहिए कि वक्ता का स्वानुभव गहनता के साथ प्रकट हो रहा है। उस गहनता की ओर ध्यान रखते हुए ही श्रोता को आगे बढ़ते रहना चाहिए। इसी को श्रवणभक्ति कहते हैं। उन्हें ही नारायण के नानाविध गुणों के सुंदर, तेजस्वी और रमणीय रत्न प्राप्त होते हैं। इन रत्नों को स्वानुभव से धारण करते हुए ही भक्तिमार्ग की ओर आगे बढ़ सकते हैं। तुमने जो पहला प्रश्न पूछा, उसका उत्तर मैं पहले ही दे चुका हूँ कि नारायण का रामावतार मानव रूप में हुआ था। मानवी देह की मर्यादा में रहते हुए तथा आत्मा के अधिष्ठान की जागृति के साथ पराक्रमी जीवन जीना ही इस अवतार का मूल उद्‌देश्य था। रामावतार में दैवीय शक्ति का प्रकट होना आवश्यक नहीं था। इसीलिए राम द्वारा प्रकट दैवीय सामर्थ्य से सागर पार कर सीता को लाने का प्रश्न ही नहीं निर्माण होता।

"तुम्हारा दूसरा प्रश्न कि राम हनुमान के कंधे पर बैठकर भी लंका जा

सकते थे और सीता को रावण के बंधन से मुक्त करा सकते थे। पर राम ने ऐसा नहीं किया। क्योंकि उन्हें इस कार्य में अपने साथ पूरी वानर सेना को सम्मिलित करना था, ताकि उन सभी को प्रभु राम के सान्निध्य का लाभ मिल सके और उनका उद्धार हो सके। सीता की रावण से मुक्ति ही राम का उद्देश्य नहीं था, बल्कि रावण का वध कर अन्य राक्षसों का भी नाश करना उनके अवतार कार्यों का एक भाग था। इस कार्य हेतु उन्हें पूरी वानर सेना के सहयोग की जरूरत थी। सारे वानर भी इतने शक्तिशाली नहीं थे कि सागर को आसानी से पार कर लेते। इसीलिए सागर पर सेतु बनाया गया तथा सभी का सहयोग लिया गया। यही नारायण के मानवीय अवतार चरित्र की विशेषता है। इसी माध्यम से राम ने अनेक को उनके जीवन-चरित्र में समाहित किया तथा ईश्वरभक्ति और ईश्वरीय अनुभव लेने का अवसर प्रदान किया। प्रत्येक जन अपने भावबल के अनुरूप उनसे जुड़ता गया तथा उनके सान्निध्य में रहते हुए उसका भावबल, प्रेम, श्रद्धा और भक्ति चढ़ते क्रमानुसार बढ़ती गई।

''इसी भाव से राम ने सारे वानरों की सहायता से एक अभूतपूर्व सेतु तैयार किया। राम, बंधु लक्ष्मण, विभीषण तथा सारे वानर उस सेतु के माध्यम से समुद्र के पार लंका पहुँच गए। एक ही उड़ान में सागर पार कर लंका जाने का सामर्थ्य रखनेवाले हनुमान, राम के दास और भक्त, राम की जय-जयकार और गर्जना करते हुए वानरों में सबसे आगे चल रहे थे। सीता को खोजने के लिए राम ने हनुमान के दैवीय सामर्थ्य का उपयोग अवश्य किया, पर लंका के पार जाने के लिए सेतु बनाने में राम ने सारे वानरों की मदद ली तथा उन्हें भी सेवा का अवसर दिया। राम के अंतःकरण की इसी अवस्था को ध्यान में रखते हुए श्रवण करें तथा अन्य भावपूर्ण प्रसंगों में न उलझें, तब निश्चित रूप से श्रवणभक्ति के आनंददायी फल प्राप्त होंगे। तुम्हें मेरा पूर्ण आशीर्वाद है तथा नारायण का भी यही संकल्प है।''

नारद की गहन और सुस्पष्ट बातें सुन लक्ष्मी संतुष्ट हुईं, किंतु भावुक भी हो गईं। सत्य का भले ही अनुभव न हुआ हो, पर शब्दों द्वारा ही समझ में आ जाना तथा बुद्धि द्वारा उसका आकलन हो जाना भी भक्तिमार्ग में आगे

बढ़ने के लिए महत्त्वपूर्ण अवस्था है। परंतु बुद्धि के आकलन होने से मन भावपूर्ण हो ही जाएगा, यह जरूरी नहीं है। क्योंकि समझ लेना बुद्धि का गुण है तथा भावमन का गुण है। जब मन में प्रेम रहता है, तभी बुद्धि के आकलन द्वारा मन भावपूर्ण अवस्था में रहने के लिए प्रेरित होता है। जब तक मन में प्रेमभाव निर्मित नहीं होता और केवल बुद्धि की समझ बढ़ती जाती है, तब तक मन शुष्क ही रहता है तथा ज्ञान का अहंकार बढ़कर अधोगति शुरू हो जाती है। अब प्रश्न यह उठता है कि मन में प्रेम कैसे निर्मित होगा? मन में प्रेम की निर्मिति का एक ही रास्ता है और वह है प्रत्यक्ष प्रेम को अनुभव करना। परंतु प्रत्यक्ष प्रेम का अनुभव करने की सदेच्छा जाग्रत् होना जरूरी नहीं है। इसके लिए नारायण के सगुण चरित्र का श्रवण ही एकमेव उपाय है।

अमृत से भी अधिक प्रेमरस से भरी सगुण कथा का वर्णन सुनते-सुनते मन में प्रेम निर्माण हो जाता है। इसी के साथ जब बुद्धि अपनी आकलन शक्ति द्वारा गहरे रहस्य जानने लगती है, तब इस प्रेम को अधिकाधिक अनुभव करने की लालसा निर्माण हो जाती है। धीरे-धीरे इस प्रेम का अनुभव लेने की वृत्ति बन जाती है। इस वृत्ति में प्रेम की गहनता सहज होती है। प्रेम की सहज वृत्ति ही आनंदानुभव का मूल है। यही प्रेम-मूल एक दिन आनंद का फल देता है। लक्ष्मी की प्रेमानुभव करने की वृत्ति को देख नारद बहुत संतुष्ट हो रहे थे। आनंद के अनुभव से उनके अंत:करण में भरा नारायण-प्रेम मुक्त और सर्वांग रूप से प्रवाहित होने लगा। लक्ष्मी को इस बात का अहसास होने लगा कि यह नारायण के प्रति उनके प्रेम और सेवाभाव का ही कृपाफल है।

नारायण के अंत:करण का वर्णन करते हुए नारद के नेत्रों से अश्रु बह रहे थे तथा मुख से शब्दों के माध्यम से प्रेमरस। लक्ष्मी का भी दृढ निश्चय होता जा रहा था कि उन्हें भी यही अनुभव प्राप्त करना है। उन्हें महसूस हो रहा था कि नारायण के अंत:करण का रहस्य वे अभी तक पूरी तरह जान नहीं पाई हैं और न ही उनके अंत:करण की अवस्था नारायण के अंत:करण की अवस्था के समान हुई है। यही कारण है कि विभिन्न प्रसंगों में नारायण के अंत:करण के प्रगटीकरण को वे उसी रूप में महसूस नहीं कर पाती हैं।

इसीलिए उन्हें नारायण की सगुण प्रेम कथा श्रवण करने की लगन लग गई थी। मन में लगन, बुद्धि द्वारा निश्चय तथा चित्त में बढ़ते ध्यान के कारण लक्ष्मी की अवस्था भावपूर्ण हो गई। यह ऐसी अवस्था है, जिसमें परस्पर विरोधाभासी भाव, जैसे तृप्ति और भूख, समाधान और असमाधान, शांति और अस्वस्थता एक-दूसरे के विपरीत न होकर पूरक हो जाते हैं। ऐसी ही तृप्ति और असमाधानी, किंतु भावपूर्ण अवस्था में लक्ष्मी नारद से कहने लगीं—

"हे नारद महर्षि, रामचरित्र वर्णन में अब जिन प्रसंगों का वर्णन आप करनेवाले हैं, उसके श्रवण के लिए मैं बहुत आतुर हो रही हूँ। मेरी आपसे प्रेमपूर्वक प्रार्थना है कि राम-रावण युद्ध, राम का पराक्रम, लक्ष्मण, हनुमान और विभीषण का राम को सहयोग, सीता की मुक्ति और राम-सीता के पुनर्मिलन जैसे बेहद रोमहर्षक तथा राम का माहात्म्य प्रकट करनेवाले प्रसंगों को रहस्य सहित प्रकट करें।"

लक्ष्मी की श्रवणातुरता और प्रेमरस पाने की लालसा से नारद को बहुत प्रसन्नता हो रही थी। क्योंकि इसी के निमित्त होने वाले सगुण चरित्र गायन से उन्हें तृप्ति मिलने वाली थी। यहाँ नारद का स्वानंदानुभव मूल कारण है तथा लक्ष्मी का भक्तिभाव निमित्त कारण। इन्हीं दो कारणों के संयोग से नारायण के सगुण चरित्र की मधुरता और रहस्य नारद के अनुभवपूर्ण अंत:करण से सहज प्रकट हो रहे थे। नारायण के सगुण माहात्म्य का श्रवण करते हुए लक्ष्मी का मन अधिकाधिक भावपूर्ण हो रहा था तथा नारद के अनुभव से पूर्णरूप से एक होने के लिए प्रतिबद्ध हो रहा था। इस बात को नारद महसूस कर रहे थे, इसीलिए नारायण के सगुण माहात्म्य से परिपूर्ण नारद का अंत:करण प्रेमरस से परिपूर्ण हो प्रवाहित होने लगा। नि:शब्द अंत:करण से नाद उठने लगा और शब्द रूप में प्रकट होने लगा। अंत:करण में व्याप्त चैतन्य से मुखमंडल तेजोमय हो गया था और वाणी द्वारा साकार होने लगा। श्रवण तृषा से आर्त लक्ष्मी के मन रूपी चकोर के लिए नारद के अंत:करण से अमृत वर्षा होने लगी।

नारद कहने लगे, "हे लक्ष्मी, राम-चरित्र के सविस्तृत श्रवण की

तुम्हारी आर्तता को मैं समझ सकता हूँ। अवतारी पुरुष अपना संपूर्ण जीवन आध्यात्मिक अधिष्ठान के साथ जीते हैं, पर अधिकतर समय उनका जीवन सामान्यों जैसा ही होता है। जब-जब उनके जीवन में विशेष पराक्रम होते हैं, तब-तब उनकी आध्यात्मिक भूमिका प्रकट होती है। ऐसे प्रसंग ही विशेष उल्लेखनीय और अभ्यासनीय होते हैं। अवतारी पुरुषों का आध्यात्मिक अधिष्ठान उनका स्वानुभव होता है, जो सामान्य व्यक्ति समझ नहीं पाता है। परंतु विभिन्न प्रसंगों द्वारा व्यक्त होने वाली उनकी भूमिका उनके आध्यात्मिक अधिष्ठान की ओर ध्यान आकर्षित कराती है। वही मन को भाती है तथा वैसा ही अनुभव प्राप्त करने के लिए लालायित करती है। उनके इस विशेष जीवन का अभ्यास करने से ही उनका अंतरंग जाना जा सकता है। यह अधिष्ठान तत्त्वत: सभी में होता है, पर सामान्य जीवों में सुप्त अवस्था में होता है। ऋषि-मुनियों में चैतन्यमय होता है और अवतारी पुरुषों में सदा खेलता रहता है। उनके जीवन में खेल के समान सहजता होती है तथा खेल के जैसा ही वे आनंद लेते हैं। उनके इस खेल का बाहरी रूप से अनुकरण न कर, उनके खेल को जानते हुए उनके अंतरंग को जानना चाहिए, तभी उनका अधिष्ठान दृष्टिगोचर होगा। उनका आध्यात्मिक जीवन जानते हुए उस अधिष्ठान को प्राप्त कर लेना ही भक्तिभाव के मुख्य लक्षण हैं। भक्तिभाव की भूमिका से श्रवण करने से ही प्रत्येक प्रसंग की भूमिका का यथार्थ आकलन होगा तथा वह प्रिय होती जाएगी।''

कथा-वर्णन करते हुए नारद क्षण भर रुके। वे जानना चाहते थे कि उनके कहने का भावार्थ लक्ष्मी जान पा रही हैं अथवा नहीं ? लक्ष्मी भी नारद के हेतु को समझ गई थीं, इसीलिए कहने लगीं, ''हे नारद, आपका कहना उचित है तथा मुझ जैसे भावुकों के लिए दिशा प्रदान करनेवाला है। कभी-कभी होता यह है कि हमें नारायण की कोई बात बहुत आकर्षित करती है, तब लगता है कि वह हमें पूर्ण रूप से चाहिए। पर हम यह नहीं समझ पाते हैं कि हमें उसकी कितनी आवश्यकता है। इसी कारण हमारे प्रयत्नों को यश नहीं मिल पाता। क्योंकि कोई भी चीज बाहरी तौर से कभी भी पूर्णत: नहीं ली जा सकती। जब हम इस बात को अपने अनुभव के आधार पर समझ

पाते हैं, तब तक बहुत देर हो चुकी होती है। इसीलिए हे नारद, मैं आपकी आभारी हूँ कि आपने समय रहते ही मुझे सचेत कर दिया। कारण—नारायण का राम-चरित्र इतना आकर्षक है तथा आपके द्वारा किया गया गुणगायन भी इतना प्रिय है कि मन को भटकने में देर नहीं लगती। परंतु सबसे महत्त्वपूर्ण बात यह है कि यदि चरित्र का माहात्म्य समझ में नहीं आया, तो कथा वर्णन की कितनी ही वर्षा क्यों न हो, मन शुष्क ही रह जाएगा। इसीलिए आवश्यक और महत्त्वपूर्ण बातों का ही श्रवण तथा अर्जन होना चाहिए, तभी मन नारायण की भक्ति के लिए सशक्त होगा तथा एक दिन नारायण में पूर्ण रूप से एक हो जाएगा। हे देवर्षि नारद, मैं आपसे प्रार्थना करती हूँ कि आप नारायण के सगुण चरित्र को संक्षेप में, परंतु माहात्म्य को विस्तृत रूप से समझाएँ।''

लक्ष्मी जिस भाव से नारद से कह रही थीं, वह भाव नारद को इतना प्रिय लग रहा था कि आनंद सागर में सदैव डूबे रहनेवाला उनका मन सागर में क्रीड़ा करने हेतु लालायित हो गया। आनंद सागर में क्रीड़ा करते हुए उठने वाली आनंद की लहरें शब्द रूप में इस तरह प्रकट होने लगीं, ''हे लक्ष्मी, नारायण के सगुण चरित्र श्रवण से तुम्हारा अंतःकरणरूपी पात्र अधिकाधिक विस्तृत और गहन होता जा रहा है, जिससे मुझे बहुत संतुष्टि हो रही है। श्रवण से ही नारायण के प्रति तुम्हारा प्रेम भक्तिभाव से ओत-प्रोत हो, नारायण के लिए प्रवाहित होगा, तुम एकरूपता का आनंददायी अनुभव प्राप्त कर सकोगी।''

□

राम की विजय

वानर सेना सहित सेतु पार कर राम लंका पहुँच गए। वहाँ राम का रावण के साथ घमासान युद्ध हुआ। यह युद्ध काफी समय तक चला। सृष्टि के इतिहास में यह एक अनोखा युद्ध था। जिसमें कई लोमहर्षक और भावपूर्ण प्रसंग घटित हुए। इन प्रसंगों में सबसे विशेष प्रसंग था रावण पुत्र इंद्रजित् का लक्ष्मण पर वज्रबाण छोड़ना। वज्रबाण से लक्ष्मण मूर्च्छित हो गए थे। लक्ष्मण की इस अवस्था को देख राम बहुत दु:खी हो गए। उन्होंने लक्ष्मण को अपनी गोद में लिटाया और अपने कोमल हाथों से उनका मस्तक सहलाने लगे। उनके नेत्रों से अश्रुओं की धारा बह रही थी तथा मुख से केवल लक्ष्मण, हे लक्ष्मण, प्रिय लक्ष्मण, बस यही स्वर निकल रहे थे। वैद्यों का कहना था कि लक्ष्मण के उपचार के लिए ओषधि हिमालय पर्वत से लानी होगी। इस काम को पूर्ण किया हनुमान ने। वे अपनी एक ही उड़ान में पूरा पर्वत उठा लाए। ओषधि के उपयोग के पश्चात् हनुमान पुन: उस पर्वत को वहाँ छोड़ आए। उपचार के पश्चात् जब लक्ष्मण होश में आए, तब उन्होंने अपने आपको राम की गोद में पाया। राम उन्हें बहुत प्रेम से निहार रहे थे और प्रेम से उनके सिर पर हाथ फेर रहे थे। राम के नेत्रों से अश्रुओं की धारा अब भी थमी नहीं थी। राम की इस अवस्था को देख, लक्ष्मण इस बात को समझने का प्रयत्न कर रहे थे कि सीताहरण के पश्चात् राम इतने व्याकुल क्यों हो गए थे? और उनके भी नेत्रों से अश्रु बहने लगे। इस प्रसंग के पश्चात् लक्ष्मण के मन का दूजाभाव पूर्णत: समाप्त हो गया था और वे राम से एकरूप हो गए। राम और लक्ष्मण का सही अर्थों में अब मिलन हुआ था। इसके पश्चात् लक्ष्मण पुन:

युद्ध के लिए तैयार हो गए। राम के भाव से युक्त हो तथा अतुलनीय पराक्रम से लक्ष्मण ने इंद्रजित् का वध किया और राम को संतुष्ट किया।

बेटे के वध के पश्चात् रावण हताश हो गया था। उसके अहंकार को इतनी चोट लगी कि वह रोष से भर गया तथा राम के सामने आकर युद्ध करने को तैयार हो गया। रावण भी बहुत पराक्रमी था। उसने अपनी पूरी शक्ति के साथ राम से युद्ध किया। उसके पराक्रम के समक्ष राम भी शुरुआत में कुछ कम पड़ रहे थे, परंतु केवल थोड़े ही समय के लिए। उसके पश्चात् राम ने अपने पूरे बल और पराक्रम से रावण को युद्ध में परास्त कर दिया। अंत में राम के पराक्रम के समक्ष रावण पस्त हो गया।

राम के एक दिव्य बाण ने रावण की छाती वेध दी और रावण घायल अवस्था में जमीन पर गिर पड़ा। उसका अहंकार चूर-चूर हो गया तथा एक ही क्षण में युद्ध-विराम हो गया। किंतु अचानक एक चमत्कार हुआ कि रावण की देह से प्राणज्योति निकलकर राम से एकरूप हो गई। सभी अवाक् हो देखते ही रह गए, पर किसी को भी कुछ समझ में नहीं आया।

लक्ष्मी ने नारद को बीच में ही रोककर पूछ लिया, ''हे नारद, यह चमत्कार है या आश्चर्य? रावण जो राम का सदैव बैरी रहा, जो सदा राम के साथ दुश्मनी और मत्सर से पेश आया, मरने के पश्चात् उसकी आत्मज्योति राम से एकरूप हो गई? इस बात को समझना मेरी आकलन शक्ति से परे है। इसीलिए हे नारद, आप कृपा कर इसका गूढ अर्थ और कारण बताएँ।''

लक्ष्मी के बीच में ही प्रश्न पूछने से नारद जरा भी विचलित नहीं हुए और न ही उनके कथा-वर्णन का वेग कम हुआ, बल्कि उन्हें हर्ष हो रहा था कि लक्ष्मी इतने ध्यान से श्रवण कर रही हैं। इसीलिए प्रसन्न हो वे लक्ष्मी से कहने लगे, ''हे लक्ष्मी, ध्यानपूर्वक श्रवण करना तुम्हारा बहुत अच्छा गुण है, जिसके कारण तुम इतना सूक्ष्म विचार कर पाती हो। अपने प्रश्नों द्वारा तुम अपने मन की शंका व्यक्त करती हो, जिससे मन में संदेह अथवा विकल्प के लिए कोई स्थान नहीं रहता और मैं भी योग्य उत्तर देकर तुम्हारी शंका का समाधान कर पाता हूँ''

मूलतः रावण यह जानता था कि नारायण ही राम का अवतार ले

मानवरूप में अवतरित हुए हैं तथा उन्हीं के हाथों उसका वध होने वाला है। इसी भय से वह मन-ही-मन राम के विषय में सोचता रहता था। वह पराक्रमी था, इसीलिए उसे अहंकार हो गया था और मन में राम के प्रति द्वेष-मत्सर निर्माण हो गया था। सीता स्वयंवर के समय उसका अपमान हुआ था और राम का विवाह सीता से हो गया था। यही कारण था कि वह सदा के लिए राम का बैरी हो गया। इसी वजह से उसके मन में राम का ध्यान लग गया था। अंत समय में मन में राम का ध्यान तथा सामने राम की मूर्ति, उस अवस्था में प्राणोत्क्रमण हो रावण की प्राणज्योति राम की आत्मज्योति में समा गई। यह सारा फल उसके ध्यान का था अर्थात् जिस कारण से रावण को ध्यान लगा, वह आदर्शवत् नहीं है, परंतु यह नारायण का ही माहात्म्य है कि अंतकाल तक किसी भी कारण से ध्यान लगा हो, तो उसकी परिणति नारायण से एकरूप होने में होती है।

केवल मानव रूप में ही नारायण के अनेक अंग प्रकट होते हैं, जिसके माध्यम से अनेक को उनसे एकरूप होने का अवसर मिलता है। इस तरह रावण राम से एकरूप हो गया। इसमें आश्चर्य की कोई बात नहीं है। परंतु राम से एकरूप होने का यह मार्ग सर्व सामान्यों के लिए प्रेरणादायी नहीं हो सकता। विशेष बात यह है कि रावण की इस अवस्था को केवल राम जानते थे, इसीलिए राम ने विभीषण से कहकर विधिविधानपूर्वक रावण का अंतिम संस्कार कराया। राम की वानर सेना ने लगभग सभी राक्षसों का वध कर दिया था, फिर भी जो थोड़े-बहुत बचे थे, उन्होंने आत्मसमर्पण कर दिया। इस तरह युद्ध विराम हो गया। वानर सेना ने विजय का जयघोष किया और राम की जय-जयकार से सारी लंका आनंद से झूम उठी। सभी वानर हर्ष और उल्लास से राम के आस पास एकत्र हो गए।

अनेक बाणों और शस्त्रों के आघात से राम का शरीर भी घायल हो गया था। फिर भी मुखकमल तेजोमय दिखाई दे रहा था। राम की इस दिव्य मूर्ति को देख लक्ष्मण का हृदय राम-प्रेम और माहात्म्य से भर गया और वे राम के चरणों में लीन हो गए। राम ने प्रेम से लक्ष्मण को उठाया तथा अपने हृदय से लगा लिया। राम के नेत्रों से बह रहे आनंदाश्रुओं से लक्ष्मण के नेत्रों के प्रेमाश्रु

सहज मिल गए। इस दृश्य को देख शेष सभी के नेत्र नम हो गए। वानर सेना ने राम के साथ लक्ष्मण का भी बार-बार जयघोष किया। राम के प्रेमल स्पर्श से पुलकित तथा राम के अश्रुओं से भीगे लक्ष्मण ने अपने आपको सँभाला और राम का कृपाहस्त अपने मस्तक पर रख धन्यता का अहसास करने लगे। प्रयत्नपूर्वक अपने आपको राम के बंधन से छुड़ाते हुए लक्ष्मण ने राम को एक उच्चासन पर बैठाया तथा अपने हाथ जोड़, विनम्रतापूर्वक अभिवादन करते हुए कहने लगे—

"हे सुमतप्रिय राम, तुम महान् हो। तुम्हें प्रतिपल नमस्कार करके भी तुम्हारी कृतज्ञता व्यक्त करने में हम कम ही पड़ेंगे। यह मेरा सौभाग्य है कि मुझे तुम्हारा सान्निध्य मिला और तुमने मेरी सेवा स्वीकार की। तुम्हारे सान्निध्य से तुम्हारा माहात्म्य तथा सेवा से तुम्हारा प्रेम मुझे हर पल मिलता है। किंतु विशेष प्रसंगों में तुम्हारे माहात्म्य और प्रेम का साक्षात् अनुभव होता है। पिता के वचनों का पालन करते हुए स्वयं वनवास गमन, सीता का विरह, पश्चात् सीता की खोज का निर्धार और अंत में अहंकारी रावण का वध! इन सारे प्रसंगों द्वारा प्रकट होने वाला तुम्हारा जीवन अद्भुत है। पर उससे भी अद्भुत तुम्हारे अंत:करण का ईश्वरीय स्वरूप है। उसे देखने और अनुभव करने की लालसा में हम तुम्हारे और अधिक करीब आ जाते हैं। तुम्हारे प्रति प्रीति बढ़ती है और तुम्हारी ही भक्ति होती है। इसी भक्तिभाव के कारण तुम्हारे भावी जीवन में घटित होने वाली तुम्हारी स्वरूपी लीला को जानने और उसे अनुभव करने की लगन लग जाती है। हे राम, अब आप शीघ्र ही सीता को मुक्त कराएँ। आपके और सीता के मिलन को देखने के लिए हम सभी अधीर हो रहे हैं।"

नारद के मुख से रामकथा के भावपूर्ण प्रसंग सुन लक्ष्मी तल्लीन हो गईं। उसी भावपूर्ण अवस्था में वे नारद से कहने लगीं, "हे नारद, राम स्वयं जाकर सीता को मुक्त कराएँगे और दोनों का मिलन होगा, इस बात से जब मैं इतनी प्रसन्न हो रही हूँ, तो सीता को कितनी खुशी हो रही होगी। इतने वर्ष राम-विरह और रावण द्वारा दिए गए मानसिक कष्टों से सीता की क्या स्थिति हो गई होगी? इसकी हम कल्पना भी नहीं कर सकते। पर अब

उनका वियोग दूर हो मिलन की वेला आ गई, यही महत्त्वपूर्ण है। अतः हे नारद, इस सुखद प्रसंग का वर्णन कृपा कर आप सविस्तार करें, जिसे सुनने के लिए मैं अत्यधिक आतुर हो रही हूँ।''

लक्ष्मी की बातें सुन नारद जान गए कि स्त्री भावना के कारण लक्ष्मी को सीता के प्रति अधिक सहानुभूति हो रही है। इसी उद्‌देश्य से लक्ष्मी को समझाते हुए नारद कहने लगे, ''हे लक्ष्मी, तुम्हें इस बात का विशेष ध्यान रखना है कि तुम नारायण के रामावतार का चरित्र-वर्णन श्रवण कर रही हो। अतः महत्त्वपूर्ण यह है कि इस कथा के माध्यम से तुम राम के अंतःकरण और माहात्म्य को जानो। रामकथा में ऐसे कई व्यक्ति और प्रसंग आएँगे, जो राम के संपूर्ण जीवन में राम के साथ रहे। कुछ ऐसे भी थे, जो राम के साथ अल्पकाल ही रहे, पर ध्यान रखने योग्य बात यह है कि प्रत्येक प्रसंग में राम ही उस चरित्र के हृदय हैं। अंगों का स्वतंत्र अस्तित्व नहीं होता। अंग हृदय से जुड़े रहते हैं, तभी अस्तित्व में होते हैं। पर यह भी सच है कि अनेक अंगों द्वारा ही हृदय प्रकट होता है। राम का चरित्र प्रकट होने के लिए व्यक्ति और प्रसंग निमित्त मात्र होते हैं, परंतु चरित्र के स्वामी केवल राम और केवल राम ही हैं। इसीलिए राम-चरित्र के अनेक अंगों का महत्त्व जानते हुए, उस चरित्र के हृदय का माहात्म्य जानना चाहिए अथवा ये कहें कि हृदय के माहात्म्य को यथार्थ रूप से जानने के पश्चात् इन अंगों का महत्त्व योग्य रूप से जान सकते हैं। इसीलिए हे लक्ष्मी, राम-चरित्र से जुड़े हुए अनेक अंगों की ओर भावनात्मक रूप से न जुड़, तुम केवल एक के विषय में ही भावपूर्ण रहो। तभी तुम राम के हृदय को यथार्थ रूप से जान पाओगी। अब तुम प्रेमभाव से युक्त हो राम-चरित्र के अगले भाग का श्रवण करने के लिए तैयार हो जाओ।''

नारद की बातें सुन लक्ष्मी दंग रह गईं। क्या कहें, उन्हें सूझ नहीं रहा था, इसीलिए थोड़ी देर शांत हो गईं। फिर स्वयं को थोड़ा सँभालते हुए विचारपूर्वक नारद से कहने लगीं, ''हे भक्तभूषण नारद, आप सचमुच धन्य हैं। नारायण के सगुण चरित्र का गायन करते हुए आप इतने तल्लीन हो जाते हैं कि अपना देहभान भी भूल जाते हैं। पर मुझे यह निश्चित रूप से समझ

आ गया है कि जिस तरह आप अमोघ वाणी के वक्ता हैं, उसी प्रकार अत्यंत सावधान श्रोता भी हैं। यही कारण है कि हम जैसे भावनाप्रधान श्रोताओं को आप सावधान करते हैं। सचमुच हम जैसे भावनाओं में बह जानेवाले श्रोताओं पर आपका अनंत उपकार है। यदि आप हमें सावधान नहीं करते तो हम अपने लक्ष्य से विचलित होते रहते तथा राम के माहात्म्य को कभी भी पूरी तरह नहीं जान पाते।

राम-चरित्र श्रवण करते हुए यदि मैं संबंधित व्यक्तियों के ही मन और भावनाओं का विचार करती रही, तब राम के अंत:करण को जान नहीं पाऊँगी अथवा भूल ही जाऊँगी। वहीं यदि मैंने राम के अंत:करण को ही जान लिया, तो अन्य सभी के मन और भावनाओं को योग्य रीति से समझ सकूँगी। क्योंकि राम सभी के मन और भावनाओं को पूर्णरूप से जानते हैं। अब मैं पूरी तरह सावधान हो गई हूँ तथा आपसे विनयपूर्वक प्रार्थना करती हूँ कि राम-चरित्र के अग्रिम भाग का विस्तृत वर्णन करते हुए राम के अंत:करण को प्रकट करें।''

□

सीता की अग्निपरीक्षा

लक्ष्मी के सुयोग्य विचार सुन नारद अत्यधिक संतुष्ट हुए। उनका उत्साह और अधिक बढ़ गया और वे लक्ष्मी से कहने लगे, "हे लक्ष्मी, सबसे महत्त्वपूर्ण बात यह है कि जिस तरह सीता विरह की अग्नि में जल रही थीं, वैसी ही स्थिति राम की भी थी। इसीलिए राम ने इतने प्रयत्नों और पराक्रमों की पराकाष्ठा की तथा लंका जाकर रावण के साथ युद्ध किया। राम ने न केवल पत्नीधर्म निभाते हुए अपना कर्तव्य पूर्ण किया, वरन् वे सीता से अत्यधिक प्रेम करते थे। आध्यात्मिक अधिष्ठान के कारण उनका प्रेम शुद्ध था। वहाँ विषय-विकारों को कोई स्थान नहीं था। जहाँ विषय होता है, वहाँ विवेक का पूर्ण अभाव होता है तथा आवेगपूर्ण और अयोग्य कृति घटित होती है। परंतु आत्मस्वरूप का नित्य अनुभव करनेवाले राम के शुद्ध अंत:करण में विवेक सदा जाग्रत् और बलवान था, जिससे संयमित और सुयोग्य कर्म होते थे। उनके इसी मर्यादापूर्ण आचरण के कारण उन्हें 'मर्यादा पुरुषोत्तम राम' कहा जाता था।

"सदाचरण से उनका जीवन तेजोमय था। किंतु उनकी तेजस्विता सभी को समझ में नहीं आती थी। कोई उन्हें कठोर तो कोई निष्ठुर भी कहते थे। कारण उनके अंत:करण के भाव तथा उसके अनुरूप घटित कृति को वे समझ नहीं पाते थे। भावुक जन कुछ समझना ही नहीं चाहते हैं, वे अपने भावमंडल में ही रहते हैं। बुद्धिजीवी इस भ्रम में रहते हैं कि वे राम के अंत:करण को जान गए हैं और जो जाना, वही अनुभव है। परंतु कोई बिरला ही होता है, जो भावना और बुद्धि से परे उस अवतारी महापुरुष के

अंत:करण को जान वैसा ही अनुभव स्वयं लेने की कामना रखता है। इसी कामना से वह अवतारी पुरुष की भक्ति कर उनका सद्‌भक्त हो जाता है तथा उनके अंत:करण से सदा के लिए एकरूप हो जाता है।

''सीता से मिलने के लिए राम का मन भी अत्यंत आतुर था। उनका अंत:करण सीता के प्रेम से भावपूर्ण हो गया था। किंतु राजा होने के नाते प्रजा का सम्यक् विचार करना भी उनका दायित्व था। वे जानते थे कि सीता का चरित्र शुद्ध है। पतिव्रता होने के कारण उनमें तेज था, जिसके कारण रावण उनके नजदीक भी नहीं आ सकता था। परंतु सामान्यजन इस बात पर विश्वास नहीं करेंगे और उनके मन में सीता के चरित्र पर संदेह ही रहेगा।

''राजधर्म पालन करने का आत्मबल राम में आत्मधर्म की जागृति के कारण सहज ही था। इसीलिए वे स्वयं सीता से मिलने नहीं गए। उन्होंने विभीषण से कहा कि सीता को ससम्मान यहाँ ले आएँ। अत्यंत दुर्बल सीता एक-एक पैर सावधानीपूर्वक रखते हुए राम के पास आकर खड़ी हो गईं। उनके नेत्रों से अश्रुओं की धारा सतत बह रही थी। सात्त्विक भाव से ओत-प्रोत उनके चेहरे पर तेजस्विता स्पष्ट दिखाई दे रही थी। राम उन्हें देख भावपूर्ण हो गए तथा उनके भी भाव अश्रु के रूप में प्रकट हो रहे थे। दोनों के नेत्र एक-दूसरे से मिले तथा लंबे अंतराल का विरह एक ही क्षण में समाप्त हो गया था। मिलन के इस भावपूर्ण दृश्य को देख पूरी वानर सेना के नेत्र अश्रुओं से नम हो गए। सभी ने एक साथ सीता और राम का जय-जयकार किया। सारा वातावरण राम और सीता की जय-जयकार से गूँज उठा। उसी भाव में सीता राम के एकदम निकट आईं तथा राम के चरणों में अपना शीश झुकाने के लिए आगे बढ़ीं। तभी अचानक राम ने हाथ के इशारे से सीता को रोका। सीता सहित सभी विस्मयचकित हो एक-दूसरे की ओर देखने लगे। राम के इस व्यवहार का क्या कारण हो सकता है? किसी को कुछ समझ नहीं आ रहा था। सीता की स्थिति अत्यंत दयनीय हो गई थी। उनका चेहरा राम की इस कृति से और भी कुम्हला गया। सभी सोचने लगे कि अब क्या होगा? राम भी वातावरण की गंभीरता जान गए थे और निसंदिग्ध हो कहने लगे—

"हे प्राणप्रिय सीता! तुम मुझे कितनी प्रिय हो, यह केवल मैं और तुम जानते हैं। विरह का जितना दुःख तुम्हें हुआ है, उतना ही दुःखी मैं भी हूँ। और अब मिलन का आनंद भी हमारा एक जैसा होगा। मैंने अग्नि को साक्षी मानकर तुमसे विवाह किया था और तुम्हें छोड़ा नहीं था, तब तुम्हें पुनः स्वीकार करने का प्रश्न ही निर्माण नहीं होता। हम बाह्य रूप से दूर थे, पर मन से सदा एक-दूसरे के प्रेम स्मरण में थे। अब हमारे वनवास का समय भी पूर्ण हो गया है और शीघ्र ही हम अयोध्या नगरी चलने वाले हैं। वहाँ हम अपना अग्रिम जीवन पुनः प्रेम और आनंद के साथ बिताएँगे।

"पर सीता, यह बात ध्यान में रखनी होगी कि तुम्हारा पति होने से पहले मैं अयोध्या का राजपुत्र हूँ तथा राजधर्म निभाना मेरा पहला कर्तव्य है। पति होने के नाते और भाव से तुम्हारे पतिव्रता होने एवं तुम्हारी पवित्रता पर मुझे जरा भी संदेह नहीं है और न ही यह कहने वाली बात है। पर सामान्यजन इस बात को नहीं मानेंगे कि इतने दिन रावण के बंदीगृह में रहकर भी तुम निष्कलंक हो। उन्हें इस सच्चाई से अवगत कराना अयोध्या राज्य के एकनिष्ठ सेवक का परम कर्तव्य है। इसी में तुम्हारी, मेरी तथा सभी की भलाई है। इस कर्तव्य की पूर्ति के लिए मुझमें आत्मबल है तथा तुम भी भावबल से परिपूर्ण हो। अतः तुम अग्नि को साक्षी मान अपनी शुद्धता और पवित्रता की शपथ लो, जिससे सभी इस सच्चाई को जान सकें।"
राम के ऐसे वचन सुन सभी आश्चर्यचकित और निःशब्द रह गए। किंतु श्रवण में लीन लक्ष्मी इन वाक्यों को सुन स्तब्ध हो गईं। राम की भूमिका का सत्यत्व उन्हें महसूस हो रहा था। परंतु राम की इस भूमिका से उनका मन खुश नहीं था। वे क्षण उन्हें बहुत कठिन लग रहे थे। फिर भी विवेक से अपनी मनःस्थिति को सँभालते हुए वे नारद से कहने लगीं—

"हे नारद, आपने एक बार कहा था कि सगुण चरित्रों में कभी-कभी ऐसे प्रसंग घटित होते हैं, जिनका आकलन सामान्यजन नहीं कर पाते। उनकी बुद्धि कुंठित हो जाती है। उन प्रसंगों में अवतारी पुरुषों के अंतःकरण की अवस्था और घटित प्रसंगों में तालमेल जमाना मुश्किल हो जाता है। परंतु जब अंतःकरण ही अवतारी पुरुष का है, तब सामंजस्य होना निश्चित है।

अब इसी प्रसंग में देखें कि राम के वक्तव्य में उनकी भूमिका का सत्यत्व दिखाई देता है, परंतु इसका कितना विपरीत असर सीता के मन पर पड़ा होगा? इतने दीर्घकाल के विरह के पश्चात् राम से मिलने के लिए सीता कितनी उत्सुक और आतुर हो रही होंगी? पर यह भी सत्य है कि राम के अंतस के भाव सीता निश्चित रूप से जानती होंगी। तब राम की इस भूमिका पर सीता की क्या प्रतिक्रिया हुई तथा सीता ने किस प्रकार राम का साथ दिया? यह सब विस्तारपूर्वक जानने की मेरी उत्कंठा बढ़ती जा रही है। राम के अंत:करण और सीता के मनोभाव को केवल आप ही जानते हैं, इसीलिए मेरी आपसे करबद्ध प्रार्थना है कि आप मेरे इस भाव की पूर्ति करें।''

लक्ष्मी के वचन सुन नारद अत्यंत संतुष्ट हुए और प्रशंसा करते हुए कहने लगे, ''हे लक्ष्मी, मुझे इस बात से अत्यधिक प्रसन्नता हो रही है कि तुमने अपने मन की बात स्पष्ट रूप से कह दी। साथ ही तुम्हारी यह श्रद्धा कि राम ने जो निर्णय लिया, सत्य ही होना चाहिए, क्योंकि जब तक हमें यह विश्वास नहीं होगा कि 'राम का अंत:करण अत्यंत शुद्ध है' तब तक हम उनके चरित्र का अभ्यास नहीं कर पाएँगे। इसी श्रद्धा से बुद्धि शुद्ध होगी, मन प्रेम से भरकर उत्कट होगा तथा आनंद का अनुभव लेने की लगन लगेगी। लगन से भक्ति होगी तथा आनंदानुभव स्वानुभव हो जाएगा। श्रद्धाभाव के कारण ही राम के निर्णय के पीछे छुपे राम के अंत:करण को सीता समझ पाईं और सीता का राम के प्रति प्रेम उमड़ आया। वे कहने लगीं, ''हे पुरुषोत्तम राम, तुम मुझे प्राण से अधिक प्रिय ही नहीं बल्कि मेरे प्राण हो। तुम यानी तुम्हारा केवल बाह्य जीवन ही नहीं बल्कि तुम्हारा अंत:करण भी है। परमभाग्य से मुझे तुम्हारे जीवन में स्थान मिला है, पर उससे भी अधिक तुम्हारी मुझ पर कृपा है कि तुमने मुझे अपने अंत:करण में रखा। कुछ समय के लिए हम बाहरी तौर पर एक–दूसरे से दूर थे, पर तुमने मुझे सदा अपने हृदय में रखा तथा तुम भी मेरे हृदय में रहे, यह तुम्हारा ही माहात्म्य है।

''आज बाहरी रूप से भी हमारा विरह दूर हो गया है तथा आंतरिक

प्रेम को बाह्य रूप से भी महसूस करने की शुभ घड़ी आ गई है। आपके हृदय के जो भाव हैं, वही भाव मेरे हों और मैं वैसी कृति कर आपका दिल जीत सकूँ, यही मेरी अभिलाषा है। तुम्हारे अंत:करण में मेरी पवित्रता के प्रति जो विश्वास है, वही मेरी शक्ति है। तुम्हारा यह निर्णय कि राजधर्म का पालन करने हेतु मुझे अग्निपरीक्षा देनी चाहिए, तुम्हारे शुद्ध अंत:करण का ही द्योतक है। तुम्हारा यह विश्वास कि इस अग्निपरीक्षा को मैं यशस्विता से साथ पार करूँगी, तुम्हारे शुद्ध अंत:करण का ही प्रतिबिंब है। तुम्हारे ही विश्वास से मुझे यह बल मिलेगा और मैं इसमें खरी उतरूँगी तथा तुम्हें प्रसन्न करूँगी। तुम्हारा कृपाशीर्वाद सदा मेरे साथ है, फिर भी इस प्रसंग के निमित्त मुझे पुन: आशीर्वाद दें, यही तुम्हारे चरणों में प्रार्थना है।''

सीता के इन वचनों को सुन वहाँ उपस्थित सभी का उर भर आया तथा नेत्र नम हो गए। राम ने अपना दायाँ हाथ उठाकर सीता को प्रेमाशीर्वाद दिया। विभीषण को अग्नि प्रज्वलित करने की आज्ञा दी गई। विभीषण ने कुछ लकड़ियाँ और कोयला एकत्र कर अग्नि प्रज्वलित की। तब तक लक्ष्मण अपने साथ सीता को ले आए। एक-एक कदम सावधानी से रखते हुए सीता पहले राम के समीप गईं। कुछ दूरी से ही उन्होंने राम के चरणों में वंदन किया तथा राम के प्रेमल मुखकमल की ओर एक प्रेमल कटाक्ष डाल नेत्र बंद कर लिये और दोनों हाथ जोड़कर अग्निदेवता से कहने लगीं, ''हे अग्निदेव, मेरा नमन स्वीकार करें। काया, वचन और मन से मैं केवल प्रभु राम की ही हूँ। इस सत्य को केवल तुम जानते हो, फिर भी तुम्हें साक्षी मानकर तथा प्रभु राम के चरणों की सौगंध खाकर मैं निवेदन करना चाहती हूँ कि इतने दिनों रावण के बंदीगृह में रहने के बावजूद मैं केवल प्रभु राम की ही हूँ। किसी और का विचार भी मेरे मन अथवा तन को स्पर्श नहीं कर सका। मेरी पवित्रता और चरित्र का तेज तुम्हारे प्रकाश तेज के समान ही देदीप्यमान है। सत्य, सत्य, सत्य!!''

सीता की शपथ पूरी होते ही अग्नि अचानक अधिक प्रज्वलित हो गई और तेज लौ आकाश की ओर बढ़ने लगी। अग्नि की इस तरह अचानक दिखाई देनेवाली प्रखरता मानो सीता माई की शुद्धता की गवाही दे रही थी।

निष्कलंक सीता के चेहरे पर तेजस्विता और अधिक निखरने लगी। प्रभु राम के तेजस्वी मुखकमल पर आनंद और प्रसन्नता प्रस्फुटित होने लगी। लक्ष्मण, विभीषण, हनुमान, सुग्रीव इत्यादि, जिन्हें पहले से ही सीता की शुद्धता पर जरा भी संदेह नहीं था, सभी चेहरे प्रसन्नता से खिल उठे थे। अन्य उपस्थित गण, जिनके मन थोड़े शंकाग्रस्त थे, वे भी अत्यंत खुश दिखाई दे रहे थे। वातावरण में चारों ओर प्रसन्नता और आनंद बिखर गया था। सीतामाई की जय हो, प्रभु राम की जय हो, इसी जयघोष का नाद सारे वातावरण में गूँजने लगा।

अपने दोनों हाथ जोड़ सीता ने पुनः एक बार अग्नि देवता को नमन किया तथा एक-एक कदम सावधानीपूर्वक आगे बढ़ाते हुए वे राम के निकट पहुँचीं। राम की ओर प्रेमपूर्ण नजरों से देखते हुए उन्हें महसूस हुआ कि राम के नेत्रों में भी वही भाव हैं। नेत्रों से नेत्र मिले और हृदय से हृदय जुड़ गए। सीता ने राम के चरणों में अपना मस्तक टेका, नेत्रों से बह रहे अश्रुओं से राम के चरणों का जैसे स्नान हो रहा था। राम ने सीता को प्रेम से अपने पास बैठा लिया। इस भावपूर्ण दृश्य को देख वहाँ उपस्थित सभी जन मन-ही-मन अति आनंदित हो रहे थे तथा चारों ओर प्रसन्नता की लहर दौड़ रही थी। उसी अवस्था में लक्ष्मण अपना भाव प्रकट करने के लिए आगे बढ़े तथा पुष्प न्योछावर कर लक्ष्मण ने प्रभु राम के चरणों में वंदन किया। उन्हीं पुष्पों में से कुछ पुष्प लक्ष्मण ने सीता को अर्पित किए तथा सीता के चरण स्पर्श कर उन्हें प्रेमपूर्वक वंदन किया। लक्ष्मण की इस भावपूर्ण कृति से सभी को आनंद हो रहा था तथा अहसास हो रहा था कि उनके भी भाव राम और सीता तक पहुँच गए। सभी ने जोरदार ध्वनि के साथ सीतापति राम की जय-जयकार की।

भावपूर्ण प्रसंगों का भावपूर्ण वर्णन करते हुए नारद के अंत:करण की अवस्था भी अत्यंत उत्कट हो गई थी। वह अनुभवपूर्ण अंत:करण में सर्व भावपूर्णतः एकरूप होने की सहज समाधि थी। भक्तिभाव की परमोच्च अवस्था थी। नारद की इस सर्वश्रेष्ठ अवस्था में नारद के मुख से निरूपण श्रवण कर रहीं लक्ष्मी की भी अवस्था पूर्णतः भावपूर्ण हो गई थी तथा इस

प्रसंग से वे समरस हो गई थीं। उनके मुख से सहज ही ये उद्‌गार निकले, "सीता सचमुच धन्य हैं। किसी स्त्री के जीवन में अग्निदेवता के समक्ष अपने चरित्र की शुद्धता की शपथ लेने जैसी कोई और दूसरी परीक्षा नहीं हो सकती। यह उसके सत्त्व की परीक्षा थी। जिसमें सीता खरी उतरीं। किंतु इस प्रसंग के बाद भी सीता की राम के प्रति श्रद्धा अथवा प्रेम में कोई कमी नहीं आई। जबकि सामान्यजन के मन में यह बात आएगी कि इस प्रसंग के लिए राम ही जिम्मेदार हैं। पर सीता के मन में यह बात नहीं आई। इसके विपरीत इस परीक्षा के लिए मनोबल भी उन्हें राम की कृपा से ही प्राप्त हुआ था, जिसका कारण है, राम के प्रति उनका अचल प्रेमभाव व अटल श्रद्धा। लेकिन उस भावबल का फल उन्हें उनके भावी जीवन में मिला या नहीं? अब तो दोनों के ही जीवन में एकांतता, निश्चिंतता और स्वस्थचित्तता थी। अतः अब आप राम और सीता के जीवन में घटित आनंददायी प्रेमप्रसंगों का वर्णन कर सुनाएँ, यही आपसे प्रार्थना है।"

नारायण के राम-चरित्र का गायन करने हेतु नारद पहले ही से अधीर थे, उस पर लक्ष्मी की श्रवणातुरता! इस अवसर का पूर्ण लाभ उठाते हुए नारद अपने भावपूर्ण अंतःकरण को प्रकट करते हुए कहने लगे, "हे लक्ष्मी, राम और सीता के पुनर्मिलन से सभी ओर आनंद का वातावरण था। सभी अपने-अपने ढंग से खुशियाँ मना रहे थे। खुशियाँ मनाने में वे इतने मग्न थे कि कुछ देर के लिए उनका ध्यान राम की ओर भी नहीं था। किंतु लक्ष्मण का पूरा ध्यान राम की ओर था। वे राम के मुखकमल को बड़े गौर से निहार रहे थे। वे जान गए थे कि इस आनंददायी क्षण में चारों ओर खुशी और आनंद छाया हुआ है। फिर भी राम अंतर्मुख दिखाई दे रहे हैं। वे खुश अवश्य हैं, पर किसी बात से वे अत्यधिक चिंतित हैं। वे राम के समीप आए और हाथ जोड़कर राम से पूछने लगे, "हे परमप्रिय राम, रावण पर विजय पाने और सीता माता के पुनरागमन से सभी इतने खुश हैं, चारों ओर खुशी का वातावरण है, पर आप कुछ गंभीर दिखाई दे रहे हैं। मैं जानता हूँ कि गंभीरता आपका स्वभाव है। संयमित कृति आपकी प्रकृति है। पर इतने आनंददायी प्रसंग में भी आप समरस नहीं हो रहे हैं, इस बात से मैं

बहुत आश्चर्यचकित हूँ। आपने अपने आत्मसामर्थ्य से रावण को पराजित किया। उसका वध कर अपनी अत्यंत प्रिय सीता को रावण के बंदीगृह से मुक्त किया, तब आपका आनंद तो द्विगुणित होना चाहिए। किंतु आप अधिक अंतर्मुख दिखाई दे रहे हैं। इसका क्या कारण हो सकता है? क्या किसी और महत्त्वपूर्ण कार्य की चिंता में आप डूबे हुए हैं? मेरी आप से विनती है कि कृपा कर आप अपने अंत:करण की अवस्था व्यक्त करें।''

लक्ष्मण की बातें सुन राम की गंभीर मुद्रा पर किंचित् हास्य झलका और वे लक्ष्मण को समझाते हुए कहने लगे, ''हे प्रिय लक्ष्मण, तुम्हारे प्रेम और निष्ठा से मुझे अत्यंत संतुष्टि मिलती है, यही कारण है कि मेरा अंत:करण तुम्हारे समक्ष प्रकट होता है। तुम्हारा यह कहना कि इस आनंददायी प्रसंग में भी मैं किसी अन्य चिंता में डूबा हूँ, उचित है। पर यह कहना योग्य नहीं कि घटित प्रसंग से मुझे आनंद नहीं हुआ। सीता की पवित्रता और शुद्धता के बारे में मेरे मन में कोई संदेह था ही नहीं। जिस भावबल से सीता ने अपने आपको अग्नि के समक्ष प्रस्तुत किया और उनकी निष्कलंकता प्रकट हुई, उससे मुझे अत्यंत हर्ष हो रहा है। मेरा आनंद भले ही बाहरी रूप से उतना प्रकट न हो रहा हो, जितने अन्य आनंदित दिखाई दे रहे हैं, पर मैं बहुत आनंदित हूँ। तुम्हारा यह प्रश्न कि मैं किस बात से चिंतित दिखाई दे रहा हूँ? इसका कारण यह है कि इस समय अंतस में भरत है। कैकेयी माता ने एक ही वर में अयोध्या का राज्य भरत के लिए माँग लिया था, परंतु भरत मेरे प्रेम में इतना आसक्त था कि राज्य और ऐश्वर्य छोड़ मेरे पीछे वन में आ गया। पर मेरे शब्द और प्रेम के लिए मेरी पादुका रख, मेरा प्रतिनिधि बन राज्य का कार्यभार सँभाल रहा है।

''चौदह वर्ष पूर्ण होने के पश्चात् एक और क्षण भी बिताए बिना ही यदि मैं अयोध्या नहीं पहुँचा, तो वह 'अग्नि भक्षण करेगा', ऐसी शपथ भरत ने ली है। मैं जानता हूँ कि वह मुझसे बहुत प्रेम करता है तथा बहुत भावना प्रधान है। पिछले चौदह वर्षों में भी भरत के लिए मेरा प्रेम इतना ही उत्कट था। इसका मुख्य कारण भरत का मेरे लिए प्रेम है। अब रावण के वध और सीता की मुक्ति के पश्चात् भरत की चिंता ने अग्रस्थान ले

लिया है। यह निश्चित है!

''चौदह वर्ष पूर्ण होने में अब कुछ ही समय बचा है। मुझे, सीता और तुम्हें शीघ्र ही अयोध्या पहुँचना है। अतः तुम्हें पुष्पक विमान की व्यवस्था करनी होगी। हनुमान को अयोध्या भेज भरत को हमारे आगमन की सूचना दे दें। सारी वानर सेना को विभीषण और सुग्रीव के साथ अयोध्या जाने के लिए कहा जाए। अब भरत से मिलने के लिए मेरी बेचैनी बढ़ती जा रही है।''

''राम की बातें सुन लक्ष्मण पहले तो आश्चर्यचकित रह गए, पर यह जानकर कि राम प्रत्येक व्यक्ति की भावनाओं की पूर्ति के लिए तत्पर और आतुर रहते हैं तथा समय को साधते हुए योग्य रीति से सारे कार्य करते हैं, लक्ष्मण का अंत:करण राम के प्रेम और माहात्म्य से भर गया। मन-ही-मन वे अत्यधिक आनंदित हो रहे थे। वे भी राम के हृदय के भाव से क्षण भर के लिए एकरूप हो गए। राम के आगमन का शुभ और आनंददायी संदेश हनुमान के माध्यम से भरत तक पहुँच गया। भरत ने तुरंत पुष्पक विमान अयोध्या से भिजवाया। विभीषण और सुग्रीव को पूरी वानर सेना लेकर अयोध्या पहुँचने का संदेश दे लक्ष्मण ने राम और सीता को आदरपूर्वक पुष्पक विमान में बैठाया। वे स्वयं भी नम्रतापूर्वक उनके पास बैठ गए। सारे वानरों ने अत्यंत उत्साह और जोश के साथ राम, सीता और लक्ष्मण का जयघोष किया तथा पुष्पक विमान अयोध्या की दिशा की ओर उड़ने लगा। जिस वेग से विमान आकाश में उड़ रहा था, उससे कहीं अधिक वेग से राम का मन पहले ही भरत तक पहुँच गया था। लाडले भरत तो पहले से ही राम के अंतस में समाए थे।

राम के अंतस में भरत से प्रत्यक्ष भेंट और मिलन के आनंदानुभव का भाव इतना उत्कट था कि वे उस आनंद का अनुभव भी करने लगे। वहाँ भरत की अवस्था भी ऐसी ही थी। राम के प्रेम से, राम के विरह को सहन करनेवाले भरत राम की सेवा समझकर ही राज्य का कार्यभार सँभाल रहे थे। मानो यही उनकी रामपूजा थी। बाहरी रूप से राम की पादुका का पूजन तथा अंतस में बसी राममूर्ति के पवित्र चरणों के नित्य स्मरण से भरत मानो रामभक्ति ही कर रहे थे। उसी का यह सुफल था कि भरत के प्राणों से भी

अधिक प्रिय राम भरत-मिलन के लिए आ रहे थे। भरत के जीवन में पूर्णता और सार्थकता लाने वाला क्षण बहुत निकट आ गया था। प्रेम और श्रद्धा से अंतस में बसी राममूर्ति भक्तिभाव से साकार हो रही थी। इसी भाव से वे एकटक आकाश की ओर देख रहे थे कि अचानक पुष्पक विमान दृश्यमान हुआ। जिस तरह सूर्योदय की वेला में पूर्व दिशा के कोने से सूर्य प्रकट हो सारे नभ में लालिमा बिखेर देता है और एक ही क्षण में सारे अंधकार को समेट प्रकाशमय हो जाता है, ठीक उसी तरह राम के तेज से पुष्पक विमान तेजोमय हो संपूर्ण आकाश को देदीप्यमान कर रहा था।

प्राणों से अधिक प्रिय राम के सर्वांग सुंदर दर्शन और मिलन के भाव से भरत पुलकित हो रहे थे। उनके दोनों हाथ सहज उठे और आकाश की ओर जुड़ गए। राम की दृष्टि भी भरत को खोज रही थी तथा भरत को देखते ही राम आनंद-विभोर हो गए। पुष्पक विमान जमीन पर उतरा तो भरत दौड़ते हुए राम के पास गए और राम के अंक से लिपट गए। दोनों का प्रेम-मिलन देख प्रतीत हो रहा था, जैसे सागर सरिता से मिल रहा हो। मिलन की उत्कटता इतनी गहरी थी कि कौन किससे मिल रहा है, यह भी मालूम नहीं पड़ रहा था। प्रदीर्घकाल का वियोग एक ही क्षण में मिट गया और शेष रहा केवल प्रेम मिलन का आनंद। भरत के नेत्रों से बह रहे प्रेमाश्रुओं ने राम को भिगो दिया था। राम भी इस प्रेम-भेंट से इतने हर्षित हो रहे थे कि राम के अंक से लिपटे भरत बार-बार राम के चरण स्पर्श करने का प्रयत्न कर रहे थे, परंतु राम की पकड़ से छूट नहीं पा रहे थे। तब लक्ष्मण ही आगे आए तथा प्रयत्नपूर्वक भरत को राम से छुड़ाते हुए अपने हृदय से लगा लिया। कुछ ही क्षणों में भरत ने अपने आपको लक्ष्मण से अलग किया और सीता के चरणों को स्पर्श कर प्रेमपूर्वक वंदन किया। सीता की नजरों में प्रेम और वात्सल्य भाव को देख भरत आनंद-विभोर हो रहे थे। तब तक पूरी अयोध्या नगरी में राम के शुभागमन का संदेश फैल चुका था। सारे अयोध्यावासी अपने प्रिय राम के दर्शन करने के लिए दौड़कर राजमहल चले आए। चौदह वर्षों से प्रतिपल राम का स्मरण करते हुए राम के पुनरागमन की राह देख रहे अयोध्यावासियों को राम के दर्शन

पाने का लाभ तो गिला ही, साथ ही राम और भरत के मिलन का अभूतपूर्व दृश्य देखने और उसमें सहभागी होने का सौभाग्य भी प्राप्त हुआ। राम के आगमन की सूचना जैसे ही कौशल्या, सुमित्रा और कैकेयी को मिली, वे सभी दौड़ती हुईं राम से मिलने आईं। सभी ने अपने प्रिय राम को प्रेम से अपने अंक से लगाया तथा मस्तक पर हाथ फिराकर प्रेमाशोर्वाद दिए। ब्रह्मर्षि वसिष्ठ भी प्रिय राम से मिलने वहाँ पहुँचे। राम ने कृतज्ञतापूर्वक वसिष्ठ के चरण स्पर्श किए और कृपाशीर्वाद लिये। वसिष्ठ के नेत्र भी प्रेमाश्रु से नम हो गए।

□

राम का राज्याभिषेक

ऐसे भावभंगिम और आनंददायी वातावरण में भरत ने सर्वप्रथम वसिष्ठ ऋषि को उच्चासन पर बैठाया। उसके पश्चात् सीता सहित राम को सिंहासन पर बैठाया। पहले ऋषि वसिष्ठ का विधिपूर्वक पूजन कर आशीर्वाद लिये। पश्चात् राम का प्रेमपूर्वक पूजन कर नानाविध फूलों और फलों से स्वागत किया। राम का मुखकमल निहारते हुए भरत अत्यंत प्रसन्न हो रहे थे। अपनी प्रसन्नता की पूर्ति करते हुए भरत राम से विनयपूर्वक कहने लगे, "हे पुरुषोत्तम राम, तुम मुझे प्राणों से अधिक प्रिय हो, पर ऐसा कहने से मेरे भाव की पूर्ति नहीं होती है। कारण—तुम मेरे प्राण ही हो। मेरे प्राण और आप बाहरी रूप से अलग हैं। किंतु प्राण ही अलग हो गए, तो देह का क्या अस्तित्व ? मेरे अंतस में बसी तुम्हारी सगुण मूर्ति ही मेरे अस्तित्व का आधार है तथा तुम्हारे प्रेमस्मरण से स्फुरित तुम्हारा प्रेम ही मेरा जीवन है। उस प्रेम में आपका माहात्म्य, धैर्य, निश्चयात्मकता, आत्मबल और तुम्हारे अंतस की प्रेमलता एकरूप हो पूर्णत: व्याप्त हो गई है। इसी प्रेमबल के कारण मैंने चौदह वर्षों का विरह सहन किया। तुम्हारे सत्य वचनों को आज्ञा मानकर तथा राजकाज की सारी जिम्मेदारियों को अपना कर्तव्य समझकर पूर्ण किया, इसकी वजह भी केवल आपका आशीर्वाद ही है। इन चौदह वर्षों में केवल आप ही ने वनवास नहीं भोगा वरन् आप पर व्यक्तिगत प्रेम करनेवालों ने भी चौदह वर्ष वनवास भोगा है। आपके प्रत्यक्ष प्रेम के बिना जीवन जीना वनवास से भी अधिक कठिन है। वन में रहते हुए आपने अपार कष्ट सहन किए तथा राक्षसों का वध कर उन पर विजय प्राप्त की, जो केवल आप ही

कर सकते हैं। अब मैं आपसे एक ही अनुरोध करता हूँ कि इस राज्य का शासन आप सँभालें। मैं महर्षि वसिष्ठ से विनती करता हूँ कि वे आपका राज्याभिषेक कर अयोध्यावासियों के हृदय में बसने वाले श्रीराम को उनका अधिकार सौंपें।''

इतना कहते हुए राम-प्रेम से पूर्णतः प्रवाहित भरत के मुख से शब्द निकलना बंद हो गए। राम की जिस पादुका का नित्य पूजन कर भरत राजकार्य करते थे, उसी पादुका को उठाकर उन्होंने अपने मस्तक से लगाया तथा राम के निकट जा अत्यंत नम्रतापूर्वक उनके चरणों में पहना दी। तत्पश्चात् राम के चरणों में साष्टांग प्रणाम किया और अपने आपको धन्य कर लिया। इस भावपूर्ण दृश्य को देख सभी की आँखें नम हो गईं तथा चारों ओर राम की जय-जयकार गूँजने लगी।

राम-चरित्र के इस भावपूर्ण प्रसंग का वर्णन करते हुए नारद का सर्वांग रोमांचित हो रहा था। श्रवण कर रहीं लक्ष्मी भी अत्यधिक आनंदित हो रही थीं। उसी अवस्था में वे नारद से कहने लगीं, ''हे नारद, 'अंत सुखी तो सब सुखी'। यह कहावत यहाँ चरितार्थ होती है। राम का तरुणावस्था में विवाह तथा विवाह होते ही वनवास। वहाँ भी सीता का वियोग। वनवास और सीता के वियोग से जो कष्ट राम को हुए होंगे, उससे कहीं अधिक कष्ट सीता ने सहन किए होंगे। सीता पर बीते कठिन प्रसंगों को सुनकर ही जब इतना दुःख होता है तब प्रत्यक्ष दुःख झेलने वाली सीता की स्थिति क्या हुई होगी ? किंतु अब दुःखों के क्षण समाप्त हो, दोनों के मंगल मिलन की शुरुआत हो गई है, यही जानकर मुझे अत्यधिक आनंद हो रहा है।

''राम राज्यसिंहासन पर अधिष्ठित हो गए। उनके प्रिय बंधु लक्ष्मण, भरत और शत्रुघ्न उनके पास खड़े हैं। हनुमान राम के चरणों में प्रेम और विनय के साथ हाथ जोड़े तत्पर खड़े हैं। सबसे विशेष और महत्त्वपूर्ण बात यह है कि राम की अर्धांगिणी सीता उनकी रानी के रूप में उनके समीप विराजमान प्रेम से राम को निहार रही हैं। ऐसा आनंददायी चित्र मुझे मेरी नजरों के समक्ष दिखाई दे रहा है। पर मैं यह वर्णन आपके मुख से सुनना चाहती हूँ, तभी मुझे सच्चा आनंद प्राप्त होगा।''

लक्ष्मी के प्रेमपूर्ण वचन सुन नारद राम-चरित्र गायन के लिए अधिक ही उत्प्रेरित हो गए तथा कहने लगे, ''हे सुभगे लक्ष्मी, तुम अत्यंत भाग्यशाली हो। नारायण की सगुण कथा श्रवण करना सबसे अधिक सौभाग्य की बात है। पर उससे कहीं अधिक सौभाग्य की बात यह है कि नारायण के चरित्र की गहनता जान उनसे प्रेम हो जाना। उन्हीं के प्रेम से उनकी भक्ति होना परमभाग्य की बात है। इसी भाव की पूर्ति करने से जो आनंद प्राप्त होता है, वही सर्वश्रेष्ठ स्वानंद के अनुभव का मूल है। तुम्हारे मन:चक्षु के समक्ष जिस सुचित्र को तुम देख रही हो, वैसा ही प्रसंग साक्षात् घटित हुआ, किंतु तुमने जो बात कही कि 'जिसका अंत भला उसका सब भला', यह अर्धसत्य है। राम के जीवन द्वारा प्रकट सत्य कुछ इस प्रकार है कि 'जिसकी मूल ही मधुर है, उसका फल भी मधुर होता है या कहें कि सभी कुछ मधुर होता है।' ईश्वरीय प्रेम की ऐसी मधुर मूल राम के अंतस में थी, जो उनके संपूर्ण जीवन द्वारा प्रकट हुई, परंतु सामान्य जीव की भ्रामक कल्पना के कारण कि 'प्रेमल और मधुर' ही सुखकारक और अच्छा होता है, वे राम से जुड़ नहीं पाए। 'मधुर' यानी 'हितकारक और कल्याणकारी', इस बात को जो जान गए, केवल वे ही राम से जुड़े और उन्हें राम से इस तरह लगाव हो गया कि वे राम को एक पल भी छोड़ नहीं पाए।

''सभी अयोध्यावासियों और भरत के भाव को जानते हुए ऋषि वसिष्ठ ने राम के राज्याभिषेक की घोषणा की। वे स्वयं भी अपने अंतस में बसे आत्माराम की ही साकार मूर्ति राम के रूप में देख रहे थे। घोषणा होते ही सभी ओर मंगल वातावरण निर्मित हो गया तथा खुशी की लहर दौड़ गई। सभी ने अपने-अपने घर सजाए, दीपमालाएँ प्रज्वलित कीं। घर के सामने तथा चौराहों पर रंगों से सजी सुंदर रंगोलियाँ बनाईं। नए और कशीदेकारी वस्त्र पहन तथा साज-शृंगार कर टोलियाँ की टोलियाँ अयोध्या के राजदरबार में पहुँच गईं। मंगल वाद्यों की धुन संपूर्ण परिसर और आकाश में गूँजने लगी तथा सभी ओर आनंद-ही-आनंद छा गया था।

''अयोध्यावासी अपने प्रिय राम की जय-जयकार कर रहे थे और राम के गुण वर्णन में भजन गा रहे थे। प्रभु राम ने ऋषि वसिष्ठ का पूजन कर

आशीर्वाद लिया तथा प्रजाजनों का प्रेमपूर्वक स्वागत किया। ऋषि वसिष्ठ ने राम को राजमुकुट पहनाया और जोरदार तालियों की गड़गड़ाहट के साथ 'राजाधिराज रामचंद्र की जय' की ध्वनि गूँजने लगी और मंगल वाद्य जोर-जोर से बजने लगे। दीर्घ काल तक जय-जय कार की ध्वनि गूँजती रही। अयोध्या के जन राम और सीता को प्रेम भेंट देकर उनका अभिनंदन कर रहे थे। इस समारोह में दूर-दूर से अनेक राजा-महाराजा भाग लेने के लिए आए थे तथा सभी अपना अभिनंदन व्यक्त कर रहे थे। विभीषण और सुग्रीव इस विशेष समारोह का आनंद लेने पहले से ही वहाँ उपस्थित थे। सारी वानर सेना भी खूब खुशियाँ मना रही थी। राम का राज्याभिषेक एक अभूतपूर्व समारोह था, जिसके यथार्थ वर्णन के लिए शब्दों का भंडार भी कम ही पड़ेगा।''

समारोह का वर्णन श्रवण कर रहीं लक्ष्मी अत्यंत उल्लसित हो रही थीं। वे जान नहीं पा रही थीं कि इस आनंद का कारण कौन है—राम या सीता? या दोनों? दोनों के प्रत्यक्ष संपर्क और सान्निध्य में मैं आई ही नहीं, तब राम और सीता के मिलन से मुझे इतना आनंद क्यों हो रहा है? मेरी अवस्था इतनी भावपूर्ण कैसे हो गई? लक्ष्मी ने जब एक दृष्टि नारायण के मुखमंडल पर डाली तो पाया कि नारायण भी अत्यंत आनंददायी मुद्रा में उन्हीं की ओर देख रहे हैं। नारायण के नेत्रों से अपार प्रेम झलक रहा था, जिसे देख लक्ष्मी को अपने मन में उठे प्रश्नों का उत्तर सहज ही मिल गया। अब वे स्वयं को नारायण के अंत:करण के अधिक करीब महसूस कर रही थीं। उन्हें इस बात का भी अहसास हो रहा था कि नारद के मुख से नारायण की सगुण कथा वर्णन के कारण ही उन्हें यह निकटता महसूस हो रही है। इसलिए उनका हृदय नारद के प्रति कृतज्ञता से भर गया। उसी भाव में वे अपने स्थान से उठीं तथा उन्होंने नारायण के पवित्र चरणों में प्रेमपूर्वक वंदन किया। लक्ष्मी की भावपूर्णता देख नारायण अत्यंत संतुष्ट हुए तथा प्रेम से उनकी पीठ थपथपाई। नारायण के प्रेमल स्पर्श से लक्ष्मी की संपूर्ण काया रोमांचित हो रही थी, उसी अवस्था में लक्ष्मी ने नारद के चरणों में वंदन किया और हाथ जोड़ विनम्रतापूर्वक कहने लगीं—

"हे नारद, आपने मुझ पर अनंत उपकार किए हैं। नारायण की सगुण कथा श्रवण करते-करते मेरा अंत:करण नारायण के प्रेम से भर गया है और सही अर्थों में मुझे इनकी निकटता से आनंद हो रहा है। मैं यह रहस्य जान गई हूँ कि निमित्त खोजकर आप भी अपने अंत:करण में भरे नारायण-प्रेम को व्यक्त करते हैं। आपके और नारायण के अंत:करण की अवस्था एक हो गई है, पर मैं अभी तक यह नहीं समझ पाई कि नारायण के अंतस में जो अपार प्रेम भरा है, वह क्यों और किसके लिए है? इस रहस्य को जब तक मैं जान नहीं पाऊँगी, तब तक मैं नारायण के प्रेम का पूर्ण आनंद नहीं ले पाऊँगी। इसीलिए हे नारद, मेरी आपसे सादर विनती है कि कृपा करके आप इस रहस्य को मेरे लिए प्रकट करें।"

लक्ष्मी की बातें सुन नारद अत्यंत आनंदित हुए और कहने लगे, "हे लक्ष्मी, तुम्हारा प्रश्न एकदम उचित है। इससे मालूम होता है कि तुम्हारे विचारों की दिशा योग्य है। तुम्हारे प्रश्नों का उत्तर मात्र गहन है, क्योंकि नारायण का अंत:करण ही इतना व्यापक है। उनके अंत:करण की गहराई जानना जितना कठिन है, उतना ही कठिन उसे शब्दों में वर्णित करना है। उनके अंत:करण को यथार्थ रूप में जानने के लिए हमारा अंत:करण भी वैसा होना आवश्यक है।

शब्दों द्वारा वर्णन करते समय शब्द कम पड़ते हैं, क्योंकि शब्दों के प्रकटीकरण की मर्यादा होती है। शब्दों का सरलार्थ समझ में आ भी जाए और बुद्धि द्वारा प्रयत्न करने के पश्चात् उसका आकलन भी हो जाए, तब भी उन शब्दों का भावार्थ समझने के लिए अपने अंतस का भाव वैसा होना आवश्यक है। अंत:करण में भाव पैदा होने के लिए उनके अंत:करण की अवस्था की भक्ति होना अनिवार्य है। नारायण का व्यक्तित्व और उनका अंत:करण एक ही है। उनकी अनन्य और एकनिष्ठ भाव से भक्ति होनी चाहिए। ऐसा अनन्य और एकनिष्ठ भाव निर्माण होने के लिए उनके प्रति अनन्य साधारण प्रेम निर्मित होना चाहिए। ऐसा प्रेम निर्माण होने के लिए केवल और केवल उन्हीं के प्रेम का सेवन करना चाहिए। उनके प्रेम के सेवन हेतु उनका प्रेम हम पर प्रकट होना चाहिए और यही नारायण के अंत:करण

की अवस्था का रहस्य है कि उनका प्रेम प्रत्येक के लिए अकारण और सहज ही प्रकट होता है। उनका इस तरह सहज प्रकट होने वाला प्रेम केवल उनके भक्तों को विदित होता है और वे ही उसका अपभोग करते हैं। अन्य अज्ञानी जनों के लिए उनका सहज प्रकट होने वाला प्रेम भी अप्रकट जैसा ही रहता है। नारायण के अंत:करण की इस अवस्था को 'प्रेमस्वरूप अवस्था' कहते हैं। जैसे सूर्य का प्रकाश अकारण और सहज तथा सभी के लिए प्रकट होता है तथा जिन पर पड़ता है, उन्हें प्रकाशित करता है। उसी तरह नारायण के प्रेमस्वरूप अंत:करण से प्रेम सहज और अकारण प्रकट होता है। जिनके अंत:करण को इनके प्रेम का स्पर्श हो जाता है, उनके अंतस में भी यही प्रेम-गुण निर्माण होने लगता है।

एक दिन अंत:करण पूर्ण दोषमुक्त हो प्रेमयुक्त हो जाता है। यही प्रेममय अंत:करण जब प्रेम देनेवाले नारायण को ही भक्तिभाव से अर्पित होता है, तब यही अंत:करण प्रेमस्वरूप हो जाता है। यही नारायण से एकरूप होने की सर्वश्रेष्ठ अवस्था है। ऐसे प्रेमस्वरूप अंत:करण में प्रेम अकारण और सहज स्फुरित होता है। परंतु जिनके लिए प्रकट होता है, उन्हें यह सकारण महसूस होता है तथा उनके मन में नारायण के सगुण रूप और चरित्र के प्रति कृतज्ञता का भाव पैदा हो जाता है। कृतज्ञता का यही भाव, प्रेमभाव का मूल है। कृतज्ञता से प्रेमभाव और प्रेमभाव से भक्तिभाव निर्माण होता है। भक्तिभाव से सारी विभक्तता दूर हो, नारायण से ऐक्य हो जाता है तथा नारायण की प्रेमस्वरूप अवस्था अपने स्वानुभव की हो जाती है। इस प्रकार नारायण की यह अकारण और सहज अवस्था उनके भक्तों के लिए प्रेमस्वरूप अवस्था प्राप्त होने का कारण बन जाती है।" लक्ष्मी जान गईं कि नारायण की प्रेमस्वरूप अवस्था का वर्णन करते हुए नारद की ही प्रेमस्वरूप अवस्था प्रकट हो रही है और वे भी नारायण के प्रेम से युक्त होती जा रही हैं।

इसी प्रेमस्वरूप अवस्था में वे नारद से कहने लगीं, "हे नारद, नारायण का प्रेम-पुराण कभी पूरा होने वाला नहीं है। यह प्रेम-पुराण जितना अधिक प्रकाशित होता है, उतना ही मेरे अंतस में प्रेम बढ़ता जाता है। यह प्रेमपूर्ण अवस्था बेहद आनंददायी है तथा इसी अवस्था में रहने का मन होता है।"

लक्ष्मी के मन की अवस्था को ध्यान में रखते हुए नारद कहने लगे, "हे लक्ष्मी, प्रेम की यह भावपूर्ण अवस्था भले ही आनंददायी लगती हो, पर सच्चा प्रेम भक्ति से ही प्राप्त होता है। यह सत्य है कि प्रेम से भाव एकविध होता है, परंतु भक्ति से एकजुट होता है। ऐसा भाव जब नारायण को सतत अर्पण होता है, तब ही नित्य और शाश्वत आनंद का अनुभव प्राप्त होता है।

इस तरह सेवा, प्रेम, श्रवण और गुण-वर्णन आदि भावों की परिणति भक्तिभाव में होना परम आवश्यक है। इसके बिना विभक्तता पूरी तरह दूर नहीं होगी तथा नारायण से ऐक्य का अनुभव नहीं मिलेगा। इस एकरूपता से नारायण की प्रेमस्वरूप अवस्था का आनंद अपना स्वानुभव हो जाएगा। नारायण के सगुण प्रेम-रूप से निर्मित भक्ति ही प्रेमस्वरूप करती है तथा प्रेमस्वरूप अवस्था सच्चा आनंद देती है। यह नारायण के प्रेम पुराण का वर्णन नहीं बल्कि भक्ति पुराण का वर्णन है, क्योंकि नारायण की भक्ति से ही उनके प्रेम में पूर्णता आती है तथा उनसे ऐक्य होने से भक्ति में पूर्णता आती है। ऐसी भक्तिभाव पूर्ण अवस्था जब हनुमान की हुई, तभी वे प्रभु राम से अखंड रूप से ऐक्य पा सके। हनुमान राम के थे और राम के लिए थे। उनके पूर्ण भक्तिभाव ने राम को अपना बना लिया तथा अपने हृदय में सदा के लिए स्थायी स्थान दे दिया। राम भी हनुमान की भक्ति से प्रसन्न हुए तथा अपने हृदय में हनुमान को स्थान दिया।"

प्रेमभाव और भक्तिभाव का यथार्थ वर्णन करते हुए नारद का वर्णन हनुमान के भक्तिभाव की ओर परावर्तित हो गया। इस बात की ओर ध्यान जाते ही लक्ष्मी चौकन्नी हो गईं तथा अपने आप को सँभालते हुए नारद से कहने लगीं, "हे नारद, यह अच्छा हुआ कि आपने मुझे समय रहते ही सावधान कर दिया। नहीं तो आप अपना अनुभव सुंदर और विविध शब्द रूप द्वारा प्रकट करते रहते तथा मैं अपनी अवस्था और भाव को उन शब्दों में ढालने का प्रयत्न करती रहती। इस तरह शब्दों की फुलवारी फूलती रहती है तथा मन को मोहित करती और शब्दों का एक प्रकार का मायाजाल निर्माण हो जाता। शब्दों का जाल मन को इस तरह फँसा देता, जैसे शब्द ही भाव हों और शब्दों का सुख ही आनंद का अनुभव। इस प्रकार भ्रम निर्मित हो जाता

तथा इस ओर ध्यान ही नहीं जाता कि प्रेम, भक्ति, ऐक्यभाव और आनंद जैसे शब्दों का बार-बार उच्चार, व्याख्या अथवा तात्त्विक चर्चा वैसा भाव निर्माण नहीं कर सकती।

''मन शब्दों की ओर आकर्षित होता है तथा बुद्धि शब्दों द्वारा प्रभावित होती है। मन उन शब्दों को संचित करने में लगा रहता है तथा बुद्धि उन्हें जानने का प्रयत्न करती है। इस तरह मूलभूत सत्य का विस्मरण हो जाता है तथा लाख प्रयत्नों के पश्चात् भी मन इन शब्दों को संचित नहीं कर पाता और न ही बुद्धि इन शब्दों से अनुभव प्राप्त कर पाती है। प्रयत्नों का दबाव मन और बुद्धि पर इस तरह पड़ता है कि एक दयनीय स्थिति निर्माण हो जाती है। पर हे नारद, आपने मुझे शब्दों का अर्थ बताते हुए सही समय पर इन शब्दों के यथार्थ भाव का अनुभव लेने के लिए नारायण की सगुण प्रेमकथा में रमा दिया। यह आपकी मुझ पर असीम कृपा है। आपने मुझे समय-समय पर यह भी समझाया है कि मेरे लिए आवश्यक क्या है तथा अनावश्यक क्या? परंतु आपके द्वारा दिखाए गए मार्ग की ओर जाने की जिम्मेदारी मेरी है। मुझे ही इस ओर अपना पूरा ध्यान रखते हुए नारायण से एकरूप होने का पूर्ण यत्न करना चाहिए। अब आप मुझे कृपा करके 'राम-हनुमान ऐक्य' वर्णन सुनाएँ, जिससे मेरे भक्तिभाव में वृद्धि हो और मैं उस मार्ग में आगे जा सकूँ। कथा प्रारंभ करने से पहले हे नारद, आप मुझे यह भी बताएँ कि हनुमान के भाव में क्या कमी रह गई थी, जिसकी वजह से वे राम से पूर्णतः एकरूप नहीं हो पाए। मुझे उनके भाव में तो कोई कमी दिखाई नहीं देती। वे सदा राम के ध्यान में मग्न हो राम की सेवा में लीन रहते हैं। राम के चरणों में सदैव दास्यभाव और एकनिष्ठ भाव से रहते हैं। तब उनके भावों की किस कमी के कारण वे राम से एकरूप नहीं हो पाए तथा राम-हनुमान ऐक्य के लिए हनुमान ने प्रयत्न किए अथवा राम ने ही इसकी पूर्ति की? हे नारद, कृपा करके इन सारे प्रश्नों का उत्तर आप मुझे सविस्तार समझाएँ, यही मेरी आपसे विनम्र प्रार्थना है।''

□

राम-हनुमान ऐक्य

लक्ष्मी की सोच-विचारकर की हुई बातों से नारद अत्यधिक आनंदित हो रहे थे और कहने लगे, ''हे लक्ष्मी, तुम्हारे द्वारा पूछे गए प्रश्न तुम्हारे मन की सशंक अवस्था से उद्‌भवित नहीं हुए हैं और न ही बुद्धि की चिकित्सक अथवा जिज्ञासु वृत्ति के कारण पैदा हुए हैं बल्कि तुम्हारे मन में आए प्रश्न विषयों को पूरी तरह जानने के भाव से निर्मित हुए हैं, जो मुझे अपने अंत:करण की गहराई तक जाने के लिए प्रेरित कर रहे हैं तथा मेरे अनुभव की नि:शब्द अवस्था को शब्दों द्वारा प्रकट होने के लिए उद्यत कर रहे हैं। अनुभवपूर्ण भावशब्दों के आविष्कार से मुझे अतिशय आनंद होता है और इन्हीं आविष्कारों से तुम्हें भी निश्चित ही आनंद होगा।

''राम के राज्याभिषेक समारोह के पश्चात् राम का अधिकतर समय राज्य के कार्यों में ही बीतता था। फिर भी सीता के सान्निध्य के लिए वे समय निकालते थे। प्रभु राम के सान्निध्य में रहते हुए सीता अपने पूर्वानुभवों का बार-बार स्मरण करतीं। जैसे रावण द्वारा हरण कर लंका ले जाना, रावण के बंदीगृह में बिताए गए विरह के क्षण, राम से भेंट की लगन आदि। राम भी इन विषयों पर सीता के अनुभव सुन सीता को उनके दु:खद अनुभवों से बाहर निकालने का प्रयत्न करते। सीता राम से बार-बार उनके विरह काल में हुए अनुभव के विषय में भी पूछतीं। अनेक विषयों जैसे विरह काल में लक्ष्मण के साथ बिताए दु:खद क्षण, सुग्रीव से मैत्री, हनुमान जैसे पराक्रमी और स्वामिनिष्ठ दास से भेंट, लंका जाकर सीता की खोज, विभीषण से भेंट, विभीषण, हनुमान और लक्ष्मण का साथ लेकर रावण का वध इत्यादि विषयों

पर चर्चा करते और दोनों खूब हँसते।

इसी तरह राम से सुख-संवाद करते हुए सीता ने एक दिन राम से कहा, "हे स्वामी, हमारे संकट के दिन समाप्त होकर सुख के दिनों की शुरुआत हो गई है। इस बात से मुझे बेहद प्रसन्नता होती है। पर मेरे मन में यह बात बार-बार आ रही है कि हमारे प्रतिकूल समय में जिन्होंने हमारा साथ दिया, उन्हें कोई प्रेम भेंट दे उनका स्वागत-सत्कार करना चाहिए। सारी वानर सेना, सुग्रीव, विभीषण और विशेषत: लक्ष्मण एवं हनुमान ने जिस तरह हमारी सहायता की, उसका कोई मोल नहीं है। मुझे लगता है, आपके मन में भी ऐसे ही विचार आ रहे होंगे।"

सीता की बातें सुन राम को अत्यंत हर्ष हुआ और वे प्रसन्न मुद्रा में सीता से कहने लगे, "हे सीते, तुमने सचमुच मेरे मन की बात कह दी है। यही विचार मेरे मन में तीव्रता से चल रहे हैं। इन्हीं सभी जनों के कारण मैं इतनी भीषण परिस्थितियों से बाहर निकला हूँ। रावण का वध कर तुम्हें उसके बंधन से छुड़ाना, सुग्रीव की वानर सेना का युद्ध में शौर्य और पराक्रम, विभीषण की व्यूह रचना और हनुमान का अतुलनीय पराक्रम तथा सबसे विशेष यानी लक्ष्मण का सदा साथ। इसीलिए सभी का हमें यथायोग्य स्वागत करना चाहिए तथा विशेष समारोह कर प्रेम भेंट देनी चाहिए। राज्याभिषेक समारोह हुए कुछ दिन व्यतीत हो गए हैं। अब सुग्रीव भी अपनी सेना लेकर किष्किंधा रवाना होंगे, विभीषण भी लंका का राज-काज सँभालेंगे। अत: अब अधिक समय गँवाए बिना लक्ष्मण से कहकर कार्यक्रम की तैयारी करनी चाहिए।" राम के विचार सुन सीता को अत्यंत हर्ष हुआ। कारण—उनके मन की इच्छा पूरी होने वाली थी। साथ ही उनको इस बात से ज्यादा प्रसन्नता हो रही थी कि उनके और राम के प्रेमसुर जुड़ गए।

राम के कहे अनुसार लक्ष्मण ने एक दिन निश्चित कर इस गौरवपूर्ण व मंगलकारी कार्यक्रम का आयोजन किया। सारे नगर को सजाया। राजबाड़े को सुंदर फूलों, रंगोली और रंगीन दीपों से सजाया। समस्त नगरवासी सुंदर परिधान पहने कार्यक्रम में उपस्थित हुए। सारा वातावरण इतना मंगलमय और उत्साहपूर्ण था, जैसे सारे उत्सव एक दिन और एक साथ मनाए जा रहे

हों! राम ने सबसे पहले वानर सेना का व्यक्तिगत रूप से सम्मान किया। तत्पश्चात् सुग्रीव और विभीषण का स्वागत कर उनका अभिनंदन किया।

सभी के अंत:करण प्रेम से भर आए। राम से दूर जाना किसी के लिए भी संभव नहीं हो पा रहा था। परंतु वहाँ और अधिक रहना भी योग्य नहीं है, यह भी वे जानते थे। ऐसी द्विधा मन:स्थिति में कुछ देर रहने के पश्चात् विभीषण सबसे आगे आए और उन्होंने कहना आरंभ किया, ''हे राजाधिराज राम, आपकी जय हो! आपके मुख से हमारे प्रति प्रशंसा के बोल सुन हमें खुशी हो रही है। यह आपकी महानता है कि हम जैसे छोटे लोगों का, जिनमें न कोई पराक्रम है और न सामर्थ्य, यह आपने अपने साथ रखकर मान बढ़ाया है। हमें आपकी सेवा का अवसर प्रदान कर हम पर बहुत कृपा की है। हमारी कोई पूर्व जन्म की पुण्यायी है, जिसके कारण हमें आपके चरणों का लाभ मिला। आपने न हमारा कुल देखा और न हमारे गुणदोष देखे और अपना बनाकर सदा अपने साथ रखा। यह आपके अंत:करण की महानता है प्रभु। आपके चरणों और सान्निध्य में रहने की हमें इतनी आदत हो गई है कि आपसे दूर जाने के लिए मन जरा भी तैयार नहीं हो रहा है। फिर भी आपकी आज्ञा सर–आँखों पर! इसी को प्रमाण मान अब हमें यहाँ से विदा लेनी होगी। पर एक विनती है कि आप हमें सदा अपने चरणों में आश्रय दें। यही आपकी हम पर कृपा होगी।''

विभीषण की बातें सुन सभी के मन को संतोष हुआ और सभी ने सिर हिलाकर अपनी सम्मति व्यक्त की। विभीषण की बातें सुन राम को भी अतिशय आनंद हुआ तथा उन्होंने अपनी धीर–गंभीर और निश्चयात्मक वाणी में बोलना आरंभ किया, ''हे प्रिय विभीषण, हे सुग्रीव, तुम सभी की मन:स्थिति मैं जानता हूँ। तुम सभी मुझसे बहुत प्रेम करते हो, इस बात से मैं बहुत प्रसन्न भी हूँ। पर यह प्रेम केवल भावनात्मक नहीं होना चाहिए। भावनात्मक प्रेम दुर्बल होता है। शुरुआत में किसी–न–किसी कारणवश मन में यह प्रेम निर्माण हो जाता है तथा मन उसी कारण से चिपका रहता है। परंतु समय के साथ परिस्थितियाँ बदल जाती हैं। ऐसे समय में कारण से चिपका मन भूतकाल जैसी परिस्थिति का ही बेसब्री से इंतजार करता रहता

है। किंतु मन की यह आशा खोटी रहती है। कारण—बीता हुआ कल अथवा परिस्थिति पुन: नहीं आती। मन की ऐसी भावनात्मक अवस्था के कारण मन दुर्बल रहता है तथा मौजूदा परिस्थिति से जुड़ नहीं पाता। ऐसी भावनात्मक अवस्था स्वयं को दुर्बल बनाती है और अन्यों को भी दु:खी करने का कारण बनती है। पर खरा प्रेम सबल होता है, क्योंकि वह व्यक्तिनिष्ठ और वस्तुनिष्ठ होता है। व्यक्ति के जीवन का सर्वांगीण विचार करनेवाला मन उस व्यक्ति की बदलती हुई परिस्थिति का पूर्ण विचार कर अपने अंदर परिवर्तन करने के लिए तैयार रहता है। ऐसे प्रेम को ही सच्चा प्रेम कहते हैं। ऐसा व्यक्ति स्वयं बलशाली होता है तथा अन्य को भी बलवान बनाने की क्षमता रखता है। ऐसे सबल प्रेम से ही हम स्वयं अपने कर्तव्यों को जाने योग्य आचरण कर उनका पालन करते हैं। अत: तुम इस बात को जान लो कि भावनात्मक प्रेम मन को दुर्बल करता है तथा योग्य कर्तव्य करने की उसमें ताकत नहीं होती। परंतु सखोल भाव मन को सशक्त कर उत्कृष्ट कर्तव्य कर्म करने के लिए प्रवृत्त करता है। इस तरह हमें सबल प्रेम से युक्त हो, अपने कर्तव्य पूर्ण कर संतुष्टि का आनंद लेना चाहिए। अब ईश्वर की नियति के अनुरूप मुझे अयोध्या नगरी का राजकाज सँभालना है। सुग्रीव को किष्किंधा तथा विभीषण को लंका का राजकाज सँभालना है। प्रजाजनों की रक्षा कर उन्हें आधार प्रदान करना है। सुख-सुविधाएँ उपलब्ध कराते हुए उन्हें अच्छे संस्कार दे उनमें सद्भाव और सद्गुण बढ़ाने हैं। ईश्वर के प्रति श्रद्धा निर्माण कर, उन्हें भक्तिभाव की ओर प्रेरित करना होगा, जिससे वे शांति और समाधान का जीवन जी सकें। वैसे भी प्रजा को सारे संस्कार अलग से देने की आवश्यकता नहीं रहती। कारण—राजा को देखकर प्रजा भी वैसा अनुकरण सहज करती है। इस बात पर विशेष ध्यान देना होगा कि राजा, प्रजा का मालिक नहीं, सेवक होता है। उसकी नियुक्ति ईश्वरीय नियति से होती है।

प्रजा की सेवा निस्पृह और उत्कृष्ट रूप से करते हुए हमें ईश्वर को तुष्ट करना चाहिए। जिसका फल हमें ईश्वर अवश्य देते हैं। हमें अपने अंतस में अंशात्मक रूप से बसे ईश्वर को जान उन्हीं से एकनिष्ठ रहना

चाहिए तथा अपने सदाचरण से उन्हें सदैव प्रसन्न रखना चाहिए। मैं जानता हूँ कि तुम मुझसे अत्यधिक प्रेम करते हो तथा तुम्हारी मुझ पर बहुत श्रद्धा है और मैं भी तुमसे बहुत प्रेम करता हूँ। हमें अपने इस प्रेम से सशक्त हो अपने कर्तव्यों को श्रेष्ठतम रीति से निभाना चाहिए। तभी ईश्वर हम पर प्रसन्न होंगे तथा उनका शुभाशीर्वाद हमें सदा प्राप्त होता रहेगा।

जाने से पूर्व आप सभी से मेरी विनती है कि सीता और मैं मिलकर तुम्हें कुछ प्रेम भेंट देना चाहते हैं, जिसे प्रेम स्मृति समझ स्वीकार करें और हमारी इच्छा का सम्मान करें।'' राम के इन प्रेमल और बोधयुक्त वचनों को सुन सभी का मन प्रेम और कृतज्ञ भाव से भर गया तथा मन सबल हो कर्तव्यनिष्ठ हो गया। उन सभी का वृद्धिंगत भाव शब्दरूप में विभीषण के मुख से इस प्रकार प्रकट होने लगा, ''हे पुरुषोत्तम राम, आपको सहस्रशः प्रणाम! आपकी महिमा इतनी अपरंपार है कि पल-पल किया नमस्कार भी कम है। आप साक्षात् नारायण के अवतार हैं। सत्य धर्म प्रकट कर तथा वैसा आचरण कर आपने हमारे लिए मार्ग प्रशस्त किया है। यही आपका अवतार कार्य है। इसीलिए रावण का साथ छोड़ मैं आपकी शरण में आया हूँ। आपकी यह महानता है कि आपने कृपावंत हो मेरा भाव स्वीकार किया तथा आपके चरणों में आश्रय दिया। अब तक मुझसे जो कुछ आपकी सेवा हुई है, उसी का यह फल है कि आपने प्रसन्न हो सत्य ज्ञान प्रकट किया। यही आपकी मुझ पर बड़ी कृपा है।

''आप सत्यधर्म का नित्य पालन करते हैं, इसीलिए आपका जीवन हमारे लिए आदर्श और प्रेरणादायी है। आत्मस्वरूप का नित्य अनुभव लेने से आपमें सत्यधर्म पालन करने का आत्मबल सहज रूप से है। आत्मा के रूप में ईश्वर के अस्तित्व की ओर आप निर्देश अवश्य करते हैं, परंतु हमारे लिए यह अब भी केवल शब्दज्ञान है। हम अब तक भी वैसा अनुभव नहीं ले रहे हैं। हमारे भावविश्व में समाया तुम्हारा अस्तित्व ही हमारी आत्मा बन चुका है, उसी से हम एकनिष्ठ हैं। मुझे पूर्ण विश्वास है कि प्रेम और बोध से एकनिष्ठ रहते हुए जो भावबल हममें निर्माण हुआ है, उसी भावबल से तुम्हें जो हमसे अपेक्षित है, वैसा जीवन हम जी सकते हैं। अब तक हम आपके

लिए जी रहे थे, पर अब हम 'आप' के होकर जिएँगे, जिससे आप हमें 'अपना' कहने में गौरवान्वित महसूस कर आनंदित हो सकेंगे।''

विभीषण की भावपूर्ण बातों से सारा वातावरण भावपूर्ण हो गया था। उसी अवस्था में विभीषण प्रभु राम के अत्यंत करीब आए तथा साष्टांग प्रणाम किया। राम ने विभीषण को बड़े प्रेम से उठाकर अपने हृदय से लगा लिया तथा उत्तम वस्त्र और अलंकार भेंट किए। पश्चात् विभीषण ने सीता को वंदन किया। सीता ने भी विभीषण की प्रशंसा कर अपनी कृतज्ञता व्यक्त की। विभीषण के बाद सुग्रीव आगे आए। सुग्रीव ने राम और सीता को प्रणाम किया और राम के पावन हस्त से प्रेम-भेंट स्वीकार की। इनके बाद वानरों ने राम और सीता को प्रणाम कर उनके द्वारा दी हुई प्रेम भेंट स्वीकार की और वे मन-ही-मन बहुत हर्षित हो रहे थे। पूरा समारोह हर्ष और उल्लास के साथ मनाया जा रहा था। चारों ओर खुशी और प्रसन्नता छाई हुई थी।

लक्ष्मी बहुत ध्यान से राम-चरित्र कथा का श्रवण कर रही थीं। जब उन्हें लगा कि नारद अब कथा को थोड़ा विराम देनेवाले हैं, तब उन्होंने मौके का लाभ लेते हुए अपने मन की बात नारद से कह दी, ''हे नारद, इस समारोह का वर्णन आप जितनी भावपूर्णता और यथार्थता के साथ कर रहे हैं, उससे प्रतीत होता है, जैसे हम सभी वहाँ उपस्थित हैं और प्रसंग हमारे समक्ष घटित हो रहा है। सबसे अधिक खुशी मुझे इस बात से हो रही है कि सत्कार राम के हाथों हो रहा है। अब तक हमारी यही धारणा थी कि राम केवल कर्तव्यनिष्ठ थे तथा अन्य बातों से अलिप्त रहते थे। उन्हें किसी और बात में रस नहीं आता था।

''परंतु इस प्रसंग से सिद्ध होता है कि प्रसंगों के माध्यम से राम की प्रेमपूर्ण अवस्था प्रकट होती थी। जिससे मुझे बहुत खुशी हो रही है। किंतु आपके कथन में मुझे एक न्यूनता मालूम हो रही है। वह यह कि आपने अब तक सत्कार समारोह में हनुमान का उल्लेख नहीं किया। जबकि राम के वनवास काल में हनुमान का योगदान बहुत महत्त्वपूर्ण था। सीता की खोज और रावण से युद्ध में भी हनुमान का महत्त्वपूर्ण योगदान रहा। इसीलिए हनुमान के सत्कार का वर्णन सुनने के लिए मैं बेचैन हो रही हूँ। लक्ष्मण

का अलग से सत्कार करना राम ने उचित नहीं समझा होगा, क्योंकि लक्ष्मण उन्हीं के बंधु थे। परंतु हनुमान का सत्कार करना अति आवश्यक था। इसीलिए आप मुझे हनुमान के सत्कार का वर्णन सुनाएँ।''

लक्ष्मी की बातें सुन नारद को हँसी आ गई और हँसते-हँसते वे लक्ष्मी से कहने लगे, ''हे लक्ष्मी, जो प्रश्न तुम्हारे मन में अभी आया है, वही प्रश्न उस समय सीता के मन में भी आया था। पर इस बात से मुझे जरा भी आश्चर्य नहीं हो रहा, क्योंकि सीता के रूप में तुम ही राम के साथ थीं। दोनों रूपों में तुम्हारी मनःस्थिति मिलती-जुलती ही होनी चाहिए। किंतु उस समय तुम्हें उत्तर मिल गया था, पर यहाँ तुम्हारे मन में प्रश्न मौजूद है। अब मैं इस प्रसंग को सविस्तार बता रहा हूँ, जिसे तुम ध्यानपूर्वक सुनो तथा अपवादस्वरूप भी विस्मरण न होने देना।

''सुग्रीव, विभीषण तथा अन्य सभी वानरों का यथोचित सत्कार करने के पश्चात् सीता का मुख प्रसन्नता से खिल उठा था। बहुत प्रेम और स्नेह से सीता राम को निहार रही थीं तथा राम सीता को। दोनों का अंतःकरण एक-दूसरे के प्रेम से गद्गद हो रहा था, जो उनके नेत्रों द्वारा सहज दिखाई पड़ रहा था। सीता की ओर देख राम को विवाह से अब तक के सारे प्रसंग स्मरण हो रहे थे। विवाह के दिन राम के गले में वरमाला पहनाते समय सीता के चेहरे के भाव, विवाह के पश्चात् सीता के साथ अयोध्या में बिताए प्रेम प्रसंग, वनवास जाते समय सीता का भी साथ में चलने के लिए प्रेमपूर्वक हठ, सीता द्वारा अलंकारों और राजसी वस्त्रों का त्याग, वनवास में राम और सीता का सहजीवन, सोने की चमड़ी वाला हिरण, जिससे सीता चोली बनाना चाहती थीं, रावण द्वारा सीता का हरण, दीर्घकाल तक राम से सीता का विछोह, पुनः राम-सीता मिलन, अपनी शुद्धता सिद्ध करने के लिए सीता द्वारा दी गई अग्नि-परीक्षा और आज राम के साथ महारानी के रूप में अपने निकट बैठीं सीता।

उन क्षणों में अनुभव किए भाव उनके मुखकमल पर दर्शित हो रहे थे। इन चौदह वर्षों में सीता ने जो दुःख और कष्ट सहन किए थे, उसके स्मरण मात्र से राम का कोमल अंतःकरण सीता के प्रति दया और कृतज्ञता से भर

गया। आज के प्रसंग से होने वाले आनंद से राम का अंतस सीता के प्रेम से भर गया। अंतःकरण की उस अवस्था में राम ने सहज ही वरमाला के समय सीता द्वारा पहनाई गई रत्नमाला निकालकर सीता के गले में पहना दी। राम की इस उत्स्फूर्त और अकल्पित कृति से सीता सहित सभी उपस्थित जन चकित रह गए। सभी ने अपना आनंद करतल ध्वनि और राम-सीता की जय-जयकार करते हुए व्यक्त किया।

विवाह के पश्चात् शुरुआती दिनों में उनके अल्हड़ स्वभाव को राम ने कितनी समझदारी से सँभाला था। वनवास के समय उनके आग्रह को स्वीकार कर अपने साथ वनवास ले जाने की सम्मति दी, वनवास काल के दौरान सुवर्ण मृग अस्तित्व में न होते हुए भी उसके शिकार के लिए दौड़े, रावण द्वारा हरण के पश्चात् एक-एक क्षण राम के स्मरण में व्यतीत कर राम की प्रतीक्षा में बिताए दुःखदायी दिन पश्चात् राम द्वारा रावण का वध, रावण से मुक्ति के पश्चात् अन्य जनों के समाधान हेतु दी गई अग्नि परीक्षा, अग्नि परीक्षा के दौरान राम की मनोवेदना, अग्नि-परीक्षा की सफलता से राम के मुखकमल पर बिखरे आनंद के भाव, इन सारे प्रसंगों की माला ही जैसे सीता के मनःचक्षु के समक्ष घूम रही थी। सीता बहुत प्रेम से बार-बार उस माला के स्पर्श से आनंदित हो रही थीं। उसी आनंददायी अवस्था में सीता की नजर राम के चरणों में सेवाभाव से रत हनुमान की ओर गई। राम के माहात्म्य से परिपूर्ण हनुमान की दृष्टि केवल राम के मुखकमल पर स्थिर हो गई थी। राम के सिवा जैसे उन्हें कुछ दिखाई नहीं दे रहा था। हनुमान को इस अवस्था में देख सीता को पहले आश्चर्य हुआ। पश्चात् उन्हें ध्यान आया कि सभी का सत्कार हुआ है, पर हनुमान का सत्कार करना शेष रह गया है। मन में यह बात आते ही सीता ने राम के मुखमंडल की ओर देखा और जाना कि राम के चेहरे से ऐसा बिल्कुल प्रतीत नहीं हो रहा है कि वे हनुमान का सत्कार करने के लिए उत्सुक हैं। सीता मन-ही-मन सोचने लगीं कि हनुमान जैसे स्वामिनिष्ठ दास की राम उपेक्षा कैसे कर सकते हैं? वे सोचती रहीं, पर उन्हें जवाब नहीं मिला। उन्होंने देखा कि हनुमान के मन में भी ऐसा कोई विचार नहीं आ रहा है, वे तो केवल दास्यभाव से युक्त हो राम में रमे हुए

हैं। आखिर सीता ने राम से पूछ ही लिया—

"हे स्वामी, आपके द्वारा दी गई इस भेंट से मैं अत्यंत आनंदित हूँ। सच तो यह है कि आप ही मेरे हृदय में सदा वास करते हैं। आप ही मेरे हृदय के स्वामी हैं। आपने जो मुझे अपने हृदय में स्थान दिया है, वह मेरे लिए परम सौभाग्य की बात है। यह आपकी मुझ पर असीम कृपा है। परंतु आपके अंत:करण की गहराई जानना मेरे लिए कठिन है, इसीलिए मेरे मन में आए प्रश्नों को मैं आप ही से जानना चाहती हूँ।

"मुझे जानना है कि जब हमने सभी का सत्कार किया है, तब हनुमान का क्यों नहीं किया? हनुमान का पराक्रम और उनके एकनिष्ठ भाव से की हुई सेवा अतुलनीय हैं। फिर हम हनुमान को कैसे भूल सकते हैं? हनुमान की मुझसे पहली व्यक्तिगत मुलाकात लंका में हुई थी, जिसे मैं कभी भूल नहीं सकती। आपके द्वारा भेजी गई अँगूठी की पहचान बताकर हनुमान मुझसे मिलने आए थे। हनुमान ने ही मेरे सोए हुए आत्मविश्वास को जगाया था। मेरे निराश मन में आशा की किरणें जगाई थीं। मुझ पर हनुमान के अनन्य उपकार हैं। हनुमान ने आपकी भी एकनिष्ठ भाव से सेवा की है तथा रावण के साथ युद्ध में भी उनका योगदान अविस्मरणीय है। इसीलिए मेरा मन हनुमान के प्रति कृतज्ञता भाव से भर जाता है। हे प्रभु, मेरे मन की बातें तो आप निश्चित रूप से जानते हैं, पर आपके मन की बात जब तक आप मुझे नहीं बताएँगे, मेरी समझ योग्य नहीं हो पाएगी।"

हनुमान के विषय में सीता के मुख से स्फुरित इन विचारों को सुन राम प्रसन्न हो रहे थे तथा उनके मुख पर हास्य बिखर गया था। कुछ देर नेत्र बंद कर वे अंतर्मुख हो गए, जिसे देख सीता स्तब्ध रह गईं। वे नहीं जानती थीं कि हनुमान के विषय में राम के अंतस में क्या विचार चल रहे हैं? और न ही वे इसका अंदाज लगाने की चेष्टा कर रही थीं। वे जानती थीं कि राम के अंत:करण का अंदाज लगाना कठिन काम है। इसीलिए वे राम के अंतस के भाव राम के मुख से जानने की प्रतीक्षा कर रही थीं। कुछ समय ऐसे ही व्यतीत हुआ, थोड़ी देर पश्चात् राम के नेत्र खुले और वे सीता से कहने लगे—

"हे सीते, हनुमान के विषय में तुम जो कह रही हो, वह अक्षरशः सत्य है। हनुमान ने मेरे लिए जो किया है, उसकी तुलना किसी से नहीं की जा सकती, परंतु उससे अधिक महत्त्वपूर्ण बात यह है कि हनुमान ने जिस भाव से मेरी सेवा की है, वह सबसे भिन्न और सर्वश्रेष्ठ है। अत्यंत बुद्धिमान और आत्मज्ञानी हनुमान मुझे इस तरह मानते हैं, जैसे मैं उनकी आत्मा ही हूँ और वैसा ही अनुभव भी करते हैं। हनुमान अपने आत्मस्वरूप को मुझमें देखते हैं तथा मेरे रूप को स्वयं के आत्मस्वरूप में। इस तरह 'मैं उनका स्वामी और वे मेरे दास' इसी एकनिष्ठ भाव से हनुमान मेरे चरणों में विनम्र भाव से रहते हैं। दास्यभाव के कारण उनमें देह, मन और बुद्धि का अहंकार भी शेष नहीं रहा। देह, मन और बुद्धि से हनुमान केवल मेरा है, यही उसका स्थायी भाव है। इसी आनंद में वह सदा मग्न रहता है। मेरे सिवा दूसरा कुछ उसे दिखाई ही नहीं देता, तब कुछ और जानने का प्रश्न ही नहीं उठता। दास्यभाव से जिसने मुझे अपना बना लिया है तथा पूरी तरह मुझमें समा गया है, उस हनुमंता के लिए मेरे पास देने के लिए कुछ शेष बचा ही नहीं है। पर तुम्हें यदि कुछ देना हो तो तुम ही कुछ योग्य वस्तु हनुमान को भेंट स्वरूप दो। यह जिम्मेदारी मैं तुम्हें सौंपता हूँ।"

राम के मुख से ये वचन सुन सीता थोड़ी चकित अवश्य हुईं, पर दुविधा में नहीं पड़ीं। राम के अंतःकरण से उनके मन के प्रेमसुर जुड़े होने के कारण वे राम के वचनों का भावार्थ तुरंत जान गईं और वैसा ही भाव उनका भी हो गया। 'हनुमान को देने के लिए राम के पास कुछ अलग रहा नहीं तथा सीता हनुमान को कुछ भेंट वस्तु अवश्य दें', इसी बात से उन्हें बहुत आनंद हो रहा था। सीता ने स्मित हास्य से राम की ओर देखा तो पाया कि राम भी सीता की ओर मुसकराते हुए देख रहे थे। नेत्र से नेत्र मिले और सीता का आनंद द्विगुणित हो गया। आनंद में मग्न सीता ने हनुमान को अपने पास बुलाया। हनुमान समझ नहीं पाए कि उन्हें सीता ने क्यों बुलाया, पर सीता के प्रेमादर के कारण हनुमान राम के चरणों से उठ सीता के सम्मुख जाकर विनम्रता से हाथ जोड़ खड़े हो गए। हनुमान की ओर प्रेम भरी दृष्टि से देखते हुए सीता हनुमान से कहने लगीं—

"हे रामप्रिय हनुमंता, मैं तुम्हारा मनःपूर्वक अभिनंदन करती हूँ। यह सत्य है कि रामप्रभु का माहात्म्य अति अद्भुत और अलौकिक है, परंतु उनके माहात्म्य को प्रकट करनेवाले तुम्हारे जैसे भक्त भी उतने ही महान् हैं। मैं तुम्हारी महानता को शब्दों द्वारा प्रकट नहीं कर सकती। प्रभु राम का चरित्र दिव्य है तथा वे अत्यंत पराक्रमी हैं। पर तुम्हारे समान बुद्धिमान और अतुल पराक्रमी भक्त जब प्रभु राम के माहात्म्य को जान उनके चरणों में शरण्यभाव से समर्पित रहते हैं, तब उनका माहात्म्य विशेष रूप से प्रकट होता है। तुम्हारे जैसे दास तुम्हारे स्वामी के भूषण हैं। तुमने अपने भक्तिभाव से साक्षात् प्रभुराम को ही प्रसन्न कर लिया है और पूरी तरह से उनके हो गए हो। इससे अधिक मूल्यवान और क्या हो सकता है, जिसे प्राप्त करना तुम्हारे लिए शेष रह गया हो? प्रभुराम के पास तुम्हें देने के लिए और क्या शेष बचा है? अब प्रभुराम के पास केवल उनके अधिकार की उनकी अत्यंत प्रिय पत्नी सीता है, जिसके प्रभुराम से पुनर्मिलन के लिए तुमने अतुलनीय पराक्रम किया है। सचमुच तुम्हारे मुझ पर अत्यंत उपकार हैं।

"रावण के बंदीवास में रहते हुए जब तुम पहली बार मुझसे भेंट लेने आए थे और तुमने मुझे प्रभुराम द्वारा दी हुई अँगूठी दिखाई थी, तब मेरे अंतस की क्या स्थिति हुई थी, वह केवल मैं ही जानती हूँ। मेरा मन पुनः प्रफुल्लित हो प्रभुराम के प्रेम से भर गया था। पर उस प्रसंग को याद कर मैं तुम्हारे उपकारों का स्मरण नहीं करा रही हूँ बल्कि इस शुभ और आनंददायी समारोह में मैं तुम्हें कुछ प्रेम भेंट दे कृतकृत्य होना चाहती हूँ। परंतु तुम्हें कौन सी उपयुक्त वस्तु भेंटस्वरूप दी जाए, यह भी एक बड़ा प्रश्न है। क्योंकि तुम्हें किसी भी जीवनोपयोगी वस्तु की जरूरत नहीं है। वस्त्र, भूषण और अलंकार तुम्हारे लिए निरर्थक वस्तुएँ हैं।" इतना कह सीता कुछ देर विचार मग्न हो गईं। सभी की उत्सुकता चरम सीमा पर पहुँच गई थी कि सीता हनुमान को क्या भेंट देनेवाली हैं? प्रभु राम भी सहज और प्रेमल दृष्टि से सीता की ओर देख रहे थे। तभी सीता भावपूर्ण हो हनुमान से कहने लगीं, "हे हनुमंत, विवाह के समय मैंने अत्यंत प्रेम से रत्नों की यह माला प्रभु राम के गले में पहनाई थी। वही रत्नमाला आज प्रभुराम ने हमारे पुनर्मिलन की

इस वेला पर मेरे कंठ में बड़े प्रेम से पहनाई है। अब मेरी यह हार्दिक इच्छा है कि हमारे पुनर्मिलन के लिए कारणीभूत हुए हे हनुमान, तुम्हें यह रत्नमाला प्रेम भेंट-स्वरूप दी जाए। इसे स्वीकार करने के लिए केवल तुम ही योग्य हो।'' इतना कहते हुए सीता ने रत्नमाला अपने कंठ से निकाल अत्यंत प्रेम से हनुमान के कंठ में पहना दी।

सीता की बातें और कृति इतनी वेगवान थी कि वहाँ उपस्थित सभी जन सन्नाटे में आ गए। सीता ने राम की ओर देखा तो पाया कि राम के नेत्रों से प्रेमाश्रु छलक रहे हैं। राम अत्यंत भावपूर्ण हो गए थे तथा अपना आनंद करताल नाद द्वारा व्यक्त करने लगे। राम के साथ अन्य सभी जन भी जोर-जोर से ताली बजाकर राम, सीता और हनुमान का जयघोष करने लगे। इस अकल्पित और उत्स्फूर्त रूप से घटने वाले प्रसंग से धीर-गंभीर हनुमान भी भावपूर्ण हो गए थे। सीता की इस कृति से वे अचरज में पड़ गए थे। परंतु इस बात से वे अधिक आश्चर्यचकित थे कि यह सब राम की सम्मति से हो रहा है। इसी बात से हनुमान का हृदय राम के माहात्म्य से भर गया था। हनुमान ने सीता द्वारा पहनाई रत्नमाला अपने कंठ से निकालकर हाथ में रख ली तथा सीता का वंदन कर राम के चरण स्पर्श किए। राम के चरणों में बैठे हुए हनुमान राम से कहने लगे—

''हे राम, हे सीतामाई, मुझे आपकी सेवा करने का जो अवसर मिला है, उससे मैं अत्यंत खुश हूँ और अपने आप को धन्य मानता हूँ। मेरी अल्प सेवा से आप इतने प्रसन्न हैं, यही आपकी महानता है। प्रभु राम साक्षात् नारायण के अवतार हैं। इनके दिव्य चरित्र और आत्मानुभव को देख मैं अपनी देह, मन और बुद्धि केवल इन्हें ही अर्पित कर दूँ, यही सहज भाव मन में उठता है। राम ने मेरे भाव को स्वीकार कर मुझे वैसा ही अनुभव दिया है, यही उनकी मुझ पर असीम कृपा है। मैं राम का हूँ और राम के लिए हूँ, इस अनुभव से श्रेष्ठ अन्य कोई अनुभव इस त्रिभुवन में नहीं है। इसके समक्ष देहानुषंगिक सुख और शोभा की वस्तु मृतक के समान है। वस्त्र, मिष्टान्न तथा अलंकार जैसी निरर्थक वस्तुओं का संग्रह करना वृथा भार ढोने जैसा है। हे श्रीराम, आपके नाम जैसी मिठास किसी अन्य वस्तु में नहीं है। केवल

आपके चरणों में बैठ आप में ही लीन रहूँ तथा आपकी सेवा के लिए सदा तत्पर रहूँ, यही मेरा जीवन है और इसी में मुझे आनंद मिलता है। हे प्रभु राम, जिस स्थान में आपका वास्तव्य नहीं है तथा जिस वस्तु और व्यक्ति में आपका प्रेम नहीं है, वह वस्तु मुझे प्रिय नहीं लगती। ऐसी स्थिति में मैं यह रत्नमाला लेकर क्या करूँ? हे प्रभु, मेरी आपसे विनती है कि मुझे इसे स्वीकार न करने की अनुमति दें।''

हनुमान की बातें सुन सभी स्तब्ध रह गए। पर हनुमान की राम के प्रति निष्ठा और श्रद्धा से सीता अत्यंत संतुष्ट हुईं। हनुमान के भक्तिभाव से राम भी बहुत प्रसन्न थे। राम के मुख पर परम आनंद झलक रहा था और उसी भाव से वे हनुमान से कहने लगे, ''हे हनुमंत, तुम अत्यंत बुद्धिमान हो और साथ ही तुम्हारी बुद्धि तीव्र होते हुए भी शुद्ध है। तुम अपनी बुद्धि का उपयोग केवल सत्य जानने के लिए ही नहीं करते बल्कि सत्य का निश्चय करने हेतु करते हो। तुम केवल अपनी बुद्धि को ही प्रमाण न मान सत्य को प्रमाण मानते हो, इसीलिए तुम्हें अहंकार नहीं है। शुद्ध बुद्धि के कारण ही मेरे आत्मस्वरूप का निश्चय तुम्हें पूरी तरह से हुआ है तथा उसकी लगन लग गई है। इसी लगन के कारण तुम्हें मेरा प्रेम और मेरा नाम अति प्रिय है। इसके सिवा दूसरी कोई चीज तुम्हें मालूम ही नहीं, तब पसंद आना दूर की बात है। तुम केवल मेरे हो तथा मेरे लिए हो। तुम्हारे इसी दास्य भाव से मैं बहुत संतुष्ट हूँ। परंतु एक बात ध्यान रखना कि तुम्हारा दास्य भाव मेरे जीवन और कार्य तक ही सीमित रहेगा। इस भाव की इतनी ही मर्यादा है। मेरे जीवन और कार्य द्वारा मेरा आत्मस्वरूप ही प्रकट होता है, लेकिन आत्मस्वरूप का अनुभव इसके परे है। जिसका अनुभव तुम्हें लेना है। कारण—तुममें भी वही आत्मा है। आत्मस्वरूप ही तुम्हारा खरा अस्तित्व है। इसी वजह से तुम जीवित हो।

यह आत्मस्वरूप प्रत्येक में होता है, किंतु सब इसे अनुभव नहीं कर पाते। अपने पास होते हुए भी उसका अहसास नहीं होने के कारण उसे पाने की लगन नहीं लगती और अनुभव नहीं होता। इसी आत्मस्वरूप को आत्माराम कहा जाता है। रूप और नाम का यह 'राम' खरा आत्माराम ही है।

देह का राम एक निश्चित अवधि के पश्चात् नहीं रहता। परंतु आत्मस्वरूप का आत्माराम इस सृष्टि में अनेक रूपों में संचार करता रहेगा। पर केवल मेरे भक्तों के हृदय में यह सदा स्फुरित रहता है। वे इसी अनुभव में रहते हैं। अत: मेरे रूप में प्रकट आत्मस्वरूप को तुम जानो तथा उसका ही अनुभव लेने की लगन लगा लो। तब एक दिन निश्चित रूप से तुम इस अनुभव को प्राप्त कर लोगे। ऐसा कोई स्थान नहीं है, जहाँ आत्माराम नहीं है। इसीलिए किसी भी स्थान के प्रिय अथवा अप्रिय लगने का प्रश्न ही नहीं उठता। इस प्रेम से जब हम युक्त रहेंगे और सृष्टि की ओर देखेंगे तब सभी ओर प्रेम के सिवा कुछ दिखाई नहीं देगा। यदि हममें यह प्रेम है तब हमें सभी ओर प्रेम ही प्रेम दिखाई देगा तथा यदि हममें प्रेम नहीं है तो कहीं भी प्रेम महसूस नहीं होगा। इस प्रेम को प्रकट करने में वस्तुओं का लेन-देन भी समाया हुआ है। परंतु जिनमें यह प्रेम नहीं है, उन्हें केवल लेन-देन ही दिखाई देता है। उस वस्तु की कीमत, उसकी आवश्यकता-अनावश्यकता, वे इसी में अटके रहते हैं। लेकिन जिनमें यह प्रेम है, उन्हें वस्तु के लेन-देन के पीछे उस व्यक्ति का प्रेम दिखाई देता है और वे उसी प्रेम को अनुभव करते हैं।

इस रत्नमाला को पहले सीता ने मुझे बहुत प्रेम से पहनाया। इसके पश्चात् इस सत्कार समारोह में सीता के साथ बिताए आनंदपूर्ण क्षणों को स्मरण करते हुए मेरा अंत:करण सीता के प्रेम से भर आया और मैंने सहज ही यह माला सीता के कंठ में पहना दी। इसी तरह सीता भी जब तुम्हारे प्रति-प्रेम और कृतज्ञता से भर गईं, तब सहज ही उन्होंने अपने गले में पड़ी रत्नमाला तुम्हें पहना दी और अपने आनंद को अनुभव किया। मेरा भी यही भाव था, इसीलिए मुझे भी बहुत आनंद हुआ। इसी तरह यदि तुम भी उसी भाव से युक्त रहोगे, तब तुम्हें भी उतना ही आनंद मिलेगा। मेरे और सीता के मिलन की प्रतीक इस माला को सीता ने तुम्हें पहना दी और इस प्रकार हम तीनों एक ही माला के अंश हो गए। इस बात से मुझे बेहद प्रसन्नता हो रही है। अब तुम भी यह जान इसका आनंद लो।''

हे लक्ष्मी, राम की प्रभावशाली बातें सुन हनुमान गंभीर हो गए और अंतर्मुख होने लगे। अब तक कभी भी राम और हनुमान के बीच इतनी देर

बात नहीं हुई थी। पहली बार हनुमान राम के अंतःकरण की सखोलता और माहात्म्य को इतनी गहराई से जान रहे थे। राम के वचन सुन, हनुमान चिंतन करने लगे। राम के केवल आत्मस्वरूप को जानने वाले हनुमान आज राम के प्रेमस्वरूप अंतःकरण को महसूस कर रहे थे। हनुमान को अहसास हो रहा था कि राम उन्हें कितना चाहते हैं तथा वे अपना प्रेम प्रकट करने के लिए कितने आतुर हैं। प्रेम प्रकट करने का माध्यम यदि लेन-देन है, तब वे इससे सहमत हैं। इसी कृतज्ञता भाव से हनुमान का शुद्ध अंतःकरण राम के प्रेम से भर गया और प्रकट हुए बिना नहीं रहा। हनुमान के नेत्रों से प्रेमाश्रु छलकने लगे। हनुमान को ऐसी भावपूर्ण मुद्रा में देख राम ने हनुमान को अपने नजदीक लिया और अंक से लगा लिया।

आज हनुमान पहली बार राम के इतने करीब आए थे। हनुमान ने राम के नेत्रों में राम के अंतःकरण को देखा तो पाया कि राम के नेत्रों में हनुमान के लिए प्रेम ही प्रेम है। प्रेम की इस पराकाष्ठा में हनुमान ने उत्स्फूर्तता से रत्नमाला अपने कंठ से निकाल राम के कंठ में अर्पण कर दी। राम ने पुनः हनुमान को अपने हृदय से लगा लिया तथा प्रेम से उनके मस्तक को थपथपाने लगे। इस भेंट के पश्चात् राम और हनुमान के मध्य देह, मन और बुद्धि की अल्प सी रही दूरी भी पूरी तरह समाप्त हो गई तथा हनुमान राम से एकरूप हो गए। दोनों इस एकरूपता का आनंद ले रहे थे तथा आनंद का मूल परमानंद ही इस प्रेम मिलन द्वारा प्रकट हो रहा था। इस आनंद में सहभागी होने के लिए लक्ष्मण और सीता भी आगे आए। राम ने जिस सहजता से हनुमान को अपने हृदय के करीब लिया था, उसी सहजता से उन्हें अपने से विलग किया। हनुमान अपना स्थान लेने राम के चरणों में जा रहे थे, उसी समय लक्ष्मण ने हनुमान को अपने निकट लिया और प्रेम से हनुमान की पीठ थपथपाई। सीता ने मधुर मुसकान के साथ हनुमान की ओर देखा तथा अपना आनंद व्यक्त किया। इस दृश्य को देख वहाँ उपस्थित जनता जनार्दन ने जोरदार तालियाँ बजाकर अपना आनंद व्यक्त किया। वे जोर-जोर से गाने लगे, 'राम लक्ष्मण-जानकी, जय बोलो हनुमान की।'

हनुमान के उत्कट भक्तिभाव का वर्णन करते हुए नारद स्वयं

भक्तिभावपूर्ण अवस्था का अनुभव ले रहे थे। लक्ष्मी समझ गई थीं कि नारद की यह अवस्था नारायण के सगुण अवतार की थोरवी और नारायण के प्रेम भक्ति माहात्म्य के स्वानुभव के कारण है। नारद के मुख से नारायण के सगुण अवतार के चरित्र का श्रवण करते हुए लक्ष्मी भी नारायण के प्रेम में डूब गई थीं। इस प्रेम में और अधिक डूबने हेतु लक्ष्मी नारद से कहने लगीं, ‘‘हे भक्तिप्रिय नारद, भक्तिभाव से ऐक्य की ओर जानेवाली हनुमान की कथा सचमुच अभूतपूर्व और अद्‌भुत है। भक्तिभाव की पूर्णावस्था प्रकट करने के लिए यह प्रतीकात्मक प्रसंग है। भक्तिभाव का निर्देश करते हुए इस प्रसंग से एकरूपता के आनंददायी अनुभव का भी दर्शन होता है। इस प्रकार अनुभव अवस्था के निकट ले जानेवाले उत्कट भक्तिभाव का ही मार्गदर्शन इस प्रसंग द्वारा होता है। पिछली बार हनुमान के दास्य भाव का वर्णन करते हुए हे नारद, आपने बताया था कि दास्यभाव अत्यंत श्रेष्ठ होते हुए भी अंतिम और सर्वश्रेष्ठ नहीं है। नारायण से ऐक्य पाने के लिए आवश्यक अवस्था से एक सीढ़ी नीचे की यह अवस्था है। अभी आप हनुमान के राम से ऐक्य पाने के प्रसंग का वर्णन कर रहे हैं। पर हे नारद, आप कृपा कर इन दोनों अवस्थाओं में अंतर समझाएँ। क्योंकि एक आप ही हैं, जो भक्तिभाव की विभिन्न अवस्थाओं के अंतर को जानते हैं तथा उस अंतर को दूर करने के विषय में मार्गदर्शन दे सकते हैं।’’

लक्ष्मी के यथार्थ वचनों को सुन नारद अति प्रसन्न हुए तथा मुसकराते हुए कहने लगे, ‘‘हे लक्ष्मी, ध्यानपूर्वक श्रवण करनेवाला, श्रवण किए हुए प्रसंगों पर मनन करनेवाला तथा मनन कर पुनः वक्ता से प्रश्न पूछने वाला श्रोता दुर्मिल है। पर विषय को समझ बुद्धि द्वारा निश्चय कर उस अनुभव को प्राप्त करने के लिए चिंतनरत श्रोता उससे भी अधिक दुर्लभ है। तुमनें ये दोनों गुण विद्यमान हैं, इसी बात से मुझे अधिक प्रसन्नता हो रही है।

‘‘नारायण की सगुण कथा के श्रवण से ही तुम इस अवस्था को प्राप्त कर सकी हो। यह नारायण की तुम पर कृपा ही है। तुम्हारे भाव के कारण नारायण की इस कथा की तुम पात्र हुई हो तथा धन्य हो गई हो। हनुमान की कथा सुनते समय तुमने हनुमान के दास्य भाव के विषय का स्मरण रखा,

जो तुम्हारा नारायण के प्रति प्रेम और भक्तिभाव दरशाता है। इसी भक्तिभाव की उत्कटता से एक दिन तुम निश्चित ही आनंददायी अवस्था प्राप्त कर लोगी! मैंने तुम्हें हनुमान के जिस दास्यभाव की श्रेष्ठता के विषय में बताया था, वह सत्य है। राम के माहात्म्य को जान राम के चरणों में सर्व समर्पित करना अत्यंत दुर्लभ और अलौकिक है। ऐसा निश्चय कर निर्णय लेने वाले हनुमान की शुद्ध बुद्धि अति प्रशंसनीय है। इसी कारण उन्हें सभी 'बुद्धिमानों में वरिष्ठ' कहा गया है। परंतु यह बात अति महत्त्वपूर्ण और ध्यान देने योग्य है कि हम ईश्वर के हैं तथा ईश्वर के लिए हैं, पर केवल इस भाव और अनुभव से भक्तिभाव की पूर्णता नहीं होती और न ही ऐक्यभाव का अनुभव प्राप्त होता है। बल्कि ईश्वर मेरा है और मेरे लिए है, इसी भाव के अनुभव से भक्तिभाव की पूर्ति होती है तथा ऐक्य का पूर्ण अनुभव प्राप्त होता है। यह भाव हनुमान में निर्मित नहीं हुआ था। अथवा कहें कि हनुमान इस बात से अनभिज्ञ थे या उन्हें इसकी आवश्यकता ही महसूस नहीं हुई थी।

"एक-दूसरे पर प्रेम होना और उस प्रेम को अनुभव करना, दोनों में उत्कट भाव होना तथा उस भाव को अनेक कारणों और अंगों द्वारा महसूस करना ही 'सख्यत्व' कहलाता है। यही सख्यत्व दोनों को एकरूप कर ऐक्य भाव का अनुभव देता है। दास्य भाव से स्वयं का 'मैं' होने का अहंकार चला जाता है तथा सख्यभाव से ईश्वर से एकरूपता आती है। इसी एकरूपता से ईश्वर का अहसास अपने अंत:करण में निर्माण होता है तथा ईश्वर के अस्तित्व का अनुभव होता है। इसीलिए जिस तरह अहंकार मिटाने के लिए दास्य भाव की आवश्यकता होती है, उसी तरह ऐक्यत्व अनुभव करने के लिए सख्यत्व की आवश्यकता होती है।"

नारद के ऐसे गूढ़ वचन सुन लक्ष्मी थोड़ी चकित हो गईं। पर तुरंत अपने आप को सँभालते हुए नारद से मार्गदर्शन लेते हुए कहने लगीं, "हे नारद, सख्यभक्ति के माहात्म्य का जिस तरह आपने उल्लेख किया है, ऐसा मैं पहली बार सुन रही हूँ। पर मेरे मन में शंका आ रही है कि कहीं सख्यत्व के कारण अवतारी पुरुषों के माहात्म्य का विस्मरण तो नहीं हो जाता? कहते हैं कि अधिक परिचय से अनादर होने की संभावना रहती है! अत: हे नारद,

सख्य भक्ति के माहात्म्य और उसके विवरण को आप सविस्तार समझाएँ, तभी मेरे मन में उपजी शंकाओं का समाधान होगा। मेरे मन में और एक प्रश्न उठ रहा है कि जब हनुमान इतने बुद्धिमान थे, तब उनका सख्यभक्ति की ओर ध्यान कैसे नहीं गया? क्या उन्हें सख्यभक्ति की जरूरत महसूस नहीं हुई? इन सब प्रश्नों से मेरे मन में कुछ उलझनें निर्माण हो रही हैं, जिनके निराकरण से ही मैं नारायण के सगुण चरित्र वर्णन का पूर्ण प्रेमानंद सेवन कर सकूँगी।''

लक्ष्मी के अर्थपूर्ण प्रश्न सुन नारद जान गए कि लक्ष्मी के मनन-चिंतन की दिशा योग्य है। इससे उन्हें अत्यंत संतुष्टि मिल रही थी, क्योंकि यही उनका खरा हेतु था। इसी हेतु की पूर्ति के लिए वे लक्ष्मी से कहने लगे, ''हे लक्ष्मी, स्वानुभव का ज्ञान श्रवण करते हुए उस अनुभव के विषय में थोड़ा-बहुत ज्ञान होने लगता है, परंतु...'' नारद के इस वाक्य के पूरा होने से पहले ही लक्ष्मी नारद से विनोद करते हुए पूछने लगीं, ''हे नारद, श्रवण से होने वाला ज्ञान थोड़ा होता है या बहुत?'' लक्ष्मी के प्रश्न के पीछे छुपे भाव को नारद समझ गए तथा उसी के अनुरूप उत्तर देते हुए कहने लगे, ''हे लक्ष्मी, श्रवण से तुम्हें होने वाला ज्ञान श्रवण से पहले वाले तुम्हारे ज्ञान और अज्ञान से काफी अधिक है। परंतु मेरे स्वानुभव के ज्ञान की तुलना में होने वाला तुम्हारा ज्ञान काफी कम है। शब्दों द्वारा प्रकट होने वाला ज्ञान प्रत्येक की अवस्था तथा उसकी बुद्धि की आकलन क्षमता पर निर्भर होता है, जबकि स्वानुभव से होने वाले ज्ञान की कोई सीमा नहीं होती, वह अमर्यादित होता है। इसलिए स्वानुभव का ज्ञान ही खरा ज्ञान है, जो केवल ईश्वर के प्रेम और भक्ति से शुद्ध हुए अंत:करण में स्फुरित होता है। मन की भावना अथवा बुद्धि द्वारा अर्जित ज्ञान से यह अनुभव कभी नहीं आता। पर शब्दों द्वारा प्राप्त ज्ञान से जब इस मार्ग में आगे बढ़ते हैं, तब इस ज्ञान का उपयोग निश्चित रूप से होता है। इसीलिए स्वानुभव प्राप्त कराने वाले भक्तिमार्ग की ओर जाने के लिए मैं ऐसे चरित्रों का वर्णन कर रहा हूँ, जिससे यह मार्ग और अधिक स्पष्ट हो जाएगा।

''तुम्हारे मन की यह शंका कि अधिक समीपता से महात्मा के माहात्म्य

का विस्मरण अथवा उनके प्रति अश्रद्धा निर्माण हो सकती है, इसका उत्तर यह है कि दास्य भाव ही अपने आप में अत्यंत बलशाली और गहन है। आत्मानुभवी पुरुषों के सान्निध्य में रहते हुए तथा उनकी सेवा करते हुए उनकी दिव्यता के दर्शन बहुत नजदीकी से होते हैं, जो मन को लुभा देता है। उनके जीवन की श्रेष्ठता का भी आकलन होने लगता है। इसी भावबल से दास्यत्व को स्वीकार करते हैं, जो अपने आप में ही अत्यंत बलशाली है। दास्य भाव का ही फल सख्यत्व है, जिससे एकरूपता का अनुभव होता है। कभी-कभी अधिक निकटता के कारण तथा बुद्धि की आकलन शक्ति की मर्यादा के कारण महात्माओं के प्रति अश्रद्धा निर्माण हो जाती है। मन भी उसकी मर्यादा के कारण उनकी जीवनशैली को भी स्वीकार नहीं कर पाता। ऐसे समय में सख्यत्व भाव थोड़ा विचलित हो जाता है। किंतु दास्य भाव की शक्ति के कारण मन पुनः गतिमान हो जाता है, जो महत्त्वपूर्ण है।

''हे लक्ष्मी, तुम्हारा दूसरा प्रश्न कि हनुमान इतने बुद्धिमान होते हुए भी राम के सख्यत्व की आवश्यकता तथा मूल्य को समझ कैसे नहीं सके? यह बहुत महत्त्वपूर्ण प्रश्न है और सहज उठने वाला है। हनुमान सेवा भाव से राम के अत्यंत निकट थे। सदा राम स्मरण और राम नाम के जाप से हनुमान अपने आप को राम के अत्यंत निकट महसूस करते थे। हनुमान की बुद्धि भी अत्यंत शुद्ध और निश्चयात्मक थी, इसीलिए आत्मबोध के रूप में राम से संलग्न थी। इसके बावजूद वे राम के अंतःकरण से एकरूप नहीं थे, क्योंकि राम के अंतःकरण को जानने की उत्कटता की उनमें कमी थी। राम के अंतःकरण की अवस्था हनुमान की आकलन शक्ति से परे थी। हनुमान केवल इतना जानते थे कि राम आत्मस्वरूप अवस्था में हैं, परंतु आत्मस्वरूप अनुभव क्या होता है, यह नहीं जानते थे। राम के बाह्यस्वरूप को देख तथा थोड़ा बुद्धि द्वारा आकलन कर हनुमान इस निश्चय पर पहुँच गए थे कि यही आत्मस्वरूप का अनुभव है, किंतु वे यह नहीं जानते थे कि राम की आत्मस्वरूप अवस्था का पूर्ण अनुभव राम के बाह्यरूप से दिखने वाले जीवन के परे है। अपनी अधूरी समझ को ही पूरी समझते हुए 'राम के अनुभव के पूर्णत्व का अनुभव' पाने का भाव उनमें उपजा नहीं। वे अपने दास्य भाव में

ही पूर्णतः रमे हुए थे। राम का आत्मस्वरूप यानी राम की निर्मोही अवस्था, उनकी समझ केवल इतनी ही थी। राम की आत्मस्वरूप अवस्था यानी प्रेमस्वरूप अवस्था, इस सत्य और गूढ़ रहस्य को वे जान नहीं पाए। यह अवस्था ही ऐसी है, जिसे अत्यंत तेजस्वी बुद्धि भी जान नहीं पाती।

"प्रेमस्वरूप अवस्था के कारण राम अपना प्रेम हनुमान पर न्योछावर करने के लिए अधीर हो रहे थे। किंतु प्रेम के आदान-प्रदान के लिए सख्यत्व का होना आवश्यक है। राम चाहते थे कि हनुमान मेरे प्रिय सखा बन मेरे निकट रहें। पर हनुमान केवल दास्य भाव से अपना सबकुछ राम के चरणों में न्योछावर कर समर्पित भाव से रहते थे। राम भी हनुमान के हैं तथा हनुमान के लिए हैं, इस भाव का हनुमान में अभाव था।

"राम का भी स्वभाव ऐसा नहीं था कि वे स्वयं आगे बढ़कर हनुमान को अपना प्रेम जताएँ और अपना भाव प्रकट करें। इस प्रकार दोनों एक-दूसरे के करीब रहकर तथा नजदीकियाँ महसूस करते हुए भी एकरूपता का अनुभव नहीं ले सके। परंतु राम, सीता और हनुमान के बीच अनपेक्षित रूप से घटित इस प्रेम प्रसंग में राम के प्रेमस्वरूप अंतःकरण का हनुमान अनुभव ले सके। दास्य भक्ति के उत्कट और श्रेष्ठ भाव में सदा रत रहनेवाले हनुमान का राम-प्रेम सहज उत्कट हो राम की प्रेमस्वरूप अवस्था से सहज एकरूप हो गया और दोनों एकरूपता के आनंद में डुबकी लगाने लगे।"

नारद इसी तरह कथा-गायन करते रहे। प्रेम से नित्य उमड़ने वाले स्वानुभव के स्वानंदसागर में एक बार लहर क्या आई कि अत्यंत श्रेष्ठ भक्तिभाव भी एकरूप हो सर्वश्रेष्ठ अवस्था में पहुँच गया। एकरूप होकर भी सुप्त रूप से अलग रहनेवाला भक्तिभाव, सहज विलग हो पुनः एकरूप होने के लिए नाना प्रकार के आनंददायी खेल में रमने लगता है। सगुण प्रेम के रंग से जिसकी रंगत बढ़ती ही जाती हो, ऐसा देव-भक्त के बीच खेला जानेवाला सगुण भक्ति का खेल जिसे देखने को मिला तथा उस खेल का वर्णन जिसने सुना, वे अत्यंत भाग्यवान हैं। किंतु सगुण भक्ति के इस आनंददायी खेल को खेलने का, जिन्हें अवसर मिला तथा नित्य स्वानंद में रमने वाले देव को भी जो अपने भक्तिभाव से आनंदित कर सके, ऐसे भक्त

निश्चित रूप से धन्य हैं!

ऐसे ही नारायण के सर्वश्रेष्ठ भक्त नारद, देव-भक्तों के बीच सगुण प्रेम भक्ति के आनंददायी खेल का अत्यंत प्रेम और स्वानुभव से वर्णन कर रहे थे। लक्ष्मी भी उतने ही प्रेम से उस खेल को प्रत्यक्ष देख रही थीं। उनके मन में उत्कट भाव पैदा हो रहा था कि ऐसे आनंददायी खेल का वे भी अनुभव लें। नारद के अंत:करण में स्वानुभव से स्फुरित भक्तिभाव तथा लक्ष्मी के मन में प्रेमभाव से निर्मित भक्तिभाव के संयोग से ही नारद को नारायण के सगुण चरित्र के भक्तिभाव पूर्ण वर्णन करने की प्रेरणा मिल रही थी तथा श्रवण करते हुए लक्ष्मी के भाव की पूर्ति होते हुए भी वे अतृप्त थीं।

राम और हनुमान की एकरूपता का आनंददायी प्रसंग श्रवण कर लक्ष्मी नारद से कहने लगीं, ''हे सगुण भक्ति परायण नारद, राम और हनुमान की एकरूपता का वर्णन आप जितनी रसपूर्णता के साथ सविस्तार कर रहे हैं, उससे मैं जान गई कि आप भी नारायण के सान्निध्य में रहकर ऐसा ही अनुभव करते हैं तथा नारायण भी उसी एकरूपता का स्वयं अनुभव लेते हैं। मेरा भी भक्तिभाव उत्तरोतर बढ़ता जा रहा है तथा मैंने निश्चय कर लिया है कि मैं भी एकरूपता को अनुभव करूँगी। इसी उद्देश्य से मैं आपसे प्रश्न पूछती रहती हूँ। आपको भी नारायण के माहात्म्य पर बोलना अत्यधिक लुभाता है, इस प्रकार यह कथा रँगती जा रही है तथा मुझे भी रंगीन बना रही है।

''सख्य भक्तिभाव ही हनुमान की श्रेष्ठतम बुद्धि तथा राम की सर्वश्रेष्ठ अंत:करण की अवस्था के बीच का अंतर मिटाने वाला है। पर आपका यह कहना भी योग्य है कि सख्यभक्ति की पाया दास्यभक्ति है। आपकी बातों से मुझे ध्यान आया कि मैं नारायण के चरणों में उनकी पत्नी के रूप में कब से उनकी सेवा कर रही हूँ, परंतु मुझमें दास्य भाव अब तक निर्मित नहीं हुआ है। दास्य भाव के बिना सख्य भाव तथा ऐक्यत्व का आनंद मैं ले ही नहीं पाऊँगी। यद्यपि दास्य भाव की निर्मिति बहुत आसान नहीं है, पर मैं अपने मन में इस बात का निश्चय कर अपने आप को इस दिशा में प्रवृत्त करूँगी। यह भी सत्य है कि मन के इस निश्चय की पूर्ति हेतु मन में नारायण के प्रति

अत्यधिक प्रेम होना आवश्यक है। जिसका एकमेव उपाय है, नारायण के सगुण चरित्र की भक्तिभाव पूर्ण कथा का श्रवण। अतः हे नारद, आप मुझे राम-चरित्र के उस भाग का वर्णन सुनाएँ, जिससे राम के अंत:करण की अवस्था और राम के प्रति भक्तिभाव प्रकट हो। राम और सीता के पुनर्मिलन, राम का राज्याभिषेक, राम और हनुमान का ऐक्य तथा सारे दु:खों, कष्टों और क्लेशों से विरहित राम का जीवन कैसे सुखी, समाधानी और आनंददायी हो सका! इसी के श्रवण के लिए मैं अत्यधिक उतावली हो रही हूँ।"

□

सीता-त्याग

लक्ष्मी की श्रवणातुरता केवल श्रवण सुख से नहीं उपजी थी, बल्कि लक्ष्मी का भक्तिभाव भी अधिकाधिक दृढ होता जा रहा था तथा श्रद्धा शाश्वत होती जा रही थी। यह बात नारद जान गए थे, इसी कारण राम-चरित्र वर्णन हेतु वे अधीर हो रहे थे। किंतु उत्कट भक्तिभाव से सदैव युक्त नारद के मुख से शब्द बाहर नहीं निकल रहे थे। नारद की इस स्थिति को देख लक्ष्मी समझ गईं कि नारद अवश्य किसी गूढ़ मनन-चिंतन में डूबे हैं। पर वे समझ नहीं पा रही थीं कि अचानक ऐसा क्या घटित हुआ, जिससे नारद इतने गंभीर हो गए। इसीलिए वे थोड़ी सतर्क हो गईं तथा नारद के मुख पर उभरे भावों को निहारती रहीं। अब तक के श्रवणानुभव से वे जान चुकी थीं कि किसी-न-किसी गहन कथा प्रसंग प्रकट होने के पहले के भाव उनके मुख पर विलसित हैं। ऐसा प्रतीत हो रहा था, मानो उस भाव को प्रकट करने के लिए जैसे शब्द ही अपूर्ण और असमर्थ हो रहे हों। नारायण के अंत:करण से सदैव एकरूप रहनेवाले नारद का अंत:करण नारायण के प्रेम से भले ही अत्यंत कोमल हो गया था। पर उसी प्रेम से अत्यंत सबल भी था तथा उस सबल अंत:करण ने ही शब्दों को बल दिया और प्रकट होने के लिए प्रेरित किया। क्षण भर में नारद के मुख से मुक्त रूप से शब्द प्रवाहित हो प्रकट होने लगे—

“हे लक्ष्मी, राम-चरित्र श्रवण करते हुए तुमने यह जान लिया होगा कि राम के जीवन में सुख से अधिक दु:ख के प्रसंग थे। फिर भी राम का आत्मस्वरूप अनुभव अबाधित था, यही सबसे अधिक महत्त्वपूर्ण है।

आत्मानंद में सदैव रमने वाले राम सारे प्रसंगों में समभाव और स्थितप्रज्ञ थे। प्रसंग के अनुरूप विवेकपूर्ण निर्णय लेते हुए वे जीवन में आगे बढ़ते रहे। किसी भी प्रसंग या व्यक्ति के प्रति भावनाओं में न बहकर आत्मभाव में रहते हुए निर्लिप्त रहे। इसी कारण काल प्रवाह की, उनके जीवन प्रवाह पर जीत नहीं हो पाई।

'निर्मोही अवस्था की एक विशेषता यह है कि इसकी खरी कसौटी उनके अत्यंत प्रेमी और निकट के व्यक्ति के लिए लगती रहती है।' राम के जीवन में भी ऐसा ही हुआ। उनके जीवन में सबसे अधिक निकट और प्रेमी उनकी प्रिय पत्नी सीता थीं। सीता का सर्वप्रथम राम के साथ वनवास जाना, उसके पश्चात् दीर्घकाल का विरह, पुनर्मिलन के पश्चात् अग्नि परीक्षा, इन सब प्रसंगों में सीता द्वारा सहे गए मानसिक क्लेश तथा उन प्रसंगों में राम द्वारा लिए गए निर्णय से राम और सीता के बीच भावनात्मक नाते-संबंधों पर आनेवाला तनाव। परंतु राम के आत्मबल तथा सीता के भावबल से राम और सीता दोनों ही सारे प्रसंगों में यश के साथ विजयी हुए तथा दोनों के भावनात्मक संबंध अत्यंत दृढ होते गए। दोनों एक-दूसरे के अंत:करण के बहुत करीब आ गए तथा उनके प्रेम सबंध भी विकसित हो गए। हे लक्ष्मी, उपर्युक्त सभी प्रसंगों से अधिक कठिन और सबको पीछे छोड़ देनेवाला एक अत्यंत दु:ख भरा प्रसंग राम और सीता के जीवन में घटित हुआ।

अयोध्या नगरी में एक धोबी की पत्नी संध्याकाल के समय कुछ देरी से घर लौटी। इस पर उसके पति ने उस पर बहुत भला-बुरा कहा, अपमानित किया तथा सभी के समक्ष उसके चरित्र पर आक्षेप लगाए। उसने अपनी पत्नी से यह भी नहीं पूछा कि घर पर देरी से आने का कारण क्या है अथवा उसे कौन सी अड़चनों का सामना करना पड़ा। इसके विपरीत वह उसके चरित्र पर कीचड़ उछालते हुए कहने लगा कि तुम यह मत समझना कि ''जैसे कई वर्षों तक सीता रावण के बंदीगृह में रहीं, तब भी राम ने उन्हें स्वीकार कर लिया, वैसे मैं भी तुम्हें स्वीकार कर लूँगा। रावण के बंदीगृह में रहते हुए उनका चरित्र शुद्ध रहा होगा, इसका क्या सबूत है? सीता ने अग्नि परीक्षा दे अपने चरित्र की पवित्रता सिद्ध की होगी, पर

उसे देखा किसने? हममें से तो कोई भी वहाँ उपस्थित नहीं था तथा बिन देखे विश्वास कैसे किया जाए! अर्थात् राम ने सीता को मोहवश स्वीकार किया होगा, परंतु मैं ऐसा बिल्कुल नहीं करूँगा। मैं अपने धर्म का पालन निष्ठा के साथ करूँगा। मुझे तुम्हारी देह से मिलने वाले विषय सुख से कोई मोह नहीं है। अतः तुम्हें पुनः स्वीकार करने का विचार भी मेरे मन को स्पर्श नहीं कर सकता।''

धोबी की इन बातों को सुन वहाँ उपस्थित सभी जन स्तब्ध रह गए। पर किसी ने कुछ कहा नहीं। उसी समय वहाँ राम का एक दूत भी मौजूद था, जो गुप्त रूप से प्रजाजनों के मध्य रहकर उनके सुख-दुःख सुनता था तथा राम तक सारी बातें पहुँचाता था। जिससे राम के लिए जनकल्याण के हित में निर्णय लेना सुलभ हो जाए। धोबी की बातें सेवक ने सुनी तो उसे बहुत दुःख हुआ। पर अपना कर्तव्य निभाने के भाव से उसने सारी बातें राम से कह दीं। सेवक के मुख से इन बातों को सुन राम को अत्यंत खेद हुआ, परंतु वे गंभीरता से धोबी की बातों पर विचार करने लगे।

नारद की बातें पूरी हों, इससे पहले ही लक्ष्मी नारद से कहने लगीं, ''हे नारद, आपके मुख से इस प्रसंग को सुन मैं चकित हूँ। मुझे अत्यंत दुःख हो रहा है कि जिस राम ने अपने स्वधर्म का पालन करते हुए राज्य का त्याग किया और वनवास चले गए, ऐसे चरित्रवान और पुरुषोत्तम राम के विषय में एक सामान्य मोहग्रस्त धोबी ऐसी शंका कर रहा है। यह उसकी क्षुद्र मनोवृत्ति के ही लक्षण हैं। जन सामान्य के मैले वस्त्र धोकर स्वच्छ करनेवाले धोबी का मन इतना मैला हो सकता है, यह सोचकर ही मेरा मन दुःखी हो रहा है। सच यह है कि उसके मन की ही सफाई होनी चाहिए। पर जिसमें इतनी भी मानवता नहीं है कि पत्नी के घर लौटने में देरी क्यों हुई, इसका कारण पूछे अथवा उसकी अड़चन समझें, ऐसे लोग क्या धर्म की बात करते हैं? धर्म का केवल दिखावा करना और मन मैला का मैला। जहाँ न दया है, न ममता और न मानवता। ऐसा कौन सा पुरुषत्व कि अपना स्वार्थ पूरा हो गया तो स्त्री को घर से बाहर निकाल दिया। पत्नी क्या कोई जानवर है, जो कभी भी बाँधकर रखा और सुख-वासना की पूर्ति हो गई तो

बाहर निकाल दिया? इन्हें अपने अहंकार की पूर्ति के लिए पत्नी चाहिए। क्योंकि किसी और पर इनका अधिकार नहीं चलता है। स्त्री होने के नाते वह चुपचाप अपमान सहन करती रहती है।

"परंतु हे नारद, मुझे आश्चर्य इस बात का है कि उस धोबी की बातें सभी ने सुन कैसे ली? उसका विरोध क्यों नहीं किया? और राम के सेवक ने उसे वहीं दंडित क्यों नहीं किया? राम तक इस प्रसंग को ले जाने की क्या आवश्यकता थी? किंतु सबसे अधिक आश्चर्य की बात यह है कि राम ने एक धोबी की बात पर इतनी गंभीरता से विचार किया? जिसकी योग्यता ही बात करने लायक नहीं है, उसकी बात पर इतना गंभीर चिंतन? मेरी बुद्धि इसे स्वीकार नहीं कर पा रही है। आखिर राम ने धोबी के विषय में क्या निर्णय लिया तथा उसे दंडित किया या नहीं? यह सब सुनने के लिए मैं तत्पर हो रही हूँ।"

भावनाओं के आवेग में लक्ष्मी आवेशपूर्ण बोल रही थीं पर नारद शांत थे। लक्ष्मी की बातों का उत्तर स्पष्ट रूप से देते हुए नारद कहने लगे, "हे लक्ष्मी, मन की मलिनता ही मन का मूलभूत दोष है। इस दोष से मन में बार-बार विकार निर्माण होते हैं तथा मन उन विकारों के अधीन हो प्रक्षुब्ध हो जाता है और अपना संतुलन खो बैठता है। मन की विचार करने की शक्ति प्रचंड होती है, किंतु दिशाहीन होने के कारण वह भटक जाता है और अधोगति की ओर अग्रसर हो जाता है।

"क्षुद्र भाव से युक्त मन अत्यंत निचले स्तर तक चला जाता है तथा वहाँ स्थित असद्‌भाव ऊपर आ, सद्‌भाव को पूरी तरह समाप्त कर देता है। इसके दुष्परिणाम उस व्यक्ति को भोगने ही पड़ते हैं, पर उसके निकट रहनेवाले भी उससे बच नहीं पाते। मन का निरंतर मलिन होना मन का दोष है तथा उसमें निहित अहंकार उसका सबसे बलवान शत्रु। अहंकार से मन उन्मत्त होता है तथा दूषित विचारों की परिणिति प्रत्यक्ष दुराचार में होती है। ऐसे समय में उसमें और जानवर में कोई अंतर नहीं रहता। अंतर केवल इतना है कि मनुष्य में विवेक होता है, जिसकी जागृति से मन की अधोगति रुक सकती है। यही विवेक जानवरों में नहीं होता। विकारों से

दूषित मन में बुरे विचार आ भी गए तब भी वैसा उच्चार न करने का बल विवेक द्वारा प्राप्त होता है। कदाचित् मन का संयम टूटा और वैसा उच्चार हो भी गया, तब भी उसका रूपांतरण वैसे आचरण में न हो ऐसा बल भी विवेक द्वारा ही प्राप्त होता है। विवेकहीन मनुष्य जानवर के तुल्य होता है। हे लक्ष्मी, अहंकार रूपी शत्रु, स्त्री और पुरुष दोनों में समान रूप से होता है। वह अपना प्रताप दिखाने में जरा भी अंतर नहीं करता। अहंकार केवल अहंकार है, जो घातक और सर्वनाशक है। मन के विकार और अहंकार से पछाड़े गए उस धोबी की बातों पर गंभीरता से विचार करना उतना महत्त्व नहीं रखता। परंतु फिर भी राम उस बात पर गहनता से विचार कर रहे थे। इसी बात को हमें गंभीरता से समझना चाहिए। तब ही हम राम के अंत:करण तक पहुँच पाएँगे।

''हे लक्ष्मी, इस बात का ध्यान रखना होगा कि आत्मस्वरूप का नित्य अनुभव कर रहे राम को सत्य का यथार्थ ज्ञान था तथा सामान्य जीव के अज्ञान को भी वे पूर्णत: जानते थे। स्वयं के अज्ञान को ही ज्ञान समझ कर उस अहंकार के साथ जीने वालों को, जहाँ सत्य जानने की आवश्यकता ही महसूस नहीं होती, वे दूसरों के अज्ञान को समझ उनसे सहानुभूति कैसे रख सकते हैं। पर राम असामान्य थे। इसीलिए सामान्य जीवों के अज्ञान को वे जानते थे तथा उनके प्रति करुणा रखते थे। सेवक ने जब राम को धोबी की कही बात बताई तब राम को सर्वप्रथम धोबी पर दया आ गई। एक अज्ञानी और विकारी धोबी की कही बात पर कितना ध्यान दिया जाना चाहिए, यह राम जानते थे। परंतु उस धोबी की बात में कितनी सच्चाई है, इस पर राम विचार करने लगे। धोबी की बात में राम को एक सच्चाई महसूस हो रही थी और वह यह कि रावण के बंदीगृह से छुड़ाकर लाई गई सीता ने जब अग्निपरीक्षा दी थी, तब वहाँ अयोध्या नगरी का एक भी व्यक्ति उपस्थित नहीं था। ऐसे में किसी सामान्य मनुष्य के मन में आई थोड़ी शंका मन के किसी कोने में रह जाती है, तब वही शंका कब विकराल रूप धारण कर लेगी, इसका गणित नहीं रहता। यही स्थिति यहाँ धोबी की थी। पर आश्चर्यजनक बात यह थी कि धोबी की बात सुनकर किसी ने उसका

विरोध नहीं किया। इतना ही नहीं, राम के सेवक ने बिना किसी संकोच के राम को धोबी की कही सारी बातें कह दीं। इसका अर्थ यह हुआ कि सभी के मन में सीता के चरित्र के विषय में संशय था, जिससे राम का मन व्यथित हो रहा था। वे जानते थे कि सामान्य जीवों का मन दुर्बल होता है और सामान्य वर्ग चाहता है कि उनका राजा और उसका परिवार निष्कलंक और आदर्शवादी हो। सामान्य जीव परिपूर्ण हो नहीं सकते, किंतु उनकी मनोधारणा ऐसी होती है कि उनके जो आदर्श हैं, वे परिपूर्ण होने चाहिए। कारण वे ही उनके जीवन का आधार होते हैं। यह सब जान राम चिंतित हो गए। वे विचार करने लगे कि मैं अपने मन की व्यथा किससे कहूँ, तभी अचानक उन्हें अपने प्रिय बंधु और सहृदय लक्ष्मण का ध्यान आया। वे लक्ष्मण से भेंट लेने के लिए तुरंत लक्ष्मण के महल की ओर चल दिए। राम के इस अचानक आगमन से लक्ष्मण चकित हो गए पर मन-ही-मन आनंदित हो रहे थे।''

नारद के वचनों और भावार्थ से एकरूप लक्ष्मी नारद से कहने लगीं, ''हे नारद, अपना स्थान छोड़कर न जाने की मर्यादा का पालन करनेवाले राम, लक्ष्मण के महल में कैसे गए? क्या उन्हें लक्ष्मण से कुछ व्यक्तिगत काम था?'' इस तरह विनोदपूर्ण बातें करते हुए लक्ष्मी ने स्मित हास्य किया। लक्ष्मी की मुसकराहट का जवाब देते हुए नारद लक्ष्मी से कहने लगे, ''हे लक्ष्मी, मैं तुम्हें जो बातें बताने जा रहा हूँ, उन्हें गंभीरता से सुनें। ये बहुत गहन बातें हैं। अवतारी पुरुषों के जीवन में कुछ प्रसंग ऐसे भी आते हैं, जो दिखने में विनोदपूर्ण दिखाई देते हैं। किंतु उसका आशय बहुत गहन होता है। जिसे समझना बहुत आवश्यक होता है, नहीं तो समय निकल जाता है और उस चरित्र के रहस्य और आनंद का हम अनुभव नहीं ले पाते हैं।''

इस तरह लक्ष्मी को समझाते हुए नारद आगे कहने लगे, ''हे लक्ष्मी, तुम्हारा कहना योग्य है कि राम सदैव अपनी मर्यादा का पालन करते थे। पर मर्यादा का अर्थ बंधन नहीं है, जिसे कभी तोड़ा नहीं जा सकता। बंधन बँधे होते हैं, जिन्हें निभाना कठिन होता है। वहीं मर्यादा में लचीलापन होता है। इसीलिए इसमें दूसरों को समाहित करने का बल होता है। दूसरों का

हित साधने के लिए मर्यादा कम-ज्यादा हो सकती है। इसी कारण मर्यादा को आदरणीय माना गया है। राम अपना स्थान छोड़कर कहीं नहीं जाते थे, यह सत्य है। पर यहाँ स्थान का अर्थ है उनके अंत:करण में स्थित आत्मा का अधिष्ठान। इसी अविचलित अधिष्ठान के कारण वे अपने जीवन में महत्त्वपूर्ण निर्णय आसानी से ले सके तथा जीवन को यशपूर्ण बनाने में सफल रहे। तुम्हारे विनोदपूर्ण प्रश्न का उत्तर मैं भी विनोदपूर्ण ढंग से दे रहा हूँ कि लक्ष्मण का महल उसी राजवाड़े में था। अर्थात् राम राजवाड़ा छोड़कर नहीं गए। अपने महल से निकलकर लक्ष्मण के महल में गए। इसे स्थान छोड़कर जाना नहीं कहते। यह मर्यादा राम की नहीं बल्कि तुम्हारी बुद्धि की आकलन शक्ति की है, जो मर्यादित है। जबकि राम की मर्यादा व्यापक और सर्वसमावेशक थी। यह सच है कि राम अपने काम के लिए ही लक्ष्मण के महल में गए थे। परंतु वे चाहते तो ज्येष्ठ बंधु होने के नाते लक्ष्मण को अपने महल में बुला लेते। अत: इस प्रसंग से राम का बड़प्पन ही झलकता है। हे लक्ष्मी, जिस तरह आपकी सोच मर्यादित है, वैसे ही लक्ष्मण की मर्यादित सोच के कारण लक्ष्मण ने राम को अपने महल में आने का कभी न्योता ही नहीं दिया था। वे भी इसी सोच में थे कि राम अपना महल छोड़कर कहीं नहीं जाएँगे।

"राम अपना महल छोड़कर कहीं नहीं जाते थे। परंतु अकारण प्रेम के प्रकट होने के लिए निमित्त की आवश्यकता नहीं रहती। कोई-न-कोई कारण ढूँढ़कर प्रेम प्रकट हो ही जाता है। यही प्रेम का गुणधर्म है।

"ऐसा ही यह प्रसंग राम के जीवन में घटित हुआ। सीता के विषय में सामान्य जन के मन में अब भी शंका है, यह जानकर राम का अंत:करण विचलित नहीं हुआ था, पर मन अस्वस्थ हो रहा था। ऐसी मन:स्थिति और नाजुक परिस्थिति में अपने निकट व्यक्ति का स्मरण हो जाता है, यही राम के साथ हुआ। राम अपने बंधु लक्ष्मण को अपने हृदय के अत्यंत निकट महसूस करते थे, इसीलिए वे सहज ही लक्ष्मण से भेंट लेने लक्ष्मण के महल में गए।"

नारद की स्पष्ट बातें सुन लक्ष्मी अत्यंत प्रभावित हुईं। वे कहने लगीं,

"हे नारद, आपकी बातें इतनी स्पष्ट और तर्कसंगत होती हैं कि मेरी मर्यादित बुद्धि भी धीरे-धीरे नारायण के अंत:करण को जानने लगती है तथा मुझे उनके प्रेम से जोड़े रखती है। अत: हे नारद, आपसे मेरी यही विनती है कि आप नारायण के सगुण प्रेम का इसी तरह वर्णन करते रहें, जिससे मैं नारायण के अंत:करण की गहनता जान सकूँ।"

लक्ष्मी के वचन सुन नारद प्रसन्न हुए तथा अधिक स्पष्ट रूप से श्रवणभक्ति का माहात्म्य बताते हुए कहने लगे, "हे लक्ष्मी, तुम्हारी यह अवस्था एकदम सहज है। राम के अंत:करण की अवस्था का वर्णन करते हुए, जहाँ शब्दों की शक्ति कम पड़ती है, वहाँ श्रवणशक्ति भी कम ही पड़ने वाली है। मूलत: श्रवणशक्ति नहीं, भक्ति है। भक्तिभाव से किए हुए श्रवण से ही अवतारी पुरुषों के अंत:करण से एकरूप हुआ जा सकता है। उनके भक्तों के मुख से सदैव स्वानुभव का वर्णन सहज होता है। शब्दों के माध्यम से वे निवेदन-भक्ति ही करते हैं। परंतु शुरुआत की स्थिति में श्रोता इस अवस्था को जान नहीं पाता और न ही भावार्थ समझ पाता है। उसके कानों में जो शब्द पड़ते हैं, वह उनका शब्दार्थ ढूँढ़ने लगता है। वह अपनी पूरी बुद्धि और आकलन शक्ति लगाकर उन शब्दों का अर्थ ढूँढ़ता रहता है, फिर भी श्रवण किए गए विषय को पूर्णत: समझ नहीं पाता तथा उसका 'मैं' शेष रह जाता है। शब्दों का अर्थ बुद्धि समझ पाती है, परंतु उसके मूल में निहित भावों का आकलन बुद्धि नहीं कर पाती। इस हेतु भावों को जानने वाला भावुक और अनुभवी दर्शक होना आवश्यक है। भाग्य से यदि कोई भावनाप्रधान श्रोता मिल जाता है तब श्रवण करते हुए वह भावपूर्ण होता जाता है। धीरे-धीरे, जिसके लिए निवेदन हो रहा है, उसका माहात्म्य वह जानने लगता है। निवेदनकर्ता से भी उसे प्रेम हो जाता है और वह शब्दों का भावार्थ समझने लगता है। उसकी इस कृति में बुद्धि की आकलन शक्ति पीछे रह जाती है तथा 'मैं' का भाव दूर हो, सच्चे अर्थों में श्रवणभक्ति होती है। यही भक्तिमार्ग में अनुभव अवस्था प्राप्त करने की पहली सीढ़ी है। इसके बाद वाली सीढ़ी अधिक श्रेष्ठ तथा उच्च स्तर की है, जो अनुभव की उच्च अवस्था तक ले जाती हैं और नारायण के हृदय

से एकरूप कर देती हैं।''

नारद के वचनों को तल्लीनता से सुन रहीं लक्ष्मी नारद से कहने लगीं, ''हे नारद, आपके मुख से निकली सारी बातें अंत में एकरूपता तक पहुँच जाती हैं अथवा कहें कि आप एकरूपता की अनुभवावस्था में रहकर ही गायन करते हैं। अर्थात् इन दोनों बातों को ध्यान में रखते हुए, जब हम श्रवण करें, तब निश्चित रूप से आपके वचनों का भावार्थ हमें समझ में आ जाता है और जितनी देर श्रवण करते हैं, उतनी देर तक समरसता भी महसूस होती है। यही समरसता एक दिन हमें एकरूपता की ओर ले जाएगी। अब आप राम के प्रेमल अंत:करण तथा राम और लक्ष्मण के बीच प्रेम प्रकट करनेवाले प्रसंगों का वर्णन करें। वैसे भी सगुण प्रेम में रंगे हे नारद, आप स्वयं ही कथा गायन किए बगैर नहीं रहेंगे, क्योंकि आपके अंत:करण में सगुण प्रेम हिलोरें लेता है।''

लक्ष्मी के वचन सुन नारद ने कहा, ''हे लक्ष्मी, तुमने सच कहा है कि नारायण के प्रेम से भरा मेरा अंत:करण हिलोरें ले रहा है। पर तुम्हारे समान श्रोता का मिलना भी उतना ही महत्त्वपूर्ण है। क्योंकि जब वक्ता और श्रोता दोनों ही किसी एक विषय पर बात करना और सुनना पसंद करते हैं, तब वक्ता का वक्तव्य और अधिक निखरता है। यहाँ मेरा प्रतिपादित विषय राम और उनका अंत:करण है। आप भी नारायण से अत्यधिक प्रेम करती हैं और उनके माहात्म्य को अधिकाधिक जानना चाहती हैं। ऐसी स्थिति में नारायण के सगुण प्रेम का गायन अधिक ही सुमधुर हो जाएगा''

राम और लक्ष्मण दोनों के बीच घनिष्ठ संबंध थे। इसलिए राम स्वयं लक्ष्मण के महल में गए। राम के इस तरह अचानक आगमन से लक्ष्मण चकित रह गए, पर हर्ष से भर गए। वे दौड़ते हुए राम के पास गए और उनके हाथों को अपने हाथों में लिये, उन्हें आसन तक लाए। उन्हें एक उच्चासन पर बैठाया। राम का नित्य मानसपूजन करनेवाले लक्ष्मण को आज राम के पूजन का सौभाग्य प्राप्त हुआ था। लक्ष्मण की पत्नी उर्मिला ने भी राम का पूजन कर प्रेम व्यक्त किया और दोनों राम के चरणों में विनम्र भाव से बैठ गए। राम ने अपने कृपाहस्त दोनों के मस्तक पर रखे तथा दोनों को

प्रेमपूर्वक निहारते रहे। उनके प्रेम से राम का अंत:करण भर गया और भरे हुए अंत:करण से राम कहने लगे—

''हे लक्ष्मण, हे उर्मिला, तुम दोनों को इतने प्रेम से रहते हुए देख मेरा अंतस प्रेम से भर जाता है। लक्ष्मण जिस तरह मेरे साथ रहकर मेरा अनुसरण करता है, वैसे ही तुम भी लक्ष्मण का अनुसरण करती हो इसीलिए मुझे लक्ष्मण जितना प्रिय है, उतनी ही तुम भी प्रिय हो। ऐसी जोड़ी इस पूरी सृष्टि में बहुत दुर्लभ और अमौलिक है। चौदह वर्षों तक मेरे साथ वनवास में रहकर मेरी सेवा करने का जो निर्णय लक्ष्मण ने लिया था, उसमें तुम्हारी भी सहमति थी। तुम्हारा यह त्याग इस सृष्टि में सदा अजरामर रहेगा। पति द्वारा स्वीकार किए धर्म का पालन करने में पूर्णत: सहायक होने के लिए बहुत भावबल लगता है। ऐसा बल तुममें है, यही तुम्हारी श्रेष्ठता है। मेरी ईश्वर से प्रार्थना है कि तुम्हारी यह जोड़ी ऐसी ही बनी रहे।''

राम के प्रेमल वचन और अपनेपन के भाव लक्ष्मण तथा उर्मिला दोनों के हृदय को छू गए और वे भावपूर्ण हो गए। उसी भावपूर्ण अवस्था में लक्ष्मण राम से कहने लगे, ''हे राम, यह सब आप ही का प्रेम और माहात्म्य है। आप ने ही हमें आपके प्रेम से आपकी प्रशंसा का पात्र बनाया है। इसका सारा श्रेय आप ही को जाता है। हमारे बीच चर्चा का विषय भी आप और आपका प्रेम ही होता है। आपके प्रेम-सूत्र से ही हम आपसे तथा आपस में जुड़े हुए हैं। यह सब आपके प्रेम का ही असर है, जिससे हम दोनों की जोड़ी इतनी प्रगाढ़ बन गई है। आपके प्रेम से ही हमें आपकी सेवा करने का अवसर प्राप्त हुआ है। उसी का यह फल है कि आपके पवित्र चरणों का स्पर्श आज हमारे महल में हुआ। हम कृत-कृत्य हो गए। हमारे सारे भावों की पूर्ति हो गई और हमें पूर्ण समाधान मिल गया। परंतु हे राम, मैं अपने पूर्व अनुभव के आधार पर निश्चित रूप से कह सकता हूँ कि आपकी इस भेंट के पीछे कोई-न-कोई कारण अवश्य है। आपको किसी कार्य में मेरी आवश्यकता है। अत: आपसे मेरी विनती है कि आप अपने मन की बात खुलकर कहें और मुझे आपकी सेवा का अवसर प्रदान करें। आपकी सेवा करते हुए आपके प्रेम और माहात्म्य का अनुभव लेने

जैसी कोई और सौभाग्यपूर्ण बात इस सृष्टि में संभव नहीं है।''

लक्ष्मण के नम्र और प्रेमल वचन सुन राम गद्‌गद हो गए। लक्ष्मण की जो प्रतिमा राम के अंत:करण में थी, वैसा ही भाव लक्ष्मण के मुख से प्रकट हो रहा था। इसी कारण राम का अंत:करण लक्ष्मण के समक्ष प्रकट होने लगा। वे कहने लगे, ''हे लक्ष्मण, तुम्हारी सेवा और प्रेमभाव से तुम मेरे अंत:करण के एकदम निकट हो। इसीलिए मैं अपने अंत:करण की सारी बातें तुमसे कह देता हूँ। नहीं तो मैं स्वयं अपने आप में ही रमा रहता तथा अपनी प्रेमपूर्ण अवस्था का स्वयं ही अनुभव करता रहता।

''यह सच है कि आज मैं तुमसे प्रत्यक्ष मिलने एक विशेष कारण से आया हूँ। तुम जानते हो कि रावण के बंदीगृह से छूटने के पश्चात् सीता ने हम सभी के समक्ष अग्निपरीक्षा दी थी तथा स्वयं की शुद्धता और पवित्रता सिद्ध की थी। उसके बाद ही मैंने उन्हें पत्नी के रूप में स्वीकार किया था। हमने यह मान लिया था कि अब किसी के मन में सीता की पवित्रता को लेकर कोई संदेह नहीं रहेगा। परंतु अयोध्यावासियों के मन में यह संदेह कहीं-न-कहीं, किसी-न-किसी कोने में विद्यमान है तथा समय-समय पर यह प्रकट होता है।

''मेरे एक सेवक ने मुझे बताया कि एक धोबी, सीता के चरित्र के विषय में शंका व्यक्त कर रहा था। सेवक ने अपना कर्तव्य पूर्ण किया। परंतु तभी से मेरा मन विचलित हो गया। हम जानते हैं कि सीता पवित्र है, जिन्होंने अपनी आँखों से देखा नहीं और कानों से सुना नहीं, उनके मन में संदेह होना स्वाभाविक है। जिसका कोई समाधान भी नहीं है। सामान्य जन मन से दुर्बल होते हैं, इसीलिए शंका के रोग से ग्रसित होते हैं। पर जो मन से सबल और सशक्त होते हैं, उन्हीं पर निर्णय लेने की जिम्मेदारी आ जाती है। इसी कारण मैं तुमसे विचार-विमर्श करने यहाँ आया हूँ। तुम जानते हो कि सीता और मेरे बीच अत्यंत प्रेम और आत्मीयता के संबंध हैं। तुम्हारे और हमारे बीच भी अत्यंत घनिष्ठ संबंध हैं। सीता और मेरे प्रेम संबंधों को यदि कोई जानता है तो वह तुम हो। तुम्हारे मन में मेरे और सीता के प्रति समान प्रेम है।

''हे लक्ष्मण, कभी-कभी जीवन में ऐसे प्रसंग आते हैं कि जिसमें हमें अपने प्रियजनों की सहायता लेनी पड़ती है। हमारे प्रिय व्यक्ति पूर्ण भाव से हमें मदद करते हैं, इसी से उनकी प्रियता सिद्ध होती है। ऐसा ही एक प्रसंग अब हमारे जीवन में आया है। जहाँ हमें एक-दूसरे का साथ देते हुए योग्य निर्णय लेना है और यशस्वी होना है।

''पूरी तरह से विचार कर मैं इस निर्णय पर पहुँचा हूँ कि मुझे और सीता को अब साथ में नहीं रहना चाहिए। मुझे उनका त्याग करना होगा। राजधर्म को निभाते हुए 'जैसा राजा वैसी प्रजा', इसी आदर्श के साथ मुझे जीना होगा। केवल राजा का निष्कलंक होना पर्याप्त नहीं है। उसे अपनी निष्कलंकता सिद्ध करनी पड़ती है तथा प्रजा को वह मान्य होना चाहिए। इसी दृष्टि से सीता को अयोध्या नगरी से दूर ले जाना अपरिहार्य है। परंतु मैं सीता को यह बात नहीं कह सकता। इसका कारण यह है कि सीता बहुत समझदार हैं। प्रेमभाव और श्रद्धाभाव से वे मुझसे इस प्रकार जुड़ी हैं कि वे मेरे द्वारा लिये गए हर निर्णय को सिर आँखों पर रख तथा बिना किसी विवाद के तुरंत अमल करेंगी। पर मुझे व्यथा इस बात की है कि वे मेरे समक्ष अपने मन की बात कह नहीं पाएँगी और अंदर-ही-अंदर दुःखी रहेंगी। जिसे मैं सहन नहीं कर पाऊँगा। इसीलिए मैं चाहता हूँ कि सीता से इस विषय में तुम बात करो। तुम्हारे समक्ष ही उनका अंतःकरण खुलेगा और वे अपने मन की बात तुम्हें बता पाएँगी। तुम ही एक ऐसे व्यक्ति हो जो हम दोनों की व्यथा जानते हो।

''हे लक्ष्मण, यह प्रसंग थोड़ा और पेचीदा हो गया है। इस समय सीता गर्भवती हैं तथा बहुत शीघ्र मातृत्व का अनुभव लेने वाली हैं। ऐसे समय में उनका त्याग निष्ठुरता ही कहलाएगा। परंतु हमें भावुक न होकर ऐसा निर्णय लेना है, जो धर्म के अनुरूप हो तथा व्यक्ति निरपेक्ष हो। हममें इतना आत्मबल निश्चित रूप से है कि हम अपने लिए निर्णय का पालन कर सकें। अतः हे लक्ष्मण, अब तुम तैयार हो जाओ तथा लिये हुए निर्णय पर तुरंत अमल करो। यदि तुम्हारे मन में किसी भी प्रकार का कोई संकोच हो, तो मुझसे खुलकर कहो।''

राम के गंभीर वचनों को सुन लक्ष्मण स्तब्ध रह गए। राम अपनी व्यक्तिगत समस्या लक्ष्मण के समक्ष रख, लक्ष्मण से सहायता ले रहे थे। लक्ष्मण भी अपना संपूर्ण भावबल एकत्रित करने का प्रयत्न कर रहे थे। एक ओर राम के प्रति लक्ष्मण का अत्यंत स्नेह और श्रद्धा तथा दूसरी ओर सीता के जीवन में पुन: आया दु:खद-विरह का प्रसंग। लक्ष्मण समझ गए कि इस समस्या के समाधान के लिए उन्हें राम के प्रेमस्वरूप अंत:करण से ही एकरूप होना होगा। इसीलिए मन, बुद्धि और चित्त द्वारा वे राम के अंत:करण से एकरूप होने का प्रयत्न करने लगे। मन में प्रेम, बुद्धि द्वारा बोध तथा चित्त में भक्तिभाव से शीघ्र ही वे अंत:करण की एकरूप अवस्था से तन्मय हो गए। राम के शुद्ध अंत:करण से स्फुरित शुद्ध भावों के समान लक्ष्मण के अंत:करण से शुद्ध भाव स्फुरित हो हृदय को व्यापक करने लगे। अंत:करण की इस भावपूर्ण अवस्था में लक्ष्मण राम से कहने लगे—

"हे आत्मस्वरूप राम, तुम्हारे अंत:करण की अवस्था अत्यंत गहन है। तुम्हारे प्रति अत्यधिक प्रेम से ही इसका शोध लगाया जा सकता है। परंतु एक बार तुम्हारे प्रेमस्वरूप अंत:करण में डुबकी लगाकर अपने मन, बुद्धि और चित्त का 'अहं' नष्ट कर दिया कि तुम्हारे अंत:करण के सत्य को जान तुम्हारी ही सत्य अवस्था से एकत्व पाया जा सकता है। तुम्हारे व्यापक अंत:करण में सभी के लिए समान स्थान है। तुम किसी भी प्रसंग में भावनात्मक रूप से अटकते नहीं हो, बल्कि प्रसंग के अनुरूप निर्णय लेते हुए अपनी अनुभव अवस्था में ही रहते हो। इसी अवस्था के कारण तुममें सभी के लिए आत्मीयता रहती है तथा वह सहज रूप से प्रकट होती है। तुम निर्मोही होते हुए भी सभी से प्रेम करते हो, पर किसी के भी मोह में नहीं रहते। इस प्रसंग से भी यही सिद्ध होता है।

"यह कहना भी अपूर्ण होगा कि आपको सीता से असीम प्रेम है। वे आपका अंग ही हैं, इतनी आपकी उनके प्रति आत्मीयता है। परंतु समय आने पर आप उस अंग को दूर भी कर सकते हैं। इसके बावजूद आपकी आत्मीयता कम नहीं होगी। ऐसी आपके अंत:करण की अवस्था है। मैं आपके अंत:करण की इस अवस्था से समरस हूँ। पर सीता की अवस्था

देख, मेरा भावबल निश्चित रूप से कम पड़ेगा। सीता के भाव आपसे एकरूप हैं तथा आपके अंतस में सीता समाहित हैं। पर आप मुझे इस प्रसंग के द्वारा बीच में ला रहे हैं, यह आपकी मुझ पर कृपा है। इस बात से मुझे अतिशय आनंद हो रहा है। आप मुझे सदा अपने अंत:करण में देखते हैं तथा चाहते हैं कि मैं भी अपने भाव से आपके अंत:करण में रहूँ तथा यह अहसास करूँ कि मैं आपके अंत:करण में हूँ। आप मुझे ऐसे कई अवसर देते हैं, ताकि मैं यह अनुभव ले सकूँ कि आप मेरे अंत:करण में हैं। आपकी ही कृपा से मैं आपको विश्वास दिलाता हूँ कि निश्चित ही मैं यह अनुभव करूँगा। किंतु मैं चाहता हूँ कि इस प्रसंग में आप ही सीता से प्रत्यक्ष बात करें। यह उनके जीवन का अत्यंत कठिन प्रसंग है। इस प्रसंग में इतनी कोमल भावनाएँ जुड़ी हैं कि आपसे बातें करके ही उन्हें भावबल प्राप्त होगा तथा उन्हें योग्य न्याय मिलेगा। अपना यह विचार मैंने अपने भावानुसार आपके सामने खुले मन से रखा है, पर आपके द्वारा लिया गया निर्णय ही अंतिम निर्णय होगा। आपने अवश्य ही इस विषय में काफी सोचा होगा। पर आप चाहते थे कि इस माध्यम से आप मुझसे बातें करें और अपने अंत:करण की अनुभवपूर्ण अवस्था प्रकट करें। जिससे मैं अपने भाव की न्यूनता को जान सकूँ तथा प्रकट हुए भाव का स्मरण कर अनन्य भाव से वैसा ही आचरण कर अनुभव अवस्था प्राप्त कर सकूँ।''

लक्ष्मण के भावपूर्ण बोल सुनकर राम का कोमल अंत:करण भावपूर्ण हो गया तथा शब्द रूप में प्रवाहित होने लगा। प्रेमस्वरूप अंत:करण नेत्रों द्वारा प्रकट हो मानो प्रेम की वृष्टि करने लगा, ''हे प्रिय लक्ष्मण, तुम्हारी प्रेमपूर्ण बातें मुझे अति प्रिय लगती हैं। तुम जिस तरह मन खोलकर अपना मत रखते हो, उससे मैं तुम्हें अपने और भी करीब महसूस करता हूँ। मेरे और सीता के विषय में तुमने जो कहा, वह यथार्थ है। मैं सीता को इतना निकट महसूस करता हूँ कि उससे अलग होकर अपने भाव प्रकट करना मेरे लिए कठिन हो जाता है। कभी-कभी प्रसंग इतने कोमल और नाजुक होते हैं कि भावों को शब्दों में प्रकट करना कष्टप्रद होने लगता है। पर हे लक्ष्मण, केवल तुमही हम दोनों के बीच एकरूपता और हमारी अवस्था

में अंतर जानते हो। इसीलिए मैं चाहता हूँ कि मेरे भावों को तुम शब्द रूप देकर सीता तक पहुँचा दो। तुम्हारे मन में चल रहे द्वंद्व को मैं समझ रहा हूँ। कारण तुम मुझे अत्यंत प्रेम करते होतथा तुम्हारे मन में मेरे प्रति निष्ठा और श्रद्धा है। तुम सीता से भी बहुत प्रेम करते हो, पर इसमें तुम्हारे मन का कोई दोष नहीं है। इसका एक उपाय मेरे पास है और वह यह कि हम सीता को यहीं तुम्हारे महल में बुलवा लेते हैं तथा तुम उनके समक्ष यह प्रसंग और इस प्रसंग के संदर्भ में लिये निर्णय को समझाकर बता देना। प्रत्यक्ष रूप से बातें कर सभी के मन की बातें खुलकर सामने आएँगी और योग्य निर्णय हो सकेगा।''

राम के प्रेमल वचन सुन लक्ष्मण राम के माहात्म्य से भर गए। राम की स्वधर्माचरण निभाने की तत्परता, सीता के प्रति आत्मीयता तथा लक्ष्मण से प्रेम की नजदीकी, इन तीनों का सुरेख संगम देख लक्ष्मण अधिक ही भावपूर्ण हो गए तथा कहने लगे, ''हे प्रेमस्वरूप राम, सभी के प्रति आत्मप्रेम से भरा आपका अंत:करण अथाह और अपार है। उसके पार जाना मेरे लिए संभव नहीं है और उसमें मैं डूब भी नहीं पा रहा हूँ, क्योंकि आपके अंत:करण के मूल में जाने का प्रयत्न करते हुए, मैं स्वयं में ही खो जाता हूँ और आपके अंत:करण का आकलन करने की शक्ति ही क्षीण हो जाती है। इसी कारण आपके अंत:करण की गहनता मैं जान नहीं पाता। आपकी प्रेमस्वरूप अवस्था के कारण आपका सभी पर समान प्रेम है। पर दिखने में थोड़ा अंतर दिखाई देता है, जिससे मन में भ्रम निर्माण हो जाता है। परंतु आपका प्रेम ही सत्य और व्यापक है। इस निश्चिति के कारण मन पुनः मूल अवस्था में आ जाता है तथा आपकी प्रेमलीला को अनुभव करने के लिए आतुर रहता है। इस प्रसंग में भी यह मालूम नहीं पड़ रहा है कि आपके मन में अग्रस्थान किसका है? सीता से आपका प्रेम, मेरे लिए आपका प्रेम और अपने प्रति आपका प्रेम? ये सब हैं एकरूप किंतु बाह्यरूप से मुझे इसमें अंतर दिखाई दे रहा है। आपका अंत:करण व्यापक है तथा यह आपका अनुभव है। परंतु मेरे अंत:करण की अवस्था ऐसी नहीं है। मेरी बुद्धि की आकलन शक्ति भी सीमित है। लेकिन मुझे विश्वास है

कि एक दिन मेरे अंत:करण की अवस्था भी आपके समान हो जाएगी।

"इस प्रसंग में भी यही दिखाई दे रहा है कि आप मेरी भावना और अवस्था को प्रधानता दे रहे हैं। पर मेरा अंतस जानता है कि इस प्रसंग से सबसे अधिक दु:ख सीता को होने वाला है। आपके प्रिय सान्निध्य से दूर, यहाँ तक कि आपके जीवन से भी दूर जाने का दर्द क्या हो सकता है, यह केवल सीता ही जान सकती हैं। इसके पहले भी रावण के बंदीगृह में रहते हुए उन्होंने अपार दु:ख और क्लेश सहन किए हैं। कुछ ही दिनों के लिए राम के सान्निध्य में रमीं सीता के लिए पुन: विरह की कल्पना करना भी असहनीय होगा। इस प्रसंग में निर्णय आपका है, पर काररवाई मुझे करनी है। इसी भावना से मेरा मन अतिशय व्यथित हो रहा है। मुझे लगता है कि यह प्रसंग सीता की भावना का है, अत: उन्हें ही प्रधानता दी जानी चाहिए। उन्हें यहाँ बुलाने की जगह हमारा आपके महल में जाना ही उचित होगा। सीता वहीं पर अपने मन की बात खुलकर कह सकेंगी। जिससे उनके मन की व्यथा कुछ कम हो जाएगी।"

लक्ष्मण की बातें सुनकर राम की गंभीर मुद्रा पर भी समाधान के भाव दिखाई देने लगे। वे कहने लगे, "हे लक्ष्मण, तुम्हारी मनोभावना सुन मुझे अतिशय आनंद हो रहा है। जो व्यक्ति दूसरे की भावना समझ वैसा ही आचरण करता है, उससे सिद्ध होता है कि उसे भावबल प्राप्त हो गया है। इसी भावबल के द्वारा तुम इस भावनिक प्रसंग में योग्य आचरण करते हुए यश प्राप्त करोगे तथा सबल हो जाओगे। यही सबलता तुम्हें तुम्हारे भावी जीवन के प्रत्येक प्रसंग में योग्य आचरण करने हेतु उद्यत करेगी। योग्य आचरण से ही आनंद प्राप्त होता है तथा आनंद का अनुभव करना ही यश प्राप्ति है।

"सीता के लिए तुम्हारे मन में अपनत्व है तथा उनकी भावनाओं से तुम समरस हो। मैं भी तुम्हारी बातों से सहमत हूँ। हम दोनों जाकर सीता से अपने महल में ही भेंट लेंगे और उन्हें सारी बातें विस्तारपूर्वक बता देंगे। किंतु तुम्हें इस बात का ध्यान रखना होगा कि मैंने जो निर्णय लिया है, वह अंतिम होगा तथा उसे कार्यान्वित भी तुम्हें ही करना है।" ऐसा कह राम

अपने आसन से उठे और अपने महल की ओर जाने के लिए तैयार हो गए। लक्ष्मण के मन का भी तनाव कुछ कम हो गया था और वे सामान्य स्थिति में आ गए थे। राम और लक्ष्मण के बीच चल रहे इस संवाद को सुन उर्मिला भी चकित थीं। वे मन–ही–मन सीता पर आनेवाले इस दुःखद प्रसंग के विषय में सोच व्यथित हो रही थीं। किंतु उर्मिला जानती थीं कि राम ने जो निर्णय लिया है, वही उचित है और सर्वसमावेशक है। राम पर उनकी श्रद्धा अटल थी, जिसे कोई भी डगमगा नहीं सकता था। वे जानती थीं कि इस प्रसंग से सीता को जो मनोवेदना सहन करनी होगी, उसकी शक्ति भी उन्हें राम के प्रेम और माहात्म्य से ही मिलेगी। वे स्वयं भी थोड़ी विचलित थीं। परंतु उन्हें विश्वास था कि उन्हें भी राम के चरणों का ही आधार है, इसीलिए उन्होंने नम्र भाव से राम के चरणों में वंदना की। राम भी उर्मिला के मन के भाव जान गए थे। उन्होंने अत्यंत प्रेम से उर्मिला के मस्तक पर हाथ रखा और आशीर्वाद दिया। राम के प्रेमल स्पर्श से उर्मिला ने अपने आपको सँभाला। उर्मिला ने पुनः दोनों हाथ जोड़कर राम का वंदन किया और लक्ष्मण की ओर एक प्रेमल दृष्टि डाली। लक्ष्मण की मनोस्थिति से उर्मिला पूरी तरह अवगत थीं। उन्हें लक्ष्मण से पूर्ण सहानुभूति थी। अपनी दृष्टि से ही उन्होंने लक्ष्मण को यह संदेश दिया कि 'मेरा पूर्ण सहयोग आपके साथ है।' इस संदेश को पाकर लक्ष्मण का आत्मविश्वास दुगुना हो गया। वे सबल भाव से युक्त हो राम के पीछे–पीछे चलने लगे। राम भी थोड़ा पीछे आए और लक्ष्मण के हाथ को बड़े प्रेम से अपने हाथ में ले अपने महल की ओर चल दिए।

"महल में सीता, राम के आगमन के लिए पलकें बिछाए बैठी थीं। वे चकित थीं कि महल से बाहर जाते समय राम सदैव उन्हें अपने जाने की सूचना देते थे और जिस कार्य के लिए जा रहे हैं, वह भी विस्तारपूर्वक बताते थे। पर आज राम बिना मुझे बताए अचानक महल से बाहर चले गए। इसका अर्थ यह है कि ऐसा कोई विशेष और महत्त्वपूर्ण कार्य होगा, जिसे वे गोपनीय रखना चाहते होंगे। इन्हीं विचारों में लीन सीता महल के द्वार की ओर एकटक देख रही थीं कि अचानक उन्हें राम और लक्ष्मण

महल की ओर आते दिखाई दिए।

"राम और लक्ष्मण को एक साथ देख सीता हर्ष-विभोर हो गईं और दौड़ते हुए द्वार तक पहुँचीं। राम के महल में आगमन होते ही सीता ने राम के चरण वंदन किए तथा हाथ जोड़कर लक्ष्मण का अभिवादन किया। दोनों को उच्चासन पर बैठाकर उन्हें शीतल जल और फलों का सेवन कराया तथा प्रेम से चँवर डुलाने लगीं। बहुत देर तक वहाँ चुप्पी छाई रही। कोई किसी से कुछभी बोले बिना चुप बैठे थे। आखिर सीता ने ही कहना आरंभ किया, "हे राम और हे लक्ष्मण, आज आप दोनों ऐसे चिंतामग्न क्यों दिखाई दे रहे हैं? ऐसी क्या बात है, जिससे आप दोनों इतने गंभीर हो गए। आज महल से बाहर जाते समय भी राम के मुखमंडल पर कुछ तनाव दिखाई दे रहा था तथा वे कारण बताए बिना ही महल से बाहर चले गए। अभी भी आप दोनों न मुझसे और न ही आपस में कुछ बात कर रहे हैं? ऐसी कौन सी बात है, जिसके कारण आप इतने चिंतित हैं? कृपा कर आप मुझे भी अपनी व्यथा में सम्मिलित करें। मेरे लायक जो सेवा होगी उसे मैं निश्चित रूप से करूँगी।"

सीता के वचन सुन राम और लक्ष्मण एक-दूसरे की ओर देखने लगे। तभी राम ने लक्ष्मण को संकेत दिया कि वे सीता से उस विषय में बात करें। राम का संकेत पाकर लक्ष्मण ने कुछ क्षण विचार किया कि सीता को इस विषय में सबकुछ बता देना ही उचित होगा। इसी उद्देश्य से उन्होंने सीता से वे सारी बातें कहीं जो धोबी ने अपनी पत्नी के लिए कही थीं। धोबी ने अपनी पत्नी पर लांछन लगाते समय राम और सीता के विषय में सभी के समक्ष जो बातें कही तथा जिस मूक सम्मति से सभी ने ये बातें सुनीं, उसका बयान करते हुए लक्ष्मण गंभीर होते जा रहे थे। सीता भी बहुत सहम गई थीं। उन्होंने एक दृष्टि राम की ओर डाली तो देखा कि राम भी अत्यंत गंभीर हो रहे थे।

यह देख सीता का मन व्यथित हो गया। लक्ष्मण भी मन-ही-मन दुःखी हो रहे थे, परंतु उन्होंने धैर्य से काम लिया और विवेकपूर्वक वे सीता से कहने लगे, "हे सीतामाई, उस धोबी की बात असत्य है, यह मैं राम

और आप जानती हैं। उसने अपने मन के दोष छुपाने के लिए इस प्रसंग का आधार लिया, परंतु दु:ख इस बात का नहीं है कि धोबी ने क्या कहा, बल्कि इस बात का अधिक है कि वहाँ उपस्थित सभी जन धोबी की बात का विरोध न कर अपनी मूक सम्मति दे रहे थे। इसका अर्थ यह हुआ कि सभी का मन शंकाग्रस्त है। किंतु राजा का धर्म होता है कि वह लोकमत का आदर करते हुए राजधर्म का पालन करे। उसे और उसके परिवार को संशयरहित होना चाहिए, इसी में राजा का, प्रजा का और सारे राज्य का हित समाहित होता है। इसीलिए राम ने यह निर्णय लिया है कि आज के पश्चात् वे आपके साथ नहीं रहेंगे।

‘‘हम जानते हैं कि राम हमसे कितना प्रेम करते हैं। वे हमें अपने अंत:करण में ही देखते हैं। उनके हृदय में हम सभी के लिए समान प्रेम है। वे हमें अपने शरीर का एक अंग ही मानते हैं एवं वैसा ही अनुभव भी करते हैं। किसी भी प्रसंग में दूसरों के लिए भी वे वही निर्णय लेते हैं, जो स्वयं के लिए लेते हैं। जब हम उनके अंत:करण को इसी भाव से समझेंगे और वैसा आचरण करेंगे तब उन्हें बहुत आनंद होगा।

‘‘मेरा ऐसा मत था कि इस प्रसंग के विषय में राम को ही आपसे बातें करनी चाहिए। और शायद आपका भी यही मत होगा। राम का अंत:करण जहाँ इतना सबल है कि वे आपका त्याग करने का निर्णय ले सकते हैं, वहीं उनका अंत:करण इतना कोमल भी है, जिसके कारण आपको होने वाली वेदना का वे स्वयं अनुभव करेंगे।

‘‘राम ने अपने इस निर्णय की पूर्ति करने की जिम्मेदारी मुझ पर सौंपी है। अब हम दोनों पूरे धैर्य के साथ उनके इस निर्णय का पालन करेंगे। इस प्रसंग के पश्चात् धीर पुरुष राम का चरित्र और भी दिव्य तथा तेजस्वी होगा। आत्मानुभव के अधिष्ठान पर स्वधर्माचरण का पालन करनेवाले राम का चरित्र सदा के लिए आदर्शवत् और अनुकरणीय होगा। उनके इस दिव्य चरित्र में हमारा योगदान रहा, इसी बात से हमें कृतज्ञता का अनुभव होगा। राम के लिए इस निर्णय में जब हम अपने भाव से एकरूप हो जाएँगे तब राम जिस आनंद का हर पल अनुभव कर रहे हैं, उसी आनंद के स्वामी

हम भी हो जाएँगे।''

लक्ष्मण के अंतस की निश्चयात्मकता जिस प्रकार प्रभावी वाणी के रूप में प्रकट हो रही थी, उसी तरह उनके अंत:करण की भावपूर्णता प्रभावशाली शब्दों द्वारा प्रवाहित हो रही थी। इन दोनों का मूल कारण था लक्ष्मण का राम के प्रति निरातिशय प्रेम, अपनत्व और अलोट श्रद्धा। इन्हीं तीनों के संगम से उपजा भक्तिभाव, लक्ष्मण को राम के अंत:करण और अनुभव से क्षण भर के लिए भी विलग नहीं होने देता था। यही स्थिति सीता की थी। वे भी भक्तिभाव से राम से एकरूप थीं। इसी कारण लक्ष्मण के भाव को सीता समझ सकीं, जान सकीं और वैसा अनुभव भी ले सकीं। यही वजह थी कि सीता को लक्ष्मण की बातों से संतुष्टि हो रही थी। परंतु प्रसंग की गंभीरता से वे थोड़ी भावुक हो गई थीं। फिर भी उन्होंने अपने भावबल को एकत्र किया और वे पूरे धैर्य के साथ राम से कहने लगीं, ''हे स्वामी, आपका पूर्ण जीवन ही अत्यंत गहन और उत्कृष्ट है। जिसे सामान्य व्यक्ति पराक्रम समझता है, वह आपका सहज जीवन है। इसका एकमेव कारण आपके अंतस की प्रेमलता, निर्मलता और सबलता है। इसी कारण किसी भी प्रसंग में योग्य-अयोग्य, आवश्यक-अनावश्यक अथवा धर्म-अधर्मता का निर्णय आप तुरंत और स्पष्ट रूप से लेते हैं। उससे भी महत्त्वपूर्ण बात यह है कि आप सभी से समान रूप से प्रेम करते हैं। आप सभी के मन के भाव को जान वैसा ही निर्णय लेते हैं। आपके बताए हुए मार्ग पर चलने का बल भी हमें आपके अपनत्व के कारण ही प्राप्त होता है। आपका आचरण, व्यवहार और आपके द्वारा कही गई बातें एकमेव सत्य हैं। यही हमारी श्रद्धा और अनुभव है।

''आपके प्रेम से हमारे मन में अपनत्व का भाव नित्य बढ़ता जाता है और 'मैं' का भाव समाप्त होता जाता है। अंत:करण में जो थोड़ी बहुत दूरी हम महसूस करते हैं, वह भी आपकी भक्ति से धीरे-धीरे खत्म हो जाती है तथा वर्णन करने के लिए भक्तिभाव से हुआ आनंद ही शेष रह जाता है। आपके अंत:करण की अवस्था का जो वर्णन लक्ष्मण ने किया है, उसे पहचानने, जानने और उससे एकरूप होने का अवसर भी आप ही

की कृपा से हमें प्राप्त हुआ है। आपके अंत:करण से सदा एकरूप रहने के लिए मैं तत्पर रहूँगी, यही मेरी भक्ति है। इस हेतु यदि मुझे बाह्य रूप से भी कष्ट सहने पड़ें, तो भी मैं उसे आपकी सेवा समझ कर करूँगी। आपसे एक क्षण का वियोग भी मेरे लिए अत्यधिक कष्टदायक होगा। मैं जानती हूँ कि आपके अंत:करण में आप सदा मुझसे एकरूप रहते हैं। 'मैं' ही तुम, यह आपका अनुभव है। जो मेरी शक्ति है। इसी बात से मुझे अतिशय आनंद होता है। अब 'मैं' ही 'तुम' के भाव के साथ रहूँगी और ऐसा ही अनुभव लूँगी। यही आपकी मुझ पर कृपा होगी। मुझे वरदान दीजिए कि बाह्य रूप से अलग होकर भी अंत:करण में सदा आपसे एकरूप रहूँ। यही आपके चरणों में मेरी प्रार्थना है। मेरे परम भाग्य से तथा प्रकृतिके संयोग से आपका अंश मेरे पेट में पल रहा है। इस बात से मैं अत्यधिक खुश हूँ कि मेरे अंतस में आप पूर्ण रूप से हैं, उदर में अंश रूप में तथा मैं आपके व्यापक अंतस में पूर्णरूप से हूँ। इस प्रकार 'राम और सीता' तथा 'सीता और राम' सदा–सदा के लिए संलग्न रहनेवाले हैं। इन्हें विश्व की कोई भी शक्ति दूर नहीं कर सकती। इतनी अद्‌भुत शक्ति इस प्रेम में है।

"शब्दों और अश्रुओं के माध्यम से प्रकट होते हुए भी सीता के अंतस का भाव मानो अप्रकट ही था। सीता के भावों के मूल कारण, राम के अंत:करण में सीता का भाव पहुँच, उन्हें भावपूर्ण कर रहा था। भावपूर्णता की इसी अवस्था में राम ने आगे आकर सीता के अश्रु पोंछे और उन्हें सांत्वना दी। सीता ने झुककर राम के चरणों को मजबूती से पकड़ लिया। राम ने धीरे से सीता को उठाया तथा प्रेम से उनके मस्तक पर हाथ फेरा। फिर सीता का हाथ पकड़ पहले लक्ष्मण के करीब ले गए। राम ने लक्ष्मण के मस्तक को भी अपने प्रेमल स्पर्श से छूकर लक्ष्मण को सांत्वना दी। तत्पश्चात् उनसे थोड़ा विलग हो राम सीता और लक्ष्मण को प्रेम से एकटक निहारते रहे। सीता और लक्ष्मण ने भी राम के इस प्रेमल मुखमंडल को अपने अंत:करण में सदा–सदा के लिए उतार लिया। उसके पश्चात् सीता और लक्ष्मण महल से बाहर निकल गए। राम उन्हें जाते देखते रहे। बाहर से राम बहुत शांत और गंभीर दिखाई दे रहे थे, किंतु उनके अंत:करण की

अवस्था सागर की उछलती हुई तेज लहरों जैसी थी।

"राम के अंतःकरण की अवस्था का वर्णन करते हुए नारद भी उसी अवस्था में मग्न हो गए थे या कहें कि नारद की स्वानुभवापूर्ण अवस्था के कारण ही नारद राम के अंतःकरण का यथार्थ अनुभव कर रहे थे। अनुभव की साम्यावस्था के कारण नारद स्वयं भी सहज समाधि का अनुभव कर रहे थे। अनुभवावस्था के कारण हो रहे भावपूर्ण वर्णन से लक्ष्मी की भी श्रवण समाधि लग गई थी। किंतु नारद की थोड़ी सी चुप्पी से लक्ष्मी की तंद्रा भंग हो गई और उन्हें महसूस होने लगा कि उनकी श्रवणातुरता अधिक ही बढ़ गई है। यही तो लक्ष्मी की भावपूर्ण अवस्था के लक्षण थे। नारद के अंतःकरण में स्वानुभव से आए आत्मभाव, राम के अंतःकरण में सीता और लक्ष्मण के प्रति प्रेमभाव तथा सीता और लक्ष्मण के अंतस में राम के प्रेमभाव से उपजा भक्तिभाव। इन सारे अनुभवों से नारद का अंतःकरण अनुभवपूर्ण हो गया था। उस अनुभव का श्रवण कर रहीं लक्ष्मी भी भावपूर्ण हो रही थीं। इसी भावपूर्ण अवस्था से आगे अनुभवावस्था की ओर जाने का मार्ग प्रशस्त होता है। इस लक्ष्य को पाने की ओर लक्ष्मी बढ़ती जा रही थीं। इसी लक्ष्य को पाकर उन्हें एक दिन अनुभवावस्था की प्राप्ति होने वाली थी।"

लक्ष्मी की भावपूर्ण अवस्था को देख नारद अतिशय आनंदित हो रहे थे। वे चाहते थे कि लक्ष्मी स्वयं अपना भाव प्रकट करें, जिससे उन्हें और मुझे दोनों को लाभ प्राप्त होगा। इसी कारण अचानक उनका गायन रुक गया। वातावरण थोड़ी देर के लिए स्तब्ध हो गया, किंतु इस शांति से लक्ष्मी थोड़ी बेचैन हो गईं। उन्हें अपने और नारद के बीच दूरी महसूस होने लगी। इस अंतस को दूर करने के प्रयास में वे नारद से कहने लगीं, "हे नारद, आप जितना अधिक राम-चरित्र का विवरण सुना रहे हैं, उतना ही मैं उनके चरित्र की दिव्यता और गहनता को जान रही हूँ। राम अपनी आत्मानुभव अवस्था में थे, तब भी वे सीता और लक्ष्मण के जीवन से जुड़े हुए थे। सीता और लक्ष्मण के भाव-जीवन में राम मुख्य थे, फिर भी राम, लक्ष्मण और सीता को भिन्न-भिन्न अनुभव हो रहे थे। किंतु तीनों के बीच

एक समान अनामिक सूत्र था, जिससे ये तीनों जुड़े हुए थे। राम, लक्ष्मण और सीता लौकिक नातों से अवश्य जुड़े थे, परंतु उनमें एक अलौकिक संबंध भी था। इसी संबंध के कारण अलग रहते हुए भी वे एकरूपता का अनुभव ले रहे थे। राम के जीवन के ऐसे विशिष्ट नाते संबंधों के विषय में हे नारद, आप बताते रहें, जिससे राम के अंतस के विभिन्न अंग प्रकट होंगे तथा राम के अंतरंग का अनुभव लेने के लिए मेरे प्रेरणास्रोत बनेंगे।

''सीता-त्याग राम के जीवन का बहुत कठिन और अभूतपूर्व प्रसंग है। इस प्रसंग को हे नारद, आप अधिक विस्तार से समझाएँ कि किस तरह राम का वचन निभाते हुए सीता को लेकर लक्ष्मण, अयोध्या नगरी से बाहर निकले। इस प्रसंग को जान कर अयोध्यावासियों की क्या प्रतिक्रिया हुई!''

''लक्ष्मी के भक्तिभाव पूर्ण बोल सुन नारद मुदित हो रहे थे और कहने लगे, ''हे लक्ष्मी, तुम्हारा कहना बिल्कुल सच है। नारायण का सगुण अवतार चरित्र नानाविध रंगों से परिपूर्ण है, उनमें से कुछ रंग किन्हीं अंगों द्वारा प्रकट होते हैं। कारण मानव देह की अपनी मर्यादा होती है। ये रंग मन को अधिक मोहित करते हैं तथा ऐसे विविध रंग प्रकट करनेवाले नारायण के अंतस जैसा अपना भी अंतस बना लेने की लगन लग जाती है। इसी से उनकी भक्ति सहज होती है।

''हे लक्ष्मी, जैसा तुम कह रही हो कि जब प्रजाजनों को राम द्वारा 'सीता-त्याग' के विषय में मालूम हुआ, तब उनकी क्या प्रतिक्रिया रही? तब सारी प्रजा भावना विवश हो राजा राम के पास आई और उन्हें विश्वास दिलाया कि सीता से उन्हें कोई आपत्ति नहीं है। परंतु राम जानते थे कि प्रजाजन भावुकतावश ये बातें कर रहे हैं। भावना नित्य बदलने वाली होती है, जिस पर विश्वास नहीं किया जा सकता, इसीलिए राम अपने निर्णय पर अडिग रहे।

''लक्ष्मण, राम के अंत:करण की अवस्था जानते थे। इसी कारण राम के निर्देशानुसार वे अपने रथ पर सवार होकर सीता को ले अयोध्या नगरी के बाहर लेकर चले गए। राह में दोनों के बीच कोई बात नहीं हुई और न ही उन्हें वैसी कोई आवश्यकता महसूस हुई। दोनों केवल राम के प्रेम-स्मरण

और राम के अंत:करण के ध्यान में थे। वे जानते थे कि राम जो कह रहे हैं, वही सत्य है और उनके वचनों का पालन करना ही सदाचरण है। इसी बात से उन्हें आनंद मिल रहा था। मन में भावनाएँ उठते हुए भी मन दुर्बल नहीं था, बोध जाग्रत् था तथा चित्त में केवल राम का ध्यान होने से चित्त व्याकुल न हो शांत था।''

लक्ष्मण निश्चित रूप से नहीं जानते थे कि उन्हें कहाँ जाना है? परंतु प्रवास करते हुए उन्हें अचानक एक स्थान अत्यंत रमणीय और लुभावना लग रहा था। वे वहाँ रुक गए। वह सुंदर और रम्य परिसर, मंगल और पवित्र वातावरण से ओत-प्रोत था। लक्ष्मण को महसूस होने लगा कि यह अवश्य ही किसी आत्मानुभवी महात्मा का आश्रम है। उनके अस्तित्व तथा शुद्ध आत्मस्वरूप के अनुभव के कारण वहाँ का वातावरण इतना मंगलमय, पवित्र और आनंददायी है। उनकी सोच सही निकली, क्योंकि वह आश्रम वाल्मीकि ऋषि का था, जहाँ वे अपने शिष्यों के साथ रहकर ईश्वरीय अनुभव का आनंद ले रहे थे। वे अपने शिष्यों के समक्ष ईश्वरीय अनुभव प्रकट कर शिष्यों के लिए भी ईश्वरप्राप्ति का मार्ग प्रशस्त कर रहे थे।''

अपने अंत:करण की प्रेरणा को प्रमाण मान तथा इसे ईश्वरीय संकेत समझते हुए लक्ष्मण ने अपना रथ वहीं रोक दिया। इसके पश्चात् वे ऋषि से भेंट लेने आश्रम में पहुँचे। वहाँ उनकी भेंट वाल्मीकि ऋषि से हुई। लक्ष्मण ने ऋषि को साष्टांग नमस्कार किया तथा हाथ जोड़कर उनके सम्मुख खड़े हो गए। ऋषि ने लक्ष्मण को आशीर्वाद दिया तथा कहने लगे, ''हे लक्ष्मण, हे वत्स, तुम्हारा इस आश्रम में स्वागत है। सबकुछ कुशल मंगल है न! तुम्हारे ज्येष्ठ भ्राता तथा अयोध्या के राजा राम कुशल हैं न! राम जैसे महापराक्रमी और ईश्वर के साक्षात् अवतार जैसे राजा यदि अयोध्या नगरी के सिंहासन पर अधिष्ठित हैं तो वहाँ की प्रजा अत्यंत सुखी, सुरक्षित और आनंदमय ही होगी। सीता जैसी उनकी धर्मपत्नी, भरत, शत्रुघ्न और तुम्हारे जैसा भ्राता जिसका साथ दे रहे हो, वहाँ की प्रजा किसी भी तरह से दु:खो अथवा संकटग्रस्त हो नहीं सकती। पर यह बताओ कि तुम और सीता यहाँ कैसे आए? राम, सीता और लक्ष्मण के इस अभेद समूह को कोई अलग

नहीं कर सकता। तब तुम राम के बिना सीता के साथ यहाँ कैसे आए? अवश्य ही कोई विशेष कारण होगा। तुम मन में किसी भी तरह की दूरी न रखते हुए सारा प्रसंग साफ-साफ बताओ। तुम्हें इस बात पर आश्चर्य होगा कि हम इससे पहले कभी नहीं मिले फिर भी मैं तुम्हारे विषय में सबकुछ कैसे जानता हूँ? इसका उत्तर यह है कि तुम जिस राम के भ्राता हो, उस राम को मैं पूर्णत: और यथार्थ रूप से जानता हूँ और उनसे प्रतिपल अपने अंत:करण में भेंट लेता हूँ।''

वाल्मीकि की बातें सुन लक्ष्मण और सीता दोनों आश्चर्यचकित रह गए। आश्चर्य की बात यह थी कि बिना किसी पहचान के वाल्मीकि ऋषि उन्हें जानते हैं तथा राम से भेंट किए बिना ही राम के अंत:करण से नित्य एकरूप रहते हैं। परंतु दोनों वाल्मीकि का माहात्म्य जानते थे, इसीलिए उनके मन में कोई शंका नहीं थी। लक्ष्मण ने भी इस विषय में अधिक बात न कर अपने मन की सारी बातें खुलकर वाल्मीकि ऋषि से कहीं तथा सीता को उनके आश्रम में आश्रय देने की विनती की। सारा वृत्तांत सुन वाल्मीकि का उर भर आया। नेत्र बंद हो गए और सहज ही ये उद्गार निकले, ''धन्य! धन्य! हे राम तुम धन्य हो!! सभी के अंत:करण में नित्य वास करते हुए भी तुम्हारा अंत:करण गूढ़ ही है। तुम्हारे चरित्र को पूरी तरह जानते और सुनते हुए भी तुम्हारी अद्भुत और रमणीय लीला किस प्रकार प्रकट होगी, यह कोई नहीं जान सकता। नित्य नवीन रूप में प्रकट होने वाली तुम्हारी आनंददायी लीला में तुम मुझे सम्मिलित कर रहे हो, इसी बात से मुझे अत्यधिक प्रसन्नता हो रही है। तुम्हारे स्वानंद खेल में मैं भी समरस होकर इस खेल का आत्मानंद, स्वच्छंद रूप से लूँगा। मेरे अंत:करण में पूर्णत: व्याप्त होते हुए भी तुम्हारे व्यापक चरित्र में मुझे समाहित कर रहे हो, इसी बात से मैं संतुष्ट हूँ।''

प्रत्यक्ष दिखाई न देते हुए और न ही पहले भी कभी राम को देखे बिना ही वाल्मीकि ऋषि के मुख से ये सहज उद्गार स्फुरित हो रहे थे, जिससे लक्ष्मण और सीता चकित हो रहे थे। जब वाल्मीकि ने नेत्र खोले तो देखा कि सीता और लक्ष्मण उन्हें आश्चर्यचकित हो देख रहे हैं। जैसे

ही उन्हें वस्तुस्थिति का भान आया, वे थोड़े सँभले और लक्ष्मण से कहने लगे, ''हे लक्ष्मण, राम का चरित्र अत्यंत उज्ज्वल और दिव्य है। अब तक प्रकट अनेक प्रसंगों से उनके जीवन-चरित्र की तेजस्विता ही प्रकट हुई है। पर अब जो निर्णय राम ने लिया है, वह असामान्य है। किसी भी सामान्य व्यक्ति के लिए यह असंभव है। इस प्रसंग से प्रकट होने वाली उनके अंतःकरण की उच्चावस्था अद्वितीय है। तुम्हारे जैसे किसी भाग्यशाली को ही राम के अंतःकरण की अवस्था को इतने करीब से देखने और उसमें सहभागी होने का सौभाग्य प्राप्त होता है।

''हे लक्ष्मण, तुम्हारी बातों से परिस्थिति का पूर्ण ज्ञान मुझे हो गया है। तुम निश्चिंत रहो। सीता इस आश्रम में पूरे अधिकार के साथ रहेंगी। यह उन्हीं का घर है। तुम दोनों राम से असीम प्रेम करते हो तथा तुम्हारी उन पर अटूट श्रद्धा है, यह देख मुझे बेहद आनंद हो रहा है। तुम्हारी श्रद्धा और प्रेम का सुफल तुम्हें तुम्हारे भावी जीवन में अवश्य मिलेगा। अब तुन निश्चिंत होकर जाओ तथा राम को भी निश्चिंत रहने के लिए कहो। ईश्वर की कृपा से सभी कुछ बहुत अच्छा और आनंददायी घटित होगा। उनकी अतर्क लीली कैसे और किस रूप में प्रकट होगी, इसी उत्सुकता और आतुरता के साथ हम उनकी अतर्क लीला के दर्शन करेंगे।''

वाल्मीकि के अनुभवपूर्ण और यथार्थ वचनों को सुन लक्ष्मण और सीता दोनों की चिंता दूर हो गई और मन में हल्कापन महसूस होने लगा। आश्रम से निकलने के पूर्व लक्ष्मण ने वाल्मीकि ऋषि के चरणों में मस्तक झुकाकर वंदन किया तथा सीता से विदा ली। इसी भावपूर्ण अवस्था में लक्ष्मण अयोध्या पहुँचे। वहाँ राम के चरणों में वंदन कर लक्ष्मण ने सारी बातें सविस्तार बता दीं। बोलते-बोलते लक्ष्मण का हृदय भर आया। भावों को न रोकते हुए उन्होंने अपने भावों को बहने दिया तथा राम की गोद में सिर रखकर फूट-फूटकर रोने लगे। राम उनके सिर पर हाथ फिराकर सांत्वना दे रहे थे।

राम-चरित्र के भावपूर्ण प्रसंगों का वर्णन करते हुए नारद भावपूर्ण हो रहे थे और लक्ष्मी भी भावविभोर हो गई थीं। इस अवस्था में लक्ष्मी बोले

बिना नहीं रह पाईं और उत्कंठापूर्ण भाव से युक्त हो नारद से पूछने लगीं, ''हे नारद, राम-चरित्र के इस प्रसंग में जिस तरह आपने वाल्मीकि ऋषि का वर्णन किया है, उससे मैं चकित हूँ। उन्होंने लक्ष्मण और सीता को पहले कभी देखा नहीं था, फिर भी वे लक्ष्मण और सीता को पहचान गए। इससे भी अधिक चकित कर देनेवाली बात यह है कि राम को देखे बिना ही वे राम के माहात्म्य को जानते थे और वैसा अनुभव वे अंत:करण में ले रहे थे। यह भी परम भाग्य की बात है कि सीता उनके आश्रम में गईं।

''परंतु वाल्मीकि की अवस्था का रहस्य, मैं अभी तक जान नहीं पाई। आप ही को यह सविस्तार समझाना होगा। तभी मैं इस रहस्य को जान पाऊँगी तथा राम-चरित्र की लीला का पूर्ण आनंद ले पाऊँगी।''

लक्ष्मी की बातें सुन नारद को विशिष्ट आनंद हो रहा था, जो उनके मुख पर सहज झलक रहा था। उनके अंतस में बीती हुई स्मृति ताजा होने लगी, जिसका वर्णन करना उनके लिए अनिवार्य हो गया था। प्रेमत्व के साथ उनके मुख से ये उद्‌गार निकले, ''हे लक्ष्मी, वाल्मीकि ऋषि मेरे ही शिष्य हैं। अनेक पाप करने के पश्चात् जब वे मेरी शरण में आए, तब पश्चात्ताप स्वरूप मैंने ही उन्हें राम मंत्र का साधन दिया था। उस साधन के माध्यम से कई वर्षों तक की गई उनकी तपस्या से उनका अंत:करण शुद्ध हो गया। मेरी ही प्रेरणा से उन्होंने अपने स्वानुभव को साकार करते हुए 'रामायण' ग्रंथ लिखा था। इस ग्रंथ के लिखे जाने के कई वर्षों पश्चात् राम का जन्म हुआ तथा उनके अवतार कार्य प्रकट हुए।

''ऐसे राम के अंश को अपने उदर में लेकर सीता का उस आश्रम में प्रवेश हुआ। यह बात जानकर वाल्मीकि ऋषि को जो आनंद हुआ होगा, उस आनंद का मैं किन शब्दो में वर्णन करूँ? ऐसे शब्द ही अस्तित्व में नहीं हैं।''

लक्ष्मी ने नारद की बातें पूरी ही नहीं होने दी। कारण नारद की बातों के रहस्य से लक्ष्मी की श्रवणशक्ति पूरी तरह शिथिल हो गई थी। जबकि श्रवण भक्ति के लिए श्रवण करना आवश्यक था। इसीलिए नारद को बीच में ही रोक कर वे अपने मूलभूत प्रश्नों के उत्तर नारद से पूछने लगीं, ''हे

नारद, राम का जन्म नहीं हुआ था, फिर भी वाल्मीकि ने राम का चरित्र कैसे लिख दिया? यह कैसे संभव है? यदि अपनी कल्पना के आधार पर कुछ लिख भी दिया हो तो वह सत्य नहीं हो सकता! पर जब आप कह रहे हैं, तो सत्य ही होगा।आपका कहना कि वाल्मीकि ने अपने पूर्व कर्मों का प्रायश्चित्त कर तथा 'राम मंत्र' के सतत उच्चार से अंत:करण शुद्ध किया तथा अंत:प्रेरणा से यह ग्रंथ लिखा! पर जब राम का जन्म ही नहीं हुआ था, तब आपने उन्हें 'राम मंत्र' कैसे दिया होगा? आपके अंतस के रहस्य को मैं जान नहीं पा रही हूँ। अत: कृपा कर आप अपने अंतस के रहस्य को सुस्पष्ट कर समझाएँ, ताकि मेरे मन में चल रही विचारों की शृंखला को थोड़ा विराम मिल सके तथा जिस आनंद का आप उपभोग कर रहे हैं, वही आनंद मेरे अनुभव का हो।''

लक्ष्मी के प्रत्येक वचन को सुन नारद के मुख पर स्मित रेखाएँ बढ़ती जा रही थीं और मुखमंडल अधिक ही प्रसन्न दिखाई दे रहा था। उसी प्रसन्नता के साथ लक्ष्मी को समझाते हुए नारद कहने लगे, ''हे लक्ष्मी, तुम्हें इन सारी बातों से आश्चर्य होना स्वाभाविक है, कारण तुम जिस 'राम' को जानती हो, वह नारायण का अवतार है। नारायण के इस अवतार ने मानव रूप में जन्म लिया है और इन्हें नाम दिया है 'राम'। 'राम' का अर्थ होता है 'रमने वाला'। अंशात्मक रूप से नारायण, प्रत्येक जीव में आत्मा के रूप में वास करता है। नारायण के समान ही मानव रूप में भी यह आत्मा स्वयं में ही रमी रहती है। अर्थात् इसी आत्मा को 'राम' कहा गया है तथा यही 'आत्माराम' है, जो अनादि और अनंत है। अजरामर है और मानव जीवन का मूल तथा सत्य अस्तित्व है। राम के जन्म के पश्चात् ॠषि वसिष्ठ ने इनकी जन्म पत्रिका बनाते समय इनके भविष्य के विषय में कहा था कि यह 'राम' अपने आप में ही रमे रहेंगे, इसीलिए उनके स्वभाव के अनुरूप उनका नाम 'राम' रखा गया है।

रामावतार, आत्माराम के अस्तित्व की ओर निर्देश करनेवाला तथा आत्मा के अधिष्ठान पर पराक्रमी जीवन जीने का प्रतीक है। इस राम-चरित्र को अर्थात् आत्मस्वरूप को प्रत्येक जन अनुभव कर सकते हैं,

क्योंकि आत्मा के रूप में उनमें राम ही हैं। इसी आत्माराम को वाल्मीकि ने अनुभव किया। भगवान् शंकर, जिन्हें नारायण की इस सृष्टि में संहार का कार्य सौंपा गया है, वे भी अपनी प्रिय पत्नी पार्वती को एकांत में राम का माहात्म्य और उनमें रमने से होने वाले आनंद के अनुभव के बारे में बार-बार बताते हैं। राम का माहात्म्य अनादिकाल से अत्यंत गहन और आनंददायी है। आत्माराम का ज्ञान देकर उसके ध्यान में मग्न रहने के लिए दिया गया मंत्र ही 'राम मंत्र' कहलाता है। सच यह है कि 'राम मंत्र' ही बीज मंत्र है, क्योंकि आत्मा ही मानव जीवन का बीज है तथा 'आत्मस्वरूप का प्रेमदायी और आनंददायी अनुभव' ही मानव जीवन का फल है। फल का अनुभव कर सकें, इसीलिए मैंने वाल्मीकि में राम मंत्र संस्कार का बीज बोया है। यह बीज कैसे पनपा, इसकी मूल कैसे बढ़ी तथा फलरूप किस तरह हुई, यह एक महान् इतिहास है।''

नारद की बातें सुन लक्ष्मी कहने लगीं, ''हे नारद, आपकी बातें गूढ़ नहीं बल्कि मूलभूत हैं, इसीलिए गहन हैं। इस सृष्टि का मूल कारण नारायण हैं, यह सत्य है, किंतु इसका अनुभव भी केवल मानव रूप में ही लिया जा सकता है तथा मानव की मूल 'आत्मा' है। ये सारी बातें गहन हैं। लेकिन इसी माध्यम से आनंद का अनुभव प्राप्त हो सकता है।''

लक्ष्मी की बातों को बीच में ही रोकते हुए नारद लक्ष्मी से कहने लगे, ''हे लक्ष्मी, मेरी संगत में रहते हुए तथा मुझसे बातें करते-करते तुम भी आध्यात्मिक भाषा बोलने लगीं। आत्मा, परमात्मा जैसे बड़े-बड़े शब्द! पर यह स्मरण रखना कि यह सब शब्दभ्रम हैं। यह गणित के समान सुसूत्र दिखाई देते हैं, लेकिन इनको अनुभव करना सरल बात नहीं है। जब तक ये अनुभव सिद्ध नहीं होंगे, तब तक स्वानुभव प्राप्त नहीं होगा। ऐसा स्वानुभव वाल्मीकि ऋषि का था तथा उन्होंने रामायण लिखकर उसे प्रसिद्ध किया। मैं तुम्हें इनका संपूर्ण इतिहास, सारांश में सुनाता हूँ।''

नारद की बातें सुन लक्ष्मी थोड़ी सावधान हो गईं और कहने लगीं, ''हे नारद, अच्छा हुआ कि आपने मुझे समय रहते ही सावधान कर दिया, नहीं तो मैं शब्दज्ञान के जाल में ही फँस जाती। आप जो कहते हैं, अपने

अनुभव के आधार पर कहते हैं, जबकि मैं अपनी बुद्धि से जितना जान पाती हूँ, वही कहती हूँ। अर्थात् शब्द वही रहते हैं, परंतु जिस मूल से शब्दों का उद्गम होता है, उसमें अंतस होता है। मैं जो बातें आपसे कह रही हूँ, वे मेरे मन के भाव हैं।" इतना कह लक्ष्मी थोड़ा मुसकराई और कहने लगीं, "हे नारद, मैं अपनी अवस्था तो प्रकट नहीं कर सकती, परंतु आपके और मेरे बीच होने वाले संवादों में मैं बीच-बीच में आपको रोककर अपने मन में आए प्रश्नों को पूछ लेती हूँ। पर आप मुझे इसी तरह सावधान करते रहें तथा अनुभव की ओर ले जानेवाले मार्ग पर प्रशस्त करते रहें। यही आपकी मुझ पर कृपा होगी। पहले ही आप नारायण के सगुण अवतार चरित्र का गायन कर मुझ पर कृपा बरसा रहे हैं।

"रामायण के विषय में आपने जो रहस्य अभी बताया, उसे सुनकर मैं चकित हूँ कि वाल्मीकि द्वारा लिखी गई रामायण, उनके अनुभव के आधार पर लिखी गई थी। राम, याने 'आत्माराम', जो अनादि और अनंत है। पर आप जिस राम-चरित्र का वर्णन कर रहे हैं, उससे प्रतीत होता है कि यह आपके स्वानुभव का है। कारण वाल्मीकि द्वारा लिखी गई रामायण का अभ्यास कर आप गायन करेंगे, ऐसा आपके लिए संभव नहीं है। किंतु आप जिस तरह वर्णन कर रहे हैं, वह इतना सजीव है जैसे राम के जीवन में घटित ये सारे प्रसंग आप ही की आँखों के समक्ष घटित हुए हों। आपका गायन इतना भावपूर्ण, अनुभव सिद्ध तथा निस्संदिग्ध है कि मन उसे तुरंत ग्रहण कर लेता है। अब आपसे विनती है कि आप विस्तारपूर्वक समझाएँ कि वाल्मीकि द्वारा लिखा गया राम-चरित्र सही है अथवा साक्षात् राम द्वारा लिए अवतार-प्रसंग सही हैं या आप जिस स्वानुभव से रामायण के प्रसंग प्रकट कर रहे हैं, ये सही हैं? पर एक बात निश्चित है कि राम-चरित्र अत्यंत रमणीय, मोहक, बुद्धि को आकर्षित करनेवाला तथा चित्त में राम का ध्यान लगा देनेवाला है।"

लक्ष्मी की बातें सुन नारद मुसकराए और कहने लगे, "हे लक्ष्मी, तुम्हारे प्रश्न और उनके पीछे छुपे भाव एकदम योग्य है। वाल्मीकि की रामायण, राम का प्रत्यक्ष जीवन तथा मेरे द्वारा राम-चरित्र का किया गायन,

तीनों ही सत्य हैं अथवा कहें कि तीनों मिलकर एक ही सत्य है। वाल्मीकि ऋषि ने आत्माराम को अनुभव किया तथा अपने अनुभव को अंशात्मक रूप से रामायण द्वारा प्रकट किया। राम ने भी आत्माराम को अनुभव किया तथा उसी अनुभव के साथ जीवन व्यतीत किया। मैं भी आत्माराम को अनुभव कर रहा हूँ तथा राम-चरित्र के गायन के माध्यम से यह अनुभव साकार हो रहा है। इस प्रकार राम-चरित्र, वाल्मीकि के अनुभव का रूपकात्मक चरित्र है, राम का यह प्रत्यक्ष जीवन है तथा मेरे अनुभव के वर्णन का यह माध्यम है।राम का प्रत्यक्ष जीवन-चरित्र प्रकट हुआ, यह सत्य है। परंतु राम ने वाल्मीकि द्वारा लिखे चरित्र को पढ़कर वैसा ही जीवन में अनुभव लिया, यह असंभव है। राम-चरित्र को देखकर वैसा ही वर्णन करना, मेरे लिए भी संभव नहीं है। राम-चरित्र का वर्णन अर्थात् राम के नित्य जीवन का वर्णन करना नहीं है। उनके जीवन में ऐसे अनेक प्रसंग घटित हुए थे, जहाँ धर्म-अधर्म, योग्य-अयोग्य तथा कर्तव्य-अकर्तव्य का प्रश्न आया था। तब उन्होंने सद्धर्म का पालन पराक्रम के साथ किया, जिससे उनमें बसे आत्माराम का माहात्म्य ही प्रकट होता है।

''पर हे लक्ष्मी, मैं तुम्हें नारायण की इस लीला की विशेषता बताता हूँ कि वाल्मीकि की लिखी रामायण में राम का माहात्म्य जिस तरह प्रकट हुआ है, उसका श्रवण कर अनेक भावुकों के मन में यह इच्छा जाग्रत् हुई कि ऐसे ही राम प्रत्यक्ष व्यक्ति-रूप में प्रकट हों। वाल्मीकि की भी ऐसी ही इच्छा थी। जिसका परिणाम यह हुआ कि साक्षात् नारायण ही राम के रूप में प्रकट हुए। वाल्मीकि की लिखी रामायण में की गई व्यक्ति रेखा और प्रसंग हूबहू प्रत्यक्ष राम के चरित्र में भी दिखाई दिए, जो एकदम अद्भुत बात थी। किंतु वाल्मीकि द्वारा लिखी रामायण रावण के वध और सीता की मुक्ति तथा राम का अयोध्या में राज्याभिषेक तक ही सीमित थी। पर साक्षात् राम का जीवन-चरित्र आगे भी प्रकट हुआ।

''राम के कहे अनुसार, लक्ष्मण सीता को लेकर वन में चले गए थे। मार्ग में उन्हें वाल्मीकि आश्रम दिखाई दिया। आश्रम में लक्ष्मण और सीता को देख वाल्मीकि की खुशी और आश्चर्य का ठिकाना नहीं रहा। वाल्मीकि

स्वयं आत्माराम के आनंद में इतने मग्न रहा करते थे कि साक्षात् राम से भेंट करने की भी उनमें उत्कंठा नहीं थी। परंतु जब लक्ष्मण और सीता उनके आश्रम में पहुँचे तथा राम का अंश सीता के उदर में होने की बात वाल्मीकि को मालूम हुई, तब उनका अंत:करण राम के प्रेम से अधिक ही भर गया।

''वाल्मीकि द्वारा लिखी रामायण का विशेष महत्त्व इसलिए भी अधिक था कि उसमें उन्होंने राम से अधिक राम के जीवन-चरित्र को महत्त्व दिया था और यह भी लिखा था कि नारायण के रामावतार में राम के जीवन की एक महत्त्वपूर्ण घटना उनके आश्रम में घटित होगी, जिसमें वे प्रत्यक्ष रूप से सहभागी होंगे। इस प्रकार रामायण लिखने का आनंद, राम का प्रत्यक्ष मानव रूप में प्रकट होने का आनंद तथा उनके जीवन-चरित्र में स्वयं सहभागी होने का अमृत योग, वाल्मीकि के सागर रूपी अंत:करण में उछालें मार रहा था।

''अब मैं तुम्हें जिस रामायण का वर्णन सुना रहा हूँ, उसका रहस्य यह है कि जब मुझे ज्ञात हुआ कि मेरे अंतस में भी आत्मा के रूप में वही 'राम' है, तब से नारायण के सगुण प्रेम से मुझे लगन लग गई कि मैं भी इस आत्माराम को अनुभव करूँ। उन्हीं के प्रेम से उनकी भक्ति होने लगी तथा विभक्तता धीरे-धीरे दूर होने लगी। नारायण का व्यापक स्वरूप मेरे अंतस में जाग्रत् होने लगा और मेरी आत्माराम से भेंट हो गई। आत्मानंद में रमते हुए सगुण प्रेमभक्ति की लगन लग गई और निरंतर बढ़ती गई। इसके पश्चात् नारायण के सगुण चरित्र का मंगल गायन मेरा स्वभाव बन गया तथा अवसर मिलते ही बाहरी रूप से भी प्रकट होने लगा। फलस्वरूप मुझे नारायण के अंतस में स्थान मिल गया तथा मेरे अंतस में भी वे सानंद समा गए।

''परंतु जिस कथा का वर्णन मैं तुम्हें सुना रहा हूँ, उस समय मैं राम के सामने उपस्थित नहीं था और न ही इसकी आवश्यकता थी। कारण राम की 'अंतसात्मा' ही मेरी हो गई है। नारायण के प्रेमसंग में रहते हुए उन्हें जानते हुए तथा उनकी कृपा से उनका अनुभव मेरा हो गया। नारायण के अंतस का रहस्य अब मेरे अंतस का रहस्य हो गया है। उसी का वर्णन मैं

यहाँ कर रहा हूँ। यही मेरे राम के अंतस का वर्णन है।''

नारद के अंत:करण का रहस्य श्रवण कर रहीं लक्ष्मी अत्यधिक प्रभावित हो रही थीं। वे समझ गईं थी कि जब तक उनको ऐसा अनुभव नहीं हो जाता, तब तक वे इस रहस्य को पूर्णतः जान नहीं पाएँगी। इसीलिए उन्हें इस अवस्था को पाने की लगन लग गई। इसी लगन के कारण वे नारद से विनती कर कहने लगीं, ''हे नारद, जब आपके अंत:करण की स्वानुभव अवस्था प्रकट होने लगती है, तब आपका शब्द प्रवाह तीव्र गति से बहता है, पर मैं सावधान हो जाती हूँ। मुझे मालूम है कि उस प्रवाह में बह जाना अति सुलभ है। इस हेतु कुछ करने की आवश्यकता नहीं होती है। क्योंकि मन और बुद्धि दोनों को उसमें सुख मिलता है। किंतु मुझे आपके अंत:करण के मूल में समाए आत्माराम को जानना है। वहाँ पहुँचने के लिए आपके मुख से शब्दों द्वारा प्रवाहित और प्रकट होने वाले नारायण के सगुण प्रेम का सेवन करना आवश्यक है। अत: हे नारद, मैं आपसे प्रेमपूर्वक प्रार्थना करती हूँ कि आप यह प्रेम प्रवाहित रखें तथा वाल्मीकि की कथा का वर्णन सुनाएँ।''

लक्ष्मी की बातें सुन नारद संतुष्ट हुए और कहने लगे, ''हे लक्ष्मी, श्रवण करने के पीछे तुम में जो भक्तिभाव छिपा है, वह मुझे अत्यंत प्रिय है। इसी वजह से मेरी निरूपण भक्ति अनेक अंगों और रंगों द्वारा प्रकट होती है तथा मेरे आनंदप्राप्ति के मार्ग को अधिक विकसित करती है। अब तुम वाल्मीकि ऋषि की कथा का ध्यानपूर्वक श्रवण करो।

''एक बार ऐसे ही मैं नारायण के ध्यान में रमा हुआ वन में से गुजर रहा था। मेरे कंधे पर वीणा टँगी हुई थी। मेरी उँगलियाँ उस पर सहज क्रीड़ा कर रही थीं और सुमधुर नाद स्फुरित हो रहा था। मानो मेरे अंतस में नित्य प्रवाहित ब्रह्मनाद ही उस वीणा के माध्यम से बाहर प्रकट हो रहा हो। एक हाथ में झाँझ थी, जिससे ताल स्फुरित हो रहा था। नाद में मन और ताल पर तन सहज ही नर्तन कर रहा था। ताल-सुर के द्वारा मेरे अंत:करण में प्रवाहित नारायण-प्रेम की लहरें सहज प्रकट होकर परमानंद का अनुभव दे पुनः अंतर में विलीन हो जाती थीं। पुनः निर्माण होतीं और पुनः विलीन हो

जातीं। जैसे उनका निर्माण विलीन होने के लिए ही हो रहा हो। प्रेमानंद की लहरों में डूबा मैं इसी तरह विचरण कर रहा था कि अचानक मेरे सामने एक व्यक्ति आकर खड़ा हो गया और जोर से चिल्लाकर कहने लगा, ''ऐ गोस्वामी, रुको! कहाँ जा रहे हो? जिस अवस्था में हो, उसी अवस्था में खड़े रहो। एक कदम भी आगे बढ़ाया तो मैं तुम्हें खत्म कर दूँगा। तुम्हारे पास जो भी मूल्यवान वस्तु है, वह मुझे सौंप दो!

''हे लक्ष्मी, इस काले-कलूटे और ऊँचे-लंबे आदमी को देख मैं स्तंभित रह गया। उसने दोनों हाथों से फरसा पकड़ रखा था। उसकी मुद्रा ऐसी थी, जैसे वह मुझ पर वार कर रहा हो। उसे देख मुझे मन-ही-मन हँसी आ गई और मैंने सोचा कि यह भी नारायण की एक लीला ही है। उस लीला में सहभागी होने का आनंद मैं ले रहा था। वह मुझसे मेरे पास की कीमती वस्तु की माँग कर रहा था। इस पर मैंने कहा, मेरे पास इस वीणा और झाँझ के सिवा कुछ नहीं है। मेरे लिए ये ही अमूल्य वस्तु हैं। इस वीणा के मधुर नाद से मैं ईश्वर का गुणगान करता हूँ तथा झाँझ की ताल पर ब्रह्मानंद को अनुभव करता हूँ। यदि ये तुम्हें चाहिए तब मैं खुशी-खुशी देने के लिए तैयार हूँ। तुम भी वीणा वादन कर ईश्वर का गुणगायन करो तथा मन की शांति और समाधान प्राप्त कर सच्चे आनंद का अनुभव करो।'' मेरी बातें पूरी होने पर उसने क्षणभर भी विचार नहीं किया और कहने लगा—

''अरे गोस्वामी, तुम अपना ज्ञान अपने पास रखो। मुझे इसकी कोई आवश्यकता नहीं है और अब तुम्हें भी इसका उपयोग होने वाला नहीं है। तुम्हारा जीवन कुछ ही क्षणों का है। मेरे हाथ में पकड़े इस फरसे से मैं तुम्हारी गरदन पर एक ही वार करूँगा तो तुम्हारे प्राण पखेरू उड़ जाएँगे। तब मैं देखूँगा कि कौन सा ईश्वर तुम्हारी मदद के लिए आता है? पर तुम्हें मारने से पहले मैं तुमसे एक बात पूछना चाहता हूँ। मुझे और मेरे हाथ में पकड़े इस फरसे को देखकर तुम भयभीत कैसे नहीं हुए? मैंने अब तक हजारों लोगों को लूटा और उनका कत्ल किया है। कई लोग मुझे और मेरे फरसे को देखते ही मूर्छित हो जाते हैं तथा कई अपनी श्वास ही छोड़ देते

हैं। परंतु मैं देख रहा हूँ कि मेरी इस मुद्रा को देखकर भी तुम जरा भी भयभीत नहीं हुए। मेरे ऐसे उग्र बोल सुनकर भी तुम शांत हो और चेहरे पर मुसकराहट बिखरी हुई है, यह कैसे संभव है? आखिर तुम हो कौन?''

हे लक्ष्मी, उसकी बातें सुन मुझे हँसी आ गई और मन उसके प्रति दयाभाव से भर गया। मैंने कहा, ''अरे बंधु, मैं कौन हूँ? यह तो मैं नहीं जानता, पर मैं नारायण नाम से पहचाने जानेवाले जगन्नियंता का एकनिष्ठ भक्त हूँ तथा सभी मुझे नारद के नाम से जानते हैं। सारी सत्ता नारायण की है तथा उसी की नियतिनुसार जगत् के सारे कार्य चलते हैं और सारे प्राणियों पर नियंत्रण रहता है। सभी प्राणियों में आत्मा के रूप में वही वास करता है तथा उसीकी चैतन्य शक्ति से सारे जीव जीवन जीते हैं। ऐसे नारायण को मैं अपने अंत:करण में नित्य महसूस करता हूँ। उन्हीं के ध्यान में मग्न रहता हूँ। परंतु सामान्य जन अज्ञानवश इस सत्य का अनुभव नहीं ले पाते तथा अपनी देह के अस्तित्व को ही सत्य मानते हैं। उसी के सुख के लिए सारे कार्य करते हैं तथा मृत्यु के भय से सदा भयभीत रहते हैं। पर नारायण के प्रेम में डूबे भक्त सदैव भक्तिभाव के आनंद में डूबे क्रीड़ा करते हैं। जहाँ उन्हें अपनी देह का भी भान नहीं रहता तब देहानुषंगिक भय कहाँ से आएगा? नारायण का अस्तित्व ही एकमेव सत्य है। देह के असत्यत्व और अनित्यत्व के विषय में उनका निश्चय पक्का रहता है। वे जानते हैं कि ईश्वर की नियतिनुसार उनकी मृत्यु कभी भी और कहीं भी हो सकती है। परंतु उन्हें इसका भय न हो, आनंद ही होता है, कारण इसी माध्यम से वे अपने मूलस्थान अर्थात् नारायण के पास जाएँगे, जिसका उन्हें इंतजार रहता है।

''अत: यदि तुम्हारे मन में मुझे मारने का विचार आया है और नियति को यह स्वीकार है, तब मुझे मरने से कोई नहीं रोक सकता। वहीं यदि नियति को मेरी मृत्यु मंजूर नहीं होगी तो दुनिया की कोई भी शक्ति मुझे मार नहीं सकती। ऐसा मेरा दृढ निश्चय है।पर मुझे तुम्हारी ही चिंता अधिक है। तुम जो पापकर्म कर रहे हो, उसका भोग तुम्हें भोगना पड़ेगा। तुम्हें बचाने के लिए कोई नहीं आएगा और न ही किसी की मदद तुम्हारे लिए

उपयोगी होगी! इसीलिए तुम सावधान हो जाओ और अपने पापकर्मों से मुक्त हो जाओ, तभी तुम्हारी अधोगति रुक सकेगी। योग्य विचार करने से हो सकता है कि तुम्हारा विवेक जाग्रत् हो जाए और तुम सद्मार्ग पर चलने के लिए प्रवृत्त हो जाओ।''

''हे लक्ष्मी, मेरी प्रखर वाणी सुन वह पुरुष एकदम स्तब्ध रह गया तथा परशु पकड़े दोनों हाथ नीचे आ गए। धीरे से परशु भी हाथ से छूट गया और वह अपने दोनों हाथ जोड़ मुझसे कहने लगा, हे नारद, तुम्हारे विषय में मैंने अपने पिताजी से सुना था कि तुम सर्वत्र संचार करते हो तथा नारायण के गुणगायन में सदा लीन रहते हो। पर भेंट आज हुई। तब मुझे कुछ विशेष समझ में नहीं आया था। परंतु आज तुम्हें साक्षात् देखकर तुम्हारी विशेषता महसूस हो रही है। तुम सचमुच बहुत ज्ञानी हो। तुम्हारे मुख से ज्ञान की बातें सुन थोड़ा प्रभाव मुझ पर भी हो रहा है। तुम जो देह, उसके अस्तित्व तथा आत्मा के बारे में बता रहे हो, वह सब सही है, परंतु मुझे जो दिखाई देता है, वही सही लगता है। कारण वस्तुस्थिति को नजरअंदाज नहीं किया जा सकता। देह और इसका अस्तित्व ही मेरे लिए सत्य है तथा इसके सुख के लिए कर्तव्य करना मेरा धर्म है। अपने कुटुंब के सुख के लिए कर्म करना ही पुण्यकर्म है। इन्हें पापकर्म कैसे कहा जा सकता है। मैं अपने और अपने परिवार के लिए यह कर्म कर रहा हूँ, जिसमें वे भी मेरे सहभागी हैं। मुझे पूर्ण विश्वास है कि यदि इन कर्मों की सजा भोगनी पड़ी तो वे भी मेरा साथ देंगे। अतः अब तुम अब मरने के लिए तैयार हो जाओ।

□

वाल्मीकि चरित्र

''तुम्हें यदि तुम्हारे इष्ट देवता का स्मरण करना हो तो खुशी से कर लो और देखो कि क्या वह तुम्हारी मदद के लिए आता है? यदि आ भी गए तब भी उसकी मेरे सामने कुछ नहीं चलेगी, इस बात का खयाल रखना।

''हे लक्ष्मी, उसकी बातों से प्रतीत हो रहा था कि उसकी आवाज की तीव्रता कम हो गई है। अंदर-ही-अंदर उसे कोई कुतर रहा हो, ऐसी उसकी स्थिति हो गई थी। बोलने के आवेग में उसने अपनी पहचान ऐसी बना दी थी कि वह वाल्या है। उसी के सहारे मैंने बोलना आरंभ किया, ''हे वाल्या, तुमने अपनी पहचान नहीं बताई, लेकिन मैंने तुम्हें अपने बारे में सब बता दिया। बातचीत में जो तुमने अपने विषय में कहा, उससे मैं तुम्हें जान गया। वैसे कोई भी अपने विषय में पूर्णतः जानता नहीं है, तब अपनी पहचान दूसरों को कैसे बता सकता है, पर मैं तुम्हें पहचान गया। तुम अपने जीवन और जगत् के बारे में पूर्णतः अज्ञानी हो। उसी अज्ञान के सुख में तुम जी रहे हो तथा पापकर्मों के अधिकारी बन रहे हो। अंत में कहीं ऐसा न हो कि तुम्हारे पास पश्चात्ताप करने का भी समय न रहे। इसीलिए समय रहते ही सावधान हो जाओ तथा अपने आपको अधोगति के मार्ग से बचाओ। इस हेतु सर्वप्रथम तुम ज्ञान समझ लो।

''जन्म लिये हुए प्रत्येक जीव का अस्तित्व स्वतंत्र होता है। उसके प्रारब्ध के अनुरूप उसे योनि प्राप्त होती है। उस योनि में वह प्रारब्ध के फल भोगता रहता है तथा वासना के अनुरूप कर्म करता रहता है। जिससे

उसके कर्मभोग और भी बढ़ जाते हैं। कर्मफल भोगते हुए एक दिन देह थक जाती है तथा मृत्यु को प्राप्त होती है। परंतु उसकी मूल वासना नष्ट नहीं होती। वासना के कारण उसे पुनः-पुनः जन्म लेना पड़ता है। इसी प्रकार भाग्य से उसे मनुष्य जन्म प्राप्त हो जाता है। इसी जन्म में उसे वासना से मुक्त होने का स्वर्णिम अवसर प्राप्त होता है।

''मनुष्य जन्म में ईश्वर ने उसे एक विशेष उपहार दिया है, जिसे 'बुद्धि' कहते हैं। बुद्धि द्वारा वह योग्य-अयोग्य, आवश्यक-अनावश्यक और संभव-असंभव जैसी बातें जान सकता है तथा वैसा निश्चय कर सकता है। परंतु यही बुद्धि देह की संगति में रहते हुए वासना से मलिन होकर तेजहीन हो जाती है। उसकी समझने और निश्चय करने की क्षमता क्षीण हो जाती है। ऐसे समय में बुद्धि मन को नियंत्रित नहीं कर पाती तथा स्वयं मन के अधीन हो जाती है। तब मनुष्य का मनुष्यत्व नष्ट हो जाता है और वह सामान्य प्राणी जैसा बरताव करता है। पशु जैसा जीवन जीता है, जिससे कोई आदर्श स्थापित नहीं होता।

''हे वाल्या, तुम मुझे सच-सच बताओ कि तुम्हारे इन कर्मों से तुम्हारे परिवार वाले खुश हैं क्या? क्या तुम संतुष्ट हो अपने कर्मों से? क्या तुम्हें शांति और समाधान मिल रहा है?''

हे लक्ष्मी, मेरे इन प्रश्नों को सुन वह स्तब्ध रह गया और उसने अपनी गरदन झुका ली। बहुत प्रयत्नों के बाद भी उसके मुँह से एक शब्द भी नहीं निकला। वह विचारों के भँवर में खो गया था। तब मैंने ही उसके मस्तक पर हाथ रखा और आश्वासन भरी नजरों से उसकी ओर देखा। मेरी नजरों से नजर मिलाकर जब वह मुझे देख रहा था, तब उसे अहसास हो गया कि अवश्य ही मैं उसे कोई सद्मार्ग दिखाऊँगा। इसी कारण वह अपने मन की बातें कहने लगा।

''हे मुनिवर्य, तुम्हारी बातें मुझे अंतर्मुख होने के लिए बाध्य कर रही हैं और मैं जितना अधिक अंतर्मुख हो रहा हूँ, उतना ही अधिक अंधकार मुझे अपने अंदर दिखाई दे रहा है। संस्कार विहीन और मतिहीन मैंने कभी अपने कर्मों पर विचार नहीं किया। केवल पशु जैसा जीवन जीता रहा हूँ।

मेरे जीवन की कोई दिशा नहीं है और न ही कोई ध्येय! बस जीवन ऐसे ही बीत रहा है। एक और बात मुझे ध्यान में आ रही है कि मेरे इतने कष्टों के बाद भी मेरा परिवार मुझसे संतुष्ट नहीं है। उनकी आवश्यकताएँ और अपेक्षाएँ बढ़ती ही जा रही हैं। उनकी इच्छा है कि मैं और अधिक कष्ट करूँ और उनको अधिक सुख प्रदान करूँ।

''वे इतने स्वार्थी हैं कि उन्हें थोड़ा भी कष्ट सहन करना पड़े तो वे मुझे ही दोषी ठहराते हैं तथा मुझे सहज अलग कर देते हैं। जैसा तुमने कहा कि अपने कर्मों की सजा हमें ही भोगनी पड़ती है, परंतु यदि ऐसी व्यवस्था होती कि उसमें परिवार के सदस्य भी सहभागी होते तब मेरे परिवार के लोग मुझे अकेला छोड़ देते। इतने स्वार्थी हैं ये। किंतु हे मुनिवर्य, जब मैं एकांत में रहता हूँ तब मुझे अपने कर्मों का दुःख होता है और असमाधानी एवं असंतुष्ट हो जाता हूँ। मैं अपने ही कर्मों के जाल में इतना फँस गया हूँ कि उसमें से बाहर निकलने का कोई मार्ग मुझे दिखाई नहीं देता। ऐसा लगता है कि अब यही मेरा जीवन है।

''हे मुनि, पर आज मैं एक अच्छा काम करनेवाला हूँ। और वह यह कि आपको सम्मानपूर्वक जीवित छोड़ने वाला हूँ। आज तक मैंने किसी को इस तरह छोड़ा नहीं है। मेरे पापरूपी समुद्र में यह एक छोटा सा पुण्य-कार्य शायद मुझे कभी न कभी भविष्य में काम आए, ऐसी मुझे उम्मीद है। अब आप अपने मार्ग पर जाइए और मैं अपने मार्ग पर जाता हूँ।''

हे लक्ष्मी, मुझे ज्ञात हो गया कि वाल्या में सूक्ष्म ही क्यों न हो, पर सद्भाव जाग्रत् हो गया है। इसी माध्यम से समझाते हुए मैं उससे कहने लगा, ''हे वाल्या, मैं तुम्हें बताना चाहता हूँ कि ईश्वर बहुत दयालु हैं। अज्ञान और दुःख के गर्त में फँसे मनुष्य के लिए भी एक न एक मार्ग वे अवश्य छोड़ते हैं। उनकी दया से अधोगति रुक सकती है। उनकी कृपा से महात्मा से भेंट होती है तथा उनके दिखाए मार्ग पर चलने से उद्धार होता है। तुमने मुझे छोड़ दिया है, किंतु मैं तुम्हें इस अवस्था में छोड़कर नहीं जा सकता। तुम्हें अपने ज्ञान और स्वानुभव का प्रसाद अवश्य दूँगा। तुम्हें निराश होने की आवश्यकता नहीं है। तुम अपने आपको असहाय मत

समझो। केवल ईश्वर की शरण में जाओ। उसी से तुम्हें दया और कृपा का अनुभव होगा।''

मेरी सांत्वनापूर्ण बातें सुन वाल्या को निराशा के घोर अंधकार में आशा की किरणें दिखाई देने लगीं और उसे थोड़ी शांति मिली। हाथ जोड़कर गिड़गिड़ाते हुए वह मुझसे विनती करने लगा, ''हे नारद महर्षि, ईश्वर की दया और कृपा तुम्हारे ही रूप में प्रकट हो रही है। तुम ही मेरा अज्ञान दूर कर मुझे सत्य मार्ग दिखा सकते हो। मेरे पापों की सजा तो मुझे भोगनी ही पड़ेगी, जिसके लिए मैं तैयार हूँ। अब मैं पूर्णतः आपकी शरण में आ गया हूँ। आप मेरा कल्याण करें।''

हे लक्ष्मी, उसकी दीनता पर मुझे दया आ गई। वह मेरे चरणों में मस्तक झुकाकर साष्टांग दंडवत् कर रहा था। मैंने उसे उठाया और अपने पास बैठा लिया। उसके नेत्रों से अश्रु की धारा बह रही थी। मैंने सांत्वना देते हुए उसके अश्रु पोंछे तो वह और अधिक बिफर-बिफर कर रोने लगा। मैंने पास ही के झरने से जल लाकर उसे प्राशन कराया और थोड़े जल से उसके चेहरे पर छींटे मारे। अपने हाथों से उसका मस्तक सहलाकर उसे सांत्वना दी। उसकी इस अवस्था को देख मेरे अंतस में प्रवाहित नारायण का प्रेम सहज ही शब्दरूप हो प्रकट होने लगा—

''हे वाल्या, तुम सचमुच प्रशंसा के पात्र हो। इस संसार बंधन में बँधकर कर्म कर उसका फल अनेक जन भोगते हैं, परंतु इस क्लेश कारक और दुःखदायी संसार से वैराग्य की इच्छा करनेवाले बहुत कम लोग होते हैं। उनमें भी ऐसे लोग बहुत कम होते हैं, जिन्हें संसार से विरक्ति होकर, ईश्वर का ध्यान लग जाए। वे लोग और भी दुर्लभ हैं, जो पराक्रम से सदा-सदा के लिए संसार कर्मों से मुक्त हो जाते हैं। यह सत्य है कि 'जैसे कर्म वैसे फल तथा जैसी वासना वैसे कर्म'। पर वासना का समूल नष्ट होना अत्यंत कठिन है। वासना की मूल संस्कार में निहित होती है। अच्छे संस्कारों से सद्भावना निर्माण होती है और असद्भावना का नाश होता है। अच्छे संस्कार याने एकमेव ईश्वर के अस्तित्व का सत्य, उसकी सत्ता, उसकी नियति और उसकी भक्ति में विश्वास। प्रत्येक कण में ईश्वर

का ही अस्तित्व है। प्रत्येक प्राणिमात्र में उसी का अंश है। इसी बात को प्रत्येक क्षण अनुभव करना ही ईश्वर-प्राप्ति है।

''सर्व प्राणिमात्र और चराचर में वास करते हुए भी ईश्वर किसी के बंधन में नहीं है। ऐसे ईश्वर की भक्ति करने से ही हम सारे बंधनों से मुक्त हो सकेंगे। ईश्वर के अस्तित्व पर विश्वास होने के लिए वैसे संस्कार मिलना आवश्यक है तथा ईश्वर-प्राप्ति की सद्‌भावना निर्माण होने के लिए तपाचरण करना अनिवार्य है। अज्ञान और वासना के कारण अब तक हुए कर्मों पर पश्चात्ताप करने से मन शुद्ध होता है तथा उन कर्मों के प्रायश्चित से मन और बुद्धि शुद्ध होती है। इसी से चित्त शुद्ध होता है। शुद्ध चित्त में ही ईश्वर का ध्यान लगता है, ध्यान से ही ईश्वर का अनुभव अंत:करण में होता है।

''अत: हे वाल्या, अब तुम तपाचरण के लिए सिद्ध हो जाओ। तुम्हारे अंतस में आत्मा के रूप में वास कर रहे ईश्वर के ध्यान में अपना मन स्थिर करने का प्रयत्न करो। जब तुम केवल आत्माराम के विषय में ही विचार करते रहोगे तब तुम्हारे मन से अन्य विचार दूर होकर केवल आत्माराम के विचार ही रहेंगे। जिससे मन स्थिर होने लगेगा। तुम्हारी बुद्धि के अज्ञान तथा तुम्हारी समझ से हुए ज्ञान को जब तुम विवेक से दूर करते जाओगे, तब तुम्हारी बुद्धि शुद्ध होती जाएगी। तुम्हारी बुद्धि जब तुम्हारे अंतर के आत्माराम के अस्तित्व के ही विषय में विचार करेगी, तब वह शुद्ध और स्थिर होगी। तुम्हारे चित्त में स्थित असद्‌भावना के बीज जब तुम्हारी तपस्या से जल जाएँगे, तब तुम्हारा चित्त शुद्ध होगा और वहाँ ईश्वर की मूल छवि स्थापित हो जाएगी। वह मूल भक्तिभाव रूपी जल के सिंचन से पनपने लगेगी तथा भक्तिभाव रूपी वृक्ष तैयार हो जाएगा। जिसमें ईश्वरीय प्रेम-रस से भरे ईश्वरीय अनुभव के अमृत से भी अधिक मीठे फल लग जाएँगे। उन्हीं फलों के रस से तुम्हें आनंद का अनुभव होगा। यही मानव जीवन की परम अवस्था है तथा मानवीय जन्म की सच्चे अर्थों में सार्थकता है।''

हे लक्ष्मी, मेरी बातों से प्रभावित वाल्या हाथ जोड़कर विनम्र भाव से कहने लगा, ''हे मुनिवर्य, मेरे उद्धार के लिए आप जिस मार्ग के विषय में

बता रहे हैं, वह निश्चित रूप से श्रेष्ठ और सत्य है। सुनते हुए यह एकदम तर्कसंगत और सरल लग रहा है। परंतु उस मार्ग पर चलना इतना सरल और सीधा नहीं है। मुझे शंका इस बात की है कि इतने दिनों से मलिन मन और दूषित बुद्धि क्या इतनी सहजता से शुद्ध हो सकती है? तब चित्तशुद्धि की बात तो दूर ही है। बाहरी रूप से किए साधन से हो सकता है कि हमें उसकी आदत हो जाए और हम बाह्य साधन ही करते रहें। परंतु यदि अंतस शुद्ध नहीं हुआ तो बाह्य साधन एक तरह से दिखावा होकर रह जाएँगे और हमारी अधोगति होती रहेगी। बस, इसी बात से मैं चिंतित हूँ और मार्ग में आगे बढ़ने से झिझक रहा हूँ।''

हे लक्ष्मी, वाल्या ने जिस प्रामाणिकता से अपने भाव स्पष्ट किए, उससे मेरा विश्वास उस पर अधिक ही बढ़ गया और मैंने उसे समझाते हुए कहा, ''हे वाल्या, आत्मकल्याण के लिए ईश्वर-प्राप्ति मार्ग में अपनी अवस्था के प्रति प्रामाणिक रहना मूलभूत गुण है। परंतु केवल इसी गुण से ईश्वर-प्राप्ति नहीं हो सकती। इस हेतु जो बातें प्रमाण हैं, उसका अवलंबन करना अति आवश्यक है, तब ही इस मार्ग में आगे बढ़ सकते हैं तथा ईश्वर-प्राप्ति कर सकते हैं। यह सत्य है कि ईश्वर-प्राप्ति का मार्ग आंतरिक है। पर उस अवस्था को प्राप्त करने के लिए बाहरी साधनों की आवश्यकता प्रथम है। जैसे भूख मिटाने के लिए अन्न का सेवन बाहर से ही करना पड़ता है, प्यास बुझाने के लिए पानी पीना पड़ता है, व्याधि दूर करने के लिए ओषधि का सेवन करना पड़ता है, उसी प्रकार ईश्वर-प्राप्ति का अनुभव लेने के लिए बाह्य साधनों की आवश्यकता होती है। ये बाह्य साधन ही आंतरिक अज्ञान की अवस्था को दरशाते रहते हैं तथा अंतस तक पहुँचने के लिए उचित बदलाव की ओर इंगित करते हैं। बाहरी रूप से कृति करते रहने से इंद्रियाँ वश में होने लगती हैं तथा मन पर योग्य परिणाम होता है। योग्य बाहरी आचरण से मन स्थिर होता है तथा अन्य विचारों को त्यागने लगता है। इस तरह मन पर योग्य संस्कार होते हुए मन दृढ हो जाता है।

''अत: अब तुम बाहरी साधनों से तपाचरण की शुरुआत करो। एक ही जगह पर बैठकर राममंत्र के उच्चार से मन स्थिर होने लगेगा।''

समरसता से श्रवण कर रहीं लक्ष्मी ने नारद से प्रश्न किया, ''हे नारद, निश्चित रूप से 'राममंत्र' याने क्या तथा इसका मन पर क्या प्रभाव पड़ता है ? साधन के रूप में इसका उपयोग कैसे होता है ? ईश्वर-प्राप्ति के लिए राममंत्र आवश्यक है क्या ?''

लक्ष्मी द्वारा पूछे गए प्रश्नों के पीछे भाव यह था कि वे इस विषय को गंभीरता से जानना चाहती थीं। इसी बात से नारद अति प्रसन्न हो रहे थे तथा समझाते हुए लक्ष्मी से कहने लगे, ''हे लक्ष्मी, ऐसा ही प्रश्न वाल्या ने भी किया था। हम जो कार्य कर रहे हैं, उसकी पूर्ण जानकारी हमें होनी चाहिए तथा उससे होने वाले परिणामों को भी हमें जान लेना चाहिए। उसी दृष्टि से मैं वाल्या से कहने लगा, हे वाल्या, कोई भी संस्कार, अनुभव करने की दिशा की पहली सीढ़ी होती है। उस पर चढ़े बिना आगे का मार्ग दिखाई नहीं देता। आत्मा के रूप में वास कर रहे ईश्वर, जिसे आत्माराम कहा जाता है, उसके अस्तित्व को महसूस करने, उसके सत्यत्व को जानने और उसके माहात्म्य को अनुभव करने के लिए राममंत्र का उच्चार पहली सीढ़ी है। राममंत्र कें उच्चार से मन में चल रहे अन्य विचार दूर हो मन आत्माराम की ओर आकर्षित होता है। मन को उसी की लगन लग जाती है। उससे वह दूरी सहन नहीं कर पाता और धीरे-धीरे वहाँ से उठ रहीं प्रेमल लहरियों में वह अपना देहभान भूल जाता है। जब कभी वह आत्माराम से अपने आप को विलग पाता है, तो बेचैन हो उठता है और पुनः राममंत्र के जाप से एकरूप हो जाता है। यह सत्य है कि प्रत्यक्ष एकरूप होने के लिए अति आवश्यक अवस्था निर्माण करने की शक्ति राममंत्र के जाप में होती है, लेकिन उसकी मर्यादा यहीं तक सीमित है। इस बात को ईश्वर-प्राप्ति के मार्ग में आगे बढ़ने वाले साधकों को जान लेना चाहिए। यदि यह सावधानी नहीं रखी, तो वे केवल राममंत्र के साधन में ही अटक कर रह जाएँगे और प्रत्यक्ष स्वानुभव के मार्ग तक नहीं पहुँच पाएँगे।''

हे लक्ष्मी, मेरी बातें सुन वाल्या ने तुरंत मुझसे प्रश्न किया, ''हे नारद, स्वानुभव प्राप्त करने के उस साधन के विषय में भी आप मुझे बता दें, ताकि मैं इस बात का विशेष ध्यान रख सकूँ और मुझसे गलती न हो।''

वाल्या की यह बात सुन नारद उसे समझाते हुए कहने लगे, "हे वाल्या, भक्तिमार्ग में उतावलापन ठीक नहीं होता, बल्कि यह घातक हो सकता है। जो बात अपनी दृष्टिक्षेप के समक्ष नहीं है, उसके विषय में बात करने से जब वह दृष्टिक्षेप के समक्ष आएगी तब उसकी अवहेलना हो सकती है। इसीलिए मार्गक्रम में आगे के घटनाक्रमों के विषय में बोलना, सुनना तथा समझना अनावश्यक और अयोग्य है। उससे होगा यह कि मन उसी के विषय में विचार करने लगेगा तथा स्वानुभव के मार्ग में आगे बढ़ने से वंचित रह जाएगा। अतः अब तुम मन से इस मार्ग की ओर बढ़ने के लिए प्रतिबद्ध हो जाओ और विलंब किए बिना अपना साधन आरंभ करो। शुभ कार्य करने में मुहूर्त की आवश्यकता नहीं होती। ईश्वर-प्राप्ति जैसा शुभ कार्य इस त्रिभुवन में दूसरा कोई नहीं है। यही मंगलकारी, शुभंकर तथा आनंददायी है।

"हे लक्ष्मी, पश्चात्ताप करने से वाल्या का मन शुद्ध हो गया था और आत्मा के रूप में बसे सत्य एवं विशुद्ध ईश्वर का अनुभव करने के लिए वाल्या तैयार हो गया था। मेरे ईश्वरीय अनुभव के प्रति भी उसकी पूर्ण आस्था हो गई थी और मेरा प्रेम भी उसे प्रत्यक्ष रूप से मिल रहा था। इसीलिए मेरी बातें मान कर तथा मुझसे प्रेरणा लेकर वह तपस्या करने के लिए तैयार हो गया। उसने अपने आपको मेरे चरणों में समर्पित कर दिया। मैंने भी बहुत प्रेम से वाल्या को उठाकर अपने पास बैठा लिया और स्वयं आसनस्थ हो गया। उसके दाहिने हाथ को अपने दाहिने हाथ में ले, बाएँ हाथ को मस्तक पर रखा। पश्चात् दाहिने कर्ण में गुरुमंत्र का तीन बार उच्चार किया। इस प्रकार राममंत्र के शब्दों, नाद और भाव से मैंने उसमें निहित आत्मा के रूप में वास कर रहे ईश्वर के अस्तित्व को जाग्रत् कर दिया।

"आत्मस्वरूप के बीज मैंने वाल्या के मन में डाल दिए थे, परंतु उससे जो आत्मानुरूप रूपी फल प्राप्त होने थे, उस हेतु प्रयत्न मात्र वाल्या को ही करने थे। जिसके लिए वाल्या श्रद्धा और निश्चय से पूर्णतः उद्यत था तथा जिस लगन की आवश्यकता एक साधक के मन में होनी चाहिए,

वह लगन मुझे उसमें दिखाई दे रही थी। इसी बात से मुझे अति प्रसन्नता हो रही थी। इसके पश्चात् मैंने पुनः एक बार वाल्या के मस्तक पर हाथ रखा और अपना पूर्ण आशीर्वाद दे, मैं वहाँ से आगे बढ़ गया।

''उसी वन में एक जगह बैठवाल्या ने तपस्या करना आरंभ कर दी। सूर्योदय से सूर्यास्त तक राम मंत्र का जाप करते-करते वाल्या का मन स्थिर होने लगा। शुरुआत में राममंत्र का जाप करते समय शब्दों पर ध्यान देना पड़ता था, पर अब मंत्र अपने आप मुख से निकलने लगा। धीरे-धीरे उस मंत्र के नाद में मन रमने लगा और पूर्व के संस्कार समाप्त हो जागृति आने लगी। उसे अपने अंतस में आत्मा के रूप में स्थित ईश्वरीय अस्तित्व की अनुभूति होने लगी। इस तरह मन की सारी वृत्तियाँ, देहभान को भूल आत्मभाव की ओर बढ़ने लगीं। एकरूपता के कारण चैतन्य स्फुरित होने लगा तथा आत्मप्रेम की आनंदलहरी सतत निर्माण होने लगी।''

एकाग्रचित्त हो नारद की बातें श्रवण कर रहीं लक्ष्मी थोड़ी देर स्तब्ध रह गईं। श्रवण से होने वाली अंत:करण की भावपूर्ण अवस्था को वे कुछ देर तक सहेजकर रख सकीं। परंतु अनुभव के अभाव के कारण भावपूर्ण अवस्था पुनः लुप्त होने लगी, जिसे वे बुद्धि द्वारा प्रयत्नपूर्वक सँभाल रही थीं। इसी प्रयत्न में रहते हुए कि नारद की बातों का नाद सतत घूमता रहे, वे नारद से पूछ बैठीं—

''हे अनुभवसिद्ध नारद, मैं यह जान चुकी हूँ कि आत्मप्राप्ति के मार्ग और आत्मस्वरूप अनुभव की जिस अवस्था का आप वर्णन कर रहे हैं, वह आप ही का स्वानुभव है। इसीलिए आप वाल्या की आंतरिक अवस्था का यथार्थ वर्णन कर रहे हैं। आपकी बातें सुनकर ऐसा लगता है कि आंतरिक अनुभव प्राप्त करने की रीति एक ही होनी चाहिए। पर क्या बाहरी रूप से किए गए प्रयत्न और साधना भी एक ही प्रकार की होती है? आपने वाल्या पर जिस तरह राम मंत्र का संस्कार किया तथा वाल्या ने जिस प्रकार तपाचरण कर अनुभव सिद्ध अवस्था प्राप्त की, वह भी सभी के लिए समान होती है? मुख्य बात यह है कि तपाचरण कब तक किया जाए तथा वह पूर्ण हो गया है या नहीं, इसका परीक्षण किसे करना चाहिए? कारण जन्म भर

तपस्या करना तो संभव नहीं है। उसकी कोई सीमा अवश्य होगी? हे नारद, मैं आपसे विनती करती हूँ कि कृपा कर आप मेरे सभी प्रश्नों का सविस्तार उत्तर दें, ताकि मैं कथा श्रवण का आत्मान्नदातीत आनंद ले सकूँ।''

लक्ष्मी की जिज्ञासा की सराहना करते हुए नारद समभावपूर्वक लक्ष्मी से कहने लगे, ''हे लक्ष्मी, तुम्हें क्या जानना है, यह मुझे भलीभाँति समझ आ गया है। बस तुम यह बात ध्यान में रखो कि मैं क्या कह रहा हूँ। तुम्हारे प्रश्नों को सुनकर मुझे सचमुच बेहद संतुष्टि मिलती है, कारण इन प्रश्नों के पीछे किसी भी तरह की शंका अथवा विकल्प नहीं होता, बल्कि मन की अड़चन होती है। तुम्हारे प्रश्न भावना अथवा बौद्धिक धरातल पर नहीं टिके होते, बल्कि तुम्हारे मन में आत्मस्वरूप प्राप्ति के मार्ग को जानने की जो जिज्ञासा है, उसी का यह परिणाम है।

''सबसे महत्त्वपूर्ण बात यह है कि आत्मस्वरूप का सर्वश्रेष्ठ अनुभव लेना ही मूलभूत ध्येय है। जिसे प्राप्त करने हेतु राममंत्र का संस्कार आवश्यक है। राममंत्र रूपी बीज से ही यह फल प्राप्त हो सकता है। पर इस मंत्र-संस्कार का कोई बाहरी प्रारूप नहीं होता। आवश्यकता केवल इतनी है कि इसका असर मन पर होना चाहिए तथा मन इस निश्चय की ओर अग्रसर एवं उल्लसित होना चाहिए। बाहरी परिस्थितियाँ, समय और स्थान व्यक्ति के अनुरूप बदलते रहते हैं, इसीलिए बाहरी उपचार की ओर ध्यान न देकर आंतरिक स्थिति की ओर पूर्ण ध्यानाकर्षण होना चाहिए।

''जो बातें मंत्र-संस्कार के लिए योग्य और उचित हैं, वही साधना के लिए भी हैं। साधना भी ऐसी करनी चाहिए, जिससे मन में आत्मस्वरूप की प्राप्ति का ध्यान लग जाए। मन वहाँ स्थिर हो जाए और आत्मा के प्रति उसमें प्रेम निर्माण हो जाए। यदि इस हेतु बाहरी साधन आदि बदलने पड़ें, तो उनको भी बदलना आवश्यक है। इसमें मन की शक्ति लगती है। मन यदि बाहरी साधनों के आकर्षण में रम जाता है, तब उससे बदलाव सहन नहीं होता, क्योंकि वह दुर्बल हो जाता है। वहीं यदि मन में स्वानुभव प्राप्त करने की लगन लग जाती है और वह अपनी अवस्था के प्रति सजग और प्रामाणिक होता है, तब मन साधान के बाहरी बदलाव के लिए तत्पर हो

जाता है। इस प्रकार बाहरी साधन और आंतरिक तप कितने समय तक करते रहने होंगे, जिससे आत्मानुभव की आवस्था प्राप्त होगी, इसका कोई नियम नहीं है। जिस तरह विभिन्न वृक्षों में फल लगने का समय भिन्न होता है और वह भी वहाँ की जमीन, पानी और हवा के ऊपर निर्भर होता है, उसी तरह प्रत्येक व्यक्ति में उसकी मानसिक, बौद्धिक और आंतरिक अवस्था के अनुरूप परिवर्तन होता है और वह अधिकाधिक उच्च अवस्था में अर्थात् आत्मस्वरूप अवस्था के निकट पहुँचता जाता है।

''मन, बुद्धि और अंतःकरण, सांसारिक भाव में जितना अधिक रमा रहता है, उतना ही अधिक समय मन में योग्य परिवर्तन होने के लिए लगता है। परंतु हे लक्ष्मी, मैं अपने स्वानुभव से तुम्हें बताना चाहता हूँ कि शुरुआत में नित्य नियम से साधना करते हुए समय और काल का भान रहता है, पर वहीं जब यह साधना मन और प्रेम से की जाती है, तब काल की गणना थम जाती है। यही सारे बाह्य साधनों का फल है। मन उस आत्मप्रेम में इतना रम जाता है कि 'मैं' उस आत्मा का ही अंश हूँ और उसके लिए हो हूँ, तब उस प्रेम में डूबा 'मन' अपना देहभान भी भूल जाता है। परंतु थोड़ी ही देर में मन इस अवस्था से दूर हो जाता है। मन की यह स्थिति उसके लिए असहनीय हो जाती है और वह पुनः आत्मानुभव की स्थिति में आने का प्रयत्न करता है। इसका कारण यही है कि उसने आत्मस्वरूप से एकरूप होने का आनंद लिया होता है। इस तरह मन पुनः अपने आपको सँभालता है और ऊर्ध्वगति यानी कि अपनी आत्मस्वरूप दिशा की ओर दौड़ते हुए वहीं स्थित रहने की कामना करता है। मन और आत्मा का इस तरह प्रेम-खेल शुरू हो जाता है। आत्मप्रेम से निर्मित और आत्मानंद का अनुभव कराने वाला यह खेल, मन और आत्मा के बीच चलता रहता है। इस तरह बाहरी रूप से रँगते-रँगते मन आत्मप्रेम में रमने लगता है और उस प्रेम में रमते-रमते मन आत्मस्वरूप से एकरूप हो आत्मानंद में ही रमने लगता है।

''हे लक्ष्मी, मैं तुम्हें और एक आनंद की बात बताता हूँ, जो नारायण की लीला के कारण घटित होती है। प्रेम से आत्मा के साथ खेलते-खेलते

मन उससे एकरूप होने लगता है। यह अनुभव केवल मानव देह में ही लिया जा सकता है। मन चैतन्यमय रहते हुए बार-बार उस अनुभव को पाने के लिए उत्प्रेरित होता रहता है। आत्मा से कुछ समय के लिए दूर जाकर मन पुनः उसके पास आने का सुख लेता है और यही लगन मन को लग जाती है। अपने प्रकृति स्वभाव के कारण मन में यह लगन लगती है तथा स्वभाव के अनुरूप मन उसके साथ खेल खेलता है। ऐसी लगन लगना भी नारायण की एक लीला ही है। इस लीला का मूल नारायण का स्वप्रेम है तथा इसका फल स्वानंद है। ऐसी ही लीला वाल्या के जीवन में घटित हुई। जिसका प्रेमभावपूर्ण वर्णन अत्यंत रसीला है तथा भक्तिभाव पूर्ण गायन आनंद देनेवाला है। अब तुम इसका वर्णन सुनने के लिए तैयार हो जाओ और भावपूर्णता का आनंद लो।''

नारद के स्वानंद की अवस्था का वर्णन श्रवण करते हुए लक्ष्मी भी भावपूर्ण होती जा रही थीं। परंतु वे सावधान थीं, क्योंकि वे जानती थीं कि भावपूर्णता और स्वानंदानुभव में अंतर है। इसीलिए वे नम्रभाव से नारद से कहने लगीं, ''हे नारद, नारायण की सृष्टिरूपी लीला हो अथवा उनकी अवतार लीला हो या एक सामान्य जीव की मानव देह में अनुभव-अवस्था का वर्णन हो, एक आप ही हो, जो इनका यथार्थ वर्णन कर सकते हो। इसका मूल कारण भी आपके अंतःकरण की अनुभव अवस्था ही है। आप जिस तरह से वर्णन करते हैं, वह रसपूर्ण तो होता ही है, पर वैसा अनुभव पाने की प्रेरणा भी मिलती रहती है। श्रवण सुख से मन निष्क्रिय तो नहीं होता, बल्कि वैसा ही अनुभव स्वयं पाने के लिए मन में जागृति निर्माण हो जाती है।

''अब आपसे विनती है कि आप वाल्या के जीवन में आगे घटित हुए प्रसंगों का वर्णन कर उसके अंतःकरण की अवस्था में होने वाले परिवर्तन का वर्णन करें। इसके श्रवण के लिए मैं बेहद आतुर हो रही हूँ।''

लक्ष्मी की बातें सुन नारद संतुष्ट हुए। उनके मुख से नारायण के माहात्म्य पर भक्तिभाव पूर्ण वचन सहज प्रकट होने लगे, ''हे लक्ष्मी, तुम्हारी श्रवणभक्ति से मुझे अत्यंत संतुष्टि मिलती है तथा आनंद होता है।

क्योंकि तभी मेरा अंतःकरण भी नारायण का गुणगायन करने हेतु अधिक खुलता है। यही स्थिति वाल्या की थी। वाल्या को मैंने बाह्य साधन दिए थे, जिससे उसके मन में आत्मप्रेम निर्माण हो जाए। उन्हीं साधनों का उपयोग कर जब वाल्या का मन शुद्ध होता गया तथा आत्मप्रेम से आत्मभेंट की ओर जाने के लिए मन प्रवृत्त हो गया, तब मेरा अंतस नारायण के प्रेम माहात्म्य से अधिक ही भर गया। इसमें सारा पराक्रम वाल्या का था। मैंने केवल उसे बाह्य साधन दिए थे। परंतु बाह्य साधन से आंतरिक भाव निर्माण होना अनिवार्य है, जिसके लिए मन की एकाग्रता और निश्चयात्मकता की आवश्यकता होती है। एक बार मन आत्मभेंट के मार्ग की ओर बढ़ गया तब बाहरी साधनों की आवश्यकता कम होने लगती है। परंतु तब भी बाहरी साधन किसी-न-किसी रूप में प्रकट होते ही रहते हैं। ऐसी ही स्थिति वाल्या की हो गई थी, उसी का मैं वर्णन कर रहा हूँ।

"बहुत समय पश्चात् तीनों लोकों में विचरण करते हुए जब मैं पुनः वाल्या के निकट पहुँचा, तब देखा कि वह अपनी साधना में रत है। उसके शांत और प्रसन्न मुख की ओर देख मैं समझ गया कि वह आत्मप्रेम में पूरी तरह रमा हुआ है और देहभान भी भूल गया है। देखा जाए तो मानव देह में अनुभव की दृष्टि से यही सर्वश्रेष्ठ अवस्था थी। पर मैं अपने स्वानुभव से जानता था कि यही अंतिम अवस्था नहीं है। देहभान में रहते हुए आत्मप्रेम में रमने की सहजावस्था ही सर्वश्रेष्ठ अनुभव है। मुझे इसी अवस्था की ओर निर्देश करना था, इसीलिए मैंने वाल्या को सावधान किया। मैं उसके समीप गया और धीरे से उसके मस्तक पर हाथ रखा। मेरे प्रेमल स्पर्श से वह देहभान में लौट आया और धीरे से आँख खोली, तब देखा कि मैं उसके सम्मुख खड़ा हूँ। मुझे देखते ही उसने अपने आपको मेरे चरणों में समर्पित कर दिया और मेरे चरण मजबूती से पकड़ लिये। उसके नेत्रों से बहने वाले अश्रुओं से मानो मेरे चरणों का स्नान हो रहा था। उसने अपने दोनों हाथों से मेरे चरणों को इतनी मजबूती से पकड़ रखा था कि छोड़ने को ही तैयार नहीं था। उसकी इस कृति को देख मेरा अंतःकरण प्रेम से भर गया और मुझे केवल नारायण के माहात्म्य का अनुभव होने लगा।

"वाल्या को प्रेम से उठाते हुए मैंने अपने हृदय से लगा लिया। उसके स्पर्श से मुझे महसूस हुआ कि उसका अंत:करण पूर्ण रूप से शुद्ध हो चुका है तथा रग-रग में केवल विशुद्ध आत्मप्रेम ही प्रवाहित हो रहा है। वही आत्मप्रेम चैतन्य के रूप में प्रकट हो रहा है। मैंने उसे आशीर्वाद देते हुए कहा कि हे वाल्या, तुम धन्य हो! तुमने अपना मानवीय जीवन सार्थक कर लिया। अज्ञानवश तुम यही भूल गए थे कि मानव जन्म ईश्वर से भेंट लेने के लिए मिलता है और तुम पापाचरण की ओर अग्रसर हो गए थे। परंतु फिर भी तुमने मुझ पर श्रद्धा रखते हुए तथा कठोर तप कर मन, बुद्धि और चित्त को विशुद्ध कर लिया। आत्मप्रेम से युक्त हो आत्मभक्ति कर तुमने मन को आत्मानुभव से सदा-सदा के लिए संयुक्त कर लिया। मानव देह में जन्म लेकर तुमने सर्वश्रेष्ठ अनुभव लिया और अपना जीवन कृतार्थ कर लिया। यह भी उस सर्वशक्तिमान नारायण का ही माहात्म्य और लीला है।"

मेरी बातें सुन वाल्या भावपूर्ण हो गया तथा विनम्र भाव से कहने लगा, "हे नारद मुनि, हे गुरुनाथ, यह सब आप ही की कृपा का फल है। यह सत्य है कि सारा माहात्म्य नारायण का है, परंतु अनुभव मैंने आपके रूप द्वारा किया है। मैंने नारायण को न तो देखा है, न सुना है, किंतु आपको देखा है तथा आप ही के मुख से सुना है। इसीलिए जिस राममंत्र का संस्कार कर आपने मुझे आत्मप्राप्ति का साधन दिया और आत्मा का ध्यान करने के लिए प्रेरित किया, उसका उच्चारण करते हुए मुझे केवल आप ही की प्रेमल मूर्ति का ध्यान आता है। मेरा मन आपके प्रेम से आप ही में स्थिर हो गया है तथा बुद्धि आपके प्रति श्रद्धा से निश्चयात्मक हो गई। आप जिस आत्मस्वरूप को अनुभव कर रहे थे, उसी अनुभव को प्राप्त करने की मेरी मंशा बढ़ती गई तथा धीरे-धीरे स्वयं 'मैं' को भूलता गया। सारी बाहरी सृष्टि मुझमें विलय हो गई और मैं आत्मानंद के अनुभव में लीन हो गया। किंतु आपके स्पर्श मात्र से देहभान में आ गया। फिर भी मेरे आत्मानंद के अनुभव में कोई बाधा नहीं आ रही है। जिसके प्रेम से इस सर्वश्रेष्ठ अनुभव को मैंने प्राप्त किया है, उसके प्रेमल स्पर्श से यदि मैं देहभान में आ जाता हूँ, तो उसमें आश्चर्य की कोई बात नहीं है। हे नारद महर्षि, आप ही हैं,

जिनके कारण मैं नारायण की इस लीला को अनुभव कर सका। परंतु मेरी देह और मन का आत्मानुभव से विरह मैं तनिक भी सहन नहीं कर पा रहा हूँ, इसीलिए आप से मेरी विनती है कि आप मुझे पुनः उसी देहभान विरहित अवस्था में लौटने दें। मेरा मत है कि यही सहज अवस्था है।''

हे लक्ष्मी, वाल्या के आत्मानुभव में रमने की लगन को देख मुझे बहुत संतोष हुआ। पर मैं जानता था कि यह वाल्या की अधूरी समझ है। इसीलिए पूर्णता का मार्ग दिखाते हुए मैं वाल्या से कहने लगा, ''हे वाल्या, अपने आप में रमने की तुम्हारी अवस्था निश्चित रूप से श्रेष्ठ है, पर यह अंतिम नहीं है। तुम जिसे सहजावस्था कह रहे हो, वह पूर्णावस्था नहीं है। मानव देह में आत्म स्वरूप को अनुभव करना सर्वश्रेष्ठ अवस्था है। किंतु मन, बुद्धि और चित्त से परे जिस आत्मा को अनुभव कर रहे हो, उस आत्मा में ये सब निहित हैं। यही इस आत्मा का माहात्म्य है। आत्मा के अस्तित्व को अनुभव करते समय मन, बुद्धि और चित्त का भान नहीं रहता, परंतु उनका अस्तित्व कायम रहता है। इसीलिए मन, बुद्धि और चित्त के साथ आत्मा को अनुभव करना ही पूर्णावस्था मानी जाती है। मानव जीवन इन सबका मिला-जुला अनुभव है। आत्मप्रेम के कारण ही आत्मस्वरूप का अनुभव होता है और उस अनुभव को प्राप्त करने के लिए मन, बुद्धि और चित्त, तीनों ही माध्यम बन जाते हैं। इन सबका मेल होना आवश्यक है। इन्हीं के माध्यम से आत्माराम का चरित्र और उसकी विजयगाथा का वर्णन किया जा सकता है। मैं तुम्हें अपने स्वानुभव से कह रहा हूँ कि यही सत्य है। मन, बुद्धि और चित्त की शुद्धि से ही तुमने इस अवस्था को प्राप्त किया है। अब तुम अपने इस अनुभव का वर्णन करो। तुमने अपने आंतरिक युद्ध को विराम देकर जिस आत्माराम को अपने हृदय सिंहासन पर अधिष्ठित किया है, उसकी विजय कथा का गायन कर अपने आत्माराम को आनंदित करो।''

हे लक्ष्मी, मेरी अनुभवपूर्ण बातें सुन वाल्या को अपनी अवस्था की अपूर्णता महसूस होने लगी और उसने कृतार्थ भाव सेअपना शीश मेरे चरणों में नवा दिया और कहने लगा, ''हे नारद महर्षि, आपकी गुरुकृपा की कोई सीमा नहीं है। सत्यधर्म की ओर जानेवाले अपने शिष्यों के मार्ग में

आनेवाली मन और बुद्धि की अड़चनों को तो आप अपने बोध से दूर करते ही हैं, साथ ही पूर्णावस्था से पहले ही यदि शिष्य कल्पना अथवा भावना में खो जाता है, तब उसे उस अवस्था से निकालकर पूर्णावस्था की ओर ले जानेवाले सत्यमार्ग की ओर प्रेरित हो। यही आपकी महानता है। अब मुझे आपके बताए साधन और उसकी मदद से पूर्णता की ओर जाने की लगन लग गई है। लेकिन क्या मैं अपनी संक्रमण अवस्था का, आपकी प्रेमल मूर्ति के ध्यान से मेरे मन में उपजे प्रेम, आपके बोध और उससे निर्मित आत्मप्रेम तथा प्रेम से होने वाली आत्मभेंट के आनंद का सजीव वर्णन कर सकता हूँ? मूलतः मेरे पास शब्दों का चयन ही कम है तथा बीते कई वर्षों से मेरे मुख से 'राम' के सिवा कोई और शब्द भी नहीं निकला। मेरे लिए सारे शब्दों का अर्थ तथा सारे अर्थों का भाव 'राम' ही है। पर मुझे पूर्ण विश्वास है कि आप ही कोई मार्ग अवश्य निकालेंगे। अब आप मुझ पर अनुकंपा करें, यही आपसे विनती है।''

हे लक्ष्मी, तभी वहाँ अचानक एक अद्‌भुत घटना घटी। उस वन में एक शिकारी ने शिकार की दृष्टि से एक कौंच पक्षी की ओर निशाना साधा। वह पक्षी अपने बच्चों के साथ पेड़ पर बैठा था। अचानक वाल्या की नजर उस शिकारी पर पड़ी। उसे देख वाल्या का मन उस कौंच पक्षी के प्रति दुःख से द्रवित हो गया। उसी अवस्था में वाल्या के मुख से अचानक काव्य स्फुरित होने लगा। काव्य सुनते ही शिकारी का मन बदल गया और वह शिकार किए बिना ही वहाँ से चला गया। इस अचानक घटित भावपूर्ण प्रसंग से वाल्या भी चकित हो अंतर्मुख हो गया। उसने अपने नेत्र मूँद लिये। किंतु इस बात से मुझे बहुत आनंद हो रहा था। मैं वाल्या के निकट गया तथा उसके मस्तक पर हाथ रखकर, उसे आशीर्वाद दिया। मेरे स्पर्श से वाल्या भान में अवश्य आया परंतु वह विमनस्क अवस्था में ही था। अचानक घटित इस प्रसंग को वह भी समझ नहीं पा रहा था। उसकी अवस्था को जानते हुए मैंने ही कहना आरंभ किया—

''हे वाल्या, जब अंतःकरण भावपूर्ण हो जाता है, तब भावों को साकार करने के लिए शब्द सहज स्फुरित होते हैं। इसीलिए सामर्थ्य शब्दों

का नहीं है, बल्कि शब्दों को प्रकट करनेवाले अंत:करण के भाव का है। आत्मस्वरूप की अनुभवावस्था में ऐसी भावपूर्णता सहज ही उठती है तथा किसी-न-किसी बाहरी रूप में प्रकट होती है। यही भावपूर्णता इस अवस्था की सत्यता को प्रकट करती है। तुम्हारे अंत:करण की भी अवस्था ऐसी ही हो गई है, इसीलिए उस पक्षी की मृत्यु होते देख तुम्हारा अंत:करण उसके दु:ख और वेदना से द्रवित हो गया। उसका दु:ख तुम्हारा दु:ख हो गया और तुम्हारे अंतस के भाव को साकार करने हेतु शब्दों ने काव्य का रूप ले लिया। तुम पर यह ईश्वर की अर्थात् अंत:करण के आत्माराम की ही कृपा है। आत्मप्राप्ति के लिए तुमने जो ईश्वर की भक्ति की है, उसी का यह सुफल है, जिससे तुम्हें काव्य प्रतिभा प्राप्त हो गई। अब इस फल का सेवन अन्य भी करें, इस हेतु तुम अपने इस गुण से आत्माराम की ही भक्ति करो। आत्माराम की प्राप्ति के पश्चात् होने वाली भक्ति को ही आत्मनिवेदन भक्ति कहते हैं। वही सर्वश्रेष्ठ है और तुम ऐसी भक्ति निश्चित रूप से करोगे। ईश्वर के गुणगायन के लिए तुम्हारे हृदय से काव्य स्फुरित होंगे और तुम इस त्रिभुवन में कवि महर्षि वाल्मीकि के नाम से अमर हो जाओगे। नारायण के अवतार चरित्र और सगुण प्रेम भक्ति से ओतप्रोत तुम्हारे काव्यों से ईश्वर का माहात्म्य प्रकट होगा तथा जन साधारण के लिए ईश्वर भक्ति का प्रेरणा स्रोत बनेगा। मेरा पूर्ण आशीर्वाद तुम्हारे साथ है। इसे तुम अवश्य ही फलीभूत करोगे।''

हे लक्ष्मी, मेरी बातें सुन वाल्या का मन पूर्णत: निशंक हो गया। उसकी भ्रम अवस्था एक ही क्षण में दूर हो गई और मन आत्मविश्वास से भर उठा। उसने उसी स्थिति में झुककर मेरे चरणों में शीश नवाया। मैंने भी उसे बहुत प्रेम से उठाकर दृढ आलिंगन दिया। हम दोनों का हृदय ईश्वरीय प्रेम से भर गया। आनंद की उस परम अवस्था में मैं नारायण की सृष्टि की लीला देखने आगे बढ़ गया तथा वाल्मीकि उस परम अवस्था में आत्माराम की लीला का स्वानंद प्रकट करने के लिए सिद्ध हो गए। उसी सिद्ध अवस्था में उन्होंने आध्यात्मिक रामायण काव्य-रूप में साकार की। आत्माराम ही राम के रूप में प्रकट हुए और बुद्धि सीता हो गई। आत्मा के प्रति प्रेम भरत

के रूप में प्रकट हुआ तथा सेवाभावी मन लक्ष्मण के रूप में। भक्तिभाव प्रकट हुआ हनुमान के रूप में! अब तक मन में बची सारी दुष्प्रवृत्ति राक्षस के रूप में साकार हुई। वहीं सद्प्रवृत्ति वानरों के रूप में सहायक हुई। इस प्रकार वह देह, जहाँ पूरी रामायण घटित हुई, वहाँ युद्ध विराम हो गया और विजय प्राप्त कर वही देह अयोध्या नगरी बन गई।

इस तरह वाल्मीकि ऋषि का निरपेक्ष अनुभव, रामावतार में विविध व्यक्ति रेखाओं द्वारा सापेक्षता के साथ साकार हो रहा था। महत्त्वपूर्ण बात यह थी कि तपश्चर्या से शुद्ध वाल्मीकि के अंत:करण में प्रेम का संचार हो गया था। जो काव्यात्मक रामायण द्वारा प्रकट हो रहा था और वे उसी का आनंद ले रहे थे। अन्यथा यदि अंत:करण शुद्ध भी हो गया होता, परंतु ईश्वरीय प्रेम निर्माण नहीं हुआ होता, तो वे न आनंद ले पाते और न दे पाते। ज्ञान से बुद्धि की शुद्धि, उपासना से मन और विचार की शुद्धि, स्वधर्माचरण से आचरण शुद्धि, तपस्या से होने वाली अंत:करण की शुद्धि तात्कालिक होती है, जिसे प्रयत्नपूर्वक बनाए रखना पड़ता है। कुछ ही समय में मन, बुद्धि और अंत:करण अपनी पूर्वावस्था में आने लगते हैं और उस पर मलिनता चढ़ने लगती है।

परंतु शुद्ध हुए अंत:करण में यदि ईश्वरीय प्रेम धारण हो जाता है, तब यह प्रेम अपने गुणधर्म के अनुरूप पूरे अंत:करण में व्याप्त हो जाता है। इसी प्रेमलता से आनंद का अनुभव मिलता है। यह मूल एक बार पक्की बैठ गई, तब भक्ति के सुगंधित फूल और आनंददायी मधुर रस से परिपूर्ण फल नित्य और नवीनता के साथ फलित होते हैं। ऐसे ही परमानंद के मधुर फल रामायण के रूप में वाल्मीकि के अंत:करण से प्रकट हुए, जिसमें राम के अंत:करण की आत्मानुभवी और भावपूर्ण अवस्था का ही अधिक वर्णन किया गया है। सामान्य जीव की अवस्था से आत्मानुभव अवस्था तक का मार्गक्रमण, उसमें आनेवाली बाधाएँ तथा उस पर आत्मबल से किए पराक्रम का विवरण एक इतिहास के समान लिखा गया है। आत्मस्वरूप से दूर हुए एक अहंकारी जीव ने किस प्रकार सारे दुर्गुणों और दोषों पर विजय पाई और पुन: आत्मस्वरूप से एकरूप हो गया। प्रभु राम के रूप में एक जीव

अयोध्या छोड़कर वनवास गया। वहाँ राक्षसों का दमन किया तथा रावण का वध कर पुनः अयोध्या नगरी लौटा और राज्यासन पर विराजमान हुआ। इस प्रकार वाल्मीकि के अंतस से तृप्त भाव रामायण के रूप में साकार हुए।''

नारद के मुख से प्रवाहित होने वाली वाग्‌गंगा से प्रेम भक्ति और ज्ञान रूपी धारा बह रही थी, जिसमें लक्ष्मी स्नान कर रही थीं। उनमें प्रेम की तृप्ति, भक्ति की भूख और ज्ञान का असमाधान बढ़ता जा रहा था और साथ ही वे भावपूर्ण होती जा रही थीं। उनके मुख से सहज ये उद्‌गार निकले—

''हे नारद, आप जो वर्णन कर रहे हो, यह बहुत अद्‌भुत है और यह मेरा परम भाग्य है कि मुझे श्रवण करने का अवसर मिल रहा है। रामावतार में राम का जो चरित्र प्रकट हुआ है, वह तो अद्‌भुत है ही, पर वाल्मीकि का चरित्र भी असाधारण है। वाल्या से वाल्मीकि ऋषि बनना कोई साधारण बात नहीं है। वाल्मीकि के कठोर अंतःकरण में पक्षी के लिए वेदना प्रकट हुई, जो उनके अंतःकरण की कोमलता और संवेदना ही दरशाती है। किंतु उनके इस तरह के हृदय-परिवर्तन में मार्गदर्शन तो आपका ही है। आप ही के प्रेम और ध्यान से उन्होंने तपस्या की तथा अंतःकरण को इतना शुद्ध और प्रेमल बना लिया। आप कहेंगे कि यह सारी लीला नारायण की है, परंतु प्रकट आप जैसे श्रेष्ठ भक्तों द्वारा होती है, यह भी अकाट्‌य सत्य है। अन्यथा नारायण का माहात्म्य अप्रगट ही रह जाता।

''सीता गर्भवती हैं तथा अब ऐसी ही लीला वाल्मीकि के आश्रम में घटित होने वाली है। अतः आपसे विनती है कि कृपा कर इस प्रसंग का भी सविस्तार वर्णन कर मुझे सुनाएँ।''

लक्ष्मी की भावपूर्ण अवस्था देख नारद संतुष्ट हो रहे थे। उनकी प्रसन्नता और आनंद उनकी वाणी द्वारा इस तरह प्रवाहित होने लगा, ''हे लक्ष्मी, तुम सचमुच बहुत भाग्यवान हो। अति दुर्लभ मानी जानेवाली सगुण प्रेमभक्ति की मूल तुम्हारे अंतःकरण में स्थापित हो गई है और उसे सिंचित करनेवाला प्रेमरस, जो नारायण की सगुण कथा श्रवण से निर्मित होता है, उसे पाने की तुम्हारी लालसा बढ़ती जा रही है। यह देख मुझे अतिशय आनंद हो रहा है। अब निश्चित ही तुम्हारी प्रेमभक्ति की मूल से आनंददायी

और प्रेमरस से भरे फल निर्माण होंगे। अब तुम राम-चरित्र के अगले प्रसंगों को सुनने के लिए तत्पर हो जाओ।''

महर्षि वाल्मीकि को राम-चरित्र में घटित होने वाले अग्रिम प्रसंगों में सहभागी होने का स्वर्णिम अवसर प्राप्त हो रहा था। जिसके लिए वे पूरी तरह से तैयार थे। उन्होंने आश्रम में सीता के रहने की उत्तम व्यवस्था की। सभी आश्रमवासियों को समझाकर बताया कि सीता की इस नाजुक अवस्था में हम सभी को उनकी मानसिक और शारीरिक अवस्था का विशेष ध्यान रखना है। वे स्वयं भी सीता से संवाद कर उन्हें अधिकाधिक प्रसन्न रखने का प्रयत्न करते थे। आश्रम में प्रतिदिन होने वाले यज्ञ, ईश्वरीय उपासना और अनुष्ठान से वहाँ का वातावरण मंगलमय और आनंददायी रहता था। यही कारण था, जिससे सीता के गर्भ में पल रहे शिशुओं पर योग्य संस्कार हो रहे थे। सीता का मनोबल भी इसी कारण बढ़ता जा रहा था। योग्य समय के पश्चात् सीता की प्रसूति हुई और उन्होंने दो जुड़वाँ बच्चों को जन्म दिया। देखने में वे दोनों बिल्कुल राम जैसे थे। उन्हें देख सीता को तीव्रता से राम का स्मरण होने लगा। उन्हें सबसे अधिक प्रसन्नता इस बात से हो रही थी कि उन्होंने राम के अंश को अपने उदर से जन्म दिया है। पर दुःख इस बात का हो रहा था कि उनके जीवन के ऐसे महत्त्वपूर्ण समय में साक्षात् राम वहाँ नहीं थे। इसी की मिली-जुली प्रतिक्रिया उनके मुख पर दिखाई दे रही थी और नेत्रों से सतत अश्रु बह रहे थे।

उनकी इस मानसिक स्थिति को केवल वाल्मीकि समझ रहे थे। वे अपने कोमल अंतःकरण में सीता की अवस्था को महसूस कर रहे थे। इसीलिए उन्होंने सीता के मस्तक पर हाथ रखकर उन्हें सांत्वना दी और दोनों शिशुओं को अपने अंक से लगाकर उनके मस्तक पर प्रेम से हाथ फेरा।

पश्चात् शुभ मुहूर्त देखकर दोनों शिशुओं का नामकरण किया गया। पूरे आश्रम को सुंदर फूलों और तोरणों से सजाया गया। मंगल वाद्य और वेद मंत्रों से सारा वातावरण गूँज उठा था। अत्यंत हर्ष और उल्लास के साथ मनाए गए इस समारोह में वाल्मीकि ने दोनों शिशुओं को अपनी गोद में बैठाया तथा उनके मुख को सहलाते हुए उनका नाम 'लव' और 'कुश'

रखा। उत्तम आशीर्वाद देते हुए उन्होंने बताया कि दोनों बंधु अपने आचरणों से अपनी माता को सदा आनंदित करेंगे और अपने पराक्रम से अपने पिता को संतुष्ट करेंगे।

धीरे-धीरे लव और कुश आश्रम में ही छोटे से बड़े होते रहे। अपनी बाल लीलाओं से वे सबको अत्यंत हर्षित करते थे। उनकी बातें, उनके आचरण आदि को देख सीता को बेहद हर्ष होता था और प्रकर्षता से उन्हें राम का स्मरण हो जाता। उनका अंत:करण राम के प्रेम से भर नेत्रों द्वारा बहने लगता। लव और कुश के बोलने-चालने में और आचरण में भी उन्हें राम का ही व्यक्तित्व दिखाई देता था और वे एक अलग ही अनुभूति से भर जाती थीं। परंतु हे लक्ष्मी, सबसे अधिक आनंद महर्षि वाल्मीकि को हो रहा था।

लव और कुश के रूप में मानो वाल्मीकि का आत्मानंद ही साकार होकर आश्रम में खेल रहा था। दोनों बालक एकदम निश्छल प्रेम से वाल्मीकि के पास आकर बैठ जाते थे। वाल्मीकि अपने शिष्यों को ज्ञान देते, अनुष्ठान अथवा यज्ञ करते, उपासना मंत्र सिखाते अथवा चर्चा करते, इन सारे प्रसंगों में लव और कुश सदैव वहाँ उपस्थित रहते। जब दोनों छोटे थे, तब वाल्मीकि ऋषि उन्हें अपनी गोद में लेकर बैठते थे। पर जैसे-जैसे वे बड़े होते गए, लव और कुश उनके पास बैठने लगे। वाल्मीकि ऋषि की सारी कृतियों को वे दोनों बड़े गौर से देखते थे। कभी-कभी जिज्ञासु वृत्ति के कारण प्रश्न भी पूछ लेते और पूर्ण समाधान पाते।

प्रात:काल शीघ्र उठकर दोनों वाल्मीकि ऋषि के पास आते और उनके धुले वस्त्र तथा कमंडल को अपने एक हाथ में पकड़, दूसरे हाथ से वाल्मीकि की उँगली पकड़ दौड़ते-दौड़ते नदी में स्नान के लिए जाते। रास्ते में वाल्मीकि दोनों से बहुत प्रेम से बातें करते, उनको प्रत्येक बात समझाकर बताते और हर्षित होते। शुरुआत में सीता के मन यह बात आ जाती थी कि लव और कुश के कारण वाल्मीकि की दिनचर्या और कार्य में बाधा उत्पन्न होती होगी। इसलिए वे लव और कुश को वाल्मीकि के समीप जाने से रोकने का प्रयत्न करतीं। परंतु जब उन्हें ज्ञात हुआ कि लव

और कुश के साथ वाल्मीकि बहुत प्रसन्न रहते हैं और उनको प्रत्येक बात समझाकर बताते हैं, तब सीता को बेहद खुशी हुई और वे लव-कुश को खुशी-खुशी वाल्मीकि के पास भेजने लगीं।

वाल्मीकि के स्वभाव में आए इस बदलाव को देख सभी आश्रमवासी चकित रहते थे। अब तक सभी वाल्मीकि के प्रेमल अंत:करण और बाहर से गंभीर दिखाई देनेवाली वाल्मीकि की छवि से ही परिचित थे। परंतु अब लव-कुश के साथ निश्छल भाव से खेलते-खेलते वाल्मीकि का वात्सल्य-भाव जाग्रत् हो लव-कुश के साथ खेलने लगा था। लव-कुश की बालहठ को प्रेम से पूर्ण करते हुए वाल्मीकि लव-कुश पर योग्य संस्कार डाल रहे थे। उन्हें संस्कृत भाषा, श्लोक और सुभाषित कंठस्थ कराए। जिसका परिणाम यह हुआ कि लव और कुश की वाणी तथा उच्चार शुद्ध होता गया। मन सदा सद्विचारों से भरा रहता। प्रत्येक बात को हर दृष्टि से देखने और समझने की बुद्धि उनमें जाग्रत् होने लगी। मन और बुद्धि के विकास के साथ ही उनका अपना व्यक्तित्व निर्माण होने लगा।

इस तरह एक दिन शुभ मुहूर्त देख वाल्मीकि ने लव और कुश पर गायत्री मंत्र का संस्कार किया। इस संस्कार के पश्चात् वे ब्रह्मोपासना के लिए पात्र बन गए थे। सारी सृष्टि को प्रकाश देनेवाले तथा ब्रह्मतेज के प्रतीक सूर्य की उपासना करते हुए उस सूर्य को भी प्रकाशित और तेजस्वी करनेवाले ब्रह्मस्वरूप का ध्यान लगाने वाले गायत्री मंत्र के जाप की उन्हें आज्ञा मिल गई। मन और बुद्धि को शुद्ध करनेवाला यही गायत्री मंत्र है और इसी से अनेक जगहों पर भटकने वाली बुद्धि उस ब्रह्मस्वरूप से एकरूप होने के लिए निश्चयात्मक और सबल होती है। यह ऐसा मंत्र है, जिससे ज्ञानचक्षु खुलकर स्वयं में बसे आत्मस्वरूप का दर्शन होता है तथा योग्य मार्ग पर चलते हुए तेजोमय और प्रकाशस्वरूप आत्मा का सुदर्शन हो आत्मस्वरूप सदा-सदा के लिए अपने अनुभव का हो जाता है।

इस प्रकार वाल्मीकि ऋषि की कृपा-छाया और मार्गदर्शन में लव-कुश की ब्रह्मोपासना नित्य नियम से हो रही थी और उसका तेज सहज ही उनके मुख पर विलसित हो रहा था। तेजस्विता किंतु शांति, आत्मविश्वास

पर नम्रता, निर्भयता परंतु सावधानी, इन परस्पर विरोधी लक्षणों के सुंदर मेल से लव और कुश के व्यक्तित्व में विशेष निखार आ गया था। उनकी उपस्थिति से सारे आश्रमवासियों को बहुत प्रसन्नता हो रही थी। सीता भी उन्हें देख बहुत खुश होती थीं और उन्हें देख कृतार्थता का अनुभव करती थीं। उनके आचरण, व्यवहार और व्यक्तित्व में वे प्रभु राम के ही दर्शन करती थीं और प्रभु राम के ही स्मरण में गुम हो जाया करती थीं। सीता की हार्दिक अभिलाषा थी कि लव और कुश को प्रभु राम देखें और अपने पुत्रों के रूप एवं गुणों की प्रशंसा करें। इस सुंदर अवसर की वे बड़ी बेचैनी से प्रतीक्षा कर रही थीं। परंतु उनके हाथ में प्रतीक्षा करने के सिवाय कुछ नहीं था। इसीलिए वे प्रभु राम का ही स्मरण कर मन-ही-मन विनती करतीं कि यह दिन शीघ्र ही उनके जीवन में आए। लव और कुश बार-बार सीता से अपने पिता के विषय में पूछा करते थे। पर सीता उनके प्रश्नों को टाल देती थीं। तब लव और कुश वाल्मीकि से अपने पिता के बारे में पूछते। वाल्मीकि भी बड़ी कुशलता से आश्वासन देते कि 'धैर्य रखो, योग्य समय आते ही तुम्हें सबकुछ मालूम हो जाएगा'। पर इस उत्तर को सुन लव और कुश अधिक बेचैन हो जाते थे।

उनकी नाराजगी दूर करने और मन दूसरी जगह लगाने हेतु वाल्मीकि ने एक सुयोग्य उपाय खोज निकाला। उन्होंने लव और कुश को अपने स्वानुभव से लिखी रामायण का अध्ययन कराना आरंभ कर दिया। उनके पठन-पाठन में लव और कुश का मन लग गया। अपनी जिज्ञासु वृत्ति के कारण वे वाल्मीकि से रामायण के संदर्भ में अनेक प्रश्न करते। वाल्मीकि भी उन्हें योग्य उत्तर देते। उन पर श्रद्धा रख लव-कुश को समाधान तो हो जाता था, परंतु मन में कहीं-न-कहीं प्रश्नवाचक चिह्न लगे रहते। लव-कुश को ज्ञात था कि रामायण का स्फुरण वाल्मीकि के स्वानुभव से हुआ है, इसीलिए वे वाल्मीकि के अंतःकरण का अनुभव लेने का अधिकाधिक प्रयत्न करने लगे। वाल्मीकि ने जब उन्हें बताया कि रामायण में वर्णित राम के चरित्र के समान ही नारायण मानव रूप में प्रकट होकर अयोध्या के राजसिंहासन पर राजा के रूप में विराजमान हैं, तब से लव और कुश के

मन में राम से मिलने की तीव्र इच्छा जाग्रत् हो गई। नारायण की नियति अनुसार यह योग भी शीघ्र ही जुड़ आया।

राम का जन्मदिन बहुत हर्षोल्लास से प्रति वर्ष मनाया जाता था। उस दिन राम अपने दरबार में सभी को आमंत्रित करते थे। सारी प्रजा अपनी-अपनी कला से राम को आनंदित करती। कोई संगीत से तो कोई नृत्य अथवा काव्य-गायन से प्रसन्न करते। इस प्रकार राम का जन्मदिन बड़े हर्षोल्लास के साथ मनाया जाता था। इसी तरह एक जन्मदिन के अवसर पर वाल्मीकि ने लव और कुश को इस समारोह के विषय में बताया और कहा कि तुम भी वहाँ जाकर रामायण का गायन करो। वाल्मीकि की इच्छा को आज्ञा मानकर लव और कुश राम के दरबार में पहुँचे। इन दो छोटे बालकों को देख सभी अयोध्यावासी चकित रह गए। उम्र में छोटे, किंतु व्यवहार में समझदार, चेहरे पर निश्छल भाव पर तेजस्विता, वेश-भूषा आश्रमवासियों जैसे लेकिन शरीर सौष्ठव राज-परिवार जैसा, कंधे छोटे पर उन पर लटकी बड़े आकार की वीणा जिस पर कोमल उँगलियाँ थिरक रही थीं। ऐसे बालकों को देख वहाँ उपस्थित प्रजाजन तो चकित थे ही, पर राम भी एक अनामिक भाव से भर उठे।

लव और कुश कुछ आगे आए और नम्र भाव से अभिवादन करते हुए उन्होंने अपना इस तरह परिचय दिया। 'हम वाल्मीकि के शिष्य हैं तथा हमारा नाम लव और कुश है। हम वाल्मीकि द्वारा रचित रामायण का गायन करना चाहते हैं।' यह सुनकर राम चकित रह गए कि 'रामायण' वाल्मीकि ने लिखी है। उनके मन में रामायण के श्रवण की उत्कंठा जाग्रत् हो गई और उन्होंने लव और कुश को रामायण के गायन की अनुमति दे दी।

लव और कुश ने पुनः एक बार मस्तक झुकाकर राम का अभिवादन किया। नेत्र बंद कर अपने परमपूज्य गुरु वाल्मीकि का स्मरण किया। स्मरण मात्र से लव और कुश अपने गुरु के प्रेम और माहात्म्य से भर गए और सहज ही उनकी नाजुक उँगलियाँ वीणा पर थिरकने लगीं। उसमें से निकले मधुर और कोमल स्वरों से मानो ब्रह्मनाद घूमने लगा। अपने दूसरे हाथ की उँगली से जब उन्होंने वीणा का तार छेड़ा तो सारी प्रजा ब्रह्मनाद

में डूब गई। रामजन्म से लेकर रावण के वध और सीता की मुक्ति तथा अयोध्या में राम के राज्याभिषेक तक का राम के जीवन-चरित्र का अद्‌भुत और रोमहर्षक वर्णन वाल्मीकि के काव्यों में साकार हुआ था। इसके द्वारा वाल्मीकि का ही नहीं वरन् राम के अंत:करण का साक्षात् वर्णन प्रकट हो रहा था। राम का अंत:करण, वाल्मीकि के शब्द और लव-कुश का स्वर, इस त्रिवेणी संगम से दैवीय संगीत का आविष्कार हो निर्गुण आनंद सगुण रूप में प्रकट हो रहा था। स्पष्ट शब्दोच्चार, स्वरों की सहजता, लयात्मकता और सखोलता के कारण गंभीर, किंतु बुलंद आवाज के साथ देव दुर्लभ दैवीय गुणों के समन्वय सहज ही उन सुरों में हो रहा था। उस संगीत से श्रोताओं को केवल श्रवण सुख नहीं मिल रहा था बल्कि तृप्ति का भी अहसास हो रहा था। गायन के प्रभाव से सभी के मन प्रेम-रस से भर भावपूर्ण हो गए थे। सदैव भावपूर्ण रहनेवाले राम का अंत:करण भी अश्रुओं के रूप में प्रवाहित हो रहा था। राम के अंत:करण से नित्य भक्तिभाव से जुड़े लक्ष्मण और हनुमान भी राम की इस अवस्था से इतने एकरूप हो गए थे कि वे भी अपना देहभान ही भूल गए थे।

राम-चरित्र गायन परम शिखर पर पहुँच समाप्त हो गया था। परंतु किसी को भी यह भान नहीं था कि गायन पूर्ण हो चुका है। इतना उनका मन गायन में रमा हुआ था। सामान्य जन की भावपूर्णता उत्कट भावनाओं के कारण प्रबल होती है, जिसमें प्रवाहित होकर वे अपने आप को भूल जाते हैं। पर राम की भावपूर्ण अवस्था नित्य की थी, इसलिए स्थिर थी, जहाँ भाव सहजता के साथ सदैव जाग्रत् रहता है। यह जागृति उनकी भावपूर्णता को बाधित नहीं होने देती बल्कि भाव को प्रकट होने के लिए प्रेरित करती है।

राम अपने सिंहासन से उठे और लव-कुश के पास जाकर उनके मस्तक पर हाथ फिराकर उन्हें आशीर्वाद दिया। दोनों बच्चों ने झुककर राम के चरण स्पर्श किए। उसी स्थिति में राम ने उन्हें उठाकर अपने अंक से लगा लिया। लव-कुश भी सहजता के साथ राम से लिपट गए। पिता-पुत्र की यह भेंट अभूतपूर्व थी। दोनों को यह नाता मालूम नहीं था, पर उस नाते के भाव का आनंद राम और लव-कुश दोनों ही ले रहे थे। राम की

भावपूर्णता सहज थी। उनके नेत्रों से बह रही प्रेम गंगा के स्पर्श से लव-कुश का मन आनंद की हिलोरें ले रहा था। ऐसे आनंद के क्षण उन्होंने अब तक कभी महसूस नहीं किए थे। राम और लव-कुश के मिलन की आनंद-लहरी चारों ओर फैल रही थी और सारा वातावरण भावपूर्ण हो रहा था। सभी अपने स्थान से उठे और करतल नाद से साथ प्रभु राम की जय-जयकार करने लगे। वातावरण इतना आनंदमय हो गया जैसे बैकुंठ धाम ही धरा पर उतर आया हो।

राम और लव-कुश की भेंट के भावपूर्ण प्रसंगों का वर्णन करते हुए नारद तो भावपूर्ण हो ही गए थे, लक्ष्मी भी बहुत भावपूर्ण हो गईं। शेष की भी भावनात्मकता उत्कट हो गई थी। पर सबसे अधिक स्वानंद का अनुभव ले रहे थे नारायण। लक्ष्मी की भावपूर्णता भक्तिभाव के कारण थी। वे अपने भाव को रोक नहीं पा रही थीं इसीलिए नारद से पूछने लगीं—

''हे नारद, राम और लव-कुश की भेंट का आनंद प्रकट करते हुए ऐसा प्रतीत हो रहा था जैसे बैकुंठ ही धरा पर उतर आया हो, पर यह आपका अनुभव था। परंतु उस बैकुंठ में आप अयोध्या को उतार लाए, यह मेरा अनुभव है। इन दोनों का श्रेय केवल आप ही को जाता है। आपके अंत:करण की स्वानुभव अवस्था के कारण आपकी भावपूर्णता अगाध है। इस आनंद का वर्णन करते समय आपके मुख से शब्द सहज स्फुरित होते हैं। उत्कट भाव से प्रकट होने के लिए शब्दों की अपनी मर्यादा है, यह मैं जानती हूँ, परंतु आपके द्वारा किया गया वर्णन उस मर्यादा को भी तोड़ देता है। यही कारण है कि मुझे आपके अंत:करण का ध्यान लग जाता है। लव-कुश की भेंट के समय राम के अंतस की अवस्था को आप अपने स्वानुभव से जानते थे। पर मेरी बुद्धि की क्षमता इतनी नहीं है कि मैं राम के अंत:करण की अवस्था को जान सकूँ। यह बात सच है कि राम-चरित्र का श्रवण करते हुए मेरे मन में राम के प्रति प्रेम उमड़ आता है। इसी प्रेम के कारण मेरे मन में अनेक विचार सहज ही उठने लगते हैं। राम और लव-कुश की भेंट का वर्णन सुनकर मुझे अत्यंत हर्ष हुआ, पर उसी क्षण मन में यह भी प्रश्न उठा कि यदि राम और लव-कुश अपने पिता-पुत्र के

नाते के बारे में जान लेते तो उनका यह आनंद द्विगुणित हो जाता।

राम यह जानकर कितना खुश होते कि ये उनके ही पुत्र हैं। इस बात से उनकी सीता-विरह की व्याकुलता भी कुछ कम हो जाती। मुझे लगता है कि वाल्मीकि को यह बात लव-कुश को बता देनी चाहिए थी और लव-कुश द्वारा यह संदेश राम तक पहुँचा देना चाहिए था। परंतु यदि वाल्मीकि ने ऐसा नहीं किया, तब अवश्य ही कुछ सोच-विचारकर ही किया होगा। पर हे नारद, मुझे उन आनंददायी क्षणों की प्रतीक्षा है, जब राम-सीता और लव-कुश एक साथ मिलें।

मेरी यह उत्कंठा राम-चरित्र के प्रत्येक प्रसंग के लिए रहती है। उसका एकमात्र कारण भी राम का चरित्र ही है। राम-चरित्र में प्रत्येक प्रसंग अकल्पित और अचानक रूप से प्रकट होता हुआ दिखाई देता है। किंतु प्रत्येक प्रसंग में राम, निश्चल और सबल रहे तथा पूर्ण निश्चय, धैर्य और यश के साथ आगे बढ़ते रहे। इतना आगे बढ़े कि उन्होंने प्रसंगों की ओर पीछे मुड़कर भी नहीं देखा। न उस पर पुनर्विचार किया और न ही उसके विषय में किसी और से बात की। सामान्य व्यक्ति की दृष्टि में उनकी यह अलिप्तता दोषपूर्ण हो सकती है। परंतु राम-चरित्र की ओर देखते समय हमें उनके माहात्म्य को नहीं भूलना चाहिए। तब ही उनकी बाह्य कृति को देखते हुए उनके अंत:करण को हम जान सकेंगे। उनकी सारी कृति उनके अंत:करण के शुद्ध, निर्मल और निर्विकारी ईश्वरीय अनुभव के द्वारा प्रकट होती है। उनके चरित्र की ओर देखकर उन्हें समझना, उनका गायन करना तथा वैसा ही अनुभव उनकी भक्ति द्वारा प्राप्त करना चाहिए। तब ही हम सगुण रूप में अवतरित नारायण के निर्गुण स्वरूप को जान पाएँगे।''

लक्ष्मी की बातें सुन सदैव आनंदावस्था में रहनेवाले नारद अधिक आनंदित हुए और कहने लगे, ''हे लक्ष्मी, तुम्हारा कहना एकदम सत्य है। पर प्रश्न यह है कि ऐसा संभव कैसे होगा? सगुण कथा श्रवण करते हुए सभी के मन में यह प्रश्न उठता हो, यह तो संभव नहीं है। किसी भाग्यवान के मन में ही ऐसे प्रश्न निर्माण होते हैं। उनमें भी जो इन प्रश्नों के उत्तर खोजने के लिए महात्मा की खोज में रहते हैं तथा उनके द्वारा दिखाए गए

मार्ग पर चलते हुए उन्हीं की अवस्था का ध्यान रखने का प्रयत्न करते हैं, उन्हें 'प्रयत्नवान' कहते हैं। उस ध्यान की भक्तिभाव से पूर्ति करनेवाला 'भक्तिवान' तथा स्वानुभव से उनके अंत:करण से एकरूप होने वाला 'अनुभववान' कहलाता है। स्वानुभव की ओर ले जानेवाली भक्ति ही खरी भक्ति है तथा जिस मार्ग में जाने से भक्तिभाव निर्माण हो, वही 'सच्चा भक्तिमार्ग' है।

मन में सगुण के प्रति प्रेम निर्माण होना और यह निश्चय होना कि इनका प्रेम ही ईश्वरीय प्रेम है और यही एकमेव सत्य है, आसान बात नहीं है। इस हेतु सगुण चरित्र का श्रवण उस भाव से होना चाहिए तथा उनके सान्निध्य में रहकर उनके प्रेम को सतत पाने का एकमात्र ध्यान लगना चाहिए। तभी उनके माहात्म्य को जानते हुए उनके प्रत्यक्ष प्रेम से भक्तिभाव उत्पन्न होगा। ऐसा संयोग मानव रूप में जन्म लिये बेहद भाग्यवानों के जीवन में आता है। एक बार मन में भक्तिभाव पनप गया, तब उसी भाव में रहने की लालसा बढ़ती जाती है तथा एक पल के लिए भी विभक्तता सहन नहीं होती। मार्ग में आनेवाली सभी बाधाओं को दूर करने की शक्ति उनमें पैदा हो जाती है।

हमें भी अहम भाग्य से नारायण का प्रेम सान्निध्य मिला है और तुम्हें तो नारायण का सान्निध्य नित्य ही मिलता है। उस पर भी उनकी कृपा है कि वे हमें उनका संग देकर उनका सान्निध्य प्रदान करते हैं। पर हम अब तक भी उनके माहात्म्य को पूर्णरूप से जान नहीं पाए हैं। कारण हम उनके अंत:करण को पूरी तरह समझ नहीं पाए हैं। उनके अंत:करण की अवस्था भी सागर की तरह नित्य नवीन रहती है। सागर का स्वरूप एक ही होता है, पर रूप हर दिन बदलता रहता है। ऐसी ही स्थिति सगुण ईश्वर के अंत:करण की होती है। जो प्रसंग-प्रसंग में बदलती रहती है। किंतु उसका स्वरूप मात्र एक ही रहता है। रूप और स्वरूप अलग-अलग दिखाई दें, तब भी दोनों को अलग कर नहीं कर सकते, कारण रूप के माध्यम से ही स्वरूप को जाना जा सकता है। जिसका अनुभव मात्र अपने ही अंत:करण में किया जा सकता है। नारायण के अंत:करण को उन्हीं की प्रेमभक्ति से

जानते हुए हमारे अंत:करण की अवस्था भी उनके जैसी हो जाती है। यही नारायण के अंत:करण से एकरूप होने की अवस्था है तथा यही स्वानुभव का स्वानंद है।''

नारद की भक्तिभावपूर्ण बातें निरूपण का रूप ले चुकी थीं। उसमें पूर्ण रूप से रमीं लक्ष्मी श्रवण का आनंद ले रही थीं। नारद की स्वानुभवपूर्ण अवस्था को देख वे नारायण के माहात्म्य से अधिक प्रभावित हो रही थीं। उनमें भी नारायण के अंत:करण को स्वानुभव से जानने के लिए भक्तिभाव प्रकट होने लगा। इसीकी परिणति थी कि वे नारद को देहभान विरहित अवस्था से देहभान की अवस्था में लाने का प्रयत्न करते हुए कहने लगीं—

''हे भक्तश्रेष्ठ नारद, नारायण की सगुण प्रेमभक्ति और माहात्म्य का आप मापदंड हो। आपके रूप में ही सगुण प्रेमभक्ति उत्कट रूप लिए प्रकट है। आपके रूप में ही भक्तिमार्ग का सत्यत्व सिद्ध हुआ है तथा आपके कारण ही भक्तिभाव का माहात्म्य और आनंद प्रकट हुआ है। भक्तिमार्ग द्वारा नारायण के पास पहुँचने और उनसे एकरूप होने की प्रेरणा भी केवल आप ही से मिलती है। इस पर आप कहेंगे कि मैं तो केवल निमित्त मात्र हूँ, यह सब 'नारायण का ही प्रेम और माहात्म्य है', जो सत्य है। इसमें कोई दो मत नहीं और न ही कोई संशय है, किंतु यह भी सत्य है कि आप निमित्त हैं, तभी हमें इस विश्व के मूल में बसे नारायण के अंत:करण की मूल दिखाई देने लगी है। उन्हीं के प्रेम और माहात्म्य से उन तक पहुँच, वही मूल मेरे अंत:करण में रूप लेती दिखाई देने लगी है। उस मूल का सिंचन भी आपके द्वारा वर्णित इस सगुण कथा के प्रेम से हो रहा है। यह आपका मुझ पर उपकार है और नारायण की असीम कृपा। इसीलिए आप अपने स्वभाव और स्वधर्म के अनुरूप नारायण के रामावतार का सगुण चरित्र सुनाते रहें और मैं भी पूर्ण श्रद्धा और प्रेम से इसका स्मरण करते हुए अपने भक्तिभाव को उत्कट करती रहूँगी।''

लक्ष्मी की भक्तिभावपूर्ण बातों से संतुष्ट नारद का नारायण प्रेम अधिक ही उछालें ले रहा था और शब्दों द्वारा प्रकट हो रहा था, ''हे नारायणप्रिय लक्ष्मी, तुम सचमुच अभिनंदन की पात्र हो। नारायण के सगुण चरित्र का

प्रेमपूर्ण श्रवण करते हुए नारायण के माहात्म्य को तुम अधिक दृढता से जानने लगी हो। उसी का फल है कि तुम्हें नारायण से प्रेम हो गया है और तुम्हारा भक्तिभाव बढ़ता जा रहा है। यह नारायण की ही तुम पर कृपा है। इससे और अधिक भाग्य की बात क्या हो सकती है?

राम और लव-कुश भेंट के भावपूर्ण प्रसंग से तुम थोड़ी भावुक हो गई हो। तुम्हारा यह मानना कि यदि दोनों को उनके नाते के विषय में जानकारी हो जाती, तब इस भेंट का आनंद कुछ और ही होता। वाल्मीकि को यह संदेश राम तक पहुँचा देना चाहिए था। परंतु हमें यह देखना चाहिए कि जो प्रसंग घटित हुआ है, वह किस तरह योग्य है?

जब लव और कुश, राम के दरबार में जा रहे थे, तब वाल्मीकि को बता देना चाहिए था कि 'राम ही तुम्हारे पिता हैं', परंतु वाल्मीकि जानते थे कि राम-चरित्र का पठन कर राम के माहात्म्य को जानकर भी लव-कुश मान नहीं पाते कि राम ही उनके पिता हैं। राम ने केवल एक क्षुद्र धोबी के कहने पर सीता माता का त्याग किया है, इस बात को लव-कुश कभी स्वीकार नहीं कर पाते। क्योंकि उनकी बुद्धि उतनी परिपक्व नहीं हुई थी। इसीलिए वाल्मीकि योग्य समय की प्रतीक्षा कर रहे थे।

हे लक्ष्मी, वाल्मीकि जैसे आत्मज्ञानी के विचारों में मन का उतावलापन अथवा बुद्धि का उथलापन नहीं होता है। उनमें मन की स्थिरता और बुद्धि की गहनता के साथ विवेकपूर्ण निर्णय लेने की क्षमता होती है। उनमें अनुकूल समय की प्रतीक्षा करने का धैर्य रहता है। इसी के साथ योग्य और अनुकूल समय आते ही तुरंत निर्णय लेने की तत्परता और सावधानी भी उनमें होती है। या कहें कि स्थिरता, गहनता, धैर्य, सावधानी और तत्परता जैसे सद्‌गुण जिस प्रेमस्वरूप अवस्था के कारण उत्पन्न होते हैं, ऐसी आत्मस्वरूप अवस्था को वाल्मीकि नित्य अनुभव कर रहे थे। ये सारे सुलक्षण आत्मानुभव अवस्था के ही हैं। सीता को भी पूर्ण विश्वास था कि ऐसे सुलक्षणों से युक्त वाल्मीकि का निर्णय उचित ही होगा।

आश्रम लौट आने के पश्चात् लव-कुश ने सारा वृत्तांत सीता को बताया, जिसे सुनकर सीता व्याकुल हो गईं। लव और कुश उनके पुत्र थे,

परंतु राम उनका हृदय थे। इन दोनों की दूरी उन्हें अस्वस्थ कर रही थी। पर आत्मज्ञानी और प्रेमस्वरूप वाल्मीकि ऋषि ने सीता को समझाया और धीरज दिया कि योग्य समय आने पर सबकुछ मंगलदायक और सुखमय होगा। केवल ईश्वर की नियति पर विश्वास रखें। वाल्मीकि यह बात जानकर अत्यंत गौरवान्वित महसूस कर रहे थे कि लव और कुश के राम-चरित्र गायन से स्वयं राम और अयोध्या का पूरा जनमानस मंत्रमुग्ध हो गया था। लव और कुश को अपने अंक से लगाकर तथा बार-बार उनके मस्तक पर हाथ फिराकर वे उन्हें आशीर्वाद देते जा रहे थे। इस प्रेम वर्षा में पूर्णत: भीग रहे लव और कुश को उनका पारितोषिक मिल गया था। वाल्मीकि की दी हुई शिक्षा सही अर्थों में फलीभूत हुई है, इसी कृतज्ञ भाव से वे भर उठे थे।''

भावपूर्ण प्रसंग के भावपूर्ण वर्णन से लक्ष्मी भी भावपूर्ण हो रही थीं। उनके मुख से सहज ये उद्गार निकले, ''हे सगुण कथाप्रेमी नारद, सगुण प्रेम का माहात्म्य बहुत श्रेष्ठ है। यह प्रेम अलौकिक है और अपने गुणधर्म के अनुरूप इसका प्रसार होता है। यह सगुण प्रेम पहले आपके अंत:करण में स्फुरित हुआ। जिसका प्रसार होते हुए आपके माध्यम से यह वाल्मीकि तक पहुँचा। इस सगुण प्रेम के माहात्म्य को जान वाल्मीकि ने यह अनुभव लिया और वही अनुभव उनके अंत:करण में नित्य स्फुरित होता रहा। जिसके फलस्वरूप राम-चरित्र की रचना हुई। राम-चरित्र को लव और कुश ने केवल मुखाग्र नहीं किया, वरन् उस प्रेम से उनका सिंचन होता रहा। इसी प्रेम का प्रसारण राम-चरित्र गायन के माध्यम से हुआ, जिसने राम के अंत:करण को स्पर्श किया। राम के अंत:करण में प्रेम नित्य ही प्रवाहित था। ऐसी इस नारायण के प्रेम-प्रवाह की पूर्ण परिक्रमा अत्यंत रोमहर्षक और आनंददायी है। आप में भी इस सगुण प्रेम को पाने की लगन अवश्य ही नारायण के सान्निध्य में रहने से लगी है। पर मूल प्रश्न यह है कि नारायण के अंतस में प्रेम-प्रवाह का कारण क्या है और किसने उनमें यह लगन निर्माण की है?

''हे नारद, आपके सान्निध्य में रहते हुए मुझमें भी यह प्रेम प्रवाहित

होने लगा है। मुझे पूर्ण विश्वास है कि भक्तिभाव से मैं एक दिन अवश्य ही नारायण से एकरूप हो जाऊँगी। अतः हे नारद, आप राम-चरित्र के अग्रिम भाग का गायन करें, जिसके श्रवण के लिए मैं अत्यधिक आतुर हो रही हूँ और मेरी उत्सुकता चरम सीमा पर पहुँच गई है। कथा का अग्रिम भाग भी बहुत ही भावपूर्ण और रोमहर्षक ही होगा, क्योंकि एक ओर पुत्र तथा दूसरी ओर पति और बीच में सीता। इस भावनात्मक प्रसंग की कसौटी पर सीता कैसे खरी उतरीं? कैसे उन्होंने अपना भावबल बढ़ाया? यह सब जानने के लिए मैं बहुत उतावली हो रही हूँ। क्योंकि एक स्त्री को पति और पुत्र समान रूप से प्रिय होते हैं।''

लक्ष्मी की श्रवणातुरता से नारद अत्यधिक प्रसन्न हो रहे थे। लक्ष्मी के प्रश्न और उत्तर सुनते हुए नारद लक्ष्मी से कहने लगे, ''हे लक्ष्मी, तुम जिस सगुण प्रेम की लगन, उसके प्रसारण और स्फुरण की बातें कह रही हो वे सच हैं, किंतु अपूर्ण हैं। नारायण के अंतःकरण में सगुण प्रेम की लगन कैसे लगी, इसी के उत्तर में सारे प्रश्नों के उत्तर समाए हुए हैं और यही उत्तर सभी प्रश्नों का कारण है। नारायण के अंतस में प्रेम का स्फुरण नित्य और अकारण है। स्वयं के अस्तित्व की पहचान ही इस प्रेम के स्फुरण का कारण है। स्वयं को पहचान अपने आप से प्रेम करने के कारण द्वैत निर्माण हो गया और यही विश्व की निर्मिति का कारण है। विश्व के रूप में मानो उनके प्रेम का विस्तार हो गया। इस प्रकार नारायण के अकारण और स्वप्रेम के कारण ही विश्व का निर्माण हुआ है। यह बात जिसे समझ में आ गई, उसके लिए विश्व के सारे प्रश्नों का कारण और उत्तर, दोनों का निवारण हो गया। जिसने इस प्रेम को जान लिया और इसका अनुभव कर लिया, उसका अनुभव-विश्व इस प्रेम से भरा रहता है तथा बाहरी जगत् में भी वह इसी प्रेम का अनुभव करता है। वह भी नारायण के समान ही प्रेमस्वरूप हो जाता है। इस प्रेमस्वरूप अवस्था में प्रेम का नित्य प्रसारण होता रहता है। इस प्रेम को पाकर, जिसमें यह लगन लग जाती है, वह अतिशय भाग्यवान होता है। उनमें भी जो इस प्रेम को पाकर इस प्रेमस्वरूप अवस्था का स्वयं अनुभव लेते हैं, उनका जीवन धन्य हो जाता है।

परंतु इस सहजावस्था को प्राप्त करना इतना सहज नहीं है। पर असंभव भी नहीं है। प्रेमस्वरूप अवस्था में रहनेवाले महात्मा की संगत में रहते हुए उनके प्रेम प्रसारण का बाहरी रूप से अनुभव करते हुए उन्हीं के प्रेम में मन रमने लगता है तथा उन्हीं की प्रत्यक्ष भक्ति से आंतरिक प्रेमस्वरूप अवस्था प्राप्त होती है। आंतरिक प्रेमस्वरूप अवस्था के कारण उनका अकारण प्रेम किसी-न-किसी कारण को खोजकर बार-बार प्रकट होता है। अपने प्रेम को स्वयं अनुभव कर पुनः विलय हो जाता है, पुनः स्फुरित होकर प्रकट होने के लिए।''

नारद के मुख से स्फुरित प्रेमपूर्ण वचनों को श्रवण कर रही लक्ष्मी का अंतःकरण सगुण प्रेम के रस से भरकर अधिक ही प्रवाहित हो रहा था। उसका असर ऐसा हुआ कि लक्ष्मी की श्रवणातुरता अधिक बढ़ने लगी। उसकी पूर्ति हेतु वे नारद से विनती कर कहने लगीं, ''हे नारद, आपका यह प्रेमपुराण कभी पूर्ण होने वाला नहीं है और मेरी भी यही अभिलाषा है कि यह कभी पूर्ण न हो। नारायण के अंतःकरण से नित्य स्फुरित होने वाले प्रेम और उसके स्वरूप की लगन आपको लग गई है तथा आपके अंतस में भी वही प्रेम सतत स्फुरित हो रहा है। इसका अनुभव करने के लिए आपने सगुण प्रेम गायन को माध्यम बना लिया है। यही सत्य है। इसी कारण मुझे भी सगुण प्रेमरूप देखने और श्रवण करने का अवसर मिलता है, जो मेरे प्रेमभाव को और अधिक बढ़ाता है। राम-चरित्र गायन से आपके अंतःकरण में उठने वाली प्रेमलहरों की तुषार मुझे भी भिगो देती है और मेरे अंतःकरण को पूर्णतः आर्द्र कर देती है। इससे मेरे अंतस में भक्तिभाव के बीज उगने लगते हैं। मेरे मन के स्वभावरूपी आवरण को भेदकर भक्तिभाव की बेल अब बढ़ने लगी है। परंतु इसे फलरूप होने के लिए सगुण प्रेमजल का सिंचन होना परम आवश्यक है, जो राम-चरित्र के श्रवण से ही होगा। इसीलिए आपसे प्रेमपूर्वक विनती है कि आप राम-चरित्र के अग्रिम भाग का वर्णन सुनाते रहें।

लक्ष्मी की प्रार्थना को अत्यंत प्रेम से स्वीकार करते हुए नारद कहने लगे, ''हे श्रवणभक्ति परायण लक्ष्मी, राम कथा के श्रवण हेतु तुम जितनी

आतुर हो रही हो, उससे कहीं अधिक आतुर मैं हूँ। मैं कहता हूँ और तुम श्रवण करती हो, परंतु मेरा कहा पहले मैं ही सुनता हूँ। उससे होने वाले अवर्णनीय आनंद से मुझे राम-चरित्र गायन की अधिक प्रेरणा मिलती है। यह राम-चरित्र तुम पहली बार सुन रही हो, इसलिए तुममें इतनी उत्सुकता है, परंतु इस राम-चरित्र का कई बार गायन और श्रवण करने के पश्चात् भी मुझमें तुमसे अधिक उत्सुकता है। यह सारा माहात्म्य इस सगुण प्रेम का ही है। नित्य, नवीन और आनंद के साथ प्रकट होने वाले सगुण प्रेम की ही यह लीला है। यही नारायण की प्रेममाया है। उसके प्रेम का ही जादू है कि यह आनंद नित्य बढ़ता जाता है। ऐसा ही अत्यंत भावपूर्ण और आनंददायी प्रसंग राम-चरित्र मानस में घटित होने वाला था, जिसमें सूत्रधार वाल्मीकि ऋषि थे। उन्हीं की प्रेरणा और मार्गदर्शन से राम-चरित्र का यह विशेष प्रसंग साकार होने वाला था। आत्मज्ञानी वाल्मीकि ऋषि अंतर्बाह्य रूप से अतिशय शांत थे और उनकी सारी गतिविधियाँ भी संयमित थीं। वे सीता के भाव, लव-कुश की भावना और राम के अंत:करण की अवस्था को यथार्थ रूप से जानते थे। इसीलिए योग्य अवसर की प्रतीक्षा कर रहे थे। ऐसी योग्य घड़ी भी बहुत ही शीघ्र आ गई।

□

राम लव-कुश भेंट

वसिष्ठ ऋषि ने सामान्य जनों के हित और कल्याण के लिए राम को 'अश्वमेध' यज्ञ करने का परामर्श दिया। जिसका एकमात्र हेतु था कि अयोध्यावासियों तथा अन्य देश-विदेश के नागरिकों में ईश्वर के अस्तित्व और उसकी सत्ता के प्रति जागृति आए तथा उनमें कृतज्ञता भाव और भक्तिभाव निर्मित हो। यह सारी जिम्मेदारी राजा की होती है, इसीलिए वसिष्ठ ऋषि ने राजा राम को 'अश्वमेध' यज्ञ करने के लिए प्रेरित किया। राम भी उनकी बात से सहमत थे। उन्होंने वसिष्ठ ऋषि के वचन को आज्ञा मान, अपने मंत्रियों के जरिए उस यज्ञ की घोषणा अपने राज्य और आसपास के राज्यों में करवा दी। यज्ञ की तैयारी जोर-शोर से शुरू हो गई। पुरोहितों ने यज्ञ में लगने वाली सारी विधि जुटाकर यज्ञविधि की तैयारी की। यज्ञ में यजमान बनकर राम और सीता की जोड़ी को बैठना अनिवार्य था। परंतु सीता के बिना यज्ञ विधि कैसे की जाए? उनकी अनुपस्थिति में सभी का मन दुःखी था और सभी उन्हें बहुत याद कर रहे थे। वही स्थिति राम की भी थी। ऐसी परिस्थिति में उस काल के धर्मानुसार सीता के पर्याय के रूप में सीता की सोने की मूर्ति बनाकर राम के पास बैठाई और यज्ञ आरंभ किया।

यज्ञ की क्रिया के अनुरूप सारे सुलक्षणों से युक्त एक अश्व की पूजा कर उसे सुसज्जित किया गया तथा अयोध्या नगरी के बाहर छोड़ दिया। भरत और शत्रुघ्न अपनी सुसज्ज सेना के साथ उस अश्व के पीछे चल रहे थे। वह अश्व जिस राज्य से गुजरता, उस राज्य के राजा अश्व की पूजा कर भरत और शत्रुघ्न को भव्य उपहार अर्पित करते। जिससे यह सिद्ध हो जाता

कि वहाँ के राजा ने राम के अधिपत्य और सार्वभौमित्व को स्वीकार कर, राम राज्य में रहने का आनंद व्यक्त किया है। इस तरह वह अश्व अनेक प्रदेशों से गुजरता हुआ वाल्मीकि के आश्रम की ओर पहुँचा।

सर्व लक्षणों से युक्त उस अश्व को देख लव और कुश चकित रह गए। अश्व को पकड़कर वे अपने आश्रम में ले गए। सभी आश्रमवासी भी उस अश्व को देख बहुत खुश हो रहे थे। लव-कुश की इस कृति से उन्हें अत्यंत हर्ष हो रहा था। पर जब वाल्मीकि के कानों तक यह बात पहुँची तब वे अपनी कुटिया से बाहर आए। उस अश्व को देखते ही वे समझ गए कि यह राजा राम के अश्वमेध यज्ञ का अश्व है। उसके गले में बँधी स्वर्ण पट्टी पर सारा विवरण लिखा था। क्षणभर के लिए वे अंतर्मुख हो गए। ईश्वरीय नियति के संदेश को जान वे गंभीर हो गए। वे समझ गए कि राम, सीता और लव-कुश के मिलन हेतु नियति के खेल की यह शुरुआत है। इस खेल में वे अपनी भूमिका जानते थे, इसी बात से वे अत्यंत आनंदित हो रहे थे। पर प्रसंग गंभीर था। प्रसंग की गंभीरता जानते हुए उन्होंने लव-कुश को अपनी पर्णकुटी में बुलवाया। लव-कुश ने वाल्मीकि के चरण वंदन किए तथा उनका आशीर्वाद लेकर उनके निकट बैठ गए। वाल्मीकि ने कुछ क्षणों के लिए अपने नेत्र मूँद लिये। नेत्र बंद होते ही उनका अंत:करण आत्माराम के प्रेम और माहात्म्य से भर गया और नेत्रों द्वारा बरसने लगा। उनके प्रेमाश्रु से जब लव-कुश भीगने लगे, तब वे भी भावपूर्ण हो गए। वाल्मीकि की इस अवस्था को वे समझ नहीं पा रहे थे और प्रश्नार्थक मुद्रा में वाल्मीकि की ओर देखने लगे। वाल्मीकि ने अपने आपको सँभालते हुए नेत्र खोले तो देखा कि लव और कुश बहुत प्रेम और श्रद्धा से उन्हीं की ओर देख रहे हैं। वाल्मीकि मन-ही-मन नारायण की यह लीला देख बहुत आनंदित हो रहे थे। उनके मन में सारे विचार घूमने लगे कि राम के अंश को सीता ने जन्म दिया और इसी आश्रम में लव-कुश का पालन पोषण हुआ।

वाल्मीकि ने सहज ही अपने हाथ लव-कुश के मस्तक पर रखे और उन्हें समझाते हुए कहने लगे, ''हे बालको, तुम्हारे सद्गुणों से और तुम्हारी मेरे प्रति श्रद्धा से मैं अति प्रसन्न हूँ। तुम मुझे अत्यंत प्रिय हो। तुम बहुत

भाग्यशाली हो कि तुम्हारा जन्म अत्यंत पवित्र और पतिव्रता माता के गर्भ से हुआ। तुमने अपनी बाललीलाओं से मुझे बहुत आनंदित किया है। तुम्हारी कुशाग्र बुद्धि के कारण तुमने दिए गए ज्ञान को पूर्णतः अर्जित किया है। इस बात से मुझे बहुत संतुष्टि मिली। इस पार्श्वभूमि पर आज मैं तुम्हारे सामने तुम्हारे जीवन से संबंधित कुछ रहस्य प्रकट कर रहा हूँ। जिसे सुनकर तुम अपना मन शांत और बुद्धि स्थिर रखना। महत्त्वपूर्ण बात यह है कि तुम अपने अग्रिम जीवन में धैर्य और आत्मविश्वास के साथ काम लेना तथा आनंद के साथ जीवन जीना।

इतना कहकर वाल्मीकि कुछ क्षणों के लिए शांत हो गए। चुप्पी के वे क्षण लव और कुश के लिए तनाव निर्माण कर रहे थे। चुप्पी दूर करने के लिए लव-कुश कुछ कहते इससे पहले ही वाल्मीकि ने कहना आरंभ किया, "हे लव-कुश, तुम जानते हो कि तुम्हारी माता सीता हैं। परंतु तुम्हारे 'पिता कौन हैं', इस बात से तुम अब तक अनभिज्ञ हो। यह बात तुमसे मैंने जान-बूझकर छुपाई है। इसका कारण यह है कि यदि तुम्हें मालूम हो जाता कि तुम्हारे पिता कौन हैं, तब तुम्हारे मन में उनके प्रति कई सवाल पैदा हो जाते। जिसका जवाब सुनने पर तुम्हारा मन उसे स्वीकार नहीं कर पाता। उस समय तुम्हारी बुद्धि उतनी विकसित और परिपक्व नहीं थी कि तुम परिस्थिति का यथार्थ आकलन कर पाते। तब होता यह कि तुम्हारा मन अपने पिता के प्रति कलुषित और पूर्वग्रह दूषित हो जाता, जो ठीक नहीं होता। तुम्हारे पिता ने तुम्हारी माता सीता का त्याग किन परिस्थितियों में किया तथा तब उनके अंतःकरण की अवस्था क्या थी? यह सब जानने के लिए मन अत्यंत स्वच्छ और बुद्धि एकदम शुद्ध होनी चाहिए। मेरे प्रेमल सान्निध्य और दिए गए बोध से मैं समझता हूँ कि तुम्हारा मन और बुद्धि, दोनों ही परिपक्व हो गए होंगे।

सारे अस्त्रों और शस्त्रों का ज्ञान देते हुए मैंने तुम्हें आध्यात्मिक ग्रंथ 'रामायण' का भी पठन भावार्थ के साथ कराया था। यह रामायण मैंने काव्य के रूप में लिखी थी तथा अपने अंतःकरण में बसे राम के माहात्म्य को चरित्रबद्ध किया था। सगुण रूप में मानव देही राम के रूप में उनका चरित्र चित्रण किया था। इसके पश्चात् नारायण की ऐसी अद्भुत लीला प्रकट

हुई कि उन्होंने स्वयं मानव रूप में जन्म लिया और उनका नाम 'राम' रखा गया। अद्भुत बात यह है कि उनका सगुण चरित्र भी रामायण की तर्ज पर ही प्रकट हो रहा है। मेरे द्वारा लिखी गई रामायण राम के राज्याभिषेक तक ही थी, परंतु साक्षात् राम का जीवनप्रवाह उसके पश्चात् भी चलता रहा और उनका माहात्म्य प्रकट होता रहा। सबसे महत्त्वपूर्ण बात यह है कि उन्हीं प्रभु राम के तुम सुपुत्र हो और उनकी पत्नी अर्थात् सीता ही तुम्हारी माता है। जब तुम माता के गर्भ में थे, तभी किसी कारणवश राजधर्म को श्रेष्ठ मानते हुए राम को यह निर्णय लेना पड़ा कि पतिधर्म से श्रेष्ठ राजधर्म है और उन्हें सीता का त्याग करना पड़ा।

तुम्हारे काका लक्ष्मण बड़ी श्रद्धा और आदर के साथ सीता को मेरे आश्रम में लाए। यहीं सीता की प्रसूति हुई और तुम दोनों का जन्म हुआ। अब तुम दोनों शरीर, मन और बुद्धि से पूर्णतः विकसित हो गए हो। मुझे यह देखकर बहुत आनंद हो रहा है कि जिस अश्व को तुम पकड़कर लाए हो वह अश्व प्रभु राम द्वारा अश्वमेध यज्ञ में छोड़ा गया है। यह राज्य की कीर्ति और समृद्धि का प्रतीक होता है। पुत्र होने के नाते तुम्हारा भी यह कर्तव्य है कि तुम अपने पिता राम के इस यज्ञ में सहायक बनो। अश्व के संरक्षण के लिए तुम्हारे काका लक्ष्मण, भरत और शत्रुघ्न भी आए हैं। तुम इस अश्व को सम्मानपूर्वक उन्हें समर्पित कर दो, यही हम सभी की इच्छा है। सीता सहित सभी आश्रमवासी इस बात से चिंतित हैं।

वाल्मीकि के मुख से अपने पिता-संबंधी रहस्य को सुनते ही लव और कुश अचंभित रह गए। उनके मुख से एक शब्द क्या एक अक्षर भी नहीं निकला। पर दोनों के मन के भाव उनके मुख पर साफ झलक रहे थे। राम के पराक्रम और माहात्म्य का गायन वे नित्य करते थे और उनके प्रति लव-कुश के मन में आदरणीय एवं पूजनीय भाव निर्मित हो गए थे। वही राम उनके पिता हैं। उन्होंने ही उनकी निष्कलंक और निर्दोष माता सीता का त्याग किया है। इसी विचार से उनके मन में खलबली मच गई थी। परंतु वाल्मीकि के दिए बोध से उनका विवेक जाग्रत् था, जिससे उनके विचारों ने विकार का रूप नहीं लिया। विवेक के बल पर वे विचारों की विवेचना करते गए

और उन्होंने अपने मन को शांत रखा। कुछ ही क्षणों में शांत मन और गंभीर आवाज में दोनों ही वाल्मीकि से कुछ कहने के लिए तत्पर हो गए। कभी लव, कभी कुश, कभी दोनों एक साथ बोलते हुए वाल्मीकि से कहने लगे—

"हे वाल्मीकि महर्षि, हे गुरुवर, आपके चरणों में हमारा शत-शत वंदन! हम सदैव आपके चरणों में लीन हैं। आप ही हमारी माता और पिता हैं। आपके बिना हमारा कोई और अस्तित्व नहीं है। माता के वात्सल्य का सच्चा अनुभव हमने आप ही की गोद में लिया है। पिता के रक्षण का अनुभव भी आप ही से प्राप्त हुआ है। आप ही हमारे गुरु हैं। आपका उपकार हम जीवन में कभी नहीं चुका पाएँगे। हमें आपके ऋण में रहना ही प्रिय है। आत्मस्वरूप का अनुभव करते हुए आपने हमें आत्मधर्म की शिक्षा दी है। यह आपकी हम पर अनंत कृपा है। आपके दिए आत्मज्ञान से हमें बोध मिला है। किंतु आपका ज्ञान अनुभव का है, जबकि हमें ज्ञान शब्दों द्वारा प्राप्त हुआ है, जो अत्यंत मर्यादित और संकीर्ण है। अनुभव करते-करते ही वह हमारा स्वानुभव होगा। यह बोध भी हमें आप ही से प्राप्त हुआ है।

प्रभु राम ही हमारे पिता हैं, यह जानकर हम आश्चर्यचकित तो हैं, पर हमें खुशी भी है कि हम इतने पराक्रमी राजा के अंश हैं। निश्चित ही हम परम भाग्यशाली हैं। आत्मधर्म के अधिष्ठान पर राजधर्म को प्रधानता देते हुए उन्होंने सीतामाता का त्याग किया, जो योग्य था, ऐसा आपका कहना है। परंतु हमारा मन इस बात को स्वीकार नहीं कर पा रहा है। हमारी बुद्धि की आकलन शक्ति भी कम पड़ रही है। अनुभव की कमी के कारण ही हमारे मन की यह अवस्था है, जो वस्तुस्थिति है, उसे हमें स्वीकार करना होगा। किंतु बाह्य रूप से पराक्रम करते हुए यदि हम उस अवस्था से बाहर आते हैं और ऐसा अवसर हमारे समक्ष आया हो, तब हमें उस अवसर का अवश्य लाभ लेना चाहिए। यही हमारा दृढ निश्चय है।

आपके कहे अनुसार अश्वमेध यज्ञ में छोड़े हुए अश्व को हम सम्मान के साथ छोड़ दें, जिससे प्रभु राम का आदर रह जाएगा। आप उन्हें हमारे और सीता माता के विषय में सबकुछ बता देंगे और हमारी भेंट हो जाएगी। आपके वचनों का सम्मान करते हुए वे हमें और सीता माता को स्वीकार

भी कर लेंगे, परंतु इससे सीता माता का शुद्धत्व सिद्ध कैसे होगा? हम प्रभु राम के अंश हैं, यह जितना सत्य है, उतना ही सत्य यह है कि हमने सीता माता के गर्भ से जन्म लिया है। बीज शुद्ध होगा तभी तो फल शुद्ध आएँगे। परंतु इसके लिए भूमि भी उतनी ही शुद्ध और सक्षम होनी चाहिए। फल के शुद्धत्व से बीज और भूमि दोनों की शुद्धता की परख हो जाती है। हम अपना पराक्रम दिखाएँगे, तभी हमारी तेजस्विता प्रकट होगी और तभी हमारे माता-पिता की तेजस्विता सिद्ध होगी। हे गुरुवर्य, आप ही ने हमें सिखाया है कि तेजस्विता शुद्धता का लक्षण है। जहाँ शुद्धता होती है, वहीं तेजस्विता दिखाई देती है और वहीं वह शोभायमान होती है। इसीलिए आज हमें अपने पराक्रम का तेज प्रकट कर सिद्ध करना होगा कि हम प्रभु राम और सीता के पुत्र हैं।

प्रभु राम और सीता के पुत्र होने के नाते यह सिद्ध करना हमारा कर्तव्य है। आपके दिए गए विशुद्ध प्रेम से हमारा मन शुद्ध हो गया है। शुद्ध बुद्धि और शुद्ध मन के संयोग से प्राप्त सुबोध से ही हमें पराक्रम करने की प्रेरणा मिल रही है। यह केवल आपके कृपाशीर्वाद से ही संभव है। इसीलिए हे गुरुवर्य, हम आपसे विनती करते हैं कि प्रभु राम द्वारा अश्वमेध यज्ञ के लिए छोड़े गए इस अश्व को हमारे स्वामित्व में रखने की हमें अनुमति दें।''

लव-कुश की वाणी का आवेग थम गया था, परंतु उसका तेज उनके मुख पर दिखाई दे रहा था। नेत्रों से बह रहा जल उनके तेज को ठंडा कर रहा था। तेजस्विता और प्रेमार्द्रता जैसे दो परस्पर विरोधी भाव उनके मुख को अधिक ही शोभायमान कर रहे थे। लव और कुश ने विनम्र भाव से वाल्मीकि के चरणों में अपना मस्तक टेका और हाथ जोड़कर उनके सम्मुख खड़े हो गए। लव और कुश के तेजस्वी और ओजस्वी वक्तव्य सुनकर कोई भी प्रभावित हुए बिना नहीं रहेगा। उनकी बातें सत्य और हृदयस्पर्शी थीं। परंतु स्वधर्माचरण और धर्म-अधर्म का निवारण करना था वाल्मीकि ऋषि को, जो स्वयं आत्मधर्म के अधिष्ठान पर स्वधर्माचरण का पालन कर रहे थे तथा उनकी आत्मस्वरूप अवस्था जाग्रत् थी। उन्होंने अपने नेत्र मूँदे और कुछ क्षणों पश्चात् खोले। उनके नेत्रों में अश्रु भर आए थे। उन्होंने उनके सम्मुख खड़े लव और कुश की ओर देखा। उनमें वाल्मीकि को प्रभु राम

ही दिखाई दे रहे थे। वाल्मीकि का अंत:करण भर आया। वे अपने स्थान से उठे तथा लव और कुश को अपने हृदय से लगा लिया और उनके मस्तक पर हाथ फिराते रहे। फिर पुनः अपने आसन पर बैठ गए। उन्होंने लव और कुश को भी अपने चरणों के समीप स्थान दिया और गंभीर वाणी में कहना आरंभ किया—

"हे बालको! हे लव, हे कुश, मुझे तुम पर गर्व है। इतनी छोटी उम्र में तुम्हारे विचारों की इतनी परिपक्वता और गहराई को देख मुझे बहुत आनंद हो रहा है। तुम अपने पिता के माहात्म्य और गौरव को भी बखूबी जानते हो, वहीं तुममें अपनी माता सीता के प्रति इतना अपनापन है। इन दोनों भावों को संतुलित रखने के लिए तुम्हें पराक्रम करना होगा, जिसके लिए तुम आतुर और तत्पर हो। यह केवल तुम्हें ही शोभायमान हो सकता है। सीता से तुम अत्यंत प्रेम करते हो इसीलिए तुम्हें यह पराक्रम करना है। परंतु यह राम के विरुद्ध नहीं होना चाहिए। बल्कि इस पराक्रम का उद्देश्य राम और सीता का मिलन होना चाहिए, सीता के हृदय में केवल राम की मूर्ति है तथा उनसे भेंट ही उनकी एकमात्र लगन है। भले ही वे जीवन तुम्हारे लिए जी रही हैं, पर उनके जीने का लक्ष्य राम हैं। राम का अंश मानते हुए ही उन्होंने तुम्हारा पालन किया है और तुममें उनका रूप देखते हुए उन्होंने तुम्हें प्रेम दिया है। महत्त्वपूर्ण बात यह है कि राम के अंतस में भी सीता का ही ध्यान है और वे भी सीता से भेंट के लिए अत्यंत व्याकुल हैं। अंतस केवल इतना है कि उनकी व्याकुलता बाहरी तौर पर व्यक्त नहीं हो पाती। अत: इन दोनों के भावों की पूर्ति के लिए तुम्हें निमित्त बनना है, यही तुम्हारा कर्तव्य है। राम ने राजधर्म को प्रमाण मानते हुए अपनी प्रिय पत्नी सीता का त्याग किया है। सीता ने मातृधर्म को प्रमाण मानते हुए इतनी विकट मन:स्थिति में तुम्हें जन्म दिया और तुम्हारा पालन किया। अब तुम भी पुत्रधर्म को प्रमाण मानते हुए अपने माता-पिता के मिलन का माध्यम बनो, तभी मैं समझूँगा कि तुम अपने शिष्य धर्म में खरे उतरे। तुम्हारे जैसे शिष्यों को पाकर मैं धन्य हो जाऊँगा। हे मेरे प्रिय बालको, मुझे तुम पर पूर्ण विश्वास है। अब तुम भी अपने पराक्रम से यह सिद्ध कर दो कि तुम ही प्रभु राम के अंश हो और तुम्हारा जन्म सीता

के गर्भ से हुआ है। मुझे विश्वास है कि तुम इस विजय को प्राप्त करोगे।''

वाल्मीकि के निस्संदिग्ध और निश्चयात्मक वचन सुन लव और कुश का आत्मविश्वास दोगुना हो गया। उनका निश्चय दृढ हो गया। वाल्मीकि ने दोनों बालकों के हाथों को अपने हाथों में लिया और अपनी पर्णकुटिया से बाहर निकल आए। अश्वमेध यज्ञ में छोड़े हुए अश्व को पकड़े रखने के लव-कुश के निर्णय को उन्होंने सहमति दे दी। उनकी इस अनुमति से सारे आश्रमवासी स्तब्ध रह गए। परंतु वाल्मीकि पर दृढ श्रद्धा होने से वे निश्चिंत थे। सबसे अधिक विकट स्थिति थी सीता की। कारण युद्ध उनके पति और पुत्रों के मध्य होने वाला था। उनकी इस करुणास्पद अवस्था को केवल वाल्मीकि जानते थे। इसीलिए वे सीता के पास गए और उनके मस्तक पर हाथ रख, सांत्वना देते हुए कहने लगे—

''हे सीता, तुम्हारे मन के भावनात्मक द्वंद्व को मैं समझ सकता हूँ। एक ओर प्राणों से अधिक प्रिय पति तथा दूसरी ओर अपने प्राणों के रूप में अपने सुपुत्र लव-कुश। सचमुच ऐसे भावनात्मक संघर्ष को सहन करना सामान्य बात नहीं है। परंतु तुम इस बात का स्मरण रखो कि तुम सामान्य नहीं, असामान्य हो। तभी तुम अपना धैर्य टिकाए रख पाओगी। इस बात पर विश्वास रखो कि सभी कुछ योग्य, कुशल और मंगलकारी होगा। अरे, राम-चरित्र का कोई भी प्रसंग अथवा कोई भी अंश अशुभकारी हो ही नहीं सकता है। प्रत्येक प्रसंग का अंत आनंददायी है, इस पर विश्वास रखो। इसीलिए मैं तुम्हें कह रहा हूँ कि धैर्य रखो। पूर्ण प्रसंग में मैं तुम्हारे साथ हूँ। इस प्रसंग को योग्य समय पर योग्य मोड़ देने की पूरी जिम्मेदारी मेरी है। मुझ पर विश्वास रखो और तुम निश्चिंत हो जाओ।'' वाल्मीकि के प्रेमल और निश्चयात्मक वचन सुन सीता का मनोबल बढ़ गया। मन पूर्णतः तनावमुक्त तो नहीं हुआ था, पर तनाव बहुत कम हो गया था और वे इस प्रसंग के समक्ष जाने के लिए सावधान हो गई थीं।''

राम-चरित्र के लोमहर्षक प्रसंगों का श्रवण करते हुए लक्ष्मी बेचैन हो रही थीं। उनके मन का तनाव इतना बढ़ गया था कि चुप रहना उनके लिए कठिन हो रहा था। अपने मन की बात नारद से कहते हुए बोलीं, ''हे नारद,

राम-चरित्र का जो प्रसंग आप इतनी सहजता से सुना रहे हो, वह मेरे लिए सहज नहीं है बल्कि तनाव पैदा करनेवाला है। युद्ध की बात आई कि मन में एक तरह का भय पैदा हो जाता है। वह भी आपस का युद्ध। अब तक आपने जिन युद्धों का वर्णन किया, उन्हें सुनकर मेरे मन में उत्साह निर्माण हो जाता था। जैसे विश्वामित्र के साथ यज्ञ में व्यवधान डालने वाले राक्षसों का वध, सुग्रीव की मित्रता और धर्मरक्षण के लिए किया गया बाली के साथ युद्ध, रावण के साथ किया गया युद्ध! परंतु प्रत्यक्ष अपने सुपुत्रों के साथ राम का युद्ध, इस बात को सुनते ही मेरा मन निरुत्साहित हो गया है। एक ओर राम सहित उनके तीनों बंधु और दूसरी ओर लव और कुश! सचमुच सीता के लिए यह प्रसंग बहुत कठिन रहा होगा। उनकी स्थिति मैं समझ सकती हूँ। तरुण होने के नाते लव और कुश का जोश और त्वेश भी मैं समझ सकती हूँ। परंतु मुझे आश्चर्य इस बात पर हो रहा है कि वाल्मीकि ने इस परिस्थिति को निर्माण ही कैसे होने दिया? सभी को समझाकर उन्हें यह युद्ध टालना चाहिए था। उनकी अवस्था का मान रखते हुए सभी उनकी बातें अवश्य सुनते। परंतु यह भी सत्य है कि जो निर्णय वाल्मीकि ने लिया है, वह योग्य ही होगा। उनके शुद्ध और पवित्र अंत:करण में सभी के लिए समान रूप से विचार सहज स्फुरित होते हैं। किसी भी विषय में उन्हें बहुत अधिक विचार करने की आवश्यकता नहीं पड़ती। किंतु मेरे मन में इस भावनात्मक प्रसंग से तनाव उत्पन्न हो गया है, इसका उपाय भी एक ही है कि मैं राम-चरित्र के अग्रिम भाग के श्रवण के लिए तत्पर हो जाऊँ।''

लक्ष्मी की स्पष्ट बातें सुन नारद संतुष्ट हुए और कहने लगे, ''हे लक्ष्मी, मन का खुलापन बहुत बड़ा गुण है। पर यह गुण सहज प्रगट नहीं होता। जहाँ आपस में बहुत अधिक प्रेम होता है, वहीं मन खुलता है और व्यक्ति अपने मन की बातें साफ-साफ कहता है। ऐसा सच्चा प्रेम वहीं संभव है, जहाँ ईश्वरीय प्रेम प्रकट है। वाल्मीकि ऋषि का अंत:करण ईश्वरीय प्रेम और अनुभव से नित्य प्रवाहित रहता था, इसीलिए सीता को विश्वास था कि उनके द्वारा लिया गया निर्णय सभी के हित में होगा। लव और कुश द्वारा प्रकट होने वाले पराक्रम से सीता की पवित्रता सिद्ध होने वाली थी तथा राम

और सीता का पुनर्मिलन होने वाला था। जो सभी के लिए निश्चित रूप से आनंददायी प्रसंग होने वाला था।

इस प्रकार लव-कुश ने महर्षि वाल्मीकि की अनुमति से अश्वमेध यज्ञ के अश्व को आश्रम में बाँध दिया तथा दोनों आश्रम के बाहरी परिसर में आकर राम की सेना के समक्ष खड़े हो गए। सर्वप्रथम शत्रुघ्न सामने आए और कहने लगे, "अरे बालकों, तुमने जिस अश्व को बाँध रखा है, वह अश्वमेध यज्ञ का अश्व है। उसे छोड़ दो, नहीं तो बिना वजह खेल बिगड़ जाएगा। हमें अनेक प्रदेशों में जाना है, इसीलिए विलंब मत करो।" यह सुन लव-कुश कहने लगे—

"हम जानते हैं कि आप साक्षात् प्रभु राम के कनिष्ठ बंधु शत्रुघ्न हैं। हम आपका अभिवादन करते हैं। पर हम अत्यंत आदरपूर्वक आपको बताना चाहते हैं कि हम आपसे उम्र में छोटे अवश्य हैं, लेकिन पराक्रम में कम नहीं हैं। हम साक्षात् महर्षि वाल्मीकि के शिष्य हैं। उन्होंने कृपावंत हो हमें शस्त्रास्त्र विद्या में पारंगत किया है। उसी की आज परीक्षा होने वाली है, जिसके लिए हम तैयार हैं। हमारे लिए युद्ध एक खेल है, जो हमें पसंद है। हम यह भी जानते हैं कि यह अश्वमेध यज्ञ का अश्व है, जिसे राम ने छोड़ा है। पर इस अश्व को हम छोड़ने वाले नहीं हैं। आपको इसे युद्ध करके ही जीतना होगा।"

लव-कुश की बातें सुन शत्रुघ्न चकित रह गए। एक ओर उन्हें लव-कुश की बाल उम्र दिखाई दे रही थी, वहीं वे उनका आत्मविश्वास भी देख रहे थे। अंत में शत्रुघ्न को उनकी बात स्वीकार करनी पड़ी तथा स्वधर्म का पालन करते हुए शत्रुघ्न ने युद्ध की आज्ञा दे दी। वे जानते थे कि कुछ ही देर में लव-कुश का उत्साह शिथिल हो जाएगा। परंतु जिस प्रकार लव-कुश उनकी सेना के साथ युद्ध कर रहे थे, उसे देख वे आश्चर्यचकित रह गए। कुछ ही समय में उनकी सेना पीछे हटने लगी। यह देख शत्रुघ्न स्वयं युद्ध के लिए लव-कुश के समक्ष आए। शत्रुघ्न को देख लव-कुश का जोश और अधिक बढ़ गया। शत्रुघ्न के प्रत्येक अस्त्र का जवाब लव-कुश बहुत कुशलता से दे रहे थे। लव-कुश के ऐसे अद्वितीय पराक्रम और तेजस्वी

रूप को देख शत्रुघ्न दिग्विमूढ़ रह गए। शत्रुघ्न के मन में अनजाने ही उनके प्रति अपनत्व जागने लगा। जिसे देख वे स्वयं चकित थे। परंतु उन्होंने अपने आपको सँभाला और अधिक आवेग के साथ अस्त्र छोड़ने लगे। पर लव-कुश के समक्ष उनके अस्त्र कम पड़ने लगे और उन्होंने स्वयं को युद्ध में पीछे ले लिया। यह देख भरत आगे आए और उन्होंने युद्ध आरंभ किया। लव-कुश जान गए कि ये भी राम के भ्राता हैं, इसीलिए उन्होंने शीश झुकाकर सर्वप्रथम उनका अभिवादन किया और पुनः युद्ध के लिए जोश के साथ तैयार हो गए। लव-कुश के अतुलनीय पराक्रम को देख भरत स्तब्ध रह गए। उनके मन में विचार आने लगे कि ये अवश्य किसी पराक्रमी पिता के पुत्र हैं। क्योंकि ये जिस कुशलता के साथ युद्ध कर रहे हैं, यह असामान्य है। भरत भी अपने पूरे शौर्य के साथ युद्ध कर रहे थे, किंतु लव-कुश के समक्ष उन्हें भी युद्ध में पीछे हटना पड़ा।

भरत और शत्रुघ्न की पराजय का समाचार जब अयोध्या पहुँचा तो वहाँ कोई भी इस बात पर विश्वास नहीं कर रहा था। किंतु लक्ष्मण थोड़े गंभीर हो गए थे। उन्होंने राम से प्रत्यक्ष भेंट ली तथा विचार-विमर्श कर वे वाल्मीकि के आश्रम पहुँच गए। सर्वप्रथम उन्होंने भरत और शत्रुघ्न से सारी बातें सविस्तार सुनीं और पश्चात् वे युद्धभूमि पहुँचे। वहाँ लव और कुश को देखते ही वे पहली दृष्टि में आकर्षित हो गए और मन-ही-मन विचार करने लगे कि मैंने सीता को गर्भवती स्थिति में इसी आश्रम में वाल्मीकि के सुपुर्द किया था।

लव-कुश के सुंदर और राजसी रूप को देख लक्ष्मण को सतत राम का स्मरण होने लगा। वे युद्धभूमि में खड़े थे, किंतु उनके मन की स्थिति युद्ध करने जैसी नहीं थी। लक्ष्मण की इस मनःस्थिति को लव और कुश जान गए। वे जानते थे कि ये हमारे पिता राम के कनिष्ठ बंधु हैं, जो सेवाभाव से सदैव राम के साथ रहते हैं। ये राम के साथ वनवास भी गए थे और उनके प्रत्येक सुख-दुःख में सदा उनके साथ रहते हैं। इसीलिए प्रथम उन्होंने शीश झुकाकर लक्ष्मण को वंदन किया और शीघ्र ही युद्ध के लिए तैयार हो गए। लव-कुश ने लक्ष्मण पर अस्त्र छोड़ने आरंभ कर दिए, पर लक्ष्मण दुविधा

की स्थिति में थे। उनके हाथों से अस्त्र छूट नहीं रहे थे। यह देख लव और कुश ने अपने युद्ध की गति और अधिक तेज कर दी। अंत में लक्ष्मण को युद्ध से पीछे हटना पड़ा। जब यह समाचार राम तक पहुँचा तो राम को विश्वास नहीं हुआ। किंतु एक अनामिक सुख का स्पर्श उन्हें हो रहा था। वाल्मीकि के आश्रम का नाम सुनते ही सर्वप्रथम उन्हें सीता और उनके गर्भ में पल रहे अपने अंश का स्मरण हुआ। उसी अवस्था में उन्होंने अपने चरणों में बैठे हनुमान की ओर देखा। दास्यभाव से युक्त हनुमान ने जब अपने स्वामी की ओर देखा तो वे तुरंत उनके अंतस के भाव को जान गए। अपने स्वामी के भाव की पूर्ति के लिए वे अत्यंत तीव्र गति से वाल्मीकि के आश्रम में पहुँच गए।

आश्रम में पहुँचते ही हनुमान ने एक ही दृष्टि में लव और कुश को पहचान लिया। अपने स्वामी से सदा एक रूप रहनेवाले हनुमान को उनके स्वामी के अंश को पहचानने में एक क्षण भी नहीं लगा। लव और कुश भी एक ही पल में जान गए कि अपने पिता प्रभु राम के चरणों में सदैव उपस्थित रहनेवाले ये दास्य श्रेष्ठ हनुमान ही हैं। उनकी दास्य भक्ति के माहात्म्य को लव-कुश जानते थे। उन्हें ज्ञात था कि अपनी सेवा और भक्ति से हनुमान ने प्रभु राम के हृदय में अपना स्थान प्राप्त कर लिया है। प्रभु राम के कार्य में ही नहीं बल्कि उनके संपूर्ण जीवन में हनुमान पूर्णतः समर्पित थे। इस बात से लव-कुश भी अनभिज्ञ नहीं थे। यही कारण था कि हनुमान से युद्ध करने के लिए उनका मन सहजता से तैयार नहीं हो रहा था। पर वे जानते थे कि जब तक युद्ध में हनुमान हारेंगे नहीं, तब तक प्रभु राम यहाँ नहीं आएँगे और उनकी भेंट प्रभु राम से नहीं हो पाएगी। जबकि इस युद्ध की भूमिका ही उनकी और प्रभु राम की भेंट कराना थी। इसी हेतु का स्मरण करते हुए दोनों ने परस्पर एक-दूसरे की ओर देखा और शीघ्र ही इस निर्णय तक पहुँचे कि उन्हें हनुमान से युद्ध करना होगा।

इसी उद्देश्य से सर्वप्रथम लव-कुश ने हनुमान का अभिवादन किया और पश्चात् उन पर अस्त्रों की वर्षा आरंभ कर दी। कुछ ही देर में उन्हें अनुभव होने लगा कि महापराक्रमी हनुमान को युद्ध में हराना आसान बात

नहीं है। स्वामीभक्ति के कारण उन्हें जो शक्ति प्राप्त हुई है, उस शक्ति के समक्ष कोई भी अन्य ताकत कम ही पड़ने वाली है। इस बात को वे जानते थे। अत्यंत कुशल और ज्ञानी स्वामिभक्त हनुमान अपने स्वामी के पुत्रों की मंशा जानते थे, इसीलिए उन्होंने लव और कुश के समक्ष हारना स्वीकार कर लिया। उन्हें मालूम था कि वे हारेंगे, तभी प्रभु राम का वहाँ आगमन होगा और तभी राम की लव–कुश से भेंट हो राम और सीता का पुनर्मिलन होगा। हनुमान के इस निर्णय को लव और कुश भी जान गए थे, इसीलिए उन्होंने हनुमान को अस्त्रपाश में लपेट लिया।

जब राम ने हनुमान के पराजित होने का समाचार सुना तो उनका अंत:करण एक विशिष्ट भाव से भर गया। वे जानते थे कि पूरे त्रिभुवन में हनुमान को कोई पराजित नहीं कर सकता। इसके बाद भी यदि हनुमान पराजित हो गए हैं, तो इसका एक ही अर्थ है कि 'हनुमान ने स्वयं अपने आपको पराजित कराया है।' राम के अंत:करण के अनुभव से सदैव एकरूप रहनेवाले हनुमान के अंत:करण के भाव राम जान गए थे। यही सच्चे स्वामिभक्त, दास और सच्चे स्वामी के लक्षण हैं। इसके पश्चात् राम शीघ्र ही अपने आसन से उठे तथा वाल्मीकि आश्रम पहुँच गए। वहाँ जाकर जब उनकी दृष्टि हनुमान पर पड़ी तो देखा कि हनुमान वहीं से मंद–मंद मुसकरा रहे हैं। अब राम को पूर्ण विश्वास हो गया कि हनुमान जान–बूझकर लव–कुश से हारे हैं।

राम की दृष्टि जब लव–कुश पर पड़ी तो देखा कि लव और कुश दोनों का चेहरा रक्त के समान लाल हो रहा है। किंतु मुख की निरागसता और मोहकता वैसी ही थी। यही कारण था कि प्रभु राम के मन को दोनों अत्यंत लुभा रहे थे। प्रभु राम के मन का पितृभाव जाग्रत् हो गया और अंत:करण पुत्र प्रेम से भर गया। वे लव–कुश के करीब जाने लगे। इसके पहले भी प्रभु राम ने लव–कुश को अपने महल में देखा था, तब भी अनायास उनका अंत:करण ऐसे ही भाव से भर गया था। परंतु अपने स्वभाव के अनुरूप उन्होंने अपने आपको संयमित रखा था। पर आज जब क्षात्र तेज से युक्त लव–कुश को युद्धभूमि में देखा तो राम को विश्वास हो गया कि ये मेरे ही

सुपुत्र हैं। उनके रूप में मानो वे स्वयं अपने आपको देख रहे थे। वात्सल्य भाव से भरे हुए राम लव कुश की ओर आगे बढ़े।

लव-कुश की स्थिति भी डाँवाँडोल हो रही थी। एक ओर पिता के रूप में उनके प्रति आदर, वहीं माता सीता के प्रेम के कारण राम के प्रति राग। एक ओर राम का श्रेष्ठत्व और माहात्म्य वहीं दूसरी ओर सीता माता के विषय में लिए गए निर्णय के प्रति संशय। इन दोनों मिले-जुले भावों की प्रतिक्रिया उनके मुख पर साफ-साफ दिखाई दे रही थी। परंतु वाल्मीकि की कृपा से प्राप्त विवेक से उन्होंने तुरंत अपने आपको सँभाला तथा अपने स्वधर्माचरण के लिए जाग्रत् हो गए। युद्धभूमि में राम को अपने निकट आते देख उन्होंने बाण की प्रत्यंचा लगा ली और युद्ध के लिए तैयार हो गए।

राम निशस्त्र थे, इसीलिए लव-कुश सोच में पड़ गए कि अस्त्र चलाना चाहिए या नहीं। पर जब राम, लव-कुश के बहुत ही करीब आ गए, तब लव-कुश ने उनके मुख के भावों में अत्यंत प्रेम और अपनेपन के भाव देखे और उनके हाथों से बाण सहज ही छूट गए। राम उनके और पास आए तथा उन्होंने अपनी दोनों बाँहें फैला दीं। लव-कुश कब उनकी बाँहों में समा गए, उन्हें नहीं मालूम। दोनों के नेत्रों से अश्रु टपकने लगे। सागर और सरिता के मिलन से भी अधिक भावावेग में राम और लव-कुश का मिलन हो रहा था। इस भावपूर्ण प्रसंग को देख वहाँ उपस्थित सभी जन भावपूर्ण हो गए तथा सभी के नेत्र नम हो गए। राम की सांत्वना से लव-कुश का भावावेग और अधिक बढ़ गया तथा वे बिफर-बिफरकर रोने लगे। लेकिन राम अपने स्वभावानुरूप संयमित थे। इसी कारण वे सामने से वाल्मीकि के साथ आती सीता को देख सके।

अपनी दोनों बाँहों में लव और कुश को लिए राम वाल्मीकि के निकट आए और लव-कुश को उन्हें सौंप दिए। वाल्मीकि ने लव-कुश के कंधे थपथपाए और कृपाशीर्वाद दिया। भावावेग से धीरे-धीरे अपने आप को सँभालते हुए लव-कुश सीता के करीब आए। सीता ने उन्हें अपने अंक से लगाया और उनके मस्तक पर हाथ फिराने लगीं। सीता के प्रेमल स्पर्श से लव-कुश अधिक ही भावुक हो गए। उसी अवस्था में लव और कुश को

साथ लेकर सीता राम के पास गईं और दोनों बालकों को राम के सुपुर्द कर दिया। राम के चरण वंदन कर सीता राम के समक्ष खड़ी हो गईं। प्रदीर्घ काल के वियोग के पश्चात् अपने प्राणों से अधिक प्रिय राम का दर्शन पाकर सीता कृत्य-कृत्य हो रही थीं। उनके नेत्रों से अविराम अश्रुओं की धारा बह रही थी। राम के साथ उनके दोनों पुत्रों को देख सीता का अंतस प्रेम से उमड़ रहा था। उनके नेत्रों से प्रेमाश्रु की धारा थम नहीं रही थी। तब राम ही सीता के निकट आए और उन्होंने अपने कोमल करों से सीता के अश्रु पोंछे। सीता को अपने पास लिया और सांत्वना देते हुए उनका मस्तक थपथपाने लगे। राम के प्रेमल स्पर्श से सीता खिल उठीं और उन्होंने अपनी झुकी हुई गरदन ऊपर उठाई तो पाया कि राम के नेत्रों से भी अश्रु टपक रहे हैं। राम की यह अवस्था देख सीता ने अपने आपको सँभाला। आनंद के उस असीम क्षण में राम, लव-कुश और सीता, वाल्मीकि के समीप आए। चारों ने अपना शीश झुकाकर वाल्मीकि को नमन किया तथा उनका कृपाशीर्वाद प्राप्त किया।

सभी को नि:शब्द करनेवाले उस भावपूर्ण वातावरण में सभी के भावों को प्रकट करनेवाले शब्दों में वाल्मीकि कहने लगे, ''हे राम, हे पुरुषोत्तम, तुम्हारा त्रिवार अभिनंदन! मेरे समान अनेक ऋषि-मुनियों के अंत:करण के संकल्प को साकार करने के लिए तुमने जन्म लिया है। तुम्हारा जीवन-चरित्र और कार्य अत्यंत अलौकिक और अतुलनीय हैं। मेरे अंतस के आत्माराम के अनुभव को साकार करने हेतु मैंने 'रामायण' लिखी थी। परंतु तुम्हारे रूप में और तुम्हारे जीवन-चरित्र के द्वारा मेरे स्वानुभव की सत्यता आज सभी को देखने को मिल रही है। देखते-देखते कोई इस चरित्र के विषय में विचार कर सकता है। विचार करते-करते किसी के मन में तुम्हारे अंत:करण को जानने की इच्छा जाग्रत् हो सकती है। जानते-जानते किसी को इस सत्य को अनुभव करने की लगन लग सकती है तथा कोई स्वपराक्रम से इस सत्य का अनुभव भी ले सकता है। इतना गहन माहात्म्य है तुम्हारे चरित्र का। मानव देह की सामान्य मन:स्थिति से आत्मस्थिति प्राप्त करने का अनुभव निश्चित रूप से मानव जन्म की श्रेष्ठता सिद्ध करता है। मानव जीवन की सार्थकता ही इसी में है कि वह आत्मबल के आधार पर अपना पूरा जीवन धैर्य,

सहजता और सभी के प्रति अपनत्व की भावना के साथ बिताए।

मानव जन्म का रहस्य तुम्हारे जीवन-चरित्र द्वारा प्रकट हुआ है। जीवन में आए अनेक प्रसंगों में तुम्हारा धैर्य, तुम्हारी निर्णय लेने की क्षमता और तुम्हारी निर्मोही अवस्था प्रकट हुई है। तुम्हारे अंत:करण की प्रेमस्वरूप और कोमल अवस्था को मैं अच्छी तरह महसूस कर सकता हूँ। क्योंकि तुम्हारे ही रूप में मेरे अंत:करण में आत्माराम साकार हुआ है। तुम्हारे अंत:करण के एकदम निकट तुम्हारा प्रिय बंधु लक्ष्मण, प्रिय पत्नी सीता और भक्तिभाव से ओत-प्रोत प्रिय भक्त हनुमान हैं। अवश्य ही यह तुम्हारी महानता है। परंतु निश्चित रूप से उनका भी पराक्रम है कि वे अपना स्वभाव भूलकर तुम्हारे प्रेम में इतना डूब गए हैं कि तुम्हारे अंत:करण से एकरूप हो गए। उन्होंने तुम्हारे अंतस में अपना स्थान बना लिया है। यह केवल भक्तिभाव के कारण ही संभव है। तुम्हारा प्रेम ही इतना अनूठा है कि मन तुमसे दूर नहीं रहने देता। यद्यपि तुम्हारा यह कार्य अनेक अंगों द्वारा प्रकट होता है। परंतु सभी को सारे अंग पसंद आएँगे, यह भी संभव नहीं है। जिससे कभी-कभी मन में दूरी निर्माण हो जाती है। परंतु मन में तुम्हारा स्मरण रहता है। यही प्रेमस्मरण पुनः तुम्हारे प्रेम को अनुभव करने के लिए उद्यत करता है और तुम्हारे पास खींच लेता है। ऐसा तुम्हारा जीवन-चरित्र और व्यक्तित्व है। एक तुम ही हो, जो भक्तों के इस पराक्रम को जानते हो और उनकी प्रशंसा कर उनके मन को और अधिक सबल बनाते हो, क्योंकि तुम महापराक्रमी हो।

ऐसा ही पराक्रम आज तुम्हारे पुत्रों ने किया है और सिद्ध कर दिया है कि वे तुम्हारे और सीता के सुपुत्र हैं। लव-कुश के पराक्रमी होने में केवल तुम्हारा ही योगदान नहीं है, बल्कि सीता का भी उतना ही योगदान है। महापराक्रमी के अंश और सीता-रूपी शुद्ध भूमि से ही लव-कुश रूपी शुद्ध फल पैदा हो सकते हैं। तुम्हारा पराक्रम बाह्य रूप से प्रकट होता है और दिखाई भी देता है। किंतु सीता के पराक्रम को जानने के लिए वैसी दृष्टि और अंत:करण चाहिए। विवाह के बाद से उन्होंने तुम्हारा अनुकरण किया है। जीवन के प्रत्येक प्रसंग में उन्होंने तुम्हें मन:पूर्वक सहयोग दिया है। शुरुआत में मन की दुर्बलता के कारण कुछ कमी उनमें रह गई थी, परंतु उनके मन में

तुम्हारे प्रति निष्ठा और श्रद्धा कभी कम नहीं हुई।

वनवास में हो अथवा रावण के बंदीगृह में, सीता के मन में केवल तुम्हारी ही मूर्ति थी। एक धोबी के कहने पर तुमने सीता को त्याग दिया। इसके उपरांत तुम्हारे निर्णय का विरोध न कर उन्होंने केवल तुम्हारा साथ दिया। उनके मन में तुम्हारे लिए जो प्रेम और श्रद्धा है, उसी के बल पर सीता ने तुम्हारे निर्णय को सर्वोपरि जान उसका अनुकरण किया। विरह के काल में भी उनके अंतस में केवल तुम्हारी ही मूर्ति थी। उन्हें अहसास था कि तुम्हारे अंतस में भी केवल उन्हीं की मूर्ति है। सदैव एक-दूसरे के अंत:करण में बसने वाले तुम दोनों अब बाह्य रूप से भी एक साथ रहो। सीता पहले भी केवल तुम्हारी थी। उनकी पतिव्रता को तो तुम पहले से ही जानते हो। पर अब सभी के सामने सीता की शुद्धता सिद्ध हो गई है। सीता के रूप में तुम्हारी निधि मेरे पास थी, जिसे मैं लव-कुश रूपी ब्याज सहित तुम्हें लौटा रहा हूँ। एक-दूसरे के मन में बसने वाले तुम और सीता तथा लव-कुश जब लौकिक रूप से भी एक साथ रहोगे, तब सभी को प्रसन्नता होगी।''

वाल्मीकि ऋषि की अनुभव सिद्ध अवस्था से निकले वचनों को सुन सभी मुदित हो गए। सीता के साथ लव और कुश तथा हनुमान के साथ लक्ष्मण, भरत और शत्रुघ्न सभी के चेहरों पर खुशी की लहर बिखरी हुई थी। राम के मुख पर भी प्रसन्नता झलक रही थी। अपने स्वभाव से गंभीर राम वाल्मीकि से कहने लगे, ''हे ऋषिवर्य वाल्मीकि, मैं आपको वंदन करता हूँ। आपका अंत:करण कठिन तपस्या से इतना विशुद्ध और व्यापक हो गया है कि आप सभी के भाव को समझते हैं और वैसा अनुभव भी करते हैं। आपने तपस्या कर युगों-युगों से सदा आत्मा में बसने वाले राम को अनुभव किया है तथा उसे ग्रंथ के रूप में प्रकट किया है। पर मैं देहरूपी 'राम' हूँ, जिसका जीवन-चरित्र मर्यादित है। अमर्यादित राम को कई महानुभावों ने अनुभव किया है और अनेक काल में तथा अनेक स्थानों पर ऐसे दिव्य चरित्र प्रकट हुए हैं और होते रहेंगे। पर सभी का अनुभव मात्र एक है।

मैं जानता हूँ कि मेरा जीवन-चरित्र आप ही के संकल्पानुसार प्रकट हुआ है। ब्रह्मर्षि वसिष्ठ ने अत्यंत कृपावंत हो मुझे आत्माराम का बोध

कराया और उसी की लगन लगा दी। उन्हीं की कृपा से यह आत्माराम मेरे स्वानुभव का हो गया। उन्हीं की कृपा की महत्ता जानते हुए मुझे मेरे आत्माराम के माहात्म्य से बहुत आनंद होता है। वहाँ 'अहं' का कोई स्थान ही नहीं है। मानवीय देह की मर्यादा के कारण मेरा बाहरी जीवन बाधित दिखाई दे सकता है तथा उस पर कोई टीका भी कर सकता है। परंतु आपके शुद्ध अंत:करण द्वारा प्रकट आपके आत्माराम का जीवन-चरित्र शुद्ध और परम पवित्र है। इसीलिए मेरे प्रत्यक्ष जीवन की कमियों को केवल आप ही जान सकते हैं और उस पर उपाय भी आप ही बता सकते हैं। यह आपका अधिकार है। आपका हम पर प्रेम का हक है। अत: केवल आपकी आज्ञा का पालन ही नहीं, वरन् अपना कर्तव्य समझ मैं सीता को अत्यंत प्रेम से स्वीकार करता हूँ। हम दोनों के बीच पारस्परिक प्रेम और उससे निर्मित दृढ विश्वास ही हमारी शक्ति है, जिसे आप जानते हैं। यही कारण है कि हमारे मन में किसी भी बात की कटुता शेष नहीं है, वरन् घटित प्रसंगों से हमने जिस प्रेम को अनुभव किया है, वही हमारे अंतस में बसा है।

पुत्र के रूप में लव और कुश मेरे अंश और सीता के सुपुत्र हैं, पर उससे अधिक महत्त्वपूर्ण बात यह है कि वे आपके सत्शिष्य हैं। मेरी दृष्टि में यही गुण सराहनीय है और यही उनकी पहचान है। माता के गर्भ से लिए जन्म से अधिक श्रेष्ठगुरु द्वारा लिया गया जन्म है। कारण यह जन्म सद्गुरु की सद्भावना से होता है। इसी जन्म से व्यक्ति को जीवन का सही मूल्य मालूम होता है तथा उसका जन्म सार्थक होता है। यह मेरा अनुभव है। ऐसा सौभाग्य लव और कुश को आपकी कृपा से प्राप्त हुआ है, जिसे मैं जानता हूँ और लव-कुश को भी इसका निश्चित रूप से अहसास है। आपकी इसी कृपा से हम सब सदा एकत्रित रह सकेंगे और हममें अपनत्व बना रहेगा। आपने मेरी प्रिय पत्नी सीता को इतने दिनों तक आश्रय दिया और लव-कुश को सुसंस्कार दिए, जिसकी कृतज्ञता व्यक्त करने के लिए मेरे पास न योग्य शब्द हैं और न ही किसी भी कृति द्वारा मैं यह व्यक्त कर सकता हूँ। तुम्हारी सहज कृति और स्वभाव से प्रकट होने वाली कृति को कृत्रिम रीति से व्यक्त करना अनुचित होगा। इसीलिए हे वाल्मीकि ऋषि, मैं आपके चरणों में शीश

झुकाता हूँ। यही योग्य है। आपका कृपाहस्त सदैव हम पर रहे, यही आपके चरणों में विनती है।''

ऐसा कह राम ने वाल्मीकि के चरणों में अपना मस्तक झुकाया और हाथ जोड़कर दर्शन किए। सीता और लव-कुश ने भी वाल्मीकि के पवित्र चरणों में शीश झुकाकर दर्शन किए। वाल्मीकि ने अपने कृपाहस्त राम और सीता के मस्तक पर रखे। लव और कुश को तो उन्होंने अपने हृदय से ही लगा लिया। सबके अंत:करण अपने-अपने भाव से भरे हुए थे। पर सबसे अधिक भावुक लव और कुश थे। जिस आश्रम में उनका जन्म हुआ, जहाँ वे पले-बढ़े और वाल्मीकि के अपार प्रेम तथा आश्रमवासियों की देखभाल में जिनका बचपन गुजरा, उस आश्रम को आज वे छोड़कर जा रहे थे। पर इस भाव से कि वे राम और सीता के सुपुत्र तथा वाल्मीकि के शिष्य हैं, उन्होंने अपना भावबल एकत्र किया और राम-सीता के साथ-साथ चलने लगे।

लक्ष्मण ने आगे आकर राम और सीता को रथ में बैठाया। भरत और शत्रुघ्न भी लव और कुश को अपने साथ लेकर रथ में बैठ गए। हनुमान ने 'सियावर रामचंद्र की जय' की जय-जयकार की। सारे आश्रमवासियों ने भी उनका साथ देते हुए उत्साहपूर्वक जय-जयकार किया। सारा आसमान इस स्वर से गूँज उठा। सभी जन रंग-बिरंगे और सुगंधित फूलों की उन पर वर्षा कर रहे थे। सर्वत्र वातावरण रंगीन और खुशबूदार हो गया था।

राम-सीता और लव-कुश के अयोध्या आने का समाचार पहले ही दूतों द्वारा पहुँच गया था। यह सूचना मिलते ही सभी अयोध्यावासी रंग-बिरंगे पुष्प और गुलाल के साथ राम-सीता और लव-कुश के स्वागत के लिए महल पहुँच गए थे। राम-सीता और लव-कुश को साथ में देखकर सभी का मन प्रेम से भर गया और नेत्रों से प्रेमाश्रु टपकने लगे। राम और सीता की जय-जयकार के साथ सारी अयोध्या आनंद के उल्लास में डूबी हुई थी। आनंद के इस वातावरण में राम-सीता और लव-कुश का राजमहल में आगमन हुआ।

नारद के मुख से अखंड रूप से स्रवित वाणी का वेग थोड़ा थम गया था। लक्ष्मी को इस बात का अहसास कुछ क्षणों पश्चात् हुआ। जिस प्रकार

सूर्य के अस्त होने के बाद भी उसकी लालिमा कुछ समय तक आकाश में बिखरी रहती है, संगीत के सुर थम जाने के बाद भी उसका निनाद कुछ झणों तक कानों में गूँजता रहता है, फूलों के कुम्हलाने के बाद भी उनकी सुगंध वातावरण में महकती रहती है, उसी तरह नारद के वक्तव्यों के पूर्ण होने के पश्चात् भी नारायण के सगुण-चरित्र के वर्णन की महिमा और उसका आनंद लक्ष्मी अब भी ले रही थीं। सगुण चरित्र के सतत वर्णन-श्रवण से लक्ष्मी तृप्त हो रही थीं। इसी के साथ और अधिक श्रवण करने की उनकी जिज्ञासा बढ़ती जा रही थी। इन्हीं दोनों भावों से युक्त लक्ष्मी नारद से कहने लगीं, ''हे नारद, मुझे लगता है, राम और सीता के जीवन में ऐसी खुशियों का क्षण शायद ही कभी आया हो, जो अब इतने वर्षों के विरह के पश्चात् आया है। जीवन सारे तनावों से मुक्त पुनः खुशियों से भर गया। इस बात से जितनी खुशी राम और सीता को हुई होगी, उतनी ही या शायद उससे भी कहीं अधिक खुशी मुझे हो रही है।

''आपके मुख से राम-चरित्र श्रवण करते-करते मेरे मन की स्थिति ऐसी हो गई है कि उनके सुख से मुझे सुख होता है और उनके दुःखों से मैं दुःखी हो जाती हूँ। एक समय ऐसा आता है कि हम स्वयं पर आए दुःख को सहन कर लेते हैं, परंतु अपने प्रिय व्यक्ति पर आए दुःख से हम अधिक दुःखी हो जाते हैं। यही स्थिति यहाँ मेरी हो रही है। मैं जानती हूँ कि राम के पास इतना आत्मबल था कि उन्होंने उन पर आए दुःखों का आसानी से सामना किया होगा। सीता भी अपने भावबल से युक्त थीं। परंतु मेरा मन सशंक है, इसका कारण यह है कि राम और सीता के जीवन में इतने दुर्गम प्रसंग आए थे कि उनके दुःख का ही अधिक परिणाम मेरे मन पर पड़ा है। उनके जीवन में प्रसंग ही ऐसे घटित हुए हैं कि 'मिलन के पश्चात् विरह, उसके पश्चात् पुनः मिलन और पुनः विरह' पर अब तो उनका मिलन अंतिम होगा ना! लेकिन मेरा मन यों ही शंकित हो रहा है। दूसरी ओर यह विश्वास भी हो रहा है कि अब उनको कोई भी एक-दूसरे से अलग नहीं कर सकता। उनके जीवन में केवल आनंद ही आनंद शेष बचा है।

किंतु मन बहुत विचित्र है। अपने अत्यंत प्रेमी व्यक्ति के प्रति वह

न जाने क्यों इतना चिंतित रहता है कि कभी-कभी उसके मन में विपरीत विचार आने लगते हैं। इसका कारण क्या है? यह भी वह जान नहीं पाता। ऐसे समय में उसके पास एक ही रास्ता रह जाता है कि अपने अत्यंत करीबी अथवा जानकार व्यक्ति से उस विषय पर बात करे। हे नारद, ऐसा अत्यंत करीबी और जानकार व्यक्ति तुम ही दिखाई दे रहे हो। तुम्हें केवल बौद्धिक ज्ञान ही नहीं बल्कि अनुभव भी है और सभी के प्रति अपनत्व का भाव भी। मूलतः नारायण से अत्यंत प्रेम और अपनापन तथा उनके सगुण-चरित्र से प्रेम और उनकी कृति के प्रति जो आपको अपनत्व है, वह अत्यंत व्यापक है। इसीलिए अब आप राम-चरित्र के अग्रिम भाग का वर्णन कर मेरे मन की शंका को त्वरित दूर करें। मुझे राम-सीता और लव-कुश के एक साथ रहने और खाने-खेलने के आनंद का वर्णन आपके मुख से श्रवण करना है।'' लक्ष्मी की ऐसी भावपूर्ण अवस्था को देख नारद को अत्यंत हर्ष हो रहा था। थोड़ा स्मित हास्य करते हुए वे कहने लगे—

''हे लक्ष्मी, नारायण द्वारा निर्मित इस सृष्टि-खेल में कुछ भी अंतिम नहीं है। यही इस खेल की विशेषता है। इस सृष्टि के मूल में भी नारायण हैं और अंत में भी नारायण ही हैं, यह जिसने जान लिया, वही नारायण के इस खेल को खूबसूरती के साथ खेलते हुए यशस्वी हो सकता है। इस खेल में नैसर्गिक बदलाव होते रहते हैं। परंतु खेल को खेलने में निमित्त बनने वाले जीवों की वृत्ति में भी कारण-अकारण बदलाव आते रहते हैं। जो इस खेल के बदलाव को स्वीकार कर इस खेल को खेलने का आनंद लेते हैं, वे ही नारायण के इस खेल में उत्तम साबित होते हैं। इस खेल में नारायण ही अंतिम हैं। इस सृष्टिखेल में दूसरा कुछ भी अंतिम नहीं है। सुख के पश्चात् दुःख और दुःख के पश्चात् सुख, यश के बाद अपयश, यही इसकी शृंखला है।

''इस प्रकार आनंद के वातावरण में राम और सीता का आगमन हुआ। सभी का आनंद गगन चूम रहा था। राम और सीता अपने आसन पर विराजमान हो गए थे तथा सारे अयोध्यावासी जय-जयकार कर उन पर फूलों की वर्षा कर रहे थे। लक्ष्मण, भरत और शत्रुघ्न ने पुष्प माला पहनाकर राम

और सीता का स्वागत एवं अभिनंदन किया। उनकी पत्नियों ने राम और सीता की पंचआरती उतारी। इसके पश्चात् लक्ष्मण ने वहाँ उपस्थित सभी नागरिकों का स्वागत किया और उनके आगमन से होने वाले आनंद को व्यक्त किया। राम के जीवन में घटित अनेक प्रसंगों का उल्लेख करते हुए लक्ष्मण ने राम के माहात्म्य से अवगत कराया। सीता का उल्लेख करते हुए उन्होंने बताया कि सीता ने किस प्रकार अंत:करण से प्रत्येक प्रसंग में रान का साथ दिया। जिससे सामान्य जन भी सीता की महानता से परिचित हो जाएँ। पश्चात् भरत और शत्रुघ्न ने भी राम के प्रति अपना प्रेम प्रकट किया और सीता की महिमा का वर्णन कर उनका अभिवादन किया। जब यह आनंददायी महोत्सव अपनी चरम सीमा पर था, तभी एक वृद्ध नागरिक खड़ा हुआ और भरे दरबार में कहने लगा।

□

सीता का देहत्याग

"हे राजन ! अयोध्यावासी जन ! मुझे क्षमा करना, परंतु तुम्हारे इस आनंददायी महोत्सव में मैं सहभागी नहीं हो पा रहा हूँ। मेरा मन साथ नहीं दे रहा है, इसमें दोष मेरे मन का भी नहीं है। आनंद और उत्साह में तुम सब यह भूल गए कि जिस कारण राम ने सीता का त्याग किया था, वह कारण अब भी वैसा ही है। रावण के बंदीगृह में रहते हुए, सीता के चरित्र की शुद्धता के विषय में जो शंका सामान्य जनों के मन में निर्माण हुई थी, वह अब भी वैसी ही है। उसका निराकरण करने की किसी को आवश्यकता ही महसूस नहीं हो रही है। उसके विस्मरण से सीता को तो लाभ है ही साथ ही राम और कुटुंबजन भी उससे लाभान्वित होंगे। इसीलिए बिना किसी विवाद के उन्होंने सीता को स्वीकार कर उनका स्वागत किया। यही उनके कुटुंबियों की भी इच्छा है।

"परंतु मेरे जैसे सामान्य जनों के मन से इस शंका का निवारण होना इतना आसान नहीं है। कारण—यह शंका हम सब के मन में बहुत गहरी बैठी है। महर्षि वाल्मीकि ने सीता के शुद्धत्व की गवाही दी है, परंतु उसे प्रमाण नहीं माना जा सकता। क्योंकि हो सकता है कि उनके व्यापक अंत:करण की वजह से उनको सभी शुद्ध दिखाई दें। सीता की पवित्रता को उन्होंने किसी प्रमाण के साथ सिद्ध नहीं किया है, लेकिन हम जैसे सामान्य जनों को तो प्रमाण चाहिए। हो सकता है कि पुत्र प्राप्ति और सीता भेंट की खुशी में सीता की पवित्रता राम के लिए कम महत्त्वपूर्ण हो अथवा भविष्य में वे इसे भूल भी जाएँ, किंतु जनता इस बात को भूल नहीं पाएगी। उनका मन और मत

सदा-सदा के लिए शंकित और दूषित ही रहेगा। ऐसी स्थिति में कोई भी राजा प्रजा को सुखी और समाधानी नहीं रख सकता। तब वह स्वयं राम ही क्यों न हो। अतः सर्वप्रथम सीता की पवित्रता की प्रामाणिकता सिद्ध होनी चाहिए।

"जब तक यह बात स्पष्ट नहीं हो जाती, तब तक किसी के मन को संतुष्टि नहीं मिलेगी। मन के इस जख्म का शीघ्र ही उपाय करना उचित होगा वरना स्थिति बिगड़ने में देर नहीं लगेगी। जब तक हमारा मन स्वच्छ नहीं हो जाता, हमें इस महोत्सव का आनंद नहीं होगा। राम ने हम सभी को प्रेमपूर्वक निमंत्रण दिया था, इसीलिए हम सभी यहाँ उपस्थित हुए हैं। किंतु मन में पुनः-पुनः वही विचार आने से मैंने अपने मन के विचार व्यक्त किए हैं। मैं नहीं जानता कि इस अवसर पर ऐसी बात कहना उचित है या नहीं? परंतु आज इस समारंभ में राम, उनके सारे कुटुंबी तथा प्रजाजन उपस्थित हैं, इसी का लाभ लेते हुए मैंने अपने मन की बात सभी के समक्ष रखी। मैं जानता हूँ कि मैंने जो शंका व्यक्त की है, वही शंका यहाँ उपस्थित अनेक जनों के मन में भी है। मैंने अपनी बात कह दी है, अब यहाँ उपस्थित विद्वानों और मान्यवरों को ही फैसला करना होगा। मुझे यह अधिकार नहीं है।"

"उस वृद्ध नागरिक के ऐसे अकल्पित बोल सुन सारी सभा अवाक् रह गई। एक क्षण में सारा रंग बेरंग हो गया। किसी के भी मुख से न अनुभूति के दो शब्द निकले और न ही निषेध के। ऐसी स्थिति में सभी की दृष्टि राम के मुख पर केंद्रित हो गई थी। परंतु वे एकदम चुप थे। उनकी चुप्पी से सभी बेचैन हो रहे थे। लक्ष्मण भी बहुत व्याकुल दिखाई दे रहे थे। लेकिन विवेक का पालन करते हुए उन्होंने अपने आपको सँभाला था। सबसे अधिक विकट स्थिति सीता की थी, क्योंकि उनका पक्ष लेकर बात करनेवाला वहाँ कोई नहीं था। वे एकटक राम के मुख की ओर अपेक्षा से देख रही थीं, पर राम भी चुप थे। उनके अंतस में क्या चल रहा था, इसका किसी को कोई अंदाज नहीं था।"

नारद की बातों को बेहद ध्यानपूर्वक सुन रहीं लक्ष्मी से रहा नहीं गया और बीच में ही वे नारद से कहने लगीं, "हे नारद, ये सारी बातें मेरी समझ

में नहीं आ रही हैं। इतने आनंददायी महोत्सव में एक व्यक्ति इस तरह खड़े होकर बोल रहा है और सब सुन रहे हैं? इसका क्या अर्थ? ऐसा लगता है जैसे दूध में किसी ने नमक डाल दिया हो। उस व्यक्ति को किसी ने भी चुप नहीं कराया? सब उसकी बात सुन रहे थे और सुनकर चुप रह गए! लोगों के मन इतने दुर्बल हो गए? इसका क्या कारण हो सकता है? क्या लोगों के मन में राम के प्रति प्रेम, एक दिखावा था? ऐसे नकली प्रेम का क्या उपयोग, जो अपने प्रिय व्यक्ति के कठिन समय में काम न आए? ऐसे प्रेम को प्रेम कह सकते हैं क्या? और सबसे अधिक आश्चर्य मुझे राम की चुप्पी के कारण हो रहा है। बेचारी सीता कब तक ऐसा अपमान सहन करे? उसकी भी सहनशीलता की कोई मर्यादा है या नहीं? उन्हें भी स्वाभिमान है या नहीं? वे अपने पति तथा अयोध्या के सत्ताधीश राम की ओर अपेक्षा से नहीं देखें तो किसकी ओर देखें?'' कहते-कहते लक्ष्मी के मन की बेचैनी और व्याकुलता बढ़ती जा रही थी। उनकी ऐसी स्थिति देख नारद को उन पर दया आ गई। वे लक्ष्मी को सांत्वना देते हुए कहने लगे—

''हे लक्ष्मी, तुम्हारी उद्विग्नता मैं समझ सकता हूँ। सीता के दुःख को जानकर तुम स्वयं इतनी दुःखी हो रही हो, लेकिन तुम राम की मनःस्थिति नहीं समझ पाईं। वे बाहरी रूप से अवश्य ही शांत दिखाई दे रहे थे, परंतु अंतस में वे जाग्रत् और सावधान थे। वे इस मूलभूत सत्य को जानते थे कि ईश्वरीय नियति में घटने वाली कई घटनाएँ ऐसी होती हैं, जिन्हें प्रयत्नपूर्वक टाला जा सकता है अथवा आगे बढ़ाया जा सकता है। किंतु कुछ घटनाएँ ऐसी होती हैं, जो नियति में अटल होती हैं। जिन्हें किसी भी प्रयत्न द्वारा टाला नहीं जा सकता। ऐसी घटनाओं का सामना करने का आत्मबल राम में था। राम यह भी मानते थे कि उनके अंतःकरण से सदा समरस रहनेवाली सीता में मनोबल और धैर्य की कमी नहीं है। इसीलिए राम चुप थे। उनकी चुप्पी का अर्थ सीता समझ गई थीं। वे जान गई थीं कि जीवन में एक समय ऐसा भी आता है, जब अपना निर्णय हमें स्वयं लेना पड़ता है। कोई किसी की मदद के लिए नहीं आता। क्षण भर में उन्होंने वहाँ की परिस्थिति और सभी जनों की मनःस्थिति को समझा तथा तुरंत अपने स्थान से उठ खड़ी

हुईं। सावधानी से कदम रखते हुए वे राम के समक्ष जाकर खड़ी हुईं। उन्होंने नम्रतापूर्वक राम के चरणों में वंदन किया तथा हाथ जोड़कर अपने मन की बात कहने लगीं—

"हे प्राणनाथ, मुझे क्षमा करना कि मैं आपसे अपनी बात सभी के सामने कह रही हूँ। मेरी पवित्रता के विषय में सामान्य जनों के मन में जो संदेह है, उससे पूरे वातावरण में स्तब्धता छा गई है। कोई भी कुछ नहीं कह रहा है और न ही कुछ कह सकता है। परंतु आपकी निःशब्दता बहुत कुछ कह रही है तथा मुझे ही कृति करने के लिए उद्यत कर रही है। मेरे शुद्ध चरित्र के विषय में आपको पूर्ण विश्वास है, यही मेरे लिए सबकुछ है। तब मुझे किसी और की सहायता की कोई आवश्यकता नहीं है। मेरे जीवन में इस तरह का प्रसंग पहली बार नहीं आया है। रावण के वध के पश्चात् उसके बंदीवास से छूटने के बाद भी यही शंका उत्पन्न हुई थी, जिसकी पूर्ति मैंने आपकी आज्ञानुसार अग्नि परीक्षा देकर की थी। इसके पश्चात् अयोध्या पहुँचने के बाद एक धोबी द्वारा इसी तरह की शंका व्यक्त करने से, आपने राजधर्म का पालन करते हुए मेरा ही त्याग किया और मुझे वनवास भेज दिया था। वहाँ वाल्मीकि ऋषि के आश्रम में रहते हुए मैंने आपके अंशों को जन्म दिया। उनकी तेजस्विता और पराक्रम से तथा वाल्मीकि के कहने के पश्चात् मेरी शुद्धता पुनः एक बार सिद्ध हुई। किंतु सामान्य जनों के मन में इस शंका का निराकरण करना संभव नहीं है, क्योंकि उनके समक्ष कोई भी प्रत्यक्ष प्रमाण रखना असंभव ही है।

"हे प्राणनाथ, ऐसी स्थिति में आपके मन की वेदना को मैं जान सकती हूँ। योग्य निर्णय लेने का आत्मबल निश्चित रूप से आप में है, परंतु उससे मन पर पड़ने वाले तनाव को मैं समझ सकती हूँ। इसीलिए प्राप्त परिस्थिति में मुझे ही निर्णय लेना है, आप कृपावंत हो मुझे अनुमति दें। मुझे आप ही की कृपा से निर्णय लेने और उसका पालन करने का धैर्य मिला है। इस स्थिति में, सभी का ध्यान रखते हुए एक ही निर्णय उचित है और वह यह कि 'मैं ही राज्य का त्याग कर यहाँ से चली जाऊँ।' अब मुझे आपकी आज्ञा नहीं केवल सहमति चाहिए। यही मेरी अंतस आत्मा की आवाज है।

बुद्धि द्वारा लिया गया निर्णय और मन की तैयारी है। ऐसी सहमति देने का आत्मबल केवल आप में है, जो मेरी शक्ति का मूल है। अब तक आपने मेरी कई इच्छाओं की पूर्ति की है। मुझे बहुत प्रेम दिया है और अनेक बार मेरी प्रशंसा की है। अब कृपावंत हो मेरी आखिरी इच्छा पूर्ण करें और मुझे धन्य कर दें। पत्नीधर्म का पालन करते हुए आपके जीवन कार्य में जो कुछ भी मेरी अल्प सी सेवा आपके चरणों में समर्पित हुई है, उसी में मेरे जीवन की सार्थकता है। मुझे इसी सार्थकता को अनुभव करने का अवसर दें, यही मेरी आपके चरणों में नम्र प्रार्थना है।''

सीता की बातें सुन पूरे वातावरण में नीरव शांति छा गई। उनकी बातें एकदम स्पष्ट थीं, जहाँ न कोई भावावेग था और न ही संदिग्धता। न किसी के प्रति राग, द्वेष था और न ही निराशा अथवा कटुता। शांत, सत्य और स्पष्ट बोलने से उनके मन की निर्मलता, बुद्धि की सरलता और अंतःकरण की शुद्धता सहज प्रकट हो रही थी। जिसे किसी भी प्रमाण की आवश्यकता नहीं थी। सभी तटस्थ होकर राम की ओर देख रहे थे कि अब राम क्या कहेंगे? जिसे सुनने के लिए उनके प्राण कानों में समा गए थे। सभी का मन राम के प्रति अपनेपन और सीता के प्रति करुणा से भर गया था। उन सभी की मनःस्थिति को जानने वाले राम भी भावुक हो गए थे। उनके मुख से शब्द और नेत्रों से अश्रु एक साथ प्रवाहित होने लगे। वे सीता के अधिक निकट आए और उनके मस्तक को स्पर्श करते हुए कहने लगे—

''हे सीता, तुम सचमुच धन्य हो! पतिव्रता धर्म का पालन करते हुए प्रत्येक प्रसंग में तुमने दिल से मेरा साथ दिया है। जिसका फल तुम्हें यह मिला कि मन से होकर अब मैं तुम्हारे दिल तक पहुँच गया हूँ और तुम्हारे पूर्ण अंतःकरण में व्याप्त हो गया हूँ। तुम्हारा अंतःकरण मेरे प्रेम से इतना परिपूर्ण और सबल हो गया है कि मेरे अंतस में उठने वाली लहरें तुम्हारे अंतस से प्रकट होने लगी हैं। मुझे इसी बात की सर्वाधिक प्रसन्नता है। इससे अधिक आनंददायी और कोई बात नहीं हो सकती। तुम काया, वचन, मन और अंतःकरण से पूर्णतः शुद्ध और पवित्र हो, इसमें कोई संदेह नहीं है। परंतु तुम्हारी शुद्धता और पवित्रता का आकलन करने की क्षमता सामान्य

जनों में नहीं है। इसमें उनका कोई दोष भी नहीं है। आखिर वे सामान्य हैं। किंतु फिर भी संकुचित और संकीर्ण विचारधारा के सामान्य व्यक्तियों की मानसिकता का ध्यान रखना भी आवश्यक है। यही राजधर्म है, जिसका पालन करने की शक्ति हमें अर्जित करनी है।

''मुझमें यह आत्मबल वसिष्ठ ऋषि की कृपा से प्राप्त हुआ है। पर तुमने भी मुझ पर असीम प्रेम और श्रद्धा से यह भावबल प्राप्त कर लिया है। इसी बात से मुझे अधिक आनंद हो रहा है। इसी भावबल के कारण तुम विपरीत परिस्थिति में योग्य निर्णय ले सकीं। इसी शक्ति से तुम अपने अंतस में आत्मबल की मूल निर्माण कर सकती हो तथा जिस परमानंद को मैं नित्य अनुभव करता हूँ, वैसी ही अनुभव की अवस्था तुम्हें प्राप्त हो जाएगी, यह मेरा विश्वास है। इसी आत्मविश्वास से तुम अपना अग्रिम जीवन जियो। जगन्नियंता परमेश्वर की यही नियति है। हम उस नियति से जुड़े हैं। उसकी इच्छा ही प्रमाण है। वे ही हमें शक्ति देंगे। अब तक विरह में भी हम एक-दूसरे के अंतस में रहे। अब बाहरी मिलन और विरह का चक्र तथा द्वैत ही समाप्त हो जाएगा और हम सदा-सदा के लिए एक-दूसरे के अंतस में समाए रहेंगे। तब बाहरी देह, मन और बुद्धि की भिन्नता भी शेष नहीं रहेगी। एकरूपता का यह अनुभव अबाधित और नित्य रहेगा। इसमें किसी बाहरी साधन अथवा माध्यम की आवश्यकता नहीं रहेगी। अब जब तक यह देह रहेगी, तब तक हम 'मैं ही तू और तू ही मैं' की एकरूपता का परमानंद भोगते रहेंगे।''

राम के मुख से स्फुरित शब्दों का प्रवाह अचानक थम गया। सीता के प्रेम में अंतःकरण से प्रकट प्रेम-प्रवाह के लिए शब्दों का प्रयत्न कम पड़ने लगा। जब-जब शब्दों ने प्रयत्न किया तब-तब शब्द उस प्रेम-प्रवाह में अपना अलग अस्तित्व टिका नहीं पाए और प्रेम-प्रवाह में ही डूब गए। राम और सीता का संवाद सुन वहाँ उपस्थित सारे नागरिकों पर उनकी भावावस्था के अनुरूप परिणाम हो रहा था। जो राम और सीता के बीच आत्मीयता जान पाए, उनके मुख से सहज उद्गार निकले, ''धन्य! धन्य! राम और सीता, तुम सचमुच धन्य हो!'' जो उन दोनों के बीच प्रेम समझ पाए, वे कहने

लगे, ''सुंदर! अति सुंदर! किंतु जो उन दोनों पति–पत्नी के बीच के संबंध की निष्ठा और एकरूपता का अहसास कर पाए, उनके मुख से सहज ही शाबाश! शाबाश! बहुत खूब! ऐसे शब्द स्फुरित हो रहे थे। पर जिन्होंने एकांगी की दृष्टि से देखा, उन्हें मात्र इस प्रसंग से बहुत दुःख हो रहा था। कोई कह रहा था, यह सीता के प्रति अन्याय है, कोई इसमें राम को ही दोषी ठहरा रहे थे। परंतु इन सारी प्रतिक्रियाओं का कोई भी प्रभाव राम और सीता द्वारा लिये गए निर्णय पर नहीं हो रहा था।

इस प्रसंग की गंभीरता की ओर सबसे पहले ध्यान गया लक्ष्मण का। कुछ भी कृति करने से पहले उन्होंने राम के मुख को निहारा। राम के अंतःकरण को सदैव प्रमाण मानने वाले लक्ष्मण ने राम के मुख के भाव जान लिये। वे समझ गए कि इस अभूतपूर्व और भावपूर्ण प्रसंग में राम और सीता के अतिरिक्त किसी तीसरे को स्थान नहीं है। यह केवल उनका निर्णय है, उनका भाव है तथा इस निर्णय के पीछे उनके अंतःकरण की एकरूपता है। इसी कारण वे शांत दिखाई दे रहे थे, पर आंतरिक अवस्था अतिशय भावपूर्ण हो गई थी।

सबसे अधिक विकट स्थिति थी लव और कुश की। उनके दुःख और भावावेग की कोई सीमा नहीं थी। दीर्घ काल के वियोग और पराक्रम के पश्चात् उन्होंने अपने माता–पिता का मिलन कराया था। अभी कुटुंब के साथ रहते हुए कुछ ही दिन बीते होंगे कि पुनः वियोग की घड़ी आ गई और वह भी सदा के लिए। उस पर कोई उपाय अथवा मार्ग निकलने की उम्मीद नहीं थी, क्योंकि जिसे इसका उपाय खोजना चाहिए, वही राम, एकदम शांत थे। राम की यह निष्क्रियता लव और कुश से सहन नहीं हो रही थी। वे दौड़कर राम के पास आए और राम से विनती करने लगे कि उनकी माता सीता को उनके लिए निर्णय से परावृत कराएँ। राम ने लव और कुश को प्रेमपूर्वक अपनी गोद में बैठाया और उनके मस्तक को सहलाने लगे। उनके मुख से कोई शब्द नहीं निकल रहा था और न ही कोई प्रत्यक्ष कृति होती दिखाई दे रही थी। राम की इस निष्क्रियता से लव और कुश निराश हो गए और पुनः दौड़कर अपनी माता की गोद में जाकर बैठ गए। रुआँसे स्वर में वे माता से

विनती करने लगे, "हमें छोड़कर मत जाओ, माता!"

सीता का भी वात्सल्य भाव जाग्रत् हो गया। उन्होंने लव-कुश को और अधिक अपने पास लिया तथा प्रेम से उनके आँसू पोंछने लगीं। फिर उनके गाल और कपाल को चूमने लगीं, मानो प्रेम की वर्षा ही कर रही हों। माता के प्रेमल स्पर्श से लव और कुश मन-ही-मन आश्वस्त होने लगे कि कदाचित् माता अपना निर्णय बदल लेंगी। लेकिन वैसा कुछ नहीं हुआ। जब लव-कुश का भावनावेग शांत हो गया, तब सीता उन्हें समझाते हुए कहने लगीं—

"हे बालकों, हे मेरे लाडलो, तुम्हारे मुख से माता शब्द सुन मैं अपने आपको गौरवान्वित महसूस करती हूँ। मैं सचमुच भाग्यवान हूँ कि राम के अंश के रूप में तुम्हारे जैसे पुत्रों ने मेरे गर्भ से जन्म लिया। तुम्हारे वात्सल्य भाव ने मुझे बहुत प्रेम दिया है और अपने पराक्रम से यह सिद्ध कर दिया कि तुम राम की संतान हो। मेरी पवित्रता का प्रमाण देते हुए तुमने राम और मेरा पुनर्मिलन कराया और इसी से तुम मातृऋण से मुक्त हो गए। किंतु तुम्हारा पितृऋण अभी शेष है। तुम इस बात को कभी मत भूलना कि तुम राम के अंश हो। यही तुम्हें अनुभव करना है।

"जब तुम्हें इस बात का अनुभव होगा कि तुम राम के अंश हो, तब तुम उनके ऋण से मुक्त होकर भी सदा उनके ऋणी रहोगे। जैसे मैं उनकी ऋणी हूँ। इस भाव की सदा जागृति रखना कि हम राम के हैं तथा केवल राम के लिए हैं। इसी भाव में जीवन की सार्थकता और पूर्णता है। जिस दिन तुम राम के अंतःकरण को जान जाओगे, उस दिन से तुम भी वही अनुभव करोगे, जिस अनुभव के साथ मैं जी रही हूँ। उनकी प्रत्येक कृति, बोलचाल, आचरण और निर्णय के पीछे उनका प्रेमल अंतःकरण है। निश्चय के महामेरू दिखाई देनेवाले राम का अंतस अत्यंत कोमल है। अपने प्रति अत्यंत सबल राम का अंतःकरण दूसरों के सुख-दुःख के प्रति अतिशय भावुक है। उनके गंभीर स्वभाव के कारण उनकी भावुकता छुप जाती है। किंतु जो कोई उनके प्रति प्रेम और श्रद्धा से उनके निकट आते हैं, वे जानते हैं कि राम के अंतःकरण में सभी के लिए अपनापन और निरपेक्ष प्रेम है। उन्हें राम की इस अवस्था से

प्रेम हो जाता है और वे भक्तिभाव के साथ पूर्ण रूप से राम के प्रति समर्पित हो जाते हैं। भक्तिभाव के मार्ग में आनेवाली मन और बुद्धि की अड़चनें उनके प्रेमबल से दूर हो जाती है तथा चित्त में उनके जैसे अंत:करण की अवस्था को पाने की लगन लग जाती है। इस लगन की पूर्ति होते-होते मन व्यापक हो राम-मय हो जाता है। राम का सुख अपना सुख, राम का दु:ख अपना दु:ख, राम का भाव और राम का आनंद अपना भाव और आनंद हो जाता है। अंत:करण की ऐसी अवस्था में हम यह अनुभव करते हैं कि हम राम के अंश हैं और जन्मोजन्म हम उनके ॠणी होकर रहते हैं।

"अनेक जन्मों के पुण्यों से ही हम राम के परिवार के अंग बने हैं। हमें उनका संग और सान्निध्य प्राप्त हुआ है। उन्हीं की हम पर कृपा है कि उन्होंने हमें 'अपना' माना और अपने अंतस में हमें स्थान दिया। उन्होंने हमें इतना अपनापन दिया है कि हम अपना 'अहं' भाव भूल गए और केवल उनके बनकर रह गए। यही हमारी सही पहचान है। इस बात को तुम सदैव ध्यान में रखना। इसीसे तुम्हारे मन में राम के प्रति प्रेम और अपनत्व निर्माण होगा तथा एक दिन तुम राम जैसे बन जाओगे। यही तुम्हारे जीवन का ध्येय होना चाहिए। तुम्हारे जीवन की अभी शुरुआत है, तुम्हें आगे लंबा जीवन जीना है। राम तुम्हारे सहायक ही नहीं बल्कि तुम्हारे जीवन में भी तुम्हारे साथ हैं। वात्सल्य भाव से मैं सदा तुम्हारी स्मृति में रहूँगी, पर फिर भी कदाचित् मेरा विस्मरण होने लगे तब तुम राम में मुझे देखना। मैं उनके अंत:करण में सदा-सदा के लिए बस गई हूँ।"

सीता के मुख से प्रवाहित शब्दों और स्वरों द्वारा सीता का राम-प्रेम और माहात्म्य ही प्रकट हो रहा था, जो लव और कुश को प्रभावित कर रहा था। सीता के अंत:करण से प्रवाहित राम-प्रेम रूपी गंगा में लव और कुश नहा रहे थे और सीता के अंतस के राम के अत्यधिक निकट आ रहे थे। राम के माहात्म्य को जानते-जानते उनकी अपने पिता, राम की ओर देखने की दृष्टि ही बदल गई थी और दिव्य दृष्टि प्राप्त हो गई थी। इस दृष्टि से राम की ओर देखते हुए वे राम के करीब आने लगे। सीता स्वयं अपने हाथों से लव और कुश को लेकर राम के निकट गईं और उन्होंने दोनों सुपुत्रों को राम को

सौंप दिया। अपनी दोनों बाँहों में अपने पुत्रों को लेते हुए राम ने उन्हें हृदय से लगा लिया। राम के हृदय से चिपके लव-कुश के नेत्रों से माता के वियोग के दु:खाश्रू सतत बह रहे थे।

सीता ने पुनः हाथ जोड़कर राम का वंदन किया। पास में रखी फूलों की टोकरी से फूल निकालकर राम के चरणों में अर्पित कर वंदन किया। उसके पश्चात् सुगंधित पुष्पमाला राम के गले में पहनाकर हाथ जोड़कर प्रार्थना करने लगीं, ''हे प्राणनाथ, हे राम, तुम्हारे लिए जनमी इस देह से केवल तुम्हारी सेवा हुई है और यह देह सार्थक हो गई। विवाह के समय तुम्हें देख पहली ही दृष्टि में मेरा मन तुम्हारे रूप और पराक्रम को देख मोहित हो गया था और तब ही से मैं पूर्ण रूप से तुम्हारी हो गई थी। तुमने मुझे स्वीकार किया और अपना बना लिया। तुम्हारी इसी कृपा से मैं जन्मों-जन्मों के लिए तुम्हारी ऋणी हो गई हूँ। प्रत्येक जन्म में मैं तुम्हारी बनकर तुम्हारे प्रेम का आनंद लेती रहूँ, यही मेरी मंशा है।'' इतना कहकर सीता ने पुनः राम के चरणों में वंदन किया।

राम ने सीता को अपने हाथों से उठाकर अपने निकट लिया और गले नें पड़ी सुमनों की माला निकालकर सहज ही सीता के गले में पहना दी। इस भावपूर्ण प्रसंग को देख वहाँ उपस्थित सभी जन अत्यंत भावपूर्ण हो गए और करतल नाद से राम और सीता की जय-जयकार करने लगे।

अगले ही क्षण सीता ने अपने आपको राम से अलग किया और सदैव राम के अंत:करण से एकरूप रहनेवाली सीता सदा-सदा के लिए राम को छोड़कर चली गईं। अश्रुपूर्ण नेत्रों से निश्चल खड़े राम, सीता की ओर एकटक देख रहे थे। अपने दु:खों को कम करने के लिए लव और कुश ने अपने आपको राम के अंक में लपेट लिया। सीता को ऐसे अकेले जाते देख लक्ष्मण के मन में एक क्षण के लिए विचार आया कि उन्हें सीता के साथ जाना चाहिए। परंतु सीता के मुख पर दिखाई दे रहे आत्मविश्वास और जिसका अंत:करण ही राम हो गया हो, ऐसे आत्मबल से युक्त सीता को अब किसी की भी आवश्यकता नहीं थी। जो स्पष्ट उनके चेहरे पर दिखाई दे रहा था। इसीलिए अश्रु टपकते नेत्रों से लक्ष्मण ने सीता को निरोप दिया और

सीता दरबार से बाहर निकल गईं। सारा दरबार शोकाकुल था और सभी के मन अत्यंत दु:खी। सीता के दृढ निश्चय को काल भी टाल नहीं सकता था।

दरबार से बाहर राजबाड़े और राजबाड़े से बाहर अयोध्या नगरी और अयोध्या नगरी छोड़कर सीता बाहर जाती रहीं। उनके मुख पर निश्चयात्मकता, कृतार्थता और आनंद का भाव था। उन्हें न तो समय का भान था और न ही देह का। अब न वे किसी की कन्या थीं, न किसी की पत्नी थीं और न ही किसी की माता। वे केवल अपने आत्माराम की थीं। राम अब उनके आत्माराम हो गए थे। उन्हीं की आंतरिक प्रेरणा से वे चलती जा रही थीं कि अचानक निसर्ग में एक चमत्कार हो गया। अकस्मात् भूकंप आया और सीता भूमि में अदृश्य हो गईं। सभी को प्रेम से आधार तथा रक्षण देनेवाली भूमाता के गर्भ में सीता सदा-सदा के लिए समा गईं।

नारद के मुख से राम-कथा श्रवण कर रहीं लक्ष्मी, कथा के इस अचानक मोड़ से स्तंभित रह गईं। उनके मुख से एक भी शब्द नहीं निकल रहा था। विचार-शक्ति कुंठित हो गई थी। बुद्धि चलना बंद हो गई थी और चैतन्य शिथिल हो गया था। अंत:करण में एक तरह की उदासीनता छा गई थी। परंतु उनके अंतस में रामप्रेम की मूल निर्माण हो गई थी तथा राम के माहात्म्य को जानने की लगन लग गई थी। धीरे-धीरे वे पुन: अपनी मूल अवस्था में आने लगीं। अपने अंतस की शक्ति को एकत्र कर वे नारद से कहने लगीं—

''हे नारद, सीता के देहत्याग का प्रसंग सुनकर मैं एकदम शोकाकुल हो गई हूँ। मुझे समझ में नहीं आ रहा है कि इतनी समर्पित और त्याग की प्रतिमूर्ति सीता के जीवन का अंत इस तरह हुआ? अपने पति से एकनिष्ठ हो, अपने जीवन में केवल राम का अनुकरण करनेवाली, उनके जीवन को ही अपना जीवन मानने वाली, राम के लिए अपना सुख, लौकिक, अपने पुत्र और अंत में अपनी देह का त्याग करनेवाली सीता जैसी दूसरी सीता कभी जन्म नहीं ले सकती। ऐसी सीता को भी अंत में अकेले ही जीवन जीने का समय आ गया! राम के लिए इतना दु:ख सहन करने के बाद भी उन्हें जीवन में क्या मिला? उन्होंने अपने जीवन में केवल दु:ख ही अधिक भोगा? यह

सब बातें मेरी समझ में नहीं आ रही हैं। इसीलिए हे नारद, कृपा करके आप ही ये सारी बातें मुझे सविस्तार समझाएँ, तभी मेरे मन की गुत्थी सुलझेगी।''

लक्ष्मी के करुण वचन सुन नारद को लक्ष्मी पर दया आ गई। नारद, जो नारायण के माहात्म्य से सदैव युक्त रहते हैं तथा जिनके अंतस में योग्य-अयोग्य, सत्य-असत्य; सुख-दुःख और शुभ-अशुभ का उचित विचार हमेशा जाग्रत् रहता है, कहने लगे, ''हे लक्ष्मी, तुम्हारे मन की स्थिति मैं जान सकता हूँ। मुझे मालूम है कि यह तात्कालिक है, फिर भी इसका कारण तुम्हारे मन की अपरिपक्वता है। इसी से तुम्हारा मन दुर्बल है। अंत:करण में यदि नारायण का माहात्म्य जाग्रत् रहे और उनके प्रेम से बुद्धि में विवेक जाग्रत् रहे, तब सगुण चरित्र की ओर देखने की योग्य दृष्टि मिलती है तथा उनके प्रेम का सेवन कर आनंद लेने के लिए मन पुनः उद्यत हो जाता है। तुम्हें मैंने पहले भी बताया था कि राम का माहात्म्य ही रामायण का केंद्रबिंदु है। राम का सभी के प्रति प्रेम तथा राम के माहात्म्य को जानकर जो भी व्यक्ति राम के निकट आए और जिन्हें राम से प्रेम हो गया तथा प्रेम से उनकी भक्ति हुई, वे सभी इस कथा भाग के अंग हैं। यहाँ केंद्रबिंदु मुख्य है तथा कथा भाग पूरक, जो केंद्रबिंदु से जुड़ा है। इसीलिए तुम्हारा ध्यान केंद्रबिंदु पर होना चाहिए और उसी को प्रमाण मानकर कथा को समझना चाहिए।

इसी दृष्टि से सीता के देहत्याग की ओर देखें तथा इस बात की ओर गौर करें कि नारायण की नियति में देहरूप में आए प्रत्येक जीव की मृत्यु अटल है। जन्म के साथ ही प्रत्येक जीव अपनी मृत्यु भी साथ लाता है। मृत्यु ही जीवन का अंत है। परंतु देहांत कब, कहाँ और कैसे होगा, इसका कोई नियम नहीं है। इसकी पूर्वसूचना सभी को रहती है, यह भी निश्चित रूप से कहा नहीं जा सकता। जन्म लेने के पश्चात् मृत्यु की ओर जाने की प्रक्रिया का जिन्हें भान नहीं रहता, ऐसे अज्ञानी जीव मृत्यु से घबराते हैं। पर जो जानते हैं कि मृत्यु अटल है, वे सावधान रहते हैं तथा धैर्य के साथ मृत्यु का स्वागत करते हैं। जो आत्मज्ञानी होते हैं, उन्हें देह की क्षणभंगुरता का सदा भान रहता है। उन्हें देह से मोह नहीं रहता। मृत्यु के पश्चात् आत्मा के परमात्मा से मिलन के लिए वे सदैव तत्पर रहते हैं। पर जो व्यक्ति नारायण

की सगुण प्रेम भक्ति में लीन हो भक्ति का आनंद लेते हैं, ऐसे सद्‌भक्तों का संपूर्ण जीवन आनंददायी होता है। देहांत के पश्चात् वे पुनः मानव देह में जन्म लेने के लिए आतुर रहते हैं, ताकि पुनः भक्ति का आनंद ले सकें। वे मानते हैं कि मृत्यु के पश्चात् उनकी पुरानी देह समाप्त हो, उन्हें नई देह प्राप्त होगी। इसीलिए वे मृत्यु का स्वागत करते हैं। इस प्रकार मृत्यु को जो व्यक्ति जिस रूप में स्वीकार करता है, उसी पर उसके जीवन की सफलता निर्भर होती है।

इस तरह सीता का जन्म धन्य हो गया। उनके जीवन का अंत भी अविस्मरणीय था। जैसे ही उन्हें इस बात का अहसास हो गया कि जिस राम के लिए वे एकनिष्ठ भाव से जीवन जी रही हैं, उन्हीं के जीवन के लिए सीता का अस्तित्व अड़चनें निर्माण कर रहा है। इसी कारण से उन्होंने निश्चय कर लिया कि अब उनका जीवन कार्य समाप्त हो गया है। उनके जीवन और अस्तित्व में राम के सिवा किसी अन्य बात का कोई महत्त्व नहीं था, इसीलिए अत्यंत धैर्य के साथ, संतृप्त भाव से तथा राम से एकरूप अवस्था में उन्होंने अपने परम प्रिय राम के लिए स्वयं अपने जीवन की दिशा बदल ली। परंतु महत्त्वपूर्ण बात यह है कि राम के अंतस में सीता और सीता के अंतस में राम, सदा-सदा के लिए बस गए थे, यही उनका माहात्म्य है।

अंत:करण की यह एकरूपता जिन प्रेम-संबंधों से निर्माण होती है, उसी का माहात्म्य बताना शेष रह गया है। एकरूपता का सर्वश्रेष्ठ अनुभव जिन प्रेम-संबंधों के कारण निर्माण होता है, उसकी मूल उनमें निर्माण हो गई थी। ये संबंध एक-दूसरे के प्रति अत्यधिक प्रेम से निर्मित होते हैं। अत्यधिक प्रेम याने प्रामाणिकता, जहाँ किसी भी तरह की दूरी अथवा झूठ संभव नहीं है। जहाँ मन की पारदर्शिता है। मन निर्मल और स्वच्छ है। जहाँ एक-दूसरे के प्रति अविश्वास और प्रताड़ना नहीं है। एक-दूसरे की भावनाओं को समझ उसका आदर करना और उससे प्रेम अनुभव करना है। आत्यंतिक प्रेम याने परिणाम की चिंता न करते हुए परिणामों का फल, एकमत और एकजुट होकर स्वीकार करना है। ऐसे आत्यंतिक प्रेम संबंध ही राम और सीता के जीवन का मूल थे और यही उनकी एकरूपता का रहस्य था। जिन्होंने इस

रहस्य को समझ लिया, उनके लिए ईश्वर से एकरूप होने का मार्ग खुल जाता है। आत्यंतिक प्रेम संबंधों के प्रत्यक्ष अनुभव से वे ईश्वरीय आनंद से एकरूप हो जाते हैं।

"हे लक्ष्मी, तुम्हें स्मरण करा दूँ कि नारायण के रामावतार में तुम्हीं ने सीता के रूप में जन्म लिया था। अकस्मात् धरती कंपित हुई और तुम उसमें समा गईं। इस तरह देह त्यागकर पुनः बैकुंठ पहुँच गईं और वहाँ नारायण एवं शेष के लौटने का इंतजार करने लगीं। इस दौरान तुम यह भूल गईं थी कि तुम ही ने सीता के रूप में भूलोक में जन्म लिया था। किंतु अब इस कथागायन के श्रवण से तुम्हें पुनः सारा स्मरण हो गया है, अब उसी स्मरण से तुम नारायण के प्रेम और माहात्म्य को जाग्रत् रखो। जिससे तुम जब भी नारायण के प्रत्यक्ष सान्निध्य में रहोगी, उनसे एकरूप हो उनके स्वानंद के अनुभव में स्वयं भी आनंद का अनुभव करती रहोगी।"

लक्ष्मी के अवतार का रहस्य सुन लक्ष्मी सावधान हो गईं और उनके चेहरे पर मुसकराहट झलकने लगी। वे नारद से कहने लगीं, "हे नारद, अच्छा हुआ कि आपने मुझे स्मरण करा दिया। सच बात तो यह है कि बैकुंठ में रहते हुए हम अपने भूतल पर लिए अवतार भूल जाते हैं। भूतल पर लिए अवतार और कार्य कुछ समय के लिए ही होते हैं, किंतु हमारा निवास स्थान बैकुंठ ही है। यहाँ रहते हुए नारायण और मेरे बीच अधिक संवाद नहीं होता। वे अपने स्वानंद में इतने रमे रहते हैं कि मैं अपने आपको उनसे दूर महसूस करती हूँ, जो ठीक नहीं है। मुझे प्रेम से उनके साथ जुड़कर और उनके माहात्म्य का स्मरण करते हुए रहना चाहिए। तब ही मैं उनसे एकरूप होने का आनंद ले सकूँगी, इसी को भक्ति कहते हैं। भक्ति का यह प्रेमसूत्र अब मुझे मिल गया है, इसे मैं पकड़कर रखूँगी और नारायण को अपने अत्यंत निकट अपने हृदय में महसूस करूँगी।"

ऐसा कह लक्ष्मी अत्यंत प्रेम से नारायण के निकट आकर बैठ गईं और प्रेम से नारायण को निहारने लगीं। लक्ष्मी की इस कृति से नारायण भी बहुत प्रसन्न हुए और उन्होंने लक्ष्मी को प्रेम से अपने और अधिक निकट ले लिया। नारायण के प्रेम से आह्लादित लक्ष्मी उसी भाव से नारद से कहने

लगीं, ''हे नारद, मैं बैकुंठ में पहले आ गई, परंतु नारायण और शेष भूलोक से अपना स्थान और देहत्याग कर बैकुंठ कैसे पहुँचे? इस कथा का श्रवण करने के लिए मैं आतुर हो रही हूँ। हे नारद, क्या भावपूर्ण संबंधों की परिणति विरह में ही होती है। क्या विरह से ही एकरूपता की पूर्णता आती है? इन प्रश्नों का उत्तर जानने के लिए मैं अत्यंत अधीर हो रही हूँ। मैं विनती करती हूँ कि कृपा कर आप सभी कुछ सविस्तार कहें।''

□

लक्ष्मण का देहत्याग

लक्ष्मी की बातें सुन सदैव भावपूर्ण अवस्था में विचरण करनेवाले नारद अधिक ही भावपूर्ण हो अंतर्मुख हो गए। उसी अवस्था में उनके मुख से सहज शब्द स्फुरित होने लगे, जैसे वे अपने आप से ही बातें कर रहे हों। वे कहने लगे, ''मिलन सच है या विरह? पर दोनों ही एक-दूसरे के पूरक हैं। पहले मिलन होता है और फिर विरह। जब विरह सहन नहीं होता है तो पुन: मिलन और उसका आनंद होता है। इस प्रकार जैसे मिलन और विरह आतंरिक प्रक्रिया है, उसी तरह भेंट और वियोग बाहरी कारण हैं। भेंट और वियोग, समय तथा बाहरी परिस्थितियों पर अवलंबित रहते हैं। भेंट सदा होती ही रहेगी, यह कहना अनुचित है; क्योंकि सृष्टि में कुछ भी अटल नहीं है। यही नियति का नियम है। पर यह भी सच है कि कभी-कभी एक-दूसरे के निकट रहकर भी आंतरिक मिलन नहीं होता है और दूरी महसूस होती है। यह दूरी इतनी असहनीय होती है कि पुन: बाहरी भेंट लेकर आंतरिक प्रेम अनुभव कर मिलन का आनंद लिया जाता है। इस प्रकार दूर रहते हुए भी यदि मन में प्रेम भरा है, तो विरह महसूस नहीं होता और दूर रहकर भी मिलन का आनंद नित्य और सहज लिया जाता है। परंतु जब बाहरी विरह अधिक सहन नहीं होता है, तब पुन: प्रयत्नपूर्वक योग्य मार्ग निकालकर बाहरी रूप से भी भेंट लेकर आंतरिक मिलन का आनंद लूटा जाता है।''

बोलते-बोलते नारद भान में आए और स्मित हास्य करते हुए लक्ष्मी से कहने लगे, ''हे लक्ष्मी, इस अनुभव को शब्दों द्वारा जितना अधिक प्रकट किया जाता है, बोलने और सुनने वाले उतने ही अधिक भ्रमित होते हैं। जो

इसे प्रत्यक्ष अनुभव करते हैं, वे ही इसे जान सकते हैं। अब यदि ये कहें कि विरह से ही परिपूर्ण एकरूपता का अनुभव मिलता है, तो ऐसा अनुभव तब ही मिलता है, जब सदा के लिए बाह्य विरह की स्थिति पैदा हो जाती है और आंतरिक वियोग सहन नहीं होता तथा अंतस मन आर्त हो जाता है।

ऐसी आर्तता तब ही निर्माण होती है, जब अंतस प्रेम से भरा रहता है। इसी प्रेम में सारी विभक्तता दूर करने की शक्ति रहती है। प्रेम की इसी आर्तता से सदा सर्वकाल एकरूप होने की अवस्था प्राप्त हो सकती है, जो अतिशय आनंददायी अनुभव है। सबसे महत्त्वपूर्ण बात यह है कि बाहरी विरह अथवा आंतरिक वियोग से सदा सर्वकाल एकरूपता का अनुभव तभी प्राप्त होता है, जब आंतरिक वियोग अथवा उसकी कल्पना एक क्षण के लिए भी सहन नहीं हो। इसी प्रेमभाव पूर्ण अवस्था से भक्तिभाव पूर्ण अवस्था और भक्तिभाव पूर्ण अवस्था से एकरूपता की परिपूर्ण अवस्था का अनुभव मिलता है।

अतः हमें विरह से प्राप्त एकरूपता की अवस्था की ओर ध्यान न दे, उस प्रेमभाव पूर्ण अवस्था का ध्यान करना चाहिए, जिससे ऐक्य प्राप्त होता है। ऐसी अवस्था रामावतार में सीता की थी। इस अवस्था को वे स्वयं अनुभव कर रही थीं तथा राम अपने स्वानुभव से सीता की अवस्था से एकरूप हो गए थे। ऐसे ही राम के सान्निध्य में रहते हुए तथा उन्हीं के प्रेम से लक्ष्मण, राम के माहात्म्य को जानने लगे तथा माहात्म्य जानते हुए उन्हें राम से प्रेम हो गया और वे राम से एकरूप हो गए। लक्ष्मण की इस अवस्था की पूर्ति करनेवाला प्रसंग बहुत शीघ्र ही राम के अर्थात् लक्ष्मण के भी जीवन में आ गया।

‘‘हे लक्ष्मी, मैंने तुम्हें पहले भी बताया था कि ब्रह्मदेव की इस पंचभूतात्मक सृष्टि में प्रत्येक व्यक्ति और वस्तु काल-सत्ता के अधीन है। निर्माण होना, कुछ काल तक रहना और पुनः नाश होना, सृष्टि का नियम है। मनुष्य सृष्टि के इसी नियम के अधीन जन्म लेता है और कुछ काल के बाद पंचमहाभूत में विलीन हो जाता है। इस तरह सृष्टि का क्रम अनवरत चलता रहता है।

स्वयं नारायण भी जब मानव देह में इस सृष्टि में अवतार लेते हैं, तब वे भी सृष्टि के बंधनों में बँध जाते हैं। अवतार कार्य समाप्त होते ही वे भी अपनी देह पंचमहाभूत में विलीन कर बैकुंठ धाम पहुँच जाते हैं। नारायण के रामावतार का भी कार्य पूर्ण हो गया था और उनके अवतार समाप्ति का समय करीब आ गया था। ऐसी अनुभूति राम को स्वयं हो रही थी। किंतु इस सृष्टि के जनक ब्रह्मदेव के मन में तीव्र इच्छा जाग्रत् हुई कि नारायण, जो स्वयं मानव रूप धारण कर इस सृष्टि में अवतरित हुए हैं, उनके अत्यंत सुंदर और मनोहारी रूप के वे प्रत्यक्ष दर्शन करें और उनके सान्निध्य में रहकर उनके प्रेम का अनुभव लें। जिस कृति को ब्रह्मदेव ने निर्माण नहीं की, ऐसी अद्‍भुत कृति के दर्शन करने की ब्रह्मदेव की इच्छा प्रबल हो गई थी और वे भी मानवरूप धारण कर भूतल पर प्रकट हो गए। राम के प्रत्यक्ष दर्शन से वे मंत्रमुग्ध हो गए थे। पर उन्हें कुछ सूझ नहीं रहा था कि क्या कहें और क्या करें? परंतु ब्रह्मदेव को देखते ही राम उन्हें पहचान गए। राम ने उनका यथोचित् सम्मान और सत्कार किया। जिससे ब्रह्मदेव गद्‍गद हो गए। किंतु उन्हें समाधान नहीं हो रहा था। वे राम से अकेले में भेंट करना चाहते थे और राम के प्रेम से सराबोर होना चाहते थे। इसी भाव से हाथ जोड़कर वे राम से विनती करने लगे—

"हे नारायण, तुमने मुझे पहचान लिया। तुम्हारे प्रेम के कारण ही मैं इस सम्मान का पात्र बना हूँ। पर मुझे भी अपना प्रेम व्यक्त करना है। मैं अपने मूल रूप में सबके समक्ष प्रकट नहीं हो सकता। इसीलिए मेरी विनम्र प्रार्थना है कि मैं कुछ समय के लिए आपसे अकेले में भेंट लूँ।"

ब्रह्मदेव के भाव की सच्चाई जान राम ने उन्हें तुरंत अनुमति दे दी और उनका हाथ पकड़कर अपने महल में ले गए। महल में प्रवेश करने के पूर्व ब्रह्मदेव ने पुनः एक बार राम से प्रार्थना की—

"हे नारायण, आप राम-रूप में अवश्य अवतरित हुए हैं, परंतु मुझे आपका नारायण रूप अति प्रिय है। मेरी हार्दिक इच्छा है कि आप मुझसे नारायण रूप में ही भेंट करें और मैं भी अपने मूल रूप में ही आपसे भेंट करूँ, तभी मुझे आनंद होगा। किंतु हमारी इस गुप्त भेंट का रहस्य किसी

तीसरे व्यक्ति को मालूम नहीं होना चाहिए। किसी भी सामान्य व्यक्ति के लिए यह रहस्य जानना योग्य नहीं होगा। इसीलिए मुख्य द्वार पर हमें किसी विश्वसनीय व्यक्ति को पहरेदार के रूप में नियुक्त करना चाहिए और उसे यह बता देना चाहिए कि कोई भी व्यक्ति इस महल में प्रवेश न करे। यदि ऐसा हुआ तब उस व्यक्ति को सजा भुगतने के लिए तैयार रहना होगा।''

ब्रह्मदेव की विनती राम ने स्वीकार कर ली। राम का अत्यंत विश्वसनीय व्यक्ति यानी लक्ष्मण। राम ने तुत्क्षण लक्ष्मण को बुलवाया और उन्हें सारी स्थिति से अवगत कराया। लक्ष्मण को भी यह जानकर अत्यंत हर्ष हुआ कि साक्षात् ब्रह्मदेव का यहाँ आगमन हुआ है। लक्ष्मण ने झुककर उनके चरण वंदन किए और आशीर्वाद लिया। राम की आज्ञा स्वीकार कर लक्ष्मण ने महल के द्वार पर बैठकर पहरा देने की जिम्मेदारी ली और वचन दिया कि यदि कोई भी आज्ञाभंग करके महल में प्रविष्ट होता है तो मैं मृत्युदंड का भागीदार रहूँगा। लक्ष्मण का राम के प्रति असीम प्रेम और निष्ठा देख ब्रह्मदेव बहुत प्रसन्न हुए और लक्ष्मण को उत्तमोत्तम आशीर्वाद दे, राम के साथ महल में प्रविष्ट हुए।

महल में प्रवेश करते ही ब्रह्मदेव ने अपना मूल रूप प्रकट किया। राम ने भी नारायण रूप धारण कर लिया। एक-दूसरे को अपने मूल रूप में देख दोनों का मन आनंद से झूम उठा। ब्रह्मदेव ने नारायण के चरणों में साष्टांग वंदन किया। नारायण ने ब्रह्मदेव को अपने हाथों से उठाकर दृढ आलिंगन दिया। प्रेम का सुख अनुभव करते हुए दोनों इतने डूब गए कि बार-बार एक-दूसरे से दूर हो पुनः-पुनः आलिंगन में बँध जाते। इस भेंट की पूर्ति होने के कोई लक्षण दिखाई नहीं दे रहे थे। तब तृप्त भाव से पूर्ण नारायण ने ही अपने आपको ब्रह्मदेव से दूर किया और ब्रह्मदेव को अपने एकदम निकट बैठा लिया। ब्रह्मदेव हाथ जोड़कर नारायण के सम्मुख खड़े हो गए तथा स्तुतिगान करते हुए कहने लगे—

''हे आदिनारायण, तुम्हें मैं शत-शत प्रणाम करता हूँ। मेरी तुम्हारे चरणों में प्रार्थना है कि तुम्हारा सदा मुझ पर आशीर्वाद बना रहे। तुम ही सारे विश्व में आदि, मध्य और अंत में रहनेवाले अनादि और अनंत हो। तुम

स्वयं इस विश्व के रूप में प्रकट हो, कुछ काल इस द्वैत का आनंद ले पुनः इस सृष्टि का विलय कर अद्वैत का अनुभव लेते हो। ऐसी अद्वितीय क्रीड़ा कर तुम बार-बार इसका आनंद लेते हो। तुम्हारे इस खेल में तुम्हें जोड़ीदार चाहिए, इसीलिए तुम कृपावंत हो मेरी निर्मिति करते हो और मुझे इस सृष्टि के निर्माण का कार्य देते हो। यह कार्य खेल तुम्हारा है और मैं केवल निमित्त मात्र हूँ। जब तक मुझे इस बात का ज्ञान रहता है, तब तक इस सृष्टि रूपी खेल का मैं पूर्ण आनंद लेता हूँ। क्योंकि इस संपूर्ण सृष्टि में तुम्हारे सिवा कहीं भी, कभी भी, कोई और नहीं है। परंतु कभी-कभी इस द्वैतरूपी माया की हवा इतनी जोरदार बहती है कि मैं तुम्हारे अस्तित्व को ही भूलने लगता हूँ और तुम मुझे दिखाई नहीं देते। ऐसे समय तुम कृपावंत हो इस सृष्टि में मानव रूप धारण कर अवतरित होते हो। तुम्हारा यह रूप इतना आकर्षक होता है कि जिसकी मैं कल्पना भी नहीं कर सकता। तुम्हारे इस जीवन-कार्य में, नियति के चक्र के अनुरूप, पूर्व प्रारब्ध, उसका फल और उस फल सेवन के लिए पुनः कर्म जैसी कोई बात अस्तित्व में नहीं होती।

"आत्मधर्म के आधार पर लिये गए तुम्हारे निर्णय और कर्म-फल विरहित होने के कारण अत्यंत शुद्ध होते हैं। वहाँ 'मैं' अथवा 'मेरे' को कोई स्थान ही नहीं होता। वहाँ कर्म में दोष अथवा अहंकार के लिए कोई स्थान ही नहीं रहता। तुम्हारे अत्यंत शुद्ध, पवित्र और सभी को पावन करनेवाले चरित्र और माहात्म्य से मेरा अहंकार दूर हो जाता है और 'तेरा मैं' के भाव से मैं भर जाता हूँ। तुम्हारे प्रेम और माहात्म्य से मेरा अंतःकरण भर जाता है और मैं तुम्हारे दर्शन के लिए आर्त हो जाता हूँ। इसी की पूर्ति करने हेतु मैं दौड़कर तुम्हारे पास आता हूँ और तुमसे मिलकर तृप्त हो जाता हूँ।

"पर, हे नारायण, जब तक तुम इस भूतल पर हो, मुझे बार-बार तुमसे भेंट करने आना संभव नहीं हो पाता। तुम्हारे ही द्वारा सृष्टि-निर्मिति के दिए गए इस कार्य में ब्रह्मलोक छोड़कर भूतल पर आना मेरे लिए कठिन हो जाता है। मैं अपने कर्तव्यों को छोड़कर इस तरह बार-बार आ नहीं सकता। परंतु तुम्हारे प्रत्यक्ष प्रेम के बिना केवल कर्तव्य करते रहने से कर्तव्यपूर्ति का सच्चा आनंद नहीं मिलता। जिसके लिए यह कार्य कर रहा हूँ, जब उसी

का प्रेम नहीं मिले तो कार्य में रूखापन आ जाता है। वही कार्य यदि तुम्हारे प्रत्यक्ष प्रेम के अनुभव से और तुम्हारे प्रेम को पुनः-पुनः अनुभव करने की सदिच्छा से करें, तब काम करने और जिनके लिए काम कर रहे हैं, उन्हें भी आनंद होता है। कहने का तात्पर्य यह है कि प्रत्यक्ष सान्निध्य और उससे उत्पन्न होने वाले प्रेम के अनुभव का कोई पर्याय नहीं है। हे नारायण, तुम स्वप्रेरणा से ही अवतार लेते हो। उसके कर्ता और नियंत्रक भी तुम ही हो। तुम्हारे चरणों में मेरी एक ही विनती है कि यदि तुम्हारा अवतार कार्य पूर्ण हो गया हो तो तुम शीघ्र ही अपने निजधाम अर्थात् बैकुंठ धाम में पधारने की कृपा करो। जिससे मुझे तुम्हारे प्रेमल सान्निध्य का आनंद सुलभता से प्राप्त हो सकेगा।''

ब्रह्मदेव के प्रेमल वचन सुनकर और उनकी प्रेमार्तता जानकर नारायण अत्यधिक प्रसन्न हुए। अत्यंत प्रेम और मधुर हास्य के साथ वे ब्रह्मदेव से कहने लगे, ''हे ब्रह्मदेव, तुम मुझे वैसे ही इतने प्रिय हो और तुम्हारी बातों से मुझे अधिक ही प्रिय लगने लगे। तुम्हारा कहना उचित है। कर्तव्यकर्म और स्वधर्माचरण में मूलभूत अंतर है। कर्तव्यकर्म कभी भी दूसरों की भावना अथवा कल्पना पर आधारित होते हैं। जो कभी भी परिपूर्ण नहीं हो सकते और न ही करनेवाले अथवा जिनके लिए किए जा रहे हैं, उन्हें पूर्ण समाधान दे पाते हैं। परंतु स्वधर्माचरण स्वयं में निहित ईश्वर के अस्तित्व को जानते हुए तथा ईश्वर से अत्यधिक प्रेम होने के कारण होते हैं। स्वधर्म के मूल में शुद्ध भाव निहित होता है। जिससे स्थल, काल, परिस्थिति और कृति के कारण आनेवाली मर्यादा से वह कभी बाधित नहीं होता। ईश्वरीय प्रेम से ही यह निर्मित होता है और ईश्वर के चरणों में ही यह अर्पित होता है। यही कारण है कि स्वधर्माचरण करते हुए कृति का अहंकार नहीं होता। इसके विपरीत ईश्वर के प्रति प्रेम ही अधिक वृद्धिंगत होता है। इससे भी कहीं अधिक, स्वधर्माचरण, ईश्वर का प्रेम अनुभव करने का शक्ति साधन बन जाता है। मेरे प्रेम से भरे रहने के कारण ही तुम स्वधर्माचरण कर रहे हो और उससे उपजी भक्ति ही मेरे आनंद का कारण है।

''भक्ति करते हुए तुम मेरे प्रेम में डूब जाते हो। इसीलिए तुम्हें मेरा

सान्निध्य अच्छा लगता है और बैकुंठ वापस आने के लिए तुम मुझसे विनती कर रहे हो। कहाँ तुम मुझे अपने भूतल पर मानवरूप में अवतार लेने के लिए विनती कर रहे थे और अब मुझसे अवतार समाप्त करने का आग्रह कर रहे हो। ये दोनों बातें विरोधाभासी हैं, परंतु दोनों के पीछे भाव एक ही है, श्रद्धा और भक्ति का। तुम्हारी यही बात मुझे अति प्रिय लगती है।

''अब मुझे भी यह अहसास हो रहा है कि मेरे अवतार कार्य समाप्त होने की घड़ी निकट आ रही है। यही मेरी नियति है। नियति अनुसार प्रत्येक घटना योग्य प्रकार से घटित होती रहेगी। देहत्याग कर लक्ष्मी पहले ही बैकुंठ प्रस्थान कर चुकी हैं। वहाँ वे बहुत आतुरता से मेरी राह देख रही होंगी। मुझे भी अब यही लगन लग गई है।''

ब्रह्मदेव और नारायण के मिलन के समय ही अचानक दुर्वासा ऋषि का महल में प्रवेश हुआ। नारायण और ब्रह्मदेव को एक साथ देख दुर्वासा ऋषि बहुत प्रसन्न हुए। दुर्वासा ऋषि ने नारायण और ब्रह्मदेव को साष्टांग प्रणाम किया और उनके दर्शन किए। नारायण ने भी दुर्वासा ऋषि का बहुत प्रेम से स्वागत किया और कुशल-क्षेम पूछा। नारायण का प्रेम पाकर गद्गद दुर्वासा ऋषि नारायण से कहने लगे, ''हे नारायण, तुम्हारी लीला अपरंपार है। तुमने पृथ्वी पर मानव देह में अवतार लिया है, यह जानकर मुझे बहुत दिनों से तुमसे भेंट लेने की इच्छा हो रही थी। पर आज मेरे मन में प्रबल इच्छा जाग्रत् हुई और मैं दौड़ते हुए तुमसे भेंट लेने आ गया। द्वार पर लक्ष्मण ने मुझे रोकने का बहुत प्रयत्न किया और कहा कि 'आप एक महत्त्वपूर्ण व्यक्ति के साथ एकांत में भेंट ले रहे हैं', इसीलिए अभी यहीं ठहरिए। लेकिन मैं तुमसे भेंट के लिए इतना व्याकुल हो रहा था कि मैं कुछ क्षणों के लिए भी रुक नहीं पाया और सीधे आपसे भेंट के लिए चला आया। यहाँ तुम्हारी और ब्रह्मदेव की अद्‌भुत लीला देख मैं दंग रह गया। सचमुच यह मेरा सौभाग्य है। परंतु परम आश्चर्य की बात यह थी कि तुम यहाँ अपने नारायण रूप में और ब्रह्मदेव भी अपने मूल रूप में प्रकट हैं। आपको इस रूप में देख और आपकी भेंट में सम्मिलित होने से जो आनंद मुझे मिला है, उससे मैं आप दोनों का आभारी हूँ। परंतु मेरी आपसे एक विनती है कि सृष्टि में जिस

अद्भुत रामावतार का रूप लेकर आप प्रकट हुए हो, मुझे उसके भी दर्शन करने हैं। अतः आप कृपावंत होकर मेरी इस अभिलाषा का पूर्ति करें।''

दुर्वासा के इस तरह अचानक आगमन से ब्रह्मदेव चकित थे और सोचने लगे कि 'यह भी नारायण की ही लीला है' अब आगे क्या होने वाला है, इसी की प्रतीक्षा करते हुए वे पुनः अपने मानव रूप में प्रकट हो गए। नारायण भी अपने रामावतार में प्रकट हो गए। राम के इस विलोभनीय रूप को देख दुर्वासा ऋषि चकित रह गए। राम के दैवीय और सुंदर रूप को दुर्वासा ऋषि एकटक निहार रहे थे और बार-बार उनके चरण वंदन कर रहे थे। राम ने दुर्वासा ऋषि को उठाकर अपने हृदय से लगा लिया और अपने प्रेम की मानो उन पर बौछार कर दी। राम के प्रेम से तृप्त हो दुर्वासा ऋषि ने राम और ब्रह्मदेव का संदेश लिया और महल से बाहर चले गए।

दुर्वासा के अचानक आगमन और फिर गमन से ब्रह्मदेव चकित थे। वे राम के साथ महल से बाहर निकले। बाहर लक्ष्मण हाथ जोड़कर खड़े थे। ब्रह्मदेव को लक्ष्मण की शपथ याद थी, इसीलिए वे थोड़े गंभीर हो गए। ब्रह्मदेव ने राम की ओर देखा तो पाया कि राम के चेहरे पर भी गंभीरता छाई है। वे जान गए कि यह ईश्वर की ही नियति है। राम की अवतार समाप्ति से पहले, लक्ष्मण देहत्याग कर बैकुंठ पहुँचेंगे, इसीलिए यह घटना घटी है। लक्ष्मण को देख ब्रह्मदेव का अंतस भर आया और नेत्रों से अश्रु बहने लगे।

उन्होंने लक्ष्मण के मस्तक पर हाथ रखा और आशीर्वाद दे वे पुनः ब्रह्मलोक पहुँच गए। राम और लक्ष्मण दोनों के बीच एक नीरव शांति छाई हुई थी। दोनों के मुख से एक भी शब्द नहीं निकल रहा था। यहाँ तक कि दोनों एक-दूसरे की नजर से नजर भी नहीं मिला रहे थे। समय ऐसे ही बीतता जा रहा था। आखिर राम ही लक्ष्मण के निकट गए और लक्ष्मण के मुख को अपनी हथेलियों में उठाया। लक्ष्मण ने जब राम के नेत्रों में देखा तो राम के नेत्रों से अश्रु टपक रहे थे। उन्हें देख लक्ष्मण के नेत्र भी छलकने लगे। अश्रुओं के माध्यम से मन का भारीपन कुछ कम होने लगा। राम के दोनों हाथों को अपने बंद नेत्रों से लगाकर लक्ष्मण ने कुछ देर तक ऐसे ही अश्रु बहने दिए। जब थोड़ा हल्कापन महसूस करने लगे, तब हाथ जोड़कर

राम से कहने लगे—

"हे प्राणप्रिय राम, मेरे प्रति आपके प्रेम के कारण ही आपके नेत्रों से अश्रु टपक रहे हैं। इसी बात से मुझे आत्मबल मिलता है। आप तो जानते ही हैं कि ईश्वर की नियति श्रेष्ठ होती है और आप ही की कृपा से मेरी भी यही धारणा हो गई है। नियति का संकेत हमें मिल गया है। अब उसी का अनुकरण करना है। मैंने जो शपथ ली थी, उसके पालन का धैर्य मुझे आपकी कृपा से मिल रहा है। शपथ के अनुरूप अब मुझे देहत्याग करनी होगी, जो मैं खुशी-खुशी करूँगा। आपकी सेवा से मेरा जीवन सार्थक हो गया है। आपके प्रेम और आपकी भक्ति से मेरा जीवन तृप्त हो गया है। मेरा परम भाग्य है कि आपके कनिष्ठ बंधु के रूप में मेरा जन्म हुआ। जन्म से ही मैं आपके प्रेम की छत्रच्छाया में पला। आपने मुझे सदैव अपने साथ रखा और सेवा करने का अवसर दिया। वनवास जाते समय भी आपने मुझे अपने साथ आने की अनुमति दी। वसिष्ठ ऋषि के साथ आपके हुए संवाद से मैंने आपके अवतार कार्य का रहस्य जाना और तब से ही मुझमें भक्तिभाव निर्माण हो गया। जीवन में अनेक प्रसंगों में जब-जब मुझे कोई भ्रांति हुई, तब-तब आपने सत्यज्ञान प्रकट कर मेरे मन की भ्रांति दूर की और मेरे संदेह की मूल नष्ट कर दी। इन्हीं प्रसंगों से मेरा भक्तिभाव अधिक वृद्धिंगत हुआ। आपके प्रेम से नित्य भरे मेरे मन में आपके माहात्म्य की सदा जागृति रहती थी, जिससे चित्त में केवल आपका ध्यान रहता था। मैं केवल आपका हूँ और आपके लिए हूँ, इसी भाव का मैंने प्रयत्नपूर्वक अनुभव किया है। मेरा यह भाव आप तक पहुँचेगा, तब मैं समझूँगा कि मेरा जीवन धन्य हो गया। नाते में आप मेरे ज्येष्ठ बंधु हो, किंतु मेरे लिए आप माता, पिता और गुरु ही नहीं बल्कि मेरी आत्मा हो गए हो।

"मैं आपको अपने अंत:करण के बहुत निकट महसूस करता हूँ। मेरे इस भाव का फल भी जगन्नियंता ईश्वर की नियति में मुझे मिल रहा है। मैं इतना भाग्यवान हूँ कि मेरा देहत्याग भी आपकी सेवा के लिए हो रहा है। वैसे भी प्रत्येक मानवी देह के त्याग के लिए कोई-न-कोई कारण निमित्त बन जाता है। पर मेरा देहत्याग तुम्हारे कार्य का एक भाग है, इसी बात से

मैं अपने आपको परम सौभाग्यशाली मानता हूँ। अब तक तुम्हारी सेवा में मुझसे कोई त्रुटि रह गई हो अथवा जाने-अनजाने में मेरी वजह से आपके अंत:करण को चोट पहुँची हो तो मैं आपसे मन:पूर्वक क्षमा माँगता हूँ। आपने मेरी अल्प सी सेवा स्वीकार कर मुझे सदा-सदा के लिए ऋणी बना लिया है। मेरे इस ऋण को चुकाने के लिए आप कृपा कर मुझे सदा अपना कनिष्ठ बंधु बनने का अवसर देते रहें, यही आपके चरणों में प्रार्थना है। मेरी इस सुखद, समाधानी और आनंददायी जीवन यात्रा को यहीं पूर्ण होने की अनुमति दें। यही आपके चरणों में मेरी अंतिम प्रार्थना है।''

लक्ष्मण के मुख से निकला प्रत्येक शब्द उसी भाव के साथ राम के अंतस को छू रहा था तथा पहले ही से भावपूर्ण अवस्था में रमे राम के अंत:करण को और अधिक भावपूर्ण कर रहा था। उसी अवस्था में राम ने लक्ष्मण को अपने हृदय से लगाया और लक्ष्मण के मस्तक को प्रेम से सहलाने लगे। बहुत देर तक उसी स्थिति में रहते हुए आखिर लक्ष्मण ने ही अपने आपको राम से विलग किया। राम जिस बात को शब्दों द्वारा व्यक्त नहीं कर पा रहे थे, उस बात को लक्ष्मण ने उनके नेत्रों के भावों से जान लिया और उसे स्वीकार करके तथा प्रमाण मानकर वे अपने महल की ओर बढ़ गए।

महल पहुँचकर उन्होंने सारी बातें क्रमानुसार उर्मिला को बताईं। लक्ष्मण ने अपनी भूमिका और लिया हुआ निर्णय उर्मिला को सुनाया। जिसे सुनकर उर्मिला दु:खी हो गईं। उनके मुख से एक शब्द भी नहीं निकल रहा था। इससे पहले भी लक्ष्मण जब राम के साथ वनवास गए थे, तब भी उर्मिला ने बड़े धैर्य के साथ वियोग सहन किया था। परंतु तब समय की मर्यादा थी। किंतु अब लक्ष्मण उर्मिला को सदा-सदा के लिए छोड़कर जा रहे थे। यह उर्मिला के लिए बहुत असहनीय हो रहा था। लक्ष्मण उर्मिला के मन की स्थिति जान रहे थे। इसीलिए उन्होंने उर्मिला को बहुत प्रेम से अपने निकट लिया और सांत्वना जताते हुए कहने लगे—

''हे प्रिय उर्मिला, मैं तुम्हारे मन की स्थिति से पूर्णत: अवगत हूँ। पर मेरे अंत:करण की अवस्था को भी केवल तुम ही जानती हो। प्रारंभ से ही

मैंने राम का अनुसरण किया है और मेरी इस भूमिका में तुमने मेरा अंतःकरण पूर्वक साथ दिया है। इसी कारण अनेक प्रसंगों में योग्य निर्णय लेते हुए मैं वैसा आचरण कर सका। बाहरी रूप से भले ही तुम मुझसे दूर थीं, परंतु भाव से सदा मेरे साथ थीं। इसीलिए मुझे तुम्हारी कभी चिंता नहीं रही। परिस्थिति के अनुरूप जीवन जीने का मनोबल तुममें पहले भी था और अब भी है। मुझे विश्वास है कि भविष्य में भी इसी मनोबल के आधार पर तुम अपना जीवन निर्वाह कर सकोगी। सबसे महत्त्वपूर्ण बात यह है कि जो प्रेम और श्रद्धा बालपन से मुझे प्रभु राम के लिए थी, वही भाव तुममें भी धीरे-धीरे निर्माण हो गया। राम के प्रेम और माहात्म्य से युक्त होने के कारण हम दोनों के बीच भी प्रेमभाव बढ़ता गया और हम दोनों एक-दूसरे के सान्निध्य में आनंद लेने लगे। उनके प्रेम से हमारा मन भी आपस में जुड़ता रहा और वियोग में भी हमारे मन एकरूप रहे।

''अब हम सदा के लिए दूर हो रहे हैं, परंतु हमारे मन सदैव एकरूप रहेंगे। अब मैं तुमसे जो माँग रहा हूँ, वह निश्चित रूप से हमारे लिए बहुत कठिन बात है, पर मुझे विश्वास है कि 'तुम मुझे प्रेम से विदा करोगी'। लक्ष्मण द्वारा दिखाए गए विश्वास से उर्मिला का मनोबल पुनः जाग्रत् हो गया। अपने शोक पर काबू करते हुए उर्मिला ने लक्ष्मण को एक आसन पर बैठाया और उनका पूजन किया। अश्रुपूर्ण नेत्रों से लक्ष्मण के चरण वंदन कर भावपूर्ण अंतःकरण से उर्मिला ने लक्ष्मण को विदा किया। लक्ष्मण के देहत्याग के निर्णय को सुन सारे अयोध्यावासी शोकाकुल हो गए। सभी जानते थे कि लक्ष्मण ने सदा राम की एकनिष्ठ भाव से सेवा की है। इसी बात से सभी खुश होते थे। परंतु लक्ष्मण के इस तरह लिए निर्णय से सभी बहुत दुःखी हो रहे थे। जाने से पहले लक्ष्मण अपनी तीनों माताओं के पास गए और सभी से आशीर्वाद लिया। तीनों माताओं के लिए भी लक्ष्मण का वियोग सहन करना सरल बात नहीं थी। इसके बाद लक्ष्मण राम से मिलने गए। राम के चरण स्पर्श करते ही राम ने लक्ष्मण को इस तरह अपने अंक से चिपका लिया, जैसे अपने हृदय में ही उतार लिया हो। पश्चात् सारे अयोध्यावासियों को विनम्र भाव से नमस्कार कर लक्ष्मण चलते-चलते

अयोध्या नगरी के बाहर निकल गए।

"सरयू नदी के घाट पर जाकर लक्ष्मण आसनस्थ हो गए और अपनी सारी वृत्ति लय कर अपने आत्माराम में लीन हो गए। पंचप्राण रोककर उन्होंने अपनी देह को आत्मा से विलग कर ली और पंचतत्त्व में विलीन हो गए। उसी समय अकस्मात् आकाश में शब्द गूँजने लगे—धन्य! धन्य! जिसका निनाद बहुत समय तक घूमता रहा। इस तरह स्वेच्छा और स्वबल से लक्ष्मण अपनी देह छोड़, बैकुंठ में शेष के रूप में पुनः विराजमान हो गए।"

नारद के मुख से लक्ष्मण के देहत्याग का भावपूर्ण वर्णन सुन शेष भी अत्यंत भावुक हो गए और अपनी जगह से उठ नारद के चरणों में नतमस्तक हो गए। नारद ने शेष को बहुत प्रेम से उठाया और अपने अंक से लगा लिया। नारद और शेष के मिलन को देख नारायण बहुत प्रसन्न और भावविभोर हो रहे थे। तभी नारद शेष को नारायण के पास ले गए। नारायण ने शेष को प्रेम से अपनी गोद में लिया और उसके मस्तक पर हाथ फेरने लगे। नारायण के प्रेम और माहात्म्य से परिपूर्ण शेष ने नारायण को साष्टांग दंडवत् किया तथा हाथ जोड़कर कहने लगे—

"हे नारायण! हे स्वामी! हे नाथ! सचमुच आपकी लीला अगाध है। आपकी लीला सहज प्रकट होते हुए भी आप इस लीला से परे रहते हैं। पर अज्ञानवश हम आपकी लीला को समझ नहीं पाते, इसीलिए इस माया में हम फँसे रहते हैं। इसी कारण पास में रहते हुए भी हम मन से आपसे बहुत दूर चले जाते हैं। कभी-कभी यह दूरी इतनी बढ़ जाती है कि आपसे मिलने का मार्ग ही अवरुद्ध हो जाता है तथा मन बेचैन हो जाता है। ऐसी स्थिति में यदि आपके साथ बिताए प्रेम के क्षण स्मरण हो जाएँ, तब आपसे मिलने का मार्ग दिखाई देने लगता है और उसी प्रेमसूत्र को पकड़कर हम आपके पास पुनः आ जाते हैं। एक बार हम आपके निकट क्या आए कि आपके प्रेमस्वरूप अंत:करण से सहज ही हमें प्रेम मिलता है। आपके निर्मल प्रेम से हमारे मन का मैल दूर होकर मन पुनः आपके प्रेम से भर जाता है। अज्ञान माया का पूर्ण रूप से विलय हो मन में केवल आपका माहात्म्य जाग्रत् हो जाता है। मन सदैव आपके प्रेम में डूबा रहता है और अंत:करण भावपूर्ण हो जाता है।

इसी स्थिति में हम आपके आनंद को अपने अंतस में अनुभव कर आपको भी आनंदित कर सकते हैं।

"हे नारायण, आपके सगुण अवतार चरित्र की ही यह विशेषता है कि यदि किन्हीं कारणों से हम आपसे दूर चले भी गए, तब भी किसी-न-किसी तरह हम आपसे पुनः निकटता साध लेते हैं। इस तरह धीरे-धीरे मन में निश्चय होने लगता है कि यही प्रेम सच्चा है। अनेक अंगों द्वारा प्रकट आपके प्रेम को पाने की मन में लालसा लग जाती है। मन खुलने लगता है और मन में सहजता निर्माण हो जाती है। तब कोई भी बाहरी कारण मन में दूरी पैदा नहीं कर पाता। बल्कि ये बाहरी कारण ही आपके माहात्म्य को अनुभव करने के साधन बन जाते हैं। परंतु हे प्रिय नारायण, जब आप अपने अवतार कार्य समाप्त कर यहाँ बैकुंठ में अपने आत्मानंद में मग्न हो जाते हैं, तब सचमुच हमारे प्रेम की कसौटी लगती है।

"यहाँ बैकुंठ में प्रेम प्रकट होने के बाहरी कारण कम ही उपलब्ध होते हैं और भावपूर्ण प्रसंग प्रकट करने के लिए हम कम पड़ते हैं। इसीलिए आपके पुनः सापेक्ष रूप में प्रकट होने की हम राह देखते रहते हैं। ऐसी स्थिति में आपके माहात्म्य का स्मरण ही हमारे काम आता है। पर यहीं हम कम पड़ते हैं। आपका माहात्म्य भले ही सापेक्ष रूप में प्रकट होता है पर है वह निरपेक्ष। यह सच है कि आप हैं इसीलिए आपका माहात्म्य है। न कि आपका माहात्म्य है इसलिए आप हैं। इस बात को हम भूल जाते हैं और आपके पुनः सापेक्ष रूप में प्रकट होने की राह देख आपके निरपेक्ष माहात्म्य की ओर ध्यान नहीं देते हैं। हे नारायण, जैसे रामावतार में लक्ष्मण के रूप में आपके सापेक्ष माहात्म्य का अनुभव ले आपके अंतःकरण से ऐक्य साधकर, मैं आपको आनंदित करता था, वैसे ही मैं बैकुंठ में रहकर आपके निरपेक्ष माहात्म्य के साथ आपके अंतःकरण से एकरूप होकर रहूँ, ऐसा मुझे आशीर्वाद दें।"

"शेष के मुख से भावपूर्ण वचन सुनकर लक्ष्मी भी बहुत हर्षित हो रही थीं। उनका भी भाव यही था। पर उनका मन राम-चरित्र की अग्रिम कथा का श्रवण करने हेतु आतुर हो रहा था। उन्हें महसूस हो रहा था कि उनके

और शेष के बैकुंठ लौटने के पश्चात् रामावतार में नारायण कितने अकेले हो गए होंगे। पहले ही से एकदम गंभीर प्रवृत्ति और अकेलेपन के कारण राम का जीवन कितना एकांकी हो गया होगा? पर मेरा विश्वास है कि धैर्य के महामेरू राम ने अपने आप को इस परिस्थिति में भी भलीभाँति सँभाला होगा। फिर भी हे नारद, इस भावपूर्ण प्रसंग का वर्णन मैं आपके मुख से श्रवण करना चाहती हूँ। मैं जानती हूँ कि इस प्रसंग का वर्णन केवल नारायण का सद्भक्त ही कर सकता है। अतः आपसे करबद्ध प्रार्थना है कि बिना विलंब किए, इस भावपूर्ण प्रसंग का वर्णन कर हमें अनुगृहित करें।''

□

प्रभु राम का निजधाम गमन

लक्ष्मी की बातों की गंभीरता को नारद महसूस कर रहे थे और वे स्वयं भी गंभीर हो गए। उसी गंभीरता के साथ वे लक्ष्मी से कहने लगे, "हे लक्ष्मी, तुम सच कह रही हो। राम के जीवन का यह अत्यंत गंभीर प्रसंग था। मूलतः राम का स्वभाव ही गंभीर था और अब उनके जीवन के अंतिम चरण की शुरुआत होने वाली थी। इसीलिए कथा की गंभीरता अधिक बढ़ने वाली है। सीता और लक्ष्मण के देहत्याग के पश्चात् राम के जीवन में एक तरह का अकेलापन आ गया था। सीता और लक्ष्मण दोनों ही राम के अंतःकरण के बहुत निकट थे। राम अपने अंतस की बातें बड़ी सहजता से सीता और लक्ष्मण से कह देते थे। सीता और लक्ष्मण में भी राम के अंतःकरण को समझने की विलक्षण प्रतिभा थी। कारण—वे राम के अंतःकरण के बहुत करीब थे। समय आने पर वे अपने मन और बुद्धि की समझ भी एक तरफ कर देते थे। उनके मन में राम के प्रति असीम प्रेम और श्रद्धा थी।

अपने प्रिय व्यक्ति की मृत्यु के पश्चात् सामान्य व्यक्ति के जीवन में एक प्रकार की शून्यता निर्माण हो जाती है और वह निराश एवं उदास हो जाता है। परंतु राम के जीवन में यह संभव नहीं था। कारण राम का अंतःकरण आत्मप्रेम से भरा नित्य प्रवाहित रहता था। राम का जीवन नित्य क्रम से चल रहा था। प्रजा के साथ अपनेपन और प्रेम से व्यवहार करते हुए तथा अपने कुटुंबियों को भी आधार और रक्षण देते हुए सभी का जीवन अधिक से अधिक सुखी और समाधानी बनाने का प्रयत्न करना उनका सहज स्वभाव था।

परंतु अब वे उनके परिणाम से अलिप्त रहने लगे थे। उन्हें प्रारंभ से ही अकेलापन अधिक प्रिय था। अकेलापन ही उनका आत्मकेंद्र था और यही उनके आत्मबल का मूल कारण था। फिर भी नाते-संबंधों और अवतार कार्य हेतु अनेक से उनके संबंध स्थापित हुए। अकेलेपन का आनंद लेते हुए, अब उन्हें अपने अवतार कार्य की समाप्ति का ध्यान लग गया था। इसी दिशा में उनके प्रयास शुरू हो गए थे।

सर्वप्रथम उन्होंने अपना राज्यासन त्यागा और अपने छोटे भाई भरत का राज्याभिषेक कराया। अयोध्यावासियों को निश्चिंतता के साथ भरत के स्वाधीन कर दिया। भरत को राजधर्म का ज्ञान देते हुए बताया कि किस प्रकार सामर्थ्य के साथ राजकार्य करते हुए सारी प्रजा को सुखी रखना है। शत्रुघ्न को समझाया कि प्रत्येक कार्य में भरत का साथ देते हुए आपस में प्रेम से रहना है। माता कौशल्या, सुमित्रा और कैकेयी को भी उनका धर्म बताकर उन्हें उनके जीवन का ध्येय बताया। उन्हें जीवन जीने का बल दिया। अंत में वे अपने प्राणों से अधिक प्रिय बालकों, लव और कुश के पास गए और उन्हें अत्यंत निकट लेकर उन पर प्रेम की वर्षा कर दी। पितृवियोग की कल्पना करना भी जिनके लिए असहनीय हो रहा था, ऐसे बालकों को धैर्य देते हुए राम ने उनमें जागृति उत्पन्न कर दी कि वे 'राम के अंश' हैं। राम ने उन्हें प्रेम से भरत के सुपुर्द किया और कहा कि 'तुम्हें भरत की आज्ञा का सदैव पालन करना है।' इस प्रकार सारे कर्तव्यों की यथावत् पूर्ति कर राम निस्संग हो अपने आत्मधर्म के साथ आगे बढ़ गए।

राजपरिवार के सारे सदस्यों की उन्होंने हाथ जोड़कर कृतज्ञता व्यक्त की और उनका प्रेमपूर्ण संदेश स्वीकार किया। राजा राम द्वारा लिये इस निर्णय से सारे अयोध्यावासी शोक सागर में डूबे गए। सभी उनसे मिलने उनके दरबार पहुँचे और प्रार्थना करने लगे कि वे अपना निर्णय बदल दें। किंतु राम अपने निर्णय पर अडिग थे। उन्होंने सभी का प्रेमपूर्वक अभिवादन किया और अपने मार्ग पर आगे चलते रहे। नगर-द्वार पर पहुँचकर राम ने सभी से हाथ जोड़कर विनती की कि वे अयोध्या नगरी लौट जाएँ और स्वयं सरयू नदी की ओर आगे बढ़ते रहे। चलते-चलते उन्हें महसूस हुआ कि कोई

अब भी उनके पीछे आ रहा है। पीछे मुड़कर देखा तो उन्हें हनुमान दिखाई दिए। राम वहीं रुक गए। तब तक हनुमान दौड़ते हुए आए और उनके चरणों को पकड़कर रोने लगे। राम ने हनुमान को उठाया और प्रेम से उन्हें अपने अंक से लगा लिया। उनकी पीठ थपथपाते हुए सांत्वना दी और प्रेम से हनुमान को समझाने लगे। समझाते-समझाते राम का अंत:करण हनुमान के प्रेम से भर गया। वे कहने लगे—

''हे हनुमंत, मैं जानता हूँ कि मैं तुम्हें प्राणों से अधिक प्रिय हूँ। तुम्हारे भक्तिभाव से मैं नित्य ही एकरूप रहता हूँ। तुम्हारा यही भाव मुझे अत्यधिक आनंदित करता है। मेरे सान्निध्य में रहते हुए तथा मेरे अंत:करण को जानते-जानते तुम मेरे अंतस से ही एकरूप हो गए हो। प्रत्येक प्रसंग में तुम मुझे उसी भाव से साथ देते हो। तुम्हारे अंत:करण में तुमने मुझे समा लिया है और अब तुम्हारा अंत:करण भी मेरे समान ही हो गया है। वहीं हम एक-दूसरे से नित्य भेंट करते रहेंगे और सदैव एकरूप होकर रहेंगे। इसी एकरूपता का तुम आनंद लेते रहो। तुम्हारे भक्तिभाव से तुम इस सृष्टि में अजरामर रहोगे। मेरी प्रेम-भेंट के रूप में मैं तुम्हें आशीर्वाद देता हूँ कि जैसे तुम्हारा भक्तिभाव अमर है वैसे ही तुम देह से भी इस विश्व में अमर रहोगे। मेरे प्रेम से संतृप्त रहकर तुम्हारा पूरा जीवन बहुत आनंद से बीतेगा। तुम्हारा अंत:करण ही जब मेरे समान हो गया है, तब तुम भी मेरी ही तरह निरपेक्ष, निर्भयी, निर्मोही और नित्य आनंदित अवस्था में रहोगे। मेरी ही तरह आत्मस्वरूप में रममाण हो सदा आत्मानंद में विचरण करते रहोगे। अब तक तुमने प्रत्येक प्रसंग में मेरा साथ दिया है और अब मेरे जीवन के इस अंतिम प्रसंग में भी मेरा उसी तरह साथ देते हुए प्रेम से मेरी विदाई करो।''

राम के कहे प्रत्येक शब्द से हनुमान का अंत:करण राम-प्रेम से भर प्रवाहित हो रहा था। उसी अवस्था में हनुमान राम से कहने लगे, ''हे आत्मप्रिय राम, मेरे अंत:करण में स्थान लेकर आपने मुझ पर असीम कृपा की है। इस कृपा के लिए भी आप ही ने मुझे पात्र बनाया है। मेरी सेवा स्वीकार कर आपने मुझमें प्रेमभाव जाग्रत् किया है। इसी प्रेमभाव का रूपांतर भक्तिभाव में हुआ है। भक्तिभाव से आपने मुझे अपने अनुभव में समाहित

कर लिया। इतना ही नहीं, मेरे अंतःकरण में स्थान लेकर 'आप' ही 'मैं' का अनुभव भी नित्य आप ही मुझे देते हैं। आपकी मुझ पर यह असीम कृपा है।

मैं जानता हूँ कि आपने निजधाम जाने का जो निर्णय ले लिया है, वह अंतिम और अटल है। कोई भी इसे बदल नहीं सकता है। हे स्वामी, आपने मुझे इस सृष्टि के अंत तक देह रूप में रहने का जो वरदान दिया है, उसे मैं प्रेम से स्वीकार करता हूँ। मुझे एक और वरदान दीजिए कि मैं प्रेम से आपका नित्य गुणगायन करता रहूँ तथा तुम्हारी प्रेम कथा का नित्य श्रवण करने का अवसर मुझे मिलता रहे। उससे प्रकट होने वाले प्रेम से मेरी तुमसे भेंट होती रहेगी और मैं तुमसे मिलने का आनंद लेता रहूँगा। अब अंत में एक और मेरी प्रेमपूर्ण हठ स्वीकार करें कि जिस तरह मैं अब तक तुम्हारे साथ रहा और तुम्हारी सेवा करता रहा, ऐसी ही सेवा, मैं जब तक देह रूप में हूँ, करता रहूँ। मुझे विश्वास है कि आप मेरी इस हठ को अवश्य स्वीकार करेंगे और अंत तक आपके साथ में रहने की अनुमति देंगे।

हनुमान के उत्कट भक्तिभाव से राम अतिशय आनंदित हो रहे थे। उन्होंने प्रेमल मुसकान से हनुमान की ओर देखा। राम की मुसकराहट को स्वीकृति मान हनुमान राम के पीछे-पीछे चलने लगे।

चलते-चलते राम सरयू नदी के किनारे पहुँचे और वहाँ जाकर रुक गए। जब राम ने पीछे मुड़कर देखा तो वहाँ हनुमान खड़े हैं। हनुमान राम के नेत्रों के भाव जान गए और वहीं रुक गए। राम ने बड़ी सहजता के साथ सरयू नदी के जल में प्रवेश किया और नेत्र बंद कर दोनों हाथों से अपने कान बंद कर लिये। मानो पूरी सृष्टि अपने अंदर समेट ली हो। श्वासें रोक एक ही डुबकी में उन्होंने अपने आपको सरयू नदी को समर्पित कर दिया। इस तरह मानव देह का त्याग कर राम ने दिव्य रूप धारण कर लिया तथा आकाश मार्ग से ब्रह्मलोक की ओर बढ़ने लगे। मार्ग में देव, यक्ष और किन्नरों ने दिव्य पुष्पों से नारायण का स्वागत किया और कीर्ति गायन कर नारायण को प्रसन्न करने लगे। किंतु उनके प्रेम में अधिक देर न रमते हुए नारायण तीव्र गति से अपने निजधाम यानी बैकुंठ पधारे। वहाँ सुखशैया पर विराजमान हो एकांत के आनंद में लीन हो गए।

नारद के मुख से राम के निर्वाण का भावपूर्ण प्रसंग सुन वहाँ उपस्थित सभी जन आनंद सागर में डुबकी लगा रहे थे, जिसकी परिणति यह हुई कि भावविभोर नारायण अपनी जगह से उठे और नारद के पास गए। उन्होंने नारद को अतिशय प्रेम से अपने हृदय से लगा लिया। पश्चात् लक्ष्मी और नारद ने भी हाथ जोड़कर नारायण का अंत:करणपूर्वक अभिवादन किया।

नारायण के अंत:करण से दूर, अर्थात् नारायण से दूरी के कारण अब तक लक्ष्मी और शेष निराश, उदास और निरुत्साही दिखाई दे रहे थे। परंतु नारद के मुख से राम-चरित्र गायन श्रवण कर दोनों का उत्साह और आनंद पुनः लौट आया। राम-चरित्र में आनेवाले अनेक प्रसंगों और उनसे जुड़े व्यक्तियों के विषय में श्रवण कर लक्ष्मी और शेष की नारायण की ओर देखने की दृष्टि बदलती जा रही थी। उसी दृष्टि से नारायण के अंत:करण को देखने की वृत्ति उनमें निर्माण हो गई थी। प्रसंगों के मध्य लक्ष्मी द्वारा पूछे गए प्रश्नों और नारद के उत्तर से लक्ष्मी और शेष दोनों का ही मनन-चिंतन होता रहा, जिससे नारायण की ओर देखने की उनकी दृष्टि व्यापक होती गई। उनमें नारायण के प्रति प्रेमभाव और भक्तिभाव बढ़ता जा रहा था और वे अत्यधिक आनंद का अनुभव ले रहे थे। उनके आनंद को देख नारायण की प्रसन्नता भी बढ़ती जा रही थी, जिससे नारद को आनंद हो रहा था।

□

लक्ष्मी का मनोगत

प्रत्येक विषय का जैसे आरंभ होता है, वैसे ही उसका अंत भी होता है। बीज से वृक्ष तैयार होता है और रसपूर्ण फल लगने के बाद ही उसमें पूर्णता आती है। मंदिर के निर्माण की शुरुआत नींव से होती है और कलश लगने के बाद मंदिर का निर्माण कार्य पूर्ण होता है। परंतु भगवान् की मूर्ति जब तक मंदिर में विराजमान नहीं हो जाती, तब तक मंदिर पूर्ण नहीं होता। उसी तरह राम-चरित्र के गायन का आरंभ ईश्वर के सगुण प्रेम से आरंभ होते हुए राम के अवतार समाप्ति तक पूर्ण हुआ। पर जब तक राम कथा के श्रवण से अपना अंतःकरण राम जैसा नहीं हो जाता, तब तक हम उसका आनंद नहीं ले सकते। पेड़ पर रसीले फल लगते हैं, पर तृप्ति उन फलों के सेवन से ही होती है। मंदिर में मूर्ति स्थापित हो जाती है, किंतु मन की तृप्ति दर्शन से होती है। उसी तरह संपूर्ण रामकथा श्रवण के पश्चात् राम के भावपूर्ण अंतःकरण से जब तक हम एकरूप नहीं हो जाते, तब तक अंतस तृप्त नहीं होगा।

ऐसा ही प्रश्न नारद के मन में आया कि राम के सगुण चरित्र प्रकट होने के पश्चात् राम के अंतःकरण से कोई एकरूप हो सका क्या? और प्रश्नवाचक मुद्रा में वे लक्ष्मी की ओर देखने लगे! रामकथा श्रवण से तृप्त लक्ष्मी का मन और बुद्धि दोनों स्थिर हो गए थे। उनके मन में आनेवाले लगभग सारे प्रश्नों का उत्तर उन्हें मिल चुका था। किंतु श्रवण के पश्चात् मनन न होने से मन अस्वस्थ था। पर नारद की अवस्था भिन्न थी। कथा गायन के पश्चात् भी नारद श्रवण भक्ति में लीन रहते हैं और उनका मनन-

चिंतन अनवरत चलता रहता है। उसी अवस्था में नारद ने लक्ष्मी से पूछ लिया कि ''हे लक्ष्मी, रामायण श्रवण का आनंद नारायण सहित हम सभी को हुआ है। परंतु मूल प्रश्न अब भी अनुत्तरित है कि जिस सतगुरु-सतशिष्य परंपरा को खंडित होने से बचाने के लिए तथा सत्यमार्ग को प्रकट करने हेतु राम का अवतार हुआ था, वह परंपरा आगे चलती रही अथवा नहीं? यह प्रश्न मेरे मन में अब भी अनुत्तरित है। इस प्रश्न का उत्तर जब तक नहीं मिलेगा, तब तक मुझे पूर्ण समाधान नहीं होगा। और जब तक वक्ता को समाधान नहीं होता, तब श्रोता को समाधान कैसे हो सकता है? इसका अर्थ है कि वक्ता और श्रोता के सुर पूर्ण रूप से जुड़े नहीं थे। मेरे मन में आए इस प्रश्न का उत्तर खोजने में मुझे तुम्हारी मदद चाहिए।

रामावतार में राम के सान्निध्य में रहने का अवसर किन्हें मिला और किस-किस ने राम के सान्निध्य का लाभ लिया? राम के अंत:करण को कौन-कौन जान पाए? और जो जान नहीं पाए वे किन कारणों से जान नहीं पाए, उनकी क्या दुर्बलता थी? इन सब प्रश्नों के उत्तर मैं तुमसे जानना चाहता हूँ। इन्हीं से तुम राम-चरित्र का मनन-चिंतन कर पाओगी और इसी माध्यम से तुम राम के अंत:करण का अनुभव लेते हुए उस आनंद में रमी रहोगी। तब तुम्हारे अंत:करण की भी यह अवस्था नित्य आनंददायी हो जाएगी।

नारद की बातें सुन लक्ष्मी गंभीर हो गईं और विचार करने लगीं। फिर धीरे से उन्होंने कहना आरंभ किया, हे नारद, हे गुरुवर, मैंने आपको ही पूर्ण शरणागति दी है। आप ही ने नारायण का अंत:करण मेरे समक्ष प्रकट किया और उनके अंत:करण के निकट जाने का मार्ग बताया। नहीं तो मैं केवल सगुण चरित्र के श्रवण का ही सुख लेती रहती। आप ही की मुझ पर कृपा है कि आपने योग्य समय में मुझे उस कथा के मूल की ओर जाने के लिए प्रेरित किया। आपकी यही वृत्ति मेरे भाव को दिशा दे रही है। आपके जैसी वृत्ति जब मेरी हो जाएगी, तब मेरा स्वभाव भी आपके स्वभाव जैसा हो जाएगा। आपके द्वारा पूछे गए प्रश्नों में एक प्रश्न कि 'रामावतार का मूल कारण क्या है', मेरी आकलन शक्ति से बाहर है। उसका उत्तर केवल आप दे सकते

हैं, क्योंकि यह अत्यंत व्यापक विषय है। शेष प्रश्न जो राम-चरित्र से जुड़े हैं, उनका उत्तर देने का मैं प्रयत्न करती हूँ। बहुत सोचने के पश्चात् मैं इस निष्कर्ष पर पहुँची हूँ कि राम के सान्निध्य में अधिकतर उनके परिवार के व्यक्ति आए। उनमें भी जो जिस भाव से उनके निकट आए, उसी भावबल का फल उन्हें मिला।

सर्वप्रथम राम के पिता दशरथ और माता कौशल्या के विषय में विचार करें तो ध्यान में आता है कि पुत्र-प्रेम से अधिक उनमें राम के प्रति कोई और भाव उत्पन्न नहीं हुए। विषयासक्त दशरथ, पत्नी कैकेयी के मोह में इतने अधिक आसक्त थे कि राम-प्रेम से प्राप्त शक्ति का उपयोग नहीं कर पाए, बल्कि राम को अपने से दूर करने का कारण बने। कौशल्या का राम-प्रेम भी पुत्र-प्रेम तक ही मर्यादित रहा। राम के वनवास जाने के पश्चात् राम के वियोग में शोक मनाने के सिवा उनके पास और कोई मार्ग नहीं था।

कैकयी की राम के प्रति प्रेम भावना किसी काम नहीं आई। इसके विपरीत उनके मन की दुर्बलता से उनका हल्का मन और दूषित हो गया तथा राम को सभी से दूर करने के लिए वे कारणीभूत हो गईं। सुमित्रा का राम के प्रति प्रेम-भाव कभी प्रकट ही नहीं हो पाया। वे स्वयं ही राम के प्रेम-भाव को जान नहीं पाईं। यही स्थिति शत्रुघ्न की थी। शत्रुघ्न और राम की प्रेम-भेंट और उनका राम के प्रति प्रेम कभी प्रत्यक्ष प्रकट नहीं हुआ। वे भरत के माध्यम से ही राम तक पहुँचते थे। इसीलिए राम के साथ सीधा संबंध स्थापित नहीं कर पाए।

भरत का राम-प्रेम सबसे निराला था। राम के सुख में सुख और दुःख में दुःख महसूस करनेवाले भरत को बालपन से ही राम, प्राणों से अधिक प्रिय थे। राम के प्रति व्यक्तिगत प्रेम का दूसरा कोई उदाहरण पूरे विश्व में नहीं मिल सकता। यह निर्विवाद सत्य है। राम के लिए सबकुछ त्याग देने की उनकी भावना नित्य और सहज थी। इसके उपरांत भी राम की ईश्वरीय अनुभवावस्था को भरत जान नहीं पाए। राम ने भी अपने स्वभाव के अनुरूप कभी अपनी अनुभवावस्था भरत के समक्ष प्रकट नहीं की। इस तरह राम के लिए मन में उत्कट प्रेम होते हुए भी भरत भक्तिभाव से कभी राम के

अंत:करण से एकरूप नहीं हो पाए।

इन सभी में लक्ष्मण का भाव सबसे भिन्न और श्रेष्ठ था। अत्यधिक प्रेम और सेवा-भाव से सदैव लीन रहने से लक्ष्मण को राम के साथ रहने और उनके अंत:करण को जानने का सुवर्ण अवसर प्राप्त होता रहा। जिसका लक्ष्मण ने पूरा उपयोग किया। सारे प्रसंगों में राम के अंत:करण को ही प्रमाण मानने की उनकी आदत धीरे-धीरे स्वभाव में परिवर्तित हो गई। इसके पश्चात् वसिष्ठ ऋषि के समक्ष जब राम ने अपने अंत:करण की अवस्था प्रकट की और वसिष्ठ ने उन्हें आत्मबोध दिया, उस समय लक्ष्मण भी वहाँ उपस्थित थे। जिसका लाभ लक्ष्मण को मिला और लक्ष्मण की राम की ओर देखने की दृष्टि बदल गई। बाद में विश्वामित्र ऋषि ने जब राम को उनके अवतार कार्य के विषय में बताया, तब से लक्ष्मण राम के ईश्वरीय माहात्म्य को पूर्णत: जानने लगे और केवल सेवाभाव से ही नहीं बल्कि दास्यभाव से वे राम की सेवा में लीन हो गए। दास्यभाव के कारण उनके सारे मोह दूर हो गए। देह, मन और बुद्धि ही नहीं बल्कि अपने स्वयं के संसार से भी उन्हें मोह नहीं रहा और वे पूर्णत: राम-प्रेम से युक्त हो गए। राम के माहात्म्य का विस्मरण हो भी जाता, तब भी राम-प्रेम से वे सदा युक्त रहते। उनकी दास्य-भक्ति के कारण राम ने सदा उन्हें अपने सान्निध्य में रखा। इसी का यह फल था कि राम स्वयं लक्ष्मण से संपर्क साधते और लक्ष्मण की कल्पनाओं का निराकरण करते। लक्ष्मण के मन में आए सारे प्रश्नों का उत्तर देते। यही कारण था कि लक्ष्मण के अंत:करण में राम के ईश्वरीय माहात्म्य की जागृति रहने लगी और लक्ष्मण राम से एकरूप हो गए। एकरूपता के कारण वे सदैव राम का अनुकरण करते रहे। जैसे सीता-त्याग के समय सीता को वनवास ले जाना, सीता को वाल्मीकि ऋषि के स्वाधीन करना अथवा लव-कुश से युद्ध करना, इन सारे प्रसंगों में लक्ष्मण ने जो निर्णय लिए, वे 'राम' बनकर लिये हों, ऐसा ही प्रतीत होता है। लक्ष्मण का देहत्याग वाला प्रसंग भी अपने आप में एक अनूठा उदाहरण है। लक्ष्मण द्वारा लिये गए निर्णय में राम और लक्ष्मण की एकरूपता पर कोटि की थी, जहाँ द्वैत भाव को कोई स्थान नहीं था।

परंतु हे नारद, मैं सबसे अधिक प्रभावित हुई हूँ सीता से। पतिव्रता धर्म निभाते हुए सीता ने जीवन भर राम का साथ निभाया। इसीलिए वे प्रशंसा की पात्र हैं। शुरुआत में मन की दुर्बलता के कारण सीता ने अनेक कष्ट भोगे। किंतु धीरे-धीरे मन में राम-प्रेम और बाद में उन्हें राम का ध्यान ही लग गया। जिससे राम उनके अंत:करण में व्याप्त हो गए। इसी मनोबल से विरह में भी वे राम के ध्यान में ही रहीं और पल-पल अपने अंत:करण में राम को महसूस करती रहीं। राम भी उन्हें अपने अंत:करण के बहुत करीब महसूस करते थे। राम के साथ ऐक्य का अनुभव करते हुए सीता का आत्मबल बढ़ता गया। इसी कारण अंतिम समय में सीता ने जो निर्णय लिया, उसका वे धैर्य के साथ पालन कर सकीं। ऐक्यभाव का अनुभव करते हुए सीता ने अपने आचरण से राम को भी आनंदित किया और देहत्याग के पश्चात् सदा-सदा के लिए राम के अंतस में स्थान प्राप्त कर लिया।

राम के पुत्र लव और कुश ने भी अतुलनीय पराक्रम किया तथा अपने माता-पिता का पुनर्मिलन कराया। इसका सारा श्रेय मैं वाल्मीकि ऋषि को दूँगी। उन्हीं के दिए संस्कारों से लव और कुश की मनोभूमि शुद्ध हुई थी। वाल्मीकि ने लव और कुश को राम के माहात्म्य से इस तरह अवगत कराया था कि वे अपने आपको 'राम का अंश' मानने लगे। इसी मनोबल से वे राम के अंत:करण से अपने आप को जोड़ने लगे। मुझे विश्वास है कि आगे चलकर भी उनमें इतना आत्मबल पैदा हो गया होगा कि उन्होंने अपना पूरा जीवन अत्यंत पराक्रम और आनंद के साथ व्यतीत किया होगा।

हे नारद, जैसा मैंने पहले भी कहा था कि अपने परिवार के अतिरिक्त राम का किसी अन्य व्यक्ति से संबंध और सान्निध्य होना थोड़ी कठिन बात थी। इसका मुख्य कारण यह भी था कि अयोध्यावासी राम की ओर केवल एक समर्थ राजा के रूप में देखते थे, जो सदैव प्रजा के हित में कार्य करता था। किसी भी सामन्य व्यक्ति के लिए राम की निकटता अथवा सान्निध्य असंभव जैसा ही था। कारण राम का स्वभाव ही अंतर्मुखी था। स्वयं आगे बढ़कर किसी से नजदीकी बढ़ाना और उनके मन की बात समझना, राम का स्वभाव नहीं था। इसके बावजूद परिस्थितियों के निमित्त उनकी मित्रता

सुग्रीव और विभीषण से हुई। पर वे दोनों भी अपनी मर्यादा में ही रहे। मैं यहाँ उनकी आलोचना नहीं कर रही हूँ, बस यही कहना चाहती हूँ कि राम से अधिक घनिष्ठता रखने हेतु वे मर्यादा का उल्लंघन करने का बल प्राप्त नहीं कर पाए।

सुग्रीव की अत्यंत दु:खमय स्थिति में राम से भेंट हुई थी। राम ने विषम परिस्थितियों में सुग्रीव को अपना मित्र बनाया था। मित्रता के कारण राम ने सुग्रीव की मदद की थी और सुग्रीव को उनका राज्य तथा सारे सुख पुनः प्राप्त हो गए थे। इसके पश्चात् राम ने भी सुग्रीव और उनकी सारी सेना की मदद लेकर रावण से युद्ध किया और सीता को रावण के बंधन से मुक्त कराया। इसीलिए सुग्रीव प्रशंसा के पात्र हैं। परंतु राम के प्रेम और माहात्म्य को जानते हुए भी उन्होंने कभी यह जानने का प्रयत्न नहीं किया कि राम की महानता किन कारणों से है? उन्हें यह जानने की आवश्यकता भी महसूस नहीं हुई। यही कारण रहा कि सुग्रीव राम के माहात्म्य से अनभिज्ञ रहे। राम के प्रेम और नित्य स्मरण से सुग्रीव का पूर्ण जीवन सुख, शांति और समाधान से बीता। इसी में सुग्रीव ने अपने जीवन की सफलता मान ली।

हे नारद, विभीषण के साथ भी यही हुआ। विभीषण जानते थे कि राम का पक्ष धर्म का है और रावण का पक्ष अधर्म का। राम के माहात्म्य का गुणगायन भी उन्होंने सुन रखा था। इसीलिए रावण की संगत छोड़ विभीषण राम की शरण में आ गए। विभीषण द्वारा लिया गया यह निर्णय असाधारण और अद्वितीय था। राम ने भी विभीषण का सत्कार कर उनके लिए हुए निर्णय का स्वागत किया था। राम के व्यापक अंत:करण से प्रभावित हो विभीषण राम के सेवक बन गए। युद्ध में रावण के वध के पश्चात्, राम ने विभीषण की सेवा से संतुष्ट होकर उन्हें लंका का राजा बना दिया। विभीषण ने भी राम के मार्गदर्शन में लंका की प्रजा को अत्यंत सुखी और समाधानी रखा। इस बात से राम अत्यंत संतुष्ट थे। राम की संतुष्टि से विभीषण भी तृप्त हो गए और सदैव राम की प्रशंसा के पात्र बने रहे। इसी तृप्ति और समाधान के कारण राम के अंत:करण की विशिष्टता जानने की उन्हें आवश्यकता महसूस नहीं हुई। इस प्रकार राम के अत्यंत निकट होते हुए तथा राम का प्रेम पाकर

भी वे राम के अंत:करण के नजदीक नहीं जा पाए।

हे नारद, परंतु सबसे अधिक पराक्रम यदि किसी ने किया है तो वे हैं हनुमान। हनुमान का पराक्रम केवल शक्तिबल में नहीं था, वरन् उन्होंने एकनिष्ठ भाव से दास्यभक्ति करते हुए मनोबल प्राप्त कर लिया था। यही उनका पराक्रम था। अपने मन की सारी माया को दूर कर तथा राम के माहात्म्य को पूर्णरूप से जानते हुए मन से वे केवल राम से एकनिष्ठ हो गए थे। यही हनुमान की महानता है। मन से किसी एक के प्रति एकनिष्ठ होना मन का स्वभाव नहीं है। मन केवल स्वयं से एकनिष्ठ होता है। मन के इस स्वभाव पर विजय पाना हनुमान का सबसे बड़ा पराक्रम है।

हनुमान बुद्धिमान और बुद्धिनिष्ठ थे, परंतु वे स्वयं की बुद्धि से निष्ठ नहीं थे बल्कि उनकी बुद्धि राम के ईश्वरीय माहात्म्य से निष्ठ थी। राम के ईश्वरीय माहात्म्य का पूर्ण निश्चय हनुमान को हो गया था तथा उनके इस निश्चय पर उनका मन पूर्णत: स्थिर हो गया था। मन के इस असंभवनीय स्वभाव की सिद्धि हनुमान कर चुके थे। राम के माहात्म्य की पूर्ण जागृति तथा राम के प्रेम से सदैव युक्त हनुमान, भक्तिभाव की इस मूलभूत अवस्था में नित्य राम के ध्यान में रमे रहते थे। उनकी दास्यभक्ति नित्य तथा सहज होती थी। इसी के फलस्वरूप वे अपनी देह, मन और बुद्धि से उपजे अहंकार से पूर्ण रूप से विमुख हो गए थे। उनकी दास्यभक्ति से प्रसन्न होकर राम ने उन्हें सख्यभाव का अनुभव दिया। राम के दिए सख्यत्व की कृपा को वे कभी नहीं भूले और इसी जागृति के कारण वे राम के अंत:करण से सदा के लिए एकरूप हो गए। इस ऐक्यत्व का आनंद स्वयं हनुमान ने लिया और राम को भी इस आनंद में समाहित किया। यही देवभक्तों के प्रेमसंबंधों का माहात्म्य है। प्रेम-स्वरूप मूल से एकरूपता के फल तक का यह प्रवास और प्रगति केवल प्रेमरस से भरी हुई है। किसी भी अवस्था में प्रेमरस की मिठास तो रहती ही है और फलरूप अवस्था में केवल मिठास-ही-मिठास होती है। ऐसे सर्वश्रेष्ठ भक्त हनुमान, जो राम से सदैव एकरूप होकर रहे, उन्हें राम ने अमरत्व का वरदान दे दिया।

परंतु हे नारद, राम के अवतार समाप्ति के पश्चात् हनुमान ने राम-प्रेम

को किस प्रकार अनुभव किया, यह जानने की मेरी उत्सुकता बढ़ती जा रही है। मुझे पूर्ण विश्वास है कि मेरी विनती आप अवश्य सुनेंगे। मैंने आपके एक प्रश्न का उत्तर अपनी समझ से दिया है, अब आप ही बताएँ कि यह योग्य है अथवा नहीं ? तथा अपने दूसरे प्रश्न का उत्तर भी आप ही दें। ये सब मैं आपके मुख से श्रवण करने की इच्छा रखती हूँ।

□

राम-चरित्र का रहस्य

लक्ष्मी के मुख से अपने प्रश्न का निस्संदिग्ध उत्तर सुन नारद संतुष्ट हुए। उन्हें अधिक प्रसन्नता इस बात से हो रही थी कि राम-चरित्र के माहात्म्य को लक्ष्मी अपने अंत:करण की गहराई तक महसूस कर रही हैं। लक्ष्मी की इस अवस्था की प्रशंसा करते हुए नारद कहने लगे, "हे लक्ष्मी, तुम सचमुच अभिनंदन की पात्र हो। तुम्हें राम-चरित्र के श्रवण का पूरा फल मिला है। तुम्हारा अंत:करण राम के प्रेम और माहात्म्य से भर गया है। तुम्हारे अंत:करण में किसी और भाव को कोई स्थान नहीं रहा। इसी कारण राम-चरित्र में आनेवाले अनेक व्यक्तियों और प्रसंगों का तुम यथार्थ चित्रण कर सकीं। सबसे महत्त्वपूर्ण बात यह है कि प्रत्येक प्रसंग में तुमने राम के अंत:करण को ही प्रमाण माना। यही नारायण के सगुण चरित्र का रहस्य है। सगुण चरित्र में अवतारी पुरुष का अंत:करण ही मुख्य होता है। इसे ही यथार्थता के साथ जानना आवश्यक है। मन की कल्पना अथवा अपने अपूर्ण ज्ञान के आधार पर उनके चरित्र को जाना नहीं जा सकता। तुमने सगुण प्रेम की जागृति के साथ राम के अंत:करण को जानने का प्रयत्न किया है। इसीलिए तुम्हारा अंत:करण भी भक्तिभाव पूर्ण हो गया है। तुम्हारे द्वारा किया गया राम-चरित्र के विभिन्न पात्रों का वर्णन भी रसपूर्ण और यथार्थ है।

हे लक्ष्मी, विशेष रूप से ध्यान देने योग्य बात यह है कि राम की आत्मस्वरूप अवस्था का मूल उनकी वैराग्यावस्था में था। बालपन से ही किसी कारणवश उनमें वैराग्य निर्माण हो गया था, जो उनका स्थायी भाव हो गया था। इसी वजह से वसिष्ठ ऋषि द्वारा दिए गए आत्मबोध को वे शीघ्र

ही आत्मसात कर सके। सामान्य व्यक्ति वैराग्य के अभाव के कारण राम के करीब आकर भी उनके सान्निध्य का लाभ नहीं ले पाए। राम के वैराग्यपूर्ण आचरण के कारण भी सान्निध्य में मर्यादा आती रही। फिर भी जिन्हें राम का प्रेम सतत मिलता रहा, ऐसे व्यक्तियों में धीरे-धीरे संसार के प्रति विरक्ति निर्माण हो गई और वे राम के अंत:करण के करीब आते रहे। जैसे-जैसे वे राम के माहात्म्य को जानने लगे, उनका राम के प्रति प्रेम बढ़ता गया। सामान्य नागरिक राम को केवल एक राजा के रूप में देखते रहे और आदर के कारण वे राम से दूर ही रहे।

तुमने ठीक कहा कि राम के परिवार के सदस्यों को राम से निकटता पाने का सुवर्ण अवसर प्राप्त था। परंतु उनमें भी वे ही राम के निकट आ पाए, जिनमें राम के प्रेम से वैराग्य निर्माण हो गया था। शेष सभी कुटुंबी अपनी मर्यादा के अनुरूप पीछे रह गए। केवल लक्ष्मण और सीता अपनी मर्यादा पीछे छोड़, राम के अंत:करण के निकट आते रहे। उनके जीवभाव का पूर्णतः लोप हो गया और संपूर्ण भाव से वे राम के अंत:करण से एकरूप हो गए।

हनुमान की बात सबसे अलग थी। हनुमान राम से भेंट के पहले ही वैरागी थे। राम का माहात्म्य उन्होंने सुन रखा था। इसी कारण राम से पहली भेंट में ही वे राम की शरण में आ गए और सदा के लिए उनके दास बन गए। महत्त्वपूर्ण बात यह है कि सबसे अधिक बलशाली और बुद्धिमान होते हुए भी उनमें लेशामत्र भी अहंकार नहीं था। इसके पश्चात् भी राम के प्रति प्रेम निर्माण होने में उन्हें बहुत समय लग गया। सच बात यह है कि उन्हें इसकी आवश्यकता ही महसूस नहीं हुई। हनुमान की इस अवस्था को राम जानते थे। इसीलिए दास्यभक्ति से संतुष्ट राम ने हनुमान को स्वयं आगे बढ़कर सख्यत्व प्रदान किया। इसके पश्चात् हनुमान को राम की सख्यभक्ति करने का सुअवसर प्राप्त हो सका। सख्यभक्ति से ही हनुमान राम के प्रेम को अनुभव कर सके। वैरागी हनुमान का मन पहले से ही शुद्ध था, इसीलिए राम-प्रेम से पूर्ण भरने में हनुमान को देर नहीं लगी और हनुमान राम के प्रेमस्वरूप अंत:करण से शीघ्र एकरूप हो गए। यही कारण है कि हनुमान भी

प्रेमस्वरूप हो गए। हनुमान ने राम से वरदान भी यही माँगा कि वे आजीवन राम के प्रेम का आनंद ले सकें। राम ने भी बहुत प्रेम से 'तथास्तु' कहकर हनुमान को यह वरदान दिया। इस तरह हनुमान ने अपने अमरत्व का आनंद 'रामप्रेम' से लूटा।

लक्ष्मी, तुम्हारा यह कहना योग्य है कि हनुमान सर्वश्रेष्ठ भक्त थे। परंतु यह कहना कि उनका क्रमांक पहला था, उचित नहीं होगा।—कारण भक्तिमार्ग में देव पहला और भक्त दूसरा होता है। शेष सभी को वह भूल जाता है। भक्तिमार्ग व्यक्तिगत और स्वतंत्र होता है, जहाँ देव और भक्त के सिवा तीसरे को कोई स्थान नहीं रहता। धीरे-धीरे देव और भक्त का द्वैत भी समाप्त हो जाता है एवं एकरूप अवस्था ही शेष रह जाती है। यह मार्ग एक-दूसरे को हराकर, प्रथम स्थान प्राप्त करने का नहीं है; क्योंकि स्वयं अपने जीव भाव पर देव के प्रेमभाव की विजय प्राप्त कर सदा के लिए देव से एकरूप होने का है।

अब सबसे महत्त्वपूर्ण प्रश्न यह है कि राम का अवतार जिस आत्मधर्म की संस्थापना के लिए हुआ था, उस हेतु की पूर्ति हुई अथवा नहीं? इस दृष्टि से विचार करें तो आत्मधर्म प्राप्ति के लिए जिस सत्गुरु-सत्शिष्य परंपरा की आवश्यकता होती है, वह परंपरा राम के सत्शिष्य भाव के कारण जाग्रत् हो गई थी। रामवतार के पूर्व यह परंपरा खंडित हो चुकी थी। संसार भाव से वैरागी होकर केवल आत्मधर्म की प्राप्ति की लगन लुप्तप्राय हो गई थी। साधना करना तथा शब्दज्ञान बढ़ाते रहना, केवल इसी बात की ओर ध्यान दिया जाता रहा। सत्यमार्ग को अपनाते हुए आत्मधर्म की प्राप्ति की लगन किसी में नहीं थी।

राम-चरित्र के कारण आत्मधर्म को पुनः जागृति मिली तथा सत्य आत्मधर्म प्रकट हुआ। पर प्रश्न यह है कि राम-चरित्र से प्रेरणा लेकर कोई और भी आत्मधर्म की प्राप्ति की ओर बढ़ा क्या? इस प्रश्न का उत्तर नकारात्मक है इसका कारण यह है कि राम उच्च कोटि के वैरागी थे। उनके समान वैराग्य प्राप्त करना सामान्य व्यक्ति के लिए कठिन था। संसार में इतने प्रकार के आकर्षण उपलब्ध थे कि सांसारिक दुःखों से वैराग्य की स्थिति

आना कठिन हो गई थी और सत्‌शिष्य भाव लुप्त होता जा रहा था।

सच बात यह है कि राम-चरित्र को यथार्थ रूप से जानकर उनके अंत:करण को प्रकट करनेवाला सत्‌शिष्य राम को भी नहीं मिला। हनुमान राम के सर्वश्रेष्ठ भक्त तथा राम के अंतस से पूर्णत: एकरूप थे। परंतु वे अपने आत्माराम के प्रेम में इतने लीन रहते थे कि राम के माहात्म्य को अलग से प्रकट करने की स्थिति में नहीं थे। ऐसे प्रकटीकरण के लिए भक्तिभाव का जो द्वैत अंत:करण में होना चाहिए, वह द्वैत हनुमान में शेष नहीं रहा था। वे केवल जहाँ राम का गुणगायन होता था, वहाँ रूप बदलकर जाते और राम-प्रेम का आनंद लेते। परंतु स्वयं राम का गुणगायन करना उनके स्वभाव में नहीं था। इसीलिए जिस भक्तिभाव से हनुमान ने राम के अंत:करण को अनुभव किया और उनके माहात्म्य को जाना, वह अनुभव और माहात्म्य अन्य के लिए प्रकट नहीं हुआ।

हनुमान की इस अवस्था से यद्यपि हनुमान के अंत:करण की आनंददायी अवस्था को कोई बाधा नहीं आई, परंतु राम के आत्मानुभव और उससे होने वाले जिस आनंद का अनुभव सामान्य जनों के लिए प्रकट होना चाहिए था, वह नहीं हुआ। नारायण की नियति अनुसार काल का वेग बढ़ता गया और आत्मप्राप्ति के मार्ग का पुन: लोप होने लगा। मानवी देह में आत्मस्वरूप को अनुभव करते हुए, देहत्याग के पश्चात्, नारायण से ऐक्य पाने वाले जीवों का अभाव होने लगा। इसी बात से नारायण की व्याकुलता बढ़ने लगी।''

नारद की बातें सुन लक्ष्मी निराशा महसूस करने लगीं और कहने लगीं, ''हे नारद, मुझे आपकी बातें बहुत गूढ़ लग रही हैं। अरे, जिस हेतु से राम ने इस भूतल पर अवतार लिया था, वह हेतु ही पूर्ण नहीं हुआ? पर यह कैसे संभव है? उन्होंने अपना पूरा जीवन ही आत्मस्वरूप अवस्था के आधार पर जिया था, तब उनके कार्य में कोई भी कमी कैसे रह सकती है? परंतु आप कह रहे हैं तो सच ही होगा। किंतु इस बात से उनका मन कितना व्याकुल हो गया होगा? इस पर राम ने क्या उपाय खोजा, इन्हीं सब बातों को जानने की मेरी आतुरता बढ़ती जा रही है। आप कृपावंत हो मुझे सबकुछ सविस्तार बताएँ।''

लक्ष्मी के प्रश्नों का उत्तर देते हुए नारद लक्ष्मी से कहने लगे, ''हे लक्ष्मी, नारायण के सगुण अवतार का यही रहस्य है। इसे तुम भलीभाँति जान लो। नारायण के मानवी अवतार में नारायण स्वयं भी अपनी ही नियति में बँधे रहते हैं। काल और देह की मर्यादा उन्हें भी होती है। मानवी जीवन मूलत: अपूर्ण होता है, इसीलिए इसमें कोई-न-कोई कमी रहती ही है। पर इस अवतार का रहस्य यह है कि उनके अंत:करण की अवस्था आत्मस्वरूप अनुभव के कारण परिपूर्ण होती है। इसी परिपूर्ण अवस्था के कारण वे अपने अवतार कार्यों की मर्यादा जान लेते हैं, जिससे मर्यादाओं को बाधा न मान, वे उन्हें सृष्टिखेल का एक भाग ही मानते हैं और संतुष्ट रहते हैं।

''अब यदि हम नारायण के अंत:करण की व्याकुलता की बात करें, तो यह एक गूढ है। यह क्यों निर्माण होती है ? इसका कारण कोई नहीं जानता। केवल इतना कहा जा सकता है कि उनकी यह व्याकुलता उनके अंत:करण की अवस्था है।

''इसी व्याकुलता के कारण नई और अद्‌भुत लीलाएँ प्रकट होती हैं, जिससे सृष्टिखेल की शोभा अधिक रंगीन हो जाती है। इस हेतु नारायण को कुछ करना नहीं पड़ता। वे केवल अधीरता से योग्य समय और अवसर की राह देखते हैं। योग्य अवसर मिलते ही उनकी सुंदर और रमणीय लीला विविध सौंदर्य के साथ पुन: प्रकट होती है। प्रेमरस से भरी उनकी लीलाओं का रसग्रहण हम निश्चित रूप से फिर कभी करेंगे। तब तक राम-चरित्र के श्रवण का स्मरण करते हुए भक्तिभाव का आनंद लेती रहो। भक्तिभाव से ओत-प्रोत रहोगी तो नारायण से ऐक्य को अनुभव करती रहोगी। यही परमानंद की सर्वश्रेष्ठ अवस्था है, जिसमें नारायण सदा लीन रहते हैं।

''अब मेरा भूतल पर जाने का समय हो गया है। वैसे तो मैं त्रिभुवन में विचरण करता हूँ, परंतु मुझे भूतल पर रहना अधिक पसंद है। वहाँ नारायण के सृष्टिखेल के विविध अंग और रंग दिखाई देते हैं। यही कारण है कि नारायण भी भूतल पर मानवीय अवतार लेने हेतु अधीर रहते हैं। मैं यहाँ विचरण करते हुए अनेक प्रसंगों की जानकारी उन्हें देता रहता हूँ। यही मेरा स्वधर्माचरण है और नारायण के प्रति मेरा भक्तिभाव। उन्हीं की कृपा से मैं

उन्हें अपना भाव अर्पित करता हूँ। कृतज्ञता भाव से युक्त हो, मैं त्रिभुवन में कहीं भी रहूँ, पर मेरे अंत:करण में उन्हीं का प्रेम स्फुरित होता है। उन्हें मैं अपने अंत:करण में नित्य देखता हूँ तथा उन्हीं से संवाद करता हूँ। मैं उन्हीं का हूँ तथा उन्हीं के लिए मेरा पूरा जीवन समर्पित है।

''मेरे हृदय में केवल नारायण हैं, यह मेरा अनुभव है तथा नारायण के हृदय में मेरे लिए स्थान है, यह मेरा आत्मविश्वास है। अंत:करण में उठने वाली प्रेमलहरियों के माध्यम से हम एक-दूसरे से जुड़े हुए हैं। नारायण के दिल में मेरे लिए प्रेम मूल है तथा मेरे दिल में नारायण के लिए प्रेम इस मूल का फल है। इसी प्रेमसूत्र से हम दोनों एक-दूसरे से सदा के लिए जुड़ गए हैं। एक-दूसरे के बीच यह प्रेम-बंधन ही इस नाते की विशिष्टता और श्रेष्ठता है। जब नारायण को मुझसे मिलने की तीव्र इच्छा होती है, तब मेरे दिल में भी उनसे मिलने की तीव्र लगन निर्माण हो जाती है और हम दोनों की एक-दूसरे से भेंट हो जाती है। इस प्रेम-भेंट में नारायण की नवीन लीलाएँ प्रकट होती हैं, जिससे नारायण बहुत आनंदित होते हैं। स्वानंद में रममाण नारायण को आनंदित देख मुझे भी बहुत आनंद होता है। मैं नारायण से यही विनती करता हूँ कि हे नारायण, मुझ पर आपकी ऐसी ही कृपा रहे और मैं नित्य आपके प्रेम तथा भक्तिभाव से युक्त रहूँ। मुझे पूर्ण विश्वास है कि नारायण मेरी इस प्रार्थना को स्वीकार कर 'तथास्तु' कहेंगे, यही मेरी उनके पवित्र चरणों में विनम्र प्रार्थना है।''

□

एकांती नारायण

नारद का कथन पूर्ण होने से पहले ही नारायण अपने स्थान से उठे और दौड़ते हुए नारद के पास पहुँच गए। नारद भी नारायण की आर्तता जान गए और तेजी से नारायण की ओर बढ़े। दोनों ने एक-दूसरे के नेत्रों में देखा और नारायण ने नारद को दृढता से अपने आलिंगन में ले लिया। देव-भक्त के इस अभूतपूर्व मिलन को देख लक्ष्मी और शेष ने हाथ जोड़कर दर्शन किए और सगुण प्रेम भक्ति के भाव से भर गए। इस अखंड और अभंग भेंट के आनंद को अपने अंत:करण में सहजते हुए दोनों एक-दूसरे से अलग हो गए।

नारायण के दृढ प्रेमालिंगन से पुलकित नारद ने धीरे से अपनी वीणा कंधे पर रखी और एक हाथ से वीणा के तार छेड़ते हुए तथा दूसरे हाथ में चिपली बजाते हुए वे अपने आनंद में गुम हो गए। नारायण की सगुण मूर्ति को अपने अंत:करण में बसाकर नारद ने अपने नेत्र मूँद लिये। उनके मुख से सहज ही नामोच्चार स्फुरित होने लगा—'नारायण हरि, हरि नारायण'। नामोच्चार में नारद अपना देहभान खो चुके थे। उसी अवस्था में वे आकाश मार्ग से निकले और कुछ ही क्षणों में अदृश्य हो गए। उनकी धुन 'नारायण हरि, हरि नारायण' सारे आसमान में ही नहीं, चराचर में भी गूँज रही थी। जिस दिशा में नारद गए, उस दिशा की ओर हाथ जोड़कर लक्ष्मी और शेष ने नमन किया। दोनों ने पीछे मुड़कर देखा तो नारायण अपनी सुखशैया पर जाकर शांति से लेटे हुए थे। आँखें बंद और मुखकमल आनंद से खिला हुआ है। उनकी इस मुद्रा को देख लक्ष्मी और शेष भी आनंदित हो रहे थे। दोनों ने एक-दूसरे की ओर देखा और मुसकराए। शेष नारायण के चरणों में बैठ

गए और उनके चरण कमलों को प्रेम से सहलाने लगे। लक्ष्मी भी नारायण के सिरहाने बैठ गईं और उनके मस्तक को प्रेम से थपथपाने लगीं। नारायण के प्रेम और माहात्म्य से दोनों के अंत:करण भावपूर्ण हो गए थे और अश्रुओं के माध्यम से प्रकट हो रहे थे। भावपूर्णता का यह काल स्तब्ध हो गया था, जहाँ कालगणना का कोई मापदंड नहीं था। दोनों के मुख से 'नारायण हरि, हरि नारायण' शब्द स्फुरित हो रहे थे।

इति

□□□